石原 潤
ISHIHARA Hiroshi
著

中国の市(いち)

発達史・地域差・実態

ナカニシヤ出版

目　　次

序　論……………………………………………………………………………… *3*

    1　本書の視点と課題　*3*／**2**　本書の構成　*5*／**3**　用語の定義と統
一　*7*

第Ⅰ部
市の展開過程

第1章　歴史時代における市の発達 …………………………………… *10*

  第1節　西周・春秋・戦国時代 ……………………………………… *10*

  第2節　秦代と漢代 …………………………………………………… *12*

  第3節　三国・晋・南北朝と隋・唐代 ……………………………… *14*

  第4節　五代と宋代 …………………………………………………… *19*

  第5節　元代と明代 …………………………………………………… *22*

  第6節　清　代 ………………………………………………………… *25*

  第7節　民国時代 ……………………………………………………… *37*

  第8節　むすび ………………………………………………………… *50*

第2章　革命以後の市の展開 …………………………………………… *54*

  はじめに ………………………………………………………………… *54*

  第1節　計画経済期における集市の変遷 …………………………… *55*

    1　左寄りの政策と右寄りの政策　*55*／**2**　集市数及び集市取引高の
変遷　*59*

  第2節　改革開放期における集市の変遷 …………………………… *65*

    1　集市をめぐる政策の変遷　*65*／**2**　集市数及び集市取引高の変遷
67

  第3節　近年における集市の諸変化 ………………………………… *72*

i

1 集市の統計上現れている諸変化　*72*／**2**　集市を取り巻く環境の実体的変化　*73*

むすび………………………………………………………………………*75*

付論1　市の呼称と分類………………………………………………*76*

付論2　集市紹介の全国資料について……………………………*79*

1　『全国主要集市名冊』に見る主要集市の概況　*80*／**2**　『中国集市大観』に見る大中型集市の概況　*82*／**3**　『中国集貿市場大全』について　*85*

付論3　「億元以上商品交易市場」について………………………*86*

1　「億元以上商品交易市場」の基本状況　*87*／**2**　「億元以上商品交易市場」の経年変化　*90*／**3**　「億元以上商品交易市場」の地域差　*92*

第Ⅱ部
市の分布と存立状態

第3章　市の地域差概観………………………………………………*96*

1　はじめに　*96*／**2**　集市の存立状態を規定する諸要因　*96*／**3**　集市の分布状態　*99*／**4**　集市取引の状況　*105*／**5**　むすび　*112*

第4章　河北省における市の存立状態………………………………*113*

1　はじめに　*113*／**2**　集市政策の変遷と集市の経年変化　*116*／**3**　集市の分布・開催頻度・取引高とその地域差　*120*／**4**　事例地域における集市の存在状況　*128*／**5**　むすび　*142*

第5章　中国北半各省における市の存立状態……………………*145*

はじめに………………………………………………………………………*145*

第1節　華北地方………………………………………………………*146*

1　山東省　*147*／**2**　河南省　*150*／**3**　山西省　*153*／**4**　内蒙古自治区　*156*／**5**　華北地方概括　*159*

第2節　東北地方………………………………………………………*161*

1　遼寧省　*161*／**2**　吉林省　*164*／**3**　黒竜江省　*166*／**4**　東北地方概括　*168*

第3節　西北地方 …………………………………………………………… *170*

　　1　陝西省　*170*／2　寧夏回族自治区　*174*／3　甘粛省　*176*／4
　　青海省　*179*／5　新疆ウイグル自治区　*181*／6　西北地方概括　*187*

むすび ………………………………………………………………………… *189*

第6章　中国南半各省における市の存立状態 ……………… *191*

はじめに ……………………………………………………………………… *191*

第1節　華中地方 …………………………………………………………… *191*

　　1　江蘇省（上海市を含む）　*192*／2　浙江省　*195*／3　安徽省
　　200／4　江西省　*203*／5　湖北省　*206*／6　湖南省　*209*／7　華
　　中地方概括　*212*

第2節　華南地方 …………………………………………………………… *214*

　　1　福建省　*215*／2　広東省（海南省を含む）　*219*／3　広西チワン
　　（壮）族自治区　*222*／4　華南地方概括　*227*

第3節　西南地方 …………………………………………………………… *228*

　　1　四川省（重慶市を含む）　*229*／2　貴州省　*233*／3　雲南省
　　237／4　西南地方概括　*243*

むすび ………………………………………………………………………… *244*

第Ⅲ部
現地調査から見た市の実態

第7章　改革開放前期における蘇州地域の集市 ……………… *248*

　　1　はじめに　*248*／2　集市の分布　*249*／3　市場の構造　*251*／
　　4　売り手の属性と行動　*260*／5　むすび　*264*

第8章　最盛期を迎えた河南省の集市 ……………………………… *267*

第1節　大都市鄭州市の集市 …………………………………………… *267*

　　1　はじめに　*267*／2　集市の分布　*268*／3　集市の概要　*268*／
　　4　販売者の実態　*272*／5　購買者の実態　*275*／6　むすび　*277*

第2節　農村地域登封市域の集市 ……………………………………… *278*

目　次　*iii*

1 はじめに *278* ／ **2** 集市の分布 *278* ／ **3** 集市の概要 *280* ／ **4** 販売者の実態 *285* ／ **5** 購買者の実態 *291* ／ **6** むすび *294*

おわりに ……………………………………………………………… *295*

第9章　世紀転換期における四川省の集市 …………………… *296*

第1節　大都市成都市の郊外の集市 ……………………………… *296*
——スキナー調査地域再訪——

1 はじめに *296* ／ **2** スキナー調査地域再訪 *298* ／ **3** 集市の現況 *301* ／ **4** むすび *317*

第2節　少数民族も参加する農村地域西昌市域の集市 …………… *319*

1 はじめに *319* ／ **2** 集市の分布 *320* ／ **3** 集市の概況 *323* ／ **4** 市場の構造と出店者の業種別・性別構成 *324* ／ **5** 販売者の実態 *330* ／ **6** 購買者の実態 *331* ／ **7** むすび *333*

おわりに ……………………………………………………………… *335*

第10章　曲がり角に立つ西北地方の市と野菜流通システム …………………………………………………………… *337*

第1節　大都市西安市における市と野菜流通システム ………… *337*

1 はじめに *337* ／ **2** 卸売段階 *338* ／ **3** 小売段階 *344* ／ **4** むすび *346*

第2節　地方都市銀川市における市と青果物流通システム ……… *349*

1 はじめに *349* ／ **2** 卸売段階 *351* ／ **3** 小売段階 *354* ／ **4** むすび *360*

第3節　オアシス空間酒泉市における市と野菜流通システム ……… *361*

1 はじめに *361* ／ **2** 卸売市場 *361* ／ **3** 市街地の小売市場 *364* ／ **4** スーパーマーケットとの競合 *367* ／ **5** 農村部の定期市 *368* ／ **6** むすび *371*

おわりに ……………………………………………………………… *372*

第11章　衰退期に入った定期市 ………………………………… *373*

第1節　農村地域登封市域の事例 ………………………………… *373*

1 はじめに *373* ／ **2** 農村部中規模定期市の現状 *374* ／ **3** 農村部大規模定期市の現状 *380* ／ **4** 農村部におけるスーパーマーケット

の出現　*387* ／ **5**　都市部における集市の変化　*389* ／ **6**　むすび　*391*

第2節　大都市成都市郊外の事例 ……………………………………………………… *392*

　1　はじめに　*392* ／ **2**　対象地域における集市の分布　*393* ／ **3**　個別集落に見る集市の動向　*394* ／ **4**　集市の動向に影響を及ぼす諸要因　*400*

おわりに …………………………………………………………………………………………… *401*

第12章　発展する野菜卸売市場 ……………………………………… *403*

第1節　鄭州市における野菜卸売市場の発展 ………………………………… *403*

　1　はじめに　*403* ／ **2**　1995年における大型野菜卸売市場　*406* ／ **3**　2009年における大型野菜卸売市場　*411* ／ **4**　むすび　*418*

第2節　西安市における野菜卸売市場の近年の変貌 ……………………… *422*

　1　はじめに　*422* ／ **2**　2005年の状況　*422* ／ **3**　2010年の状況　*424* ／ **4**　むすび　*428*

おわりに …………………………………………………………………………………………… *430*

結　論 ……………………………………………………………………………………… *431*

　1　市の発達史について　*431* ／ **2**　市の地域差について　*433* ／ **3**　市の実態について　*434*

＊

あとがき　*439*

人名索引　*443*

地名索引　*445*

事項索引　*447*

Markets in China

*Historical Development, Reginal Differentiation
and Contemporary Situation*

by Hiroshi Ishihara

Contents

Introduction	*3*
Part I Historical Development of Markets	
Chapter 1 Development of Markets in the Historical Ages	*10*
Chapter 2 Change of Markets after the Socialist Revolution	*54*
Part II Regional Differentiation of Markets	
Chapter 3 Outline of Regional Differentiation of Markets in China	*96*
Chapter 4 Regional Differentiation of Markets in Hebei Province	*113*
Chapter 5 Regional Differentiation of Markets in Northern China	*145*
Chapter 6 Regional Differentiation of Markets in Southern China	*191*
Part III Contemporary Situation of Markets	
Chapter 7 Markets in Suzhou Area under the Economic Reform and Open Door Policy	*248*
Chapter 8 Markets in Henan Province on Their Height of Prosperity	*267*
Chapter 9 Markets in Sichuan Province on the End of the Century	*296*
Chapter 10 Markets and Vegetable Marketing System in Northwest Region on Their Turning Point	*337*
Chapter 11 Declining Periodical Markets	*373*
Chapter 12 Prospering Vegetable Wholesale Markets	*403*
Conclusion	*431*
Postscript	*439*
Index	*443*

中国の市
―― 発達史・地域差・実態 ――

序　　論

1　本書の視点と課題

　伝統的市は，世界の主要文明圏にひとしく自生的に生まれてきたと考えられる。すなわち，東アジア，南アジア，中東，ヨーロッパ，東アフリカ，西アフリカ，中央アメリカそして南アメリカなどの文明圏においてである。中でも中国は，東アジア文明圏の中心として，古い時期から最も典型的に市が発達した地域である。そのうえ中国には歴史を記録し，地方志を出版する永い伝統があり，市の発達史を辿ることが可能である。また現在も各種の市が存続しており，それを統計的に捉えることも，その実態を現地調査することも可能である。

　したがって筆者は，本書において，中国における古代から現代に至る市の発達の歴史を追い，現代の中国について，市のありようの地域差を明らかにし，併せてその実態を現地調査により明らかにしようと試みた。

　まず，永い歴史を持つ中国では，市が段階を追って発展し，さまざまな変容をとげてきた。そこで次のようなことを具体的な課題としたい。

①中国では市や市のネットワーク（「市システム」と呼ぶ）はいつごろ，どのようなかたちで始まったのであろうか。
②市の分布密度の高まりによる市システムの充実は，どのように進行したのであろうか。
③歴代の王朝・政府によって市の管理や統制は，どのように進められたのであろうか。
④革命後の中国では，市に対してどのような政策が採られたであろうか。
⑤改革開放後，市に対する政策はどのように変わり，その結果はどのようなものであったであろうか。

次に，国土の広い中国では，地域ごとの市のありようの差が著しい。そこで以下のようなことを具体的な課題としたい。

①中国の各地において，市は民衆にどのように呼ばれているのか。
②中国の各地において，市はどの程度の密度で分布しているのか。
③中国の各地において，市はどのような周期で，どのような開催頻度で開かれているのか。
④中国の各地において，市の規模や経済的機能にどのような地域差が認められるのか。
⑤市や市場圏が持つ社会的機能にも，地域による違いがあるのであろうか。

さらに，現代中国の市については，直接その実態を観察・調査することができる。そこで次のような点を具体的な課題としたい。

①改革開放期の前期（1989 年以前）における市の実態は，どのようなものであったであろうか。
②改革開放期の後期（1990 年以降）に入って，市場経済化が叫ばれる中，市はどのように隆盛になったであろうか。
③店舗商業の発展やスーパーマーケットの普及など，商業の近代化・現代化は，市にどのような影響を与えたであろうか。
④高速道路網の成立やモータリゼーションの進展は，市や流通システムにどのような影響を与えたであろうか。
⑤そうした中で，近年ではどのようなタイプの市が発展し，どのような市が衰退していると言えるであろうか。

筆者の専攻分野は，人文地理学であるので，筆者の市への関心は，旧著『定期市の研究』（名古屋大学出版会，1987 年）でも述べたように，人文地理学部門で開発されてきた中心地論の視角から発している。すなわち市を間欠的（定期市）または恒常的（毎日市）に機能する地域の中心地と見る立場に立っている。市を何よりも地域の中心，そこに人々が集い，商品やサービスや情報が交換される場として捉える立場である。しかし，本書の具体的分析や記述においては，時に歴史学的に，時に経済学的に，あるいは文化・社会論的に論ずる部分を含

4

んでいることを断っておきたい。

　従来，中国の市に関する関心は，中国人研究者のみならず日本や欧米の研究者の間でも高かったので，本書の各章で紹介するように多くの研究論文が書かれており，特定の時代を扱った研究書や，特定の地域に限定したモノグラフもいくつか出版されている。しかし，中国の市の全歴史過程を検討し，全地域についてのその存在状況を把握し，多くの事例地域においてその実態に迫ったような，包括的な研究はいまだなされていない。本書は，そのような欠を埋めることを意図した一つの試みである。

2　本書の構成

　本書は中国の市の発達史，地域差，実態をそれぞれ扱う3部からなり，12章から構成されている。

　第Ⅰ部は方法的には文献研究であり，先学の既往の諸研究を検討しつつ，統計資料の分析をも加え，中国の古代から現在に至る市の展開の歴史を追っている。まず第1章では，太古から民国時代に至る各時代の市の状況を先学の諸研究を紹介するかたちで論述し，市の起源，「市制」の確立と崩壊，市システムの成立と発展，市管理制度の変遷，市場共同体の存否などの諸問題を扱う。続く第2章では，新中国成立以降の市の変遷を扱い，先学の諸研究の成果や統計資料に基づく筆者自身の研究成果に基づき，商業の集団化，大躍進運動，文化大革命，改革開放政策などが，市のありようにどのような影響を与えたか，また近年の経済・社会の急激な発展が，市の存立そのものにもどのような影響を与えつつあるかを論じている。さらに現代の市をより良く理解するために，三つの付論をも付け加えた。

　第Ⅱ部は主として統計資料と地方志の分析によったもので，市の地域差を全国規模で，省単位で，あるいは県単位でも追及している。まず第3章では，全国を対象に1級行政区（省級）別の統計を用いて，市の分布密度・人口比・取引高・取引品構成などがどのような地域差を持っているか，またそれがどのような要因に基づくものなのかを検討する。続く第4章では，市のありようが標準的である河北省を採り上げ，革命以後の省政府の市に対する政策や市数の変化を追うとともに，現代の地方志の悉皆的な分析により，省内で市の分布密度・人口比・郷鎮数比・村数比・開催頻度・取引高などの地域差がどのように

序　　論　　5

見られるかを検討し，加えて地域差を体現する事例諸県に関して，その内部のより詳細な検討を加える。さらに第5，6章においては，第3，4章におけるマクロ及びミクロな分析を踏まえて，メソスケールとも言うべき各地方・各省別に，公刊されている現代地方志の約半数の分析により，民国期以後の市の変化と現在の市の呼称法・分布密度・人口比・開催頻度・取引高などの地域差を，中国の北半（第5章）と南半（第6章）に分けて検討する。

　第Ⅲ部は現代の市の実態を現地調査により明らかにしたもので，各章は時系列に沿いながら地域を変えて配されている。まず第7章は，改革開放前期における江蘇省蘇州市とその周辺での市の実態を論じたもので，市の構造や市販売者の属性などから改革開放前期の特徴が明らかにされるであろう。続く第8章は，市の最盛期であった1990年代における河南省の大都市鄭州市と農村部の登封市域の市の実態を論じたもので，市における販売者や購買者の属性や行動が詳細に明らかにされ，当時の市が持っていた就業先あるいは購買先としての経済的意義が明らかにされるであろう。次の第9章では，世紀の交代期における四川省の大都市である成都市の郊外と，少数民族地域に囲まれた農村部の西昌市域との市の実態を論じている。前者は人類学者 G. W. Skinner が民国末に市の実態調査を行った地域であるが，その調査の正確さが検証されるとともに，現在までの大きな変化が明らかにされる。後者については市の盛んな現状が明らかにされるとともに，少数民族彝族の市参加の様態についても言及される。さらに第10章においては，2000年代に入って市をめぐる環境に変化が見え始めた時期の，西北地方の大都市西安市，辺境の地方都市銀川市，並びにオアシス空間の酒泉市域を採り上げ，野菜の流通システムの現状を卸売段階と小売段階に分けて論じている。そして卸売段階では野菜流通の拡大とともに発展する卸売市場，小売段階ではスーパーマーケットの影響を受け始めた伝統的市の実態が，それぞれ明らかにされる。加えて第11章では，河南省登封市域農村部と四川省成都市郊外地域での最近における事例調査により，前者では常設店舗やスーパーマーケットとの競合により，市の規模が縮小し業種構成が大幅に変化したこと，後者では都市化に伴う人口増による市の増加と交通の障害となる沿街市場の廃止が同時に進行し，結果として市数の減少が生じていることが明らかにされ，伝統的市の衰退の傾向が実証されるであろう。最後の第12章では，河南省鄭州市と陝西省西安市を事例に，経済発展に伴う需要増と高速道路網の充実とともに，激しい市場間競争を伴いつつ急速に拡大・変容する野菜卸

売市場の近況を，商人のありようをも含めて明らかにする。

3　用語の定義と統一

市に関連しては，古来さまざまな類似の用語法がある。そこで本書では理解の混乱を避けるために，本論に入る前に最小限度の用語の統一を図っておきたい。本書では，以下の用語は原則として次のような定義に基づいて使われる。

市（market）——売り手と買い手が一定の時間に一定の場所に集まり取引を行う制度，またはその場所を言う。

伝統的市——近代的な制度としての市（商品見本市，証券市場，中央卸売市場など）ではなく，伝統的な姿で行われる市を言う。

市場（market place）——市が開かれる物理的な空間を指す。

市場（market）——需要が存在し，または取引が行われる，抽象的に観念された空間を指す。

市システム（market system）——相互に一定の関係を持った市及びその関係の集合体，すなわち市のネットワークを指す。

市の周期——市の開催日を規定する時間的枠組み（年，月，旬，週，十干十二支など）を言う。

市の開催頻度——一定の周期の中での市の開催回数を指す。旬に1，2，3，4，5，10回など。

毎日市（daily market）——毎日開かれる市を言う。

常設市——常設の建物等を伴った毎日市を言う。

定期市（periodic market）——比較的短い周期（月，旬，週，十干十二支など）で開かれる市を言う。

大市（fair）——長い周期（年や季節など）で開かれる市を言う。

祭市——寺院の祭祀などに関連して開かれる大市を指す。

なお，この他，中国特有のあるいは中国の中でも地域や時代を限って用いられる用語については，その都度，本文中で簡単な定義を行っている。

第Ⅰ部
市の展開過程

第1章

歴史時代における市の発達

　本章では，中国の歴史時代における市の発達過程を，先学の諸研究を基に，筆者の若干の考察をも加えて概述したい。

第1節

西周・春秋・戦国時代

　「市」に関する文の初見は，西周時代（BC1050〜770 年）の金文で，「市」は公認の交易場所の意で用いられていたとされる[(1)]。また，西周中頃からは，商業が次第に興り，祭礼の場などに市が立ち，人々は市で踊り，相手を見つけたとされ，また，市の立つ場所は国都の門の外で，市は定期市であったろうと言う[(2)]。

　春秋時代（BC770〜403 年）の諸史料からも，当時の都市国家の各国都には市があったことが知られ，その位置は，城門の外から次第に城内に入り，主要道路沿いに位置し，市の中では同業の店が並ぶ「肆」が既に形成され，大きな都市では複数の市が立地したと言う。また，市は都市国家の君主の支配を受け，司市（市司・市師）の下，賈師や賈正などと呼ばれる役人により管理され，市では罪人の処刑や死骸を晒すことも行われ，任侠の徒の出現する場ともなったと言う[(3)]。

　戦国時代（BC403〜221 年）には，各国の富国強兵政策の一環で，商業の発

達，貨幣の発行が進み，都市に消費人口（官吏，兵士，農民）が集中し，市が発達した。制度としての「市」は，都市の一劃に設置された商業区で，商人が布，糸，五穀，履物などを商いする場であり，君主に直属し，その租税は王室の財源の一つであったと言う。市は城内に設けられるのが通例であったが，城外に立地する場合もあったし，大きな都市では複数の市が存在しており，発掘調査によると，市の立地は『周礼』の「面朝後市」のプランには合致しないのがほとんどだと言う。また，この時代の印文や史籍にはさまざまな名称の市役人の存在が確認され，市は朝から晩まで開かれ，売り手は商品の価格を掲げるべしとされていた。さらに，市商人の身分は低く，市は兵を集める場，労働力市場，あるいは売春の場ともなっていたと言う。加えて，市は都市民の娯楽場・社交場でもあり，終日遊ぶ場であったと言う。一方，戦国後期には，「城市の邑」すなわち城壁と市を併せ持つ集落が，戦争準備と籠城戦のために，特に重要視されたと言う。

　こうした社会経済史的検討に加えて，中国古代の市については，文化史的・民俗学的立場からは，以下のような検討も加えられている。すなわち，相田洋によれば，中国においても古くは異民族や共同体外との境界に市が立ち，かつては沈黙交易（「鬼市」）が行われていた可能性があり，市は異人（仙人もその一種）が出没する場所と考えられていた。また，異界への入り口である市は，天に働きかけて雨乞いをする場となり，罪人を公開処刑し天に送る「棄市」の場となり，棄市は祝祭的性格を帯びカニバリズムすら見られた。さらに，市は古くは歌垣が行われ男女の交流の場であり，シャーマン・芸人・長老などによって語り物が語られる場でもあったと言う。また，市は巫祝（シャーマン）が託宣を発し，しばしば凶兆の現れる，為政者にとって手ごわい場であったが，同時に棄市を通じて為政者の意志が演出される場でもあったと言う。

〈注〉

(1)　『白川静著作集　別巻　金文通釈［下］』平凡社，2004 年，785-799 頁。

(2)　堀 敏一『中国古代の家と集落』汲古書院，1996 年，210-222 頁。

(3)　以上，堀 敏一『中国古代の家と集落』汲古書院，1996 年，210-251 頁。

(4)　影山 剛『中国古代の商工業と専売制』東大出版会，1984 年，10-11 頁。

(5)　以上，堀 敏一『中国古代の家と集落』汲古書院，1996 年，210-251 頁。

(6)　宮崎市定『アジア史論考』中巻・古代中世編，朝日新聞社，1976 年，65-71

頁。

(7) 佐原康夫「漢代の市について」史林 68-5，1985 年，64-65 頁。

(8) 以上，相田 洋『異人と市』研文出版，1997 年，11-199 頁。

(9) 桐本東太『中国古代の民俗と文化』刀水書房，2004 年，24-48 頁。

第 2 節
秦代と漢代

　統一前後の秦の市は，後世の漢のそれと同様であり，その源流と考えられている。すなわち，首都咸陽や地方都市成都などに囲壁で囲まれた市があり，「肆」が並び，官が管理し，「市籍」はすでに差別戸籍となっていたと言う[1]。

　漢代（BC202～AD220 年）の市について，まずその分布状態を見てみると，前漢期，首都長安付近には九つの市があったとされる。宇都宮清吉はその内 2 市が城内，7 市が城外とする[2]のに対して，佐藤武敏は全て城外とし[3]，佐原康夫は 3 市が城内，6 市が郊外に位置したと考える[4]。佐原によれば，いずれも設備の整った常設市で，内 1 か所では月に 2 回の「会市」を伴っていた。この他，近郊に「小市」と呼ばれる市があった可能性がある。一方，地方についても，都市の城内や近郊に市が，農村部（荘園）には小市が存在し，この他，街道上の要地に位置し治安と通信を司る集落であった「亭」には，会市が立地していたと言う[5]。この他，将軍府には兵士等の需要に応える「軍市」や，異民族との境界の地には交易のための「胡市」（「互市」・「関市」）も存在したとされる[6]。宇都宮清吉は，前漢期の韻文「僮約」を基に，当時開発の進んだ成都平野では，地方都市に住む商人が奴隷を用い，陸路と河川交通を利用し，現在の雲南や重慶付近との長距離交易の他，近在の都市や農村部の小市を往復して，都市や農村部の生産物を売買したと推定している[7]。市の階層的配置と市間の商人の移動を伴う市システムが初歩的に成立していたと言えるのではないだろうか。

　次に当時の市の構造については，成都郊外で出土した漢代の四つの市井画像磚の紹介・分析，文献資料との対比によって，格段に知見が深まったと言えよう[8]。それらを要約すると，当時の都市の市場は，①周囲を囲壁（闤）で囲まれ，②四方に門（闍）があり，③門を結ぶ十字路（街又は衢）が走り，④それにより区分された区画内には数列の商品ごとに分かれた店舗の列である列肆（市

肆）と，⑤その間の通路（隧）が走り，⑥囲壁の内側には，商品倉庫（市廛）が配置され，⑦市の中央には市を管理する役所である市楼（または市亭，あるいは旗亭）が位置し，高い楼を設けて，市内を監視するとともに，太鼓によって開市や閉市を告げる。なお，列肆の内には，市門の近くに酒舗や飲食店が多く見られ，その他，屠肆，車肆，卜肆，書肆なども見られた。また，街（衢）や隧の路上には，客商（行商人）や自己の生産物を売る近在の農民が露店を拡げた。

　さらに市をめぐる諸制度について見ると，都市内の制度としての「市」は，一般住民が居住する「里」とは区別された空間で，「市」に住む者は「市人」（有市戸籍者）と呼ばれ，一般住民より身分上低く見られ，土地所有や官吏になる資格を欠いていた。「市人」の中には，商人・手工業者の他，市を牛耳る任侠の親分や，チンピラ（「悪少年」・「軽薄少年」）などもいたと言う。ただし，市内で商いをする商人が，全て市人（市居住者）ではなく，里に居住し，市で営業する者もいたと考えられている。市を統括する役人（「市吏」）は，「市令」（「市長」）以下，数種にわたった。なお，市に対する国家の規制は，①場所の規制（囲壁の内，商品ごとの列肆や隧，市楼からの監視），②時間の規制（市楼が時間を告げ開閉門），③治安の維持（盗難や喧嘩沙汰の取り締まり），④価格の管理（月ごとに官が標準価格を定める），⑤交換手段の管理（青銅貨幣と布帛），⑥度量衡の管理，⑦徴税（「市租」と呼ばれる市門税・入市税や「市籍租」と呼ばれる売上申告税），⑧営業登録の管理など，多方面にわたっていた。さらに，市は重要な布告を掲示する場，公開処刑（「棄市の刑」）の場，軽い労役刑の執行の場でもあった。[9]

　以上，春秋・戦国期から秦代を経て発達を見た中国の市は，漢代には都市を中心に整備されたものとなり，農村部をも含めて初歩的な市システムが成立していた可能性が考えられるが，漢の政権は，商人への警戒感から，次第に抑商政策を採るようになり，特に後漢時代に入ると，貨幣経済は下降傾向を示し，商人の地主化が進んだと言われている。

〈注〉
(1)　佐原康夫「漢代の市について」史林 68-5，1985 年，66-67 頁。
(2)　宇都宮清吉『漢代社会経済史研究』弘文堂，1955 年，154-156 頁。
(3)　佐藤武敏「漢代長安の市」中国古代史研究会編『中国古代史研究』第二，吉

川弘文館，1965 年，10-20 頁。

(4)　佐原康夫「漢代の市について」史林 68-5，1985 年，35-40 頁。

(5)　以上，佐原康夫「漢代の市について」史林 68-5，1985 年，35-48 頁。なお，佐原は，「小市」とともに「会市」をも定期市と見なしているが，「小市」は後世の「集」(periodic market)，「会市」は後世の「会」(fair) と考えるべきではなかろうか。

(6)　渡部　武『画像が語る中国の古代』第 8 章 市場のにぎわい，平凡社，1991年，217-220 頁，影山　剛『中国古代の商工業と専売制』東大出版会，1984 年，13 頁。

(7)　宇都宮清吉『漢代社会経済史研究』弘文堂，1955 年，第 9 章僮約研究，256-374 頁。

(8)　劉　志運「漢代市井考」文物 1973 年第 3 期，52-57 頁。同論文の抄訳は，片桐　正訳「漢代市井考」建築雑誌 1973 年 12 月号，1345-1346 頁。渡部　武「漢代の画像に見る市」東洋史学 18，1983 年，21-44 頁，渡部　武『画像が語る中国の古代』第 8 章 市場のにぎわい，平凡社，1991 年，203-221 頁，佐原康夫「漢代の市について」史林 68-5，1985 年，特に 48-53 頁，堀　敏一『中国古代の家と集落』汲古書院，1996 年，特に 227-229 頁。

(9)　以上，美河修一「漢代の市籍について」古代学 3，1969 年，173-188 頁，影山　剛『中国古代の商工業と専売制』東大出版会，1984 年，13-17 頁，486-490頁，佐原康夫「漢代の市について」史林 68-5，1985 年，特に 54-60 頁，堀敏一『中国古代の家と集落』汲古書院，1996 年，特に 230-237 頁。

第 3 節
三国・晋・南北朝と隋・唐代

　漢代に続く三国・晋・南北朝の時代（AD220～589 年）は分裂の時代であり，特に後半では北方諸民族の南下が顕著であった。社会は軍事化，地方化し，商業は統制下に入り，貨幣の発行額は激減し，自然経済への後退が目立ったとされる。

　これらの時代の市に関する論考は多くはないが，三国時代，南の呉国では新しい幹線道路沿いに「会市」が設けられ，また東晋時代には，後述する「草市」の語の初見も認められると言う。南朝六王朝 360 年間の都であった建康は大都市となり，市街地が都城の外に広く拡がったが，外郭には城壁はなかった

と考えられている。この建康には，代表的な市が四つ（建康大市，建康東市，建康北市，秣陵闘場市）の他，十余の小市，さらに商品別の紗市，牛馬市，穀市，蜆市，塩市，あるいは草市や苑市など多彩な市が，市街地の各所に散在していたと言う。⁽²⁾

一方，三国時代，北の魏国では首都洛陽に，都城（大城）の東側に馬市が営まれていた。三国を統一した晋朝は，首都洛陽の規模を拡大させ，都城内の西面に大市（金市），城外の東面に牛馬市，同じく南面に南市を配した。しかし，その後，洛陽はたびたび戦火にあい，ようやく 493 年の北魏の洛陽遷都により息を吹き返す。都城外の市街地は格子状の坊里制が採られ，西に大市と東に小市があり，また中軸線の延長上，洛水を橋で渡ったところに四通市（永橋市）があった。西市と東市は，その位置の対称性や，外形と大きさが，隋・唐の長安の市の原型になったのではないかとの推測もなされている。⁽³⁾

中国の再統一を果たした隋（AD583～618 年）は，長安に首都大興城を建て，その西に都會市，東に利水市を配した。また，当時「東都」と呼ばれた洛陽には，北魏洛陽の大市・小市を継承する豊都市と植業市の 2 市があり，前者は周囲 8 里で 12 門を持ち，後者は 4 里で 4 門を開き，内部はそれぞれ格子状の街路を持っていた。これらは，唐代の長安の市のプランに影響したと推測されている。⁽⁴⁾

続く唐朝（AD618～907 年）は，中央集権的な官僚帝国の再生・徹底を図り，律令制・均田制・租庸調の制を敷き，大興城を受け継ぎ，巨大な長安城を建設した。長安の人口は，100 万人にも達したと言われる。長安の市は，東西対称の市街地の東部と西部に，対称的にそれぞれ 1 坊分（1 km² 弱）に配され，城外には市は無かった。商業活動は原則として市内でしかも国家の統制下で行うものとされ，市外での営業は原則的には禁じられており，こうした体制を学術用語としては「市制」と呼んでいる。市の営業時間は午後 3 時間～5 時間半のみ，市場価格安定のための価格表示，粗悪な銭貨の回収など，統制色の濃い市であった。市はこの他，干害時の祈雨，住民への種々の布告，兵士の募集，公開処刑（棄市）などが行われる場でもあった。⁽⁵⁾

市の構造については，文献史料の他に，発掘調査により多くのことが明らかになっている。四面の壁（坊墻）にはそれぞれ 2 門ずつ計八つの市門があり，市門は城門や他の坊の坊門と同じく日の出を待って開けられ，日没とともに閉められた。市門の内側には東市の場合は幅約 30 m，西市の場合は 16～18 m の

市道（大街）が井の字状に走っていた。井の字で画された九つの区画のうち，中央の区画には，市署や平準署等の役所が置かれていた。坊墻の内側に沿っては，1層または2層，一部には3層の建物が並び，邸店（旅館業，飲食業，倉庫業に加え，卸売業・運送業・金融業をも営む）が配され，遠隔地通商を営む客商はこれを利用した。一方大街に沿い，あるいはそれにより画された区画内には，肆舗（小売店）が並んでおり，区画内には巷道と呼ばれる狭い道が走り，内部の通行の便となっていた。小売店は同業者ごとに街区（行）を形成し，かつ同業者組合（これも「行」と呼ばれる）を結成していた。各店舗の間口は1間〜3間（約3m〜10m）であった。西方への往来の玄関先・金光門に近い西市には，西域系商人が多く居住し，商店や飲食店を営んでいたと言う[6]。

　市をめぐる諸制度については，まず市を管理する市署の役割としては，①同業者ごとの市肆の管理（市肆ごとに標を立て，「候」と称する物見台を置く），②度量衡の管理，③価格の統制（10日ごとに標準価格を決定），④手工業製品の売買の規制（売買禁止品や規格の統制），⑤奴婢・牛馬の売買の規制，⑥不公正取引の禁止（買占めや価格協定など），⑦市門の開閉などであった。一方平準署の役割は，官が必要とする物品の購入，官の払い下げ品・没収品の販売であった。また，市の税金としては，市籍の税と売買税とがあった。さらに，同業者組織である行については，それに属する商人は行人，その首長は行頭または行首と呼ばれ，行の機能としては，市署による市の管理に協力したり，平準署による販売活動を代行したりして，官に協力する一方，独自の機能としては，宗教的活動などを行った[7]。

　しかしながら，唐代後半の9世紀以降，営業時間規制や，公定価格制度は有名無実化し，商取引の場所も東西両市以外の城内各地に拡散し，市内に商業活動を限定する「市制」は衰退したと考えられている。すなわち，唐代前半でも，市の商業と競合しない商工業者（遠距離交易の富商，零細な行商人，特殊な業種の商工業者など）の場合，市外での営業が認められていたが，後半になると，市の商業と競合する業者ですら，市外での営業が見られるようになり，それは市近くの坊から，次第に遠方の坊にまで及んだ。こうした過程で，市内の行も，商業的独占権を失いつつ，宗教的活動などを主体とする自治的な組織へと変質を余儀なくされたと考えられている[8]。

　なお，「市制」の衰退と関連してしばしば論じられる現象としては「夜市」がある。夜市とは夜に開かれる市ないし商業地区の意味で，漢代にも見られた

が，農村部での祭礼市など限定的なものであったとされる。しかし唐代になると，南方の諸都市から拡がり，長安でも「市制」や「夜禁の制」（夜間の外出禁止）の存在にもかかわらず，次第に東西市の内外で，飲食店中心の夜市が活発になり，続く宋代において隆盛を極めたと言う[9]。

　さて，唐代には，長安の他にも東都洛陽には北市と南市があり，州治には複数（大都市の場合）または1か所の市，県治にもおおむね1か所の市があった。州県治レベルの都市にも原則として城坊制が施かれ，市はその1坊を占めるかたちで存在していた。州県治の市にも市署が置かれ，市令以下の市役人が配置されていた。市の邸店は市壁に沿って配され，肆舗はその内側に設けられ行を形成するなど，その構造は長安の市に準ずるものであった[10]。これらの市では，肆舗の他に街路上で市すなわち街市が付随して開かれ，多くの露店（街肆）が出た。露店の多くは専業的な商人のもので，地元の商人の他，他都市から一定期間売りに来る客商もいた。近郊の村民がその生産物を持ち込んで売るための露店もあり，彼らが街市で日常の消費物を購入することもあった。街市は，比較的大きな都市では毎日市，小都市では定期市であったとされる[11]。

　さらに，州県治以外にも，「草市」と称される市が唐代から多く出現することを最初に指摘したのは，加藤　繁であった[12]。加藤は，唐代には市は県治以上の都市にのみ設けるべきものであって，それ以外の小都市や農村に設けられる市は草市と称したとし，「草」は「粗末な」という意味であるとした[13]。これに対して，曽我部静男は，草市の多くが都市の近郊に位置するとし，都市の市に入れない商人が形成したのが草市であると考えた[14]。しかし，日野開三郎は，草市を，州県治の市が国の規定に従った「正市」であるのに対して，郷村を背景に生まれた「正市でない市」の意味であるとし，特に唐代中頃以降，経済的先進地域の黄河流域，大運河沿線，江淮浙一帯を中心に簇生したのであり，その規模は数十～数千戸で，その構成要素は定期市と肆舗と店（比較的小規模な邸店）であるとした。また，草市は，実際には，「〜店」または「〜市」と呼ばれ，後者は「〜集」（華北），「〜亥」（長江流域），「〜墟」（南方）と呼ばれる場合もあったとし，「〜市」と称する草市よりは「〜店」と称する草市の場合，店の数が相対的に多く，幹線交通路上に位置する場合が多かったと考えた。店は，草市を訪れる客商，すなわち市廻りの商人や長距離交易の商人にサービス（宿泊・飲食・倉庫など）を提供したと言う。一方，肆舗と定期市は狭域の取引を担っていたとされる[15]。

第1章　歴史時代における市の発達　　17

かくして，前述のように漢代に初歩的に成立していたと見られる階層的な市の配置とそれをめぐる商人を伴う市システムが，唐代後半になると，少なくとも華北から華中にかけての広範な地域に，ひとしく成立しつつあったと評価すべきであろう。

〈注〉

(1)　曽我部静男「唐宋時代の草市」社会経済史学 24-1，1958 年。

(2)　以上，外村 中「六朝建康都城宮城攷」田中 淡編『中国技術史の研究』京都大学人文科学研究所，1998 年，247-305 頁，塩沢祐仁「建康石頭城と洛陽金塘城」法政史学 51，1999 年，34-65 頁，中村圭爾『六朝江南地域史研究』汲古書院，2006 年，484-511 頁，佐川英治『中国古代都城の研究』勉誠出版，2016 年，197-227 頁。

(3)　以上，佐藤武敏「唐代の市制と行」東洋史研究 25-3，1967 年，33 頁，39 頁，塩沢祐仁「建康石頭城と洛陽金塘城」法政史学 51，1999 年，34-65 頁，佐川英治『中国古代都城の研究』勉誠出版，2016 年，169-196 頁。

(4)　以上，佐藤武敏「唐代の市制と行」東洋史研究 25-3，1967 年，32-59 頁。

(5)　以上，佐藤武敏『長安』近藤出版社，1971 年，170-206 頁，妹尾達彦「唐代長安の盛り場（中）」史流 27，1986 年，37-91 頁，妹尾達彦「唐代長安の市場」，文明のクロスロード：Museum Kyushu 70，2001 年，14-22 頁。

(6)　以上，佐藤武敏「唐代の市制と行」東洋史研究 25-3，1967 年，33-52 頁，日野開三郎『唐代邸店の研究』（私家販），1968 年，1-258 頁，妹尾達彦「唐代長安の街西」史流 25，1984 年，1-31 頁，1-60 頁。

(7)　以上，佐藤武敏「唐代の市制と行」東洋史研究 25-3，1967 年，40-52 頁。

(8)　以上，佐藤武敏「唐代の市制と行」東洋史研究 25-3，1967 年，52-57 頁，妹尾達彦「唐代長安の街西」史流 25，1984 年，1-31 頁，1-60 頁，妹尾達彦「唐代長安の盛り場（上）」史流 27，1986 年，1-60 頁。

(9)　以上，日野開三郎『唐代邸店の研究』（私家販），1968 年，576-586 頁，日野開三郎『続唐代邸店の研究』（私家販），1970 年，524-532 頁，塩見邦彦「唐代の「夜市」」鳥取大学教育学部研究論集，人文社会科学 39-1，1998 年，1-11 頁，鹽 卓悟「唐宋代の夜市」東洋史研究 73-2，2014 年，186-216 頁。

(10)　以上，加藤 繁「唐宋時代の市」『福田徳三博士追憶論文集』，1933 年，387-420 頁，日野開三郎『唐代邸店の研究』（私家販），1968 年，260-370 頁。

(11)　加藤 繁「唐宋時代の市」『福田徳三博士追憶論文集』，1933 年，387-420 頁，日野開三郎『唐代邸店の研究』（私家販），1968 年，370-380，415-440 頁。なお，加藤・日野ともに，毎日開催される毎日市も定期市の概念に入れており，一般的に用いられている定期市の概念と齟齬している。これについては，斯波

義信が日野の著書への書評で批判しており，筆者も本稿では，加藤・日野の著作の紹介の際にも，一般的な用語法に従って修正している。斯波義信「日野開三郎著『唐代邸店の研究』，『続唐代邸店の研究』」社会経済史学 34-3，1973年，参照。

(12)　加藤　繁「唐宋の草市に就いて」史学雑誌 37-1，1926 年，280-286 頁。

(13)　加藤　繁「唐宋時代の草市及びその発展」『市村博士古希記念東洋史論叢』，1933 年，387-420 頁。

(14)　曽我部静男「唐宋時代の草市」社会経済史学 24-1，1958 年。

(15)　以上，日野開三郎『続唐代邸店の研究』（私家販），1970 年，1-541 頁。

第 4 節
五代と宋代

　唐の滅亡に続く五代（AD907～960 年）の混乱期については，市の情報は乏しい。しかし再統一を果たした宋王朝（北宋 AD960～1127 年，南宋 AD1127～1279 年）については，多くの研究がある。

　唐代後半に弛緩した都市部の「市制」は，宋代には崩壊したとされる。北宋の首都東京（開封）においても，南宋の首都臨安（杭州）においても，あるいは，州県治などの地方都市でも，城内外に拡がる市街地の各所で，街路沿に商店が並び商業地区が形成され，営業の時間統制も緩んだ。市は城の内外の街路や広場など随所で開かれ，商人同士の専門商品の市（米市，肉市，牛市，馬市等々）も見られた。[1]

　地方都市については，州県治の数は唐代と大きくは変わらなかったが，各地に「鎮」と呼ばれる都市が抬頭した。鎮は本来軍事的な集落で，北魏や唐代に軍団（節度使など）の所在地として成立し，唐代後半や五代を通じて軍将達が部下を各地に配することによりその数を増し，かつ商業機能などをも兼備して，県に次ぐ都市的集落に成長した。宋王朝は，鎮の軍事的色彩を削ぐことに努めたため，鎮はむしろ商業的機能を主体とする小都市に変身し，北宋の「元豊九域志」によれば，県の数 1,135 に対して，1,815 にまで達したと言う。[2]

　農村部には，鎮の他に，「店」，「歩」，「市」などと呼ばれる小都市も発生した。店は華北や四川に多く，陸上交通路沿いに立地し，歩は華中に多く，水上交通路の船着き場に立地し，市は華中と四川に多くて，水陸交通の要地に立地

第 1 章　歴史時代における市の発達　　19

し，いずれも旅館と常設店舗を持つが，草市より発展したものと思われ，定期市を伴うものが多かったと言う。なお，鎮に店，歩，市などを加えて，これら商業機能を持つ小都市は，しばしば「鎮市」と総称される。その場合，鎮市の戸数はおおむね百戸から数百戸，住民は中小商工業者の他に地主や大商人・官人・士大夫を含み，寺廟や書院・学校が配され，局地的な市場中心機能の他に，上級市場への商品の媒介機能をも併せ持ち，運輸業や工業も立地したとされる。

　宋代の鎮市については，その発展が顕著で相対的に史料が多い江南地方，特に湖州に関する一連の研究がある。それらによれば，五代までに多数発生していた鎮は，宋代に入って政治的理由で数が減少したが，やがて当地の経済的発展を背景に，多数の「市」等の商業都市が発生し，鎮市の総数はかつての鎮数を上回るに至った。それらの立地点の多くは，運河や河川の沿岸または交点であり，西部の丘陵地より東部の低地に高密度に分布していた。これらの背景には，囲田や圩田の形での低湿地の開発，そこでの品種改良など耕作技術の向上，各種農産物や家内工業製品の商品化，運河や河川を用いての遠距離交易の進展，それらに基づく人口の急増などがあった。なお，こうした鎮市にあっても，「草市」が開かれていた事例（烏青鎮）が報告されている。

　もう一つの事例研究としては，杭州との運河による連結と海洋交易とによって繁栄した寧波とその周辺地域の研究がある。当地でも，宋代，低湿地の水田化が進行するとともに，各種特産物の普及，遠距離交易の進展により，多数の市鎮が，主に山地と平地の変換点，一部は低地部の水路の交点に立地し，定期市を伴うものであったと考えられている。

　しかし，宋代の江南では，経済発展の急テンポの進行に応じて，村落の市の簇生と，廟市（fair）の出現も顕著であったと言う。江南では小規模な村落の市は，墟市あるいは，亥市，痎市，山市，村市，野市，草市などと呼ばれ，その開催頻度は十干十二支を基準に，毎日，1日置き，3日ごと，5日ごと，6日ごとなどで，おおむね早朝短時間に開かれた。局地的商業が主体で，一部では物々交換も行われ，南方では農婦の参加が多かったと言う。しかしそこに客商も加わり，塩や茶など遠方からの商品が供給されることもあり，逆に楮，絲，麻布，農器などの特産物の集荷商人も見られた。市の分布は，最小間隔5支里程度で，村内や村境の露天で開かれ，一部簡単な建物を伴うこともあった。また村内には若干の常設店舗（米肆，酒店，酒坊など）や旅館兼倉庫（邸店，客店）を伴う場合もあった。なお，墟市の維持・管理は，その建設企画者であり，

徴税請負人ともなった在地土豪・商人と，保安と商税・酒税・塩課・市場税の徴税面とから市に関与する官府との，利害の一致の下に行われたと言う。一方廟市は，土地神や道教，仏教の祭礼（会）の際に開かれ，芝居や辻芸，見世物，百貨の露店などが出て，本来，住民の娯楽や社交の場となるものであるが，この時期には，遠隔地交易の流通品が扱われることが顕著となり，薬市や蚕市など特別の商品に特化したものも出現したとされる。[7]

　なお，斯波義信は，宋代の商業中心地が，州県治などの地方都市，鎮・市などの小都市，墟市などの市場地の３階層の階層構造をなし，それぞれが市場圏を持って配置されていたとしており[8]，鎮・市などの小都市にも，定期市があったと考えている。[9]

〈注〉

(1)　以上，加藤　繁「宋代に於ける都市の発達について」『支那経済史考證』東洋文庫，1952 年，299-346 頁，斯波義信『宋代商業志研究』第 3 章第ⅰ節，1968年，306-336 頁，斯波義信「宋代の都市に見る中国の都市の特性」歴史学研究614，1990 年，1-6 頁。

(2)　以上，梅原　郁「宋代地方小都市の一面」史林 41-6，1958 年，35-51 頁，梅原　郁「宋代の地方都市」歴史教育 14-12，1966 年，52-58 頁。

(3)　周藤吉之「宋代の郷村に於ける小都市の発展」（上）（下），史学雑誌 59-9・10，1950 年。

(4)　本田　治「宋代の地方流通組織と鎮市」立命館文学 500，1987 年，382-404頁。

(5)　以上，斯波義信「宋代の湖州における鎮市の発展」『榎博士還暦記念東洋学論叢』山川出版社，1975 年，225-238 頁，斯波義信『宋代江南経済史の研究』東京大学東洋文化研究所，1988 年，365-389 頁，川勝　守「長江デルタにおける鎮市の発達と水利」『佐藤博士還暦記念中国水利史論集』国書刊行会，1981年，219-248 頁，林　和生「中国近世の地方都市の一面」京都大学文学部地理学教室編『空間・景観・イメージ』地人書房，1983 年，135-159 頁，林　和生「中国近世における地方都市の発達」梅原　郁編『中国近世の都市と文化』京都大学人文科学研究所，1984 年，419-454 頁。

(6)　斯波義信『宋代江南経済史の研究』東京大学東洋文化研究所，1988 年，459-481 頁。

(7)　以上，斯波義信「宋代江南の村市（market）と廟市（fair）」（上）（下），東方学報 44-1，1961 年，41-75 頁，44-2，1961 年，89-97 頁。

(8)　斯波義信『宋代商業史研究』第 3 章第ⅰ節，1968 年，312-314 頁。

(9) 斯波義信「宋代江南の村市（market）と廟市（fair）」（上），東方学報 44-1,
1961 年，41-75 頁。

第5節
元代と明代

　元代（AD1271〜1368 年）の市に関する研究は乏しいが，長距離商業をはじ
めとする流通経済の繁栄により，農村部を含めての市のシステムは，基本的に
宋代の状況を継承したものと思われる。

　ただ，元末の激しい戦乱により，続く明代（AD1368〜1644 年）の初期には，
経済は自然経済に近いほどの後退があったとされる。しかしながら，明代の中
期には，農業開発，手工業の発展，租税の銭納化などによる貨幣経済の進展な
どにより，鎮市の発展や定期市の開設が再び盛んとなる。

　特に江南の長江デルタでは，低湿地の農業開発が進むとともに，養蚕や綿花
栽培，製糸や紡績，絹織物や綿織物等の手工業が発展し，他方で運河や河川な
どの商業水路がいっそう整備され，この地域の鎮市は，単なる局地的な商業中
心と言うよりは，全国市場と結びついた商工業都市にまで発展したとされる。[1]

　しかしながら，全国に目を転じれば，明代，特にその中期以降，むしろ定期
市が各地に簇生する現象が，数多くの論文に報告されている。まず，山根幸夫[2]
によれば，華北地方では定期市は一般に「集」と呼ばれ，明初には州県城に多
く開設され，中期以降は郷村にも多く開設されたと言う。その立地点は，州県
では四街から次第に四関に移り，郷村では，県境，幹線道路の交点，橋畔，渡
河点，寺院門前，政府出先機関立地点（「務」など），軍隊の駐屯所（「衛」
「所」）などであり，立地間隔は，華北では一般に 10 km 前後，人口の少ない
地域では 20 km 前後であったと言う。周期は，毎日（城州に多い），隔日（河
南省に多い），旬に 4 日（華北全域に分布する），旬 3 回（華北では少ない），
旬 2 回（河南省以外で多く，特に山東省で多い），旬 1 回（華北では少ない），
及び 6 日に 1 回（十二支による，華北では少ない）であった。

　山根はまた，華北における定期市の開設者について論じ[3]，開設に努めたのは
一般に知州や知県たち，郷集の場合は紳士層で，城州は知県の指導の下に胥吏
により運営された公的な施設，郷集の場合は知県の指導の下に紳士など有力者

により運営された官民共営のものであったとしている。明代前半から城州の全てや郷集の一部で商税の徴収が始まるが，郷集の中には「義集」と呼ばれる無課税の集も，地域の有力者が資金を出しあって設立されることがあった。山根[4]はさらに，華北の定期市の牙行について論じ，明代の牙行は，知州・知県に申請して免許状（牙帳）と量り（権量）の給付を受け，定期市に出て交易物資の検量と評価を行い，売手買手の間の仲介をして，売買手数料として1～2％のマージンを取り，併せて官に納める商税分として売り手から1～3％分を取ったと言う。ただし，明代では牙行の制度はいまだ慣習法的で，整然としたものではなかったと言う。

　河北省については石原　潤[5]が，明代の地方志を基に定量的検討を行い，1県当たりの集市数が8.7か所，旬当たり市日延べ数が21日，1集市当たりの平均市日数が2.12日，人口密度の県別平均は36.3人/km^2，100/km^{2}当たりの集市密度は0.95（およそ100km^{2}に1か所），1集市当たりの人口は5,122人であることを明らかにした。これらの数値のいずれもが，後述するように清代や民国時代の数字よりも小さいが，集市の普及が基本的に進んだことを示している。

　石原[6]はまた，華中地方東部の3省（江蘇・浙江・安徽省）を採り上げ，同様の定量的検討を行った。当地域は，長江デルタを含むがその周りの広大な空間を占め，集市の呼称も，北部では華北同様の「集」，中・南部では「市」，南部の一部では華南的な「墟」が用いられる。集市の数に鎮市の数を加えて「市鎮」数として諸数値を計算すると，1県当たりの市鎮数が江蘇省15.9か所，浙江省6.8か所，安徽省12.8か所，人口密度の県別平均は江蘇省が82.7，浙江省が70.3，安徽省が35.7人/km^2，100/km^{2}当たりの市鎮密度は江蘇省が0.54，浙江省が0.70，安徽省が0.76，1市鎮当たりの人口は江蘇省が12,769人，浙江省が11,785人，安徽省が13,816人である。これらの数字も，後述のように，清代，民国時代には次第に上昇していくが，明代の時点では，河北省に比して特別高い値は示していない。ただし，事例地域として採り上げた，長江デルタに位置し，綿作を中心に早期の商品経済化が進んだ江蘇省嘉定県では，明代後期には100km^{2}当たりの市鎮密度4.12にまで高まっていた。

　浙江省の寧波地区については，斯波義信[7]が，明代初期には経済の停滞で都市や集市の発達も停滞するが，明代中期以降は農業の回復，手工業の分化，沿岸貿易の再起により，多くの定期市が新設されたとしている。

江西省については劉 石吉[8]が，当地では宋代以前からも墟市が存在し，明代にはその集期は旬3回が多く，他に旬4回，5回，10回（毎日市）が見られたとし，毎日市は安徽省や江西省を含む江南一帯に広く見られたのだとしている。

華南地方については，まず広東省について林 和生[9]が，当地では晋代に既に「墟」と呼ばれる定期市が出現し，唐代には州県治以外での市の禁令にもかかわらずそれが徹底せず，また宋代には各地に市が立地し遠距離交易を営む客商も現れたとする。明代後半の1558〜1602年間に，1県当たりの市数は6.6から10.3へ，100 km^{2}当たりの市密度は0.34から0.57へと高まり，珠江デルタの諸県，特に広州の周りで密度が高く，沿岸の平原地方や海南島北部がこれに次いでいたと言う。また，市場に固定的な店舗があるのは広東の大きな特徴であるが，それが明末に既に現れていたとも言う。

次いで福建省については，斉藤史範[10]が論じ，当地では平地が少なく，明代中期以後の税の貨幣納により商品作物の導入を図らざるをえなくなり，墟が立地したとする。ただ，明代の墟はまだ数が少なく，周期は旬に1回で，山間部より海岸部により多かったと言う。

なお定期市とは別に，前述のように宋代の江南に多く現れたとされる「廟会」が，山根幸夫[11]によれば明代中期以降，華北にも急速に普及したと言う。廟会は本来道教などの宗教的祭礼に際して開催されるものであったが，次第に経済的目的で定期市と同じ場所で開かれるものも多くなり，地域の有力者が呼びかけ，諸費用を集めて，場所と日時を定め，商人を招いて開催された。開催時期は春と秋が多く，農繁期の夏は避け，開催期間は1日〜数日〜1か月に及んだ。交易品は，日用品，農機具，家畜類が多かったが，遠方の商人が参加し，また演劇や見世物，茶舗や酒店が出て，人々の娯楽の場でもあったと言う。

〈注〉

(1)　以上，川勝 守『明清江南市鎮社会史研究』汲古書院，1999年，第1，2，4章，73-192，269-331頁，林 和生「中国近世における地方都市の発達」梅原 郁編『中国近世の都市と文化』京都大学人文科学研究所，1984年，419-454頁。

(2)　山根幸夫『明清華北定期市の研究』汲古書院，1995年，第1章　明清時代華北における定期市，1-25頁。

(3) 山根幸夫『明清華北定期市の研究』汲古書院，1995 年，第 2 章　明・清初の華北の市集と紳士・豪民，27-54 頁。

(4) 山根幸夫『明清華北定期市の研究』汲古書院，1995 年，第 3 章　明清時代華北市集の牙行，55-76 頁。

(5) 石原 潤「河北省における明・清・民国時代の定期市」地理学評論 46-4，1973 年，245-264 頁。

(6) 石原 潤「華中東部における明・清・民国時代の伝統的市（market）について」人文地理 32-3，1980 年，1-21 頁。

(7) 斯波義信『宋代江南経済史の研究』東京大学東洋文化研究所，1988 年，482-489 頁。

(8) 劉 石吉「明清時代江西墟市與市鎮的発展」『山根幸夫教授退休記念明代史論集』下巻，汲古書院，1966 年，795-820 頁。

(9) 以上，林 和生「明清時代，広東の墟と市」史林 63-1，1980 年，69-105 頁。

(10) 斉藤史範「明清時代福建の墟市について」『山根幸夫教授退休記念明代史論集』下巻，汲古書院，1966 年，821-840 頁。

(11) 以上，山根幸夫『明清華北定期市の研究』汲古書院，1995 年，第 4 章　明清時代華北の廟会，77-101 頁。

第 6 節
清　　代

　明末には，反乱などにより，四川など一部の地域では荒廃が進んだが，清朝（AD1644～1912 年）による再統一で，清代前半には再入植が進められた。一方，江南地方など先進地域では，綿織物業をはじめとする工業化が進展し，そこへ綿花などの原料を供給する商業的農業が，各地で展開するようになった。

　清代の市に関しては，既に戦前段階で，地方志を用いて全国の定期市を概観した加藤 繁の研究[1]がある。それによれば，1 州県当たり市数は数個から数十個で，時代とともに増加傾向を示し，1 市当たり人口は華南で少なく（0.6～1.3 万），華北で多い（0.8 万～2.1 万）と言う。また，江蘇省の地方志に定期市の記載がほとんどないのは，市が毎日市だったせいであろうと言う。市の周期は，直隷（河北）は旬に 2 回，河南は 5 回，山西は 3 回，福建は 1～3 回，広東は 3 回，広西は十二支に 4 回が多かったとする。なお，市は北方では道路や道路沿いの広場で開かれ特別の建物はなかったが，広東の一部では墟廊を設

け商人に常時売買をさせたとする。また，村には常設店舗もあったが，商業活動は主として定期市で営まれ，村の住民はどの市に出入りすべきか指定されていたのではないかと言う。

　これに対してアメリカの人類学者 G. W. Skinner は，1964，65 年に発表した論文[2]において，地方志や統計類の分析に加えて，民国末の四川省でのフィールドワークを基に，清代から民国にかけての市の理論的・定量的な検討を行った。それによれば，中国の村には常設店舗群（四川では「幺店」）や小規模の市（村市）が見られることもあるが，一定の機能を備えた3階層の市とその立地する町が，標準市場（町），中間市場（町），及び中心市場（町）として識別されると言う。これらの市は，一つの市では十分な需要を得られず複数の市を巡回する商人と，生産の日と販売の日の分離が便宜な職人や農民のために，定期市の形を取ると言う。市の周期は陰暦の旬の周期，すなわち旬に1回（まれに見られる），2回（広く見られる），3回（2回の地域の海の中に島のように分布），4回（中間市場や中心市場で見られる），5回（寧波付近，成都付近，河南省北部），あるいは十二支の周期，すなわち12日に2回または4回（雲南～貴州～広西～広東で，西部で2回，東部で4回）である。

　Skinner は，標準市場圏の典型例は，18 個の村を含み，人口 7,870 人，平均面積 52.5 km^2，市場町への最大距離 4.50 km 程度とする。標準市場町の経済的機能には，①農民が生産物を売り，必要な商品やサービスを手に入れる（市に付随し，雑貨店，油屋，茶館，食堂，酒屋など），②金融機能（信用取引，金貸し，頼母子講）と地代徴収，③労働市場（土地無き農民が荷役人夫に）などがある。農民は普段は標準市場町へ，ごくたまに中間市場町へ出かけ，一方，郷紳などのエリート層はしばしば中間市場町へ出かけ，書籍や文房具，高級な商品の購入や，投資，娯楽など，そこでしか得られないものを手に入れると言う。移動商人は，中間市場機構内の中間市場と複数の標準市場をめぐり，商品の販売と地方産物の購買を行う。市場町・市場圏の配置には，モデル A（Christaller の交通原理に基づき，下位の市場町は上位の二つの市場町と関わる）とモデル B（同じく供給原理に基づき，上位の三つの市場町と関わる）の二つの場合があり，それぞれの例を成都付近の2地域について図示している。一般に前者は山がちの地形の地域に，後者は平野部に現れると言う。

　Skinner はまた，村人は生涯に5千回以上も標準市場町に出かけ，茶館で交際し，嫁選びも市場圏内で行うとする。市場圏ごとに，同族集団の分枝，秘密

結社の単位，寺廟の維持団体，各種職能集団があり，同一の祭神の祭祀圏をなし，同一の度量衡・民間伝承・方言を持つため，市場圏は同時に社会圏であり，いわば市場共同体（marketing community）をなすと言う。ただ，それを統括するのは卿紳層で，市日の茶館の法廷では，地域の紛争が彼らによって仲裁されるとする。なお中間市場町では，各標準市場社会から来る卿紳層が茶館・酒場・菜館で交流し，商人たちがこれに加わり，中心市場町では，さらに官僚エリートが加わると言う。

　さらに Skinner は，こうした市の時系列での発展過程を，伝統的過程と近代化過程に区分して説明する。伝統的過程とは，荒廃した空間が開拓され，村が増え，人口密度が高まることにより市場が分出されていく過程で，1標準市場当たり18か村が均衡状態であるが，さらに村が増えていくと，ある時点で新たな標準市場が分出され，既存の標準市場は中間市場へと転化すると言い，このように標準市場が一段と高密度化していくプロセスを高密度化サイクル（intensification cycle）と呼んだ。また，こうした過程・サイクルにもモデルAとモデルBが存在すると言う。そして，広東省や寧波付近を事例に，こうした過程・サイクルが地域差を伴いながら進行しつつあると見なす。一方，近代化過程は，20世紀前半に，特に輸送の近代化（輸送手段や改良道路の普及）によって生じ，市場圏が拡大し，標準市場の数の減少，中間市場の毎日市化や常設店舗の増加などが結果すると言う。そして，この期間に，四川省では近代化過程は進行せず，山東省の膠州湾沿岸地域などでは進行したとしている。

　Skinner はこれに加えて，1977年刊行の編著書においては，中国本部を流域別に8地方に区分し，全体及び各地方の中心地体系を分析し，上位6階層が都市，下位3階層が市場町（中心市場町，中間市場町，標準市場町）により構成されるとした。そして，清朝末期の1993年の時点では，全体で標準市場町27,712，中間市場町8,011，中心市場町2,319，合計39,000があったと推算した。さらに，8地方の一つである揚子江上流地域（四川盆地とその周辺）を事例とし，各階層の中心地とその市場圏を具体的に図示している。8地方間の比較では，例えば中心市場の市場圏の平均面積は，人口密度に反比例し，人口密度最高の揚子江下流地域で 511 km^2 であるのに対して，人口密度最低の中国北西部で $2,860 \text{ km}^2$ にもなる。これに対して，その平均人口は比較的均等で，全体では12万人，8地方別でも9.2〜13.5万人の内に収まるとした。また，8地方とも共通して内部に核心部と縁辺部の地域差を伴っているとする。

これらの著作に触発されつつ，清代の定期市については，地域別に多数の研究の積み重ねがある。

まず，華北地方については，山根幸夫が前述の著書[4]において，明末・清初の戦乱で定期市は一時的に衰退したが，清代に入って知県らによって城集・郷集の開設・整備が進められ，市数が急増し，康熙・雍正から乾隆の頃，絶頂期に入ったとする。しかし，清末になると大都市周辺や交通至便の地域では，定期市の意義が薄れ，減少する地域も現れたとする。また，市に関する諸制度は，明代には慣習法的なものであったが，清代には次第に整備され，城集では商品ごとに各種の，郷集ではふつう若干種の牙行が，それぞれ任命されていたとする。なお，清代の地方志には，大集・(中集)・小集の区別がなされている場合があるが，その区別の基準は牙帖（司帖）の有無によるのではないかとし，大集は官集，小集は義集（牙行のいない集）に相当するのではないかと推測している。ただし，牙行がいない集でも課程銀（取引税）は徴収されていると言う。さらに，牙行制度には弊害も多く，①牙帖支給の際の賄賂の横行，②一人の有力者による複数の牙行の独占，③郷紳層の偽名での，あるいは配下の者を使っての牙行への応募などが行われていたと言う。

河北省については，石原 潤が前述の論文[5]で，1県当たり定期市数は，清代前半の11.3か所から後半には14.5か所に，市日の旬当たり頻度は，前半の2.56日から後半には2.65日に，100 km² 当たりの市密度は，前半の1.44から後半には1.71に，1市当たりの人口は，前半の8,901人から後半には15,580人に，それぞれ上昇したことを明らかにした。また，①市密度は省域の西南部で高く東北部で低いが，これは人口密度の差異に加えて商品作物栽培の地域差を反映していること，②県域内では市は均等配置の傾向を示すが，県城付近には一定距離立地しない傾向があること，③市日は隣接市との競合を避けるのが原則であるが，県城付近では県城の市との競合を避けることが優先されること，④市は階層的構成をしており，地方志では大集・(中集)・小集の区別がある他，牙行の有無やその種類数などによって階層区分が可能なこと，④市立地集落の構造を見ると，市が開かれる大街を中心にその両端に寺廟や洞門が配されるなど共通した特性を持つこと，等を明らかにした。

河北省には，3県について村ごとの情報を記す清末の「村図」が残されているが，百瀬 弘[6]は，その中でも最も完全な青県の村図を用いて定期市の研究を行った。村図には各村の所属する市が記載されており，これにより県内の市を

中心とする市場圏が9個，県外の市の市場圏の一部を構成する地域が9個確認され，この他所属する村を持たない小小市集が若干認められた。これらの市場圏は，市ごとに度量衡を異にするが，市場圏と保甲の管轄区域とは関係がないと言う。なお，民国時代には，大きな市場圏の中で新たな市の発生，したがって市場圏の分割が見られたとも言う。

一方，中村哲夫は，同じく青県の村図を用いて，「廟宇」の項より，廟の存在しない無廟村に着目し，宗教圏の推定を試みた。すなわち無廟村には，①回民集落，②同姓村，③一般の無廟村があるが，①回民村は牲畜市を伴う大きな市の市場圏に属している，②同姓村は宗族の祖先祭祀を行うため村廟は不要，③一般の無廟村は市に近接しているものが多く，市を核とする宗教圏内に所属するとする。かくして，宗教圏は市場圏と重なるとしたSkinnerの考えに共鳴している。

中村哲夫はまた，深州，青県，正定県の三つの村図を分析し，市場圏の階層的配置を論じている。まず，既往の諸論者の階層区分を批判的に検討し，県城内の市（Skinnerの中心市場），城外の大集で牲畜市を有するもの（同中間市場），大集で斗行のみの市（同標準市場），小集（同小市場）に4区分するのが適切であるとする。次いで深州の村図からは，二つの中心市場，八つの中間市場，14の標準市場，23の小市場が識別できるとし，中心市場と中間市場の空間配置を図示して，ゆがんでいるが6角形状の配置を確認している。また，青県の村図からは，全容がわかる八つの市場圏について，中心市場，中間市場，標準市場，小市場がそれぞれ二つずつ識別できるとする。また，市の分布密度ないし市場圏の広狭には，土地生産性，商品作物の普及，内河交通の便，旗地（清王室の直轄領）の有無などが関係し，民間の私設の市（「義集」「民集」）である小集の存立には自作農の多さが不可欠であるとする。

山東省については，森 勝彦が河北省と同様に，1県当たり定期市数は，清代前半の20.1か所から後半には23.5か所に，1県当たり市日延べ数は，前半の41.5日から後半には45.3日に，1市当たりの人口は，前半の0.6万人から後半には1.4万人に，それぞれ上昇したこと，一方1市当たり市場圏は，前半の89.9 km²から後半には83.4 km²に縮小したことを明らかにした。そして，この背景としては，省の西部・西南部の華北平原地域での綿花・煙草・落花生などの商品作物栽培とその市取引の発展が大きいとする。また，地方志には河北省の場合と同様，牙行の有無により大集・(中集)・小集の区別がなされ，牙

行の種類数や人数によっても3階層に階層区分可能だとする。また，定期市は人々がニュースを知る主要な場である他，市日には長老たちの仲裁裁判が行われ，人集めのために演劇が開催されるうえ，市場集落には徴税，保安，後には郵便の機関が立地し，市場圏はいわば社会経済圏をなすとし，Skinnerと同様な考えを示している。

山東省の曲阜県には，孔子の一族の組織（孔府）があり，歴代王朝に認められた領地を持ち，その檔案が残されている。山根幸夫は前述の著書で，これを利用して清代の定期市の研究を行い，①領内の市は「屯集」と呼ばれ，これ以外に義集もあったこと，②屯集の牙行（経紀・行戸）や屯集・義集の集頭・行頭の任命，それを通じての市の支配権をめぐり，孔府と在地の紳士との激しい争いがあったこと，③それらに国家権力（布政使や知県など）がからんだこと，④新市を開設して既存の市の地位を奪う「奪廃」もしばしば行われたこと，などを明らかにした。

前野清太郎も孔府檔案を用いて，19世紀の山東省西部の定期市をめぐる郷村政治の研究を行い，①清代後半になると税の銀納化が定着し，市は生活維持に必要不可欠との認識が官民で共有されていたこと，②孔府の佃戸と一般の民戸は雑居しており，住民は自己主張を孔府と官の2ルートを使い分けて行っていたこと，③市には，孔府に納税する「屯集」，州県の衙門に納税する「民集」，営業認可未取得の「私集」の区別があったこと，④義集では税は取らないが，取引手数料は徴収し，それを公共事業（義学，廟，橋，道路など）にあてることが「義」であると見なされていたこと，⑤取引仲介人（牙行）には，集頭（市の統括者），行頭，行中経紀の区別があったこと，⑥取引仲介人候補の選出にあたっては，地域住民の「公儀」などと称される審査により推薦が行われたこと，⑦在地地主など有力住民は，市間の奪廃行為，集団的暴力の行使，外部権力の利用などを通じて，市をめぐって相互抗争を繰り返したこと，⑧市は彼らにとって，「権威の資源」であり，市の運営費を公共に還元することで権威を得ていたこと，などを明らかにした。

なお，牙行については，山本 進が清代の雑税と牙行について論じた論文の中で，華北（典型は山東省）では，牙行が定期市で雑税（落地税・商税）の徴収を請け負い，牙行の数が多く設定されており，その資本は零細であるが，一方，江南地方，特に長江デルタでは，問屋が発達しており，牙行は売買の仲介だけでなく多くは問屋業を兼営しており，雑税の徴収請負は行わず，牙税の納

税のみを行ったとする。山本はまた，清代四川省の地域経済を論じた論文の中[13]で，四川省の牙行数（牙帖数）が，河南省の100分の1にしか過ぎないことを明らかにし，四川では大都市に立地する問屋業を兼営するような大規模仲介業者のみを牙行に任命していたとする。このように，清代の牙行制度には大きな地域差があることに，われわれは留意せねばならない。

　河北省と山東省の両方にわたる清代の市については，アメリカの社会学者 G. Rozman が，その著書の第5章において論じている。すなわち，彼は，G. [14] W. Skinner（1964）や石原　潤（1973）他日本人研究者の既往の研究を批判的に検討したうえで，明末から民国期までを5期に時代区分し，河北・山東両省について27の府別とそれらを括った七つの地帯別に，県ごとの地方志から求めた人口（P）と市数（M）より計算したP/M値を主たる指標として検討を進める。人口値については，特に初期の数値が不正確だとし，推算により修正を加え，また市数についても，府全体の数値は得られないので，県別に部分的に得られた数値から推算により求めている（ただしこれらの推算法は充分詳細には記されていない）。その結果，各府のP/M値は各時期を通じて8～9千を中心に，6～22千の間に収まり，多くの府では5時期を通じて安定的で，どちらかと言えば下降傾向にあるとする。急激な下降は特に19世紀に入り，条約港のある天津府や莱州府で起こり，これは，経済発展で市数が急増したためとしている。また臨清州や冀州など高人口密度地域の核心部でも起こり，これは人口の停滞や経済の再編成のためであったろうとしている。

　Rozman は，河南省や山西省についての若干の検討をも加え，華北では，高い P/M の地域（河北省の北部と山西省の大部分及び山東省の東北部）と，低い P/M の地域（山東省の大部分と河北省の中・南部及び河南省）に二大別されると言う。その中で河北・山東の両省では五つの変動のパターンが識別され，それは，①約18千の高い P/M 値の維持（河北省北部），②約8千の低い P/M 値の維持（河北省中北部），③10～14千の中位の P/M で時々の6～10千への低下（両省にわたる五つの地帯），④18～21千の高い P/M から12千への急速な降下（条約港付近），⑤短期の上昇（個々の府において）であると言う。さらに，Rozman 自身の既往の研究より，ほぼ同時期のイングランドの P/M 値は7千，フランスのそれは10千，全中国では11～13千，ロシアは17千，日本も17千であったのに比べると，華北の一般に低い値は英・仏に類似し，華北の一部での高い値は日・露に近いとする。

第1章　歴史時代における市の発達　　31

Rozman はまた，他の変数についても言及し，市の頻度 D/M 値（D は市日延べ数）は，首都付近の順天府などで高いが，一般には低く（旬に 2 回の市が圧倒的），都市化や商業化との関連も明確でないとする。また P/M 値の代わりに P/D 値を用いれば，前者で示される地域差が緩和される効果があるとも言う。また，村の規模や間隔についても言及し，華北ではそれらの地域差が大きいとし，Skinner が標準的な V/M 値（V は村数）を 18 としたのに対し，華北ではこの値よりずっと高い地域（河北省北部）とこの値に近いが高めの地域（河北省北部以外）があるとし，この値の利用には批判的である。

結論として彼は，両省の P/M 値の変化からは，Skinner の伝統的過程は認められても，高密度化サイクル（intensification cycle）は支持されない，また，条約港付近での市の消滅による近代化過程も支持されないとする。また，石原の P/M 値が明代から民国にかけて上昇すると言う結論も受け入れ難い（過少評価された人口値を使ったためではないか），また，D/M 値が時代とともに上昇すると言う仮説も受け入れ難い（河北省・山東省ともに時代ごとの差は小さい）としている。

次に，他の地方に関しては，まず，華中東部の 3 省について，石原 潤が前述の論文で，1 県当たりの市鎮（市数と鎮数の合計）は，江蘇省で清代前半の 18.9 から後半の 25.0 へ，浙江省で前半の 9.2 から後半の 16.3 へ，安徽省で前半の 22.8 から後半の 29.2 へ，100 km² 当たり市鎮密度は，江蘇省で前半の 1.51 から後半の 2.49 へ，浙江省で前半の 0.91 から後半の 1.61 へ，安徽省で前半の 0.92 から後半の 1.46 へ，1 市当たり人口では，江蘇省で前半の 2.2 万人から後半の 2.6 万人へ，浙江省で前半の 1.5 万人から後半の 2.3 万人へ，安徽省で前半の 0.4 万人から後半の 2.4 万人へ，それぞれ上昇したことを明らかにした。また市の開催頻度も，定量化は困難であるが，多くの県で旬 1 回→ 2 回→ 3・4 回→ 5 回→毎日の方向への移動が確認されるとした。また事例地域として採り上げた江蘇省鄞県（寧波）では，明代までに比べ清代前半には低地部での市の開設が進み，後半にはそれが加速され多数の旬 2・3・4 回の定期市の立地を見たとする。一方もう一つの事例地域の江蘇省嘉定県では，低湿地の埋め立てや綿作地の拡大を背景に，明代から清代前半，後半へと，着実に「鎮」，「市」，「行村」などの増加が見られ，それらはクリークの交点に均等に配置されていったとする。

寧波とその周辺のより広い地域については，斯波義信がその著書で論じてお

り，明代から清代初期には北部の平野に多数の市が開設されたが，清の中期から後期にかけては市の開設が東部から南部の平野に移り，旬に1回〜5回の多様な周期の市が見られたとする。また，これらはSkinnerの言う中心市場，中間市場，標準市場のいずれかに相当し，標準市場は中間市場との市日の競合を避けていたと言う。

江蘇省嘉定県については，稲田清一が⁽¹⁷⁾，清末に地方自治の単位領域をめぐる論争から，入市地（住民が利用する市鎮）の調査が行われたことを紹介し，その分析から，当時の行政リーダー「鎮董」の管轄域である「廠」（郷）の範域が，基層の市鎮の市場圏に，完全に一致はしないものの，それに準ずるものであったとする。

湖広地方については，森田 明がその論文で⁽¹⁸⁾，定期市は清初から次第に増加し，乾隆期あたりがピークであったが，清末にはむしろ衰微したとし，それらの背景には，綿業（綿花栽培，紡績，織布）の発展と，他方で長江デルタとの競合による絹織物業の衰退があるとする。定期市の多くは10支里を超えない間隔で立地し，市日は旬に2または3回，出市人数は数百から2，3千人で，例外的に1万人を越える場合があった。土着の商人（行商人）は，日用品を扱い，農村を基地に生産者，定期市，県城市をめぐり営業し，遠距離交易は外地の商人が押さえているとする。また，定期市には「場頭」・「集頭」と呼ばれる責任者がおり，地域のボスが就任して，市での争いの解決を図ったと言う。牙行（経紀）はいる市といない市があるが，いない市でも取引税は課されて，市場の地租や防衛費用にあてられたとする。

四川省については，倉持徳太郎がその論文で⁽¹⁹⁾，四川では貴州とともに市のことを「場」（「場市」・「場集」）と言い，この用語法は，湖北・湖南・広西の四川・貴州寄りでも見られるとする。四川省の1県当たり市数は，乾隆→嘉慶→咸豊→民国と増加傾向を保ち，広東省に次いで多いと言う。1場市当たりの人口は0.9万人程度で，地方志の中には場市の周辺郷村の戸数・人口を記しているものもあると言う。また場市のある集落は，戸数数十〜数百で，商店もあり，鎮よりはやや小さめの町と考えられていたとする。市日の周期はふつう旬に3回，ごくまれに旬に2回か4回で，多くは朝から夕方まで，一部は早朝のみ，一部は夜中まで開かれていた。隣接市との距離は，30支里程度が多かったと言う。場市は土匪の跳梁などでたびたび興廃があり，新場市の開設は主唱者・篤志家などの協力で，地方の行政官が場規を決めて実現したとする。

第1章 歴史時代における市の発達　　33

小島泰雄は，四川省三台県の多数の郷鎮志を分析した論文で[20]，清代から現代に至る定期市を伴う集落（場鎮）の成立について論じ，明末の荒廃により清代の開発フロンティアであり，散居が一般的であった四川では，「幺店」（小さな店）が若干立地するような場所，あるいは寺廟の前などに定期市が開設され，やがて街房（町屋）が増え場鎮へと発展したとする。また，定期市の設立者は地域エリートだけではなく，多様な属性を持った人々が関わっており，宗族や商人の関与も認められたとする。一方，定期市の廃絶や移転もしばしば起こり，その要因は，交易者が十分集まらない場合や，火災，宗族間の紛争などであったと言う。場鎮がうまく成立すると，そこには公権力の立地，戯台の追加，茶館の新設，秘密結社支部の設立などが続いたとも言う。

　滝野正二郎は，同じく四川省南部県の清代档案を分析し場市の設立を検討した論文で[21]，まず設立申請者は卿紳ではなく科挙身分を持たぬ村役人層ないし地主層で，申請者の一部が場頭や客総（客商の長）となること，県衙門での担当部署は戸房でなく礼房で，場市設立は経済・財政問題である以上に風紀・治安問題であったこと，多くの場合，場市を先に開設しておいて，後に認可を申請したことなどを明らかにした。また，開設点は，小島が指摘したのと同様，すでに幺店が存在していたところが多く，既存の場市から15〜50支里（8〜30 km）離れた地点であり，集期は旬に3回で，隣接場市とは市日の競合を避けたとする。さらに，場市からの収入は，店房からの地代や「斗市」と呼ばれる徴収金で，場市管理の実務者（「斗秤人役」）の労賃や寺廟の修築，義学の設置，祭りの費用などに使われたとする。県衙門は，場市運営者側に，公正で安定した場市運営，地域秩序の維持，「左務」（県役人の巡察や軍事行動の際の負担）の実行を要求したと言う。なお，市日には，地元の「団練」（自警団）の訓練が行われるのが常であったとも言う。

　広東省については，まず，戦前に発表された増井經夫の論文がある[22]。それによれば，広東では市は城内では「市」，城外では「墟」と呼ばれ，墟の用語は六朝や唐代に既に現れたとする。墟の周期は旬に3回が通例で，墟にはふつう肆が作られており，そこには決まった者が店を出し，その一部は常居していたと言う。また，清末には座肆が主体となり，墟を市に改める例が多くなるとともに，「欄」と称する食料品の卸売市場や，「埠」と称する河舟発着地に位置する食料品・日用品市場も現れたと言う。

　これに対して，林　和生は，前述の論文で，異なった見解を表明している[23]。

すなわち，「墟」と「市」には本来は市場（market place）の意味はなく，前者は定期的な取引，後者は毎日の売買を意味し，前者は郷民の日常生活に必要な衣料や日用品全般の，後者は食料品の取引が主体で，両者が同じ場所で開かれることも多かったと言う。ただ，清代後半になると，両者とも市場そのものを指すようになったと言う。清代後半にはまた，市場に店肆や民家が顕著に立ち並び，商業集落や小都市への発展が見られたとする。また，南京条約による開港で，欧米向けの絹糸の輸出が急増すると，養蚕・製糸業が発展し，桑市，繭市，糸市が多数現れたと言う。これらの結果，1県当たりの市場数は，清代前半の17世紀の18.4から，清代後半の19世紀には28.7へ，100 km^{2}当たりの市場密度は，同じく0.98から1.44へと，それぞれ上昇した。市場の開設には，①村々（数か村の郷民）の共同による，②単一または複数の同姓集団による，③知府・知県の主導による，④官僚層と結びついた卿紳地主による，などの場合があるが，いずれにせよ卿紳層が関わり，彼らは「墟主」として商民から借地料や利用税を徴収することが多かったとする。なお，地方志には，村々が特定の市場に隷属することを記しており，それらからは半径約5 kmの市場圏が確認され，これらはSkinnerの標準市場の市場圏に相当すると言う。

一方，片山　剛[24]は，19世紀初頭の広東省順徳県龍山堡の大同墟を採り上げ，この墟が同堡を構成する四つの図の里長たち40戸の組織（有力同族の連合体）により運営され，紳士層の関与は，墟の新設時や官との交渉など非日常的・一時的な場合に限られていたとする。また，この墟は1・4・7が市日で，店舗もあったが，圧倒的多数を占める墟廊の攤位が，主要な収租対象であったとする。

福建省については，斎藤史範が前述の論文で[25]，墟市数は明末から清代後半にかけて増加し続け，開催頻度も明代の旬1回から清代には旬2回，さらに民国には旬3回（山間部は旬2回）と増え続けたこと，墟市の開設は知県の主導で進められたこと，などを明らかにした。

以上のように，清代を通じて中国の各地域では，市数の増加・市密度の上昇が共通して認められた。Skinnerの言う「伝統的過程」での発展が，（高密度化サイクルの実現にまで至ったかはともかく）進行したと思われる。ただ，牙行制度一つ取って見ても，各地方の地域差は大きく，また，市の開設や運営にどのような階層が関与したかについても，論者により見解が大きく分かれている。

〈注〉

(1)　加藤　繁「清代に於ける村鎮の定期市」東洋学報 23-2，1936 年。

(2)　G. W. Skinner, Marketing and Social Structure in Rural China, Part I and Part II, *The Journal of Asian Studies* 24-1, 2, 1964/65, pp. 3-43, pp. 105-228.

(3)　G. W. Skinner, Regional Urbanization in Nineteenth-Century China, in G. W. Skinner ed. *The City in Late Imperial China*, Stanford University Press, Stanford, California, 1977, pp. 221-249, pp. 275-351.

(4)　山根幸夫『明清華北定期市の研究』汲古書院，1995 年，第 1 章　明清時代華北における定期市，第 2 章　明・清初の華北の市集と紳士・豪民，第 3 章明清時代華北市集の牙行，1-73 頁。

(5)　石原　潤「河北省における明・清・民国時代の定期市」地理学評論 46-4，1973 年，245-264 頁。

(6)　百瀬　弘「清末直隷省青県市場共同体雑考」東洋史研究 27-3，1968 年。

(7)　中村哲夫「清末華北における市場圏と宗教圏」社会経済史学 40-3，1974 年。

(8)　中村哲夫「清末華北の農村市場」『講座中国現代史 2　義和団運動』東京大学出版会，1978 年，177-206 頁。

(9)　森　勝彦「清代から民国に至る山東省の定期市」筑波大学歴史地理研究会会報 1，1978 年，3-28 頁，森　勝彦「清代・民国期の山東省における中心地の展開（1）」鹿児島経大論集 33-1，1992 年，99-112 頁。

(10)　山根幸夫『明清華北定期市の研究』汲古書院，1995 年，第 5 章　清代山東の市集と紳士層，103-124 頁。

(11)　前野清太郎「19 世紀山東西部の定期市をめぐる郷村政治」中国研究月報 68-2，2014 年，1-18 頁。

(12)　山本　進「清代の雑税と牙行」名古屋大学東洋史研究報告 28，2004 年，1-32 頁。

(13)　山本　進「清代四川の地域経済」史学雑誌 100-12，1991 年，1-31 頁。

(14)　G. Rozman, *Population and Marketing Settlements in Ch'ing China*, Cambridge University Press, 1982, pp. 97-122.

(15)　石原　潤「華中東部における明・清・民国時代の伝統的市（market）について」人文地理 32-3，1980 年，1-21 頁。

(16)　斯波義信『宋代江南経済史の研究』東京大学東洋文化研究所，1988 年，482-489 頁，509-515 頁。

(17)　稲田清一「清末，江蘇省嘉定県における入市地調査と区域問題」甲南大学紀要文学編社会科学特集，2003 年，92-119 頁。

(18)　森田　明「清代湖広地方における定期市について」九州産業大商経論叢 5-1，

1964 年。

(19)　倉持徳一郎「四川の場市」日本大学史学会研究彙報 1，1957 年，2-32 頁，65 頁。

(20)　小島泰雄「四川農村における場鎮の成立」神戸市外国語大学外国学研究所研究年報 43，2006 年，1-25 頁。

(21)　滝野正二郎「清代後期，四川省南部県における場市の成立と県衙門」九州大学東洋史論集 38，2010 年，99-140 頁。

(22)　増井經夫「広東の墟市」東亜論叢 第 4 輯，1941 年。

(23)　林 和生「明清時代，広東の墟と市」史林 63-1，1980 年，69-105 頁。

(24)　片山 剛「珠江デルタの市場と市鎮社会」，森 勝彦編『中国近代の都市と農村』京都大学人文科学研究所，2001 年，195-217 頁。

(25)　斉藤史範「明清時代福建の墟市について」『山根幸夫教授退休記念明代史論集』下巻，汲古書院，1966 年，821-840 頁。

第 7 節
民国時代

　民国時代（1912〜1949 年）の市についても，清代同様に多くの研究蓄積がある。

　まず，全国を対象としたものでは，天野元之助の戦前期の論文[1]がある。それによれば，定期市はほぼ全国に見られ，その分布は人口密度を基礎に，村民の交通手段に条件付けられるとし，その間隔は山東では 5 〜10 支里，広東では 10 支里以上，四川では 30 支里以上であるが，いずれも村民が 1 日で往復可能な範囲内であるとする。市の所在地には，ふつう数軒の常設店舗（糧食行や雑貨舗）があるが，平日には閑散とし，市日に賑わうと言う。市での取扱い商品は，多くは村民の生産物と，彼らが需要する商品であり，一部ではその地の特産品（例えば綿花，綿糸，綿布），そして牲畜市では家畜であり，小市では商品の種類が限られ，大市では多様である。近代工業の発展と運輸の近代化が，遠方からの工業製品の流入を促進しつつあるとする。また，開市日の増加，常設店舗の増加，商品作物の市日以外での取引などが，定期市の制度を揚棄しつつあるとも述べている。一方，廟会については，祭礼と関連して開かれるが，次第に交易が主たる任務となり，主に農産物，農具，家畜，生活用品などが扱

第 1 章　歴史時代における市の発達　　37

われるとする。道教・仏教の廟会が一般であるが，中には天主教の廟会もあると言う。

　天野元之助は，後年の著書[2]の第4編「農村の原始市場」において，前論文を補足し，定期市の分布は農業経済の商品経済化の程度によっても条件付けられるとし，市には「集頭」がいて秩序を維持しており，市に際しては，道路使用料が両側の地主に，「攤銭」が地主または村長に，それぞれ支払われるとする。また，廟会についても補足し，廟会には芸人が集まり，飲食店が軒を連ね，農民にとっては最上の行楽であること，会期は農閑期と現金収入がある春と秋に集中すること，娘々，関帝，薬王，火神などの廟会が多いこと，村の役人が合議し村民から経費を徴集し戯台などの準備をすることなどを指摘している。また第5編「農村市場の交易」では，物々交換は各地でわずかな残滓をとどめるに過ぎないとしたうえで，市に関わる商人のタイプを4種挙げている。すなわち，①商舗（店舗商人）で，郷村にも鎮にもおり，市日に特に繁盛し，農民には掛け売りもする。②行商人で，農民の受容する低級商品を城鎮で仕入れ，肩に担いだり小車に乗せて，市集や村々を売り歩く小資本の商人である。③小販子（産地仲買，買取人）で，農民から市または庭先で農産物を買い，城郷鎮の行家（問屋）に売る。零細な農民・職人・商人が従事する。④行家（問屋）で，城鎮に立地し，小販子や農民から生産物を買い入れ，集散地・消費地市場へ移送する。その中には牙行（経紀）が含まれており，彼らは本来は牙税の徴税請負人ないし売買の仲買人（取引に対して手数料を取る）であるが，問屋業務をも行う。

　次に対象地域を限定した研究について見ると，まず河北省については，石原潤が前述の論文[3]で，地方志を基に，民国時代の1県当たり定期市数は21.0，同旬当たり市日延べ数は47.7，旬当たり平均市日数は2.43，100 km² 当たり市密度は2.63，1市当たり人口は16,446人，人口密度平均は225.9人/km²との数字を算出し，これらの数字が，清代後半と比べて，旬当たり平均市日数のみは低下しているが，他の全ての値で上回っているとした。そして，これらの変化の説明としては，人口密度増加と商品経済化による取引量の増大が，市の新設，市日延べ数の増加をもたらしているが，新設市には開催頻度が低いものが多く含まれ，平均市日数の低下を招いたとしている。

　石田浩は，河北省欒城県を扱った論文[4]において，満鉄による「華北農村慣行調査」を基に，県城市の小集（Skinner の標準市場に相当すると見なされ

る）の市場圏を推定し，かつ県城の北3〜4里に位置する寺北柴村の通婚圏を復元した。その結果，県城市小集の市場圏は半径10〜12里であり，寺北柴村は中国の通例どおり村外婚がほとんどであるが，通婚圏は狭く，村から半径10支里以内にほとんどの通婚が収まることが明らかとなった。石田は，この事例では市場圏と通婚圏は大部分重複し，前者に後者が内包されていると言えるが，通婚圏は見合い相手の紹介者（媒人）の社会交通領域に規定されているのであり，むしろ地縁的・血縁的な「生活共同体」を通じて形成されるものであるとし，Skinner の考えには批判的である。

　小沼　正は，河北省を主たる対象にした論文において[5]，民国期の牙行について論じ，牙行の機能は本来，①度量衡の管理と計量，②売買行為の仲介，③価格の決定，④売り手と買い手の身分保証，⑤取引後の保証（牲畜の場合，発病・死亡などの事故を解決するため，5〜10日間代金を預かる）などであったが，さらに附随して各種の税（各種の牙税，屠殺税，牲畜税）の徴税機能が加わったとする。牙行には政府が牙帖を下付し，牙行は営業税である牙行税を納めた。河北省では，牙行には「包商」と「牙紀」の区別があり，「包商」は税の種類別に1年ごとの入札制で全県の徴税を請け負う者で，県知事との癒着があったと言う。これに対して「牙紀」は，数年から十数年続けてやるのが通例で，各市で①〜⑤の機能を果たし手数料を受け取るとともに，そこでの徴税の実務を分担し，集めた額を「包商」に納めたと言う。なお，河北省では，民国24年や31年に，これらの税を官が直接徴収するよう法律を改めたが，実際には骨抜きにされていたと言う。また，山東省では「包商」はあまり発達せず，商人資本と県政との癒着は弱いなど，地域差もあったと言う。

　次に山東省については，森　勝彦が前述の地方志による論文で[6]，民国時代の数値として，①1県当たり定期市数は43.35，②同市日延べ数は59.71，③人口密度平均は252人/km^2，④1市当たり人口は8,749人，⑤1市当たり市場圏面積は65.30 km^2，⑥100 km^{2}当たり市密度3.03が得られたとし，清代後半に比べると，①②③及び⑥では数値が上昇，④及び⑤では数値が低下したとする。⑤は⑥の逆数なので，⑥が上昇すれば⑤は低下するのが当然であるが，④の低下は注目される。なお，森は，清末から民国にかけて牙行の設置が進み，義集が消滅したとし，これは取引量の拡大に伴い，県政府が統制下に入れた結果であるとする。

　山東省の特定の地域を扱った研究としては，まず Ching-Kun Yang（楊　慶

第1章　歴史時代における市の発達　　39

塋）の鄒平県についてのモノグラフ[7]がある。この研究は，民国時代の市について，最も豊かな内容のものとなっているので，以下，詳細に紹介したい。Yang は中国人の社会科学者で，1932 年夏，日本軍の占領以前に現地調査を行った。鄒平県は青島と済南を結ぶ膠済鉄路沿いにあるが，県城は沿線から北に外れている。県域の北部は綿作地帯，中部は穀作地帯で，南部の山地では養蚕・野菜作りが行われる。県域には県城と孫家鎮の二つの鎮があるが，この他七つの村も商店が集まり町であると言える。県の面積は 300 平方マイル，人口は 15.7 万人であった。

県内には 26 の定期市があり（うち調査対象は 14），基本市が 10，中間市が 13，中心市が 3 と，3 階層に区分できると言う。基本市は人々に「菜市」と呼ばれ，食料品と若干の雑貨が扱われる。中間市はその他のさまざまな業種をも含み，住民の基本的需要を満たす。中心市はさらに多様で幅広い商品とサービスを提供する。基本市は Skinner の「小市」，中間市が「標準市」に相当すると思われる。市の売り手の 7 割が自己の生産物を売る農民・職人で，3 割が商人である。大規模農を除くほとんどの農民が農産物の全てを市で売り，全ての手工業品も市で売られる。穀物・絹糸・土布などの買い集め商人も市で仕入れをする。さらに中間市や中心市には，講談師・役者・歌手・手品師・曲芸師・占い師・薬売りなどが訪れ，情報の入手や交際，政治的宣伝，郵便の集配，図書館の開設，自警団の結成などが行われ，社会的諸機能を果たしている。

市の市場圏の半径は階層ごとに異なり，中心市は大小二つの圏（1 次圏と 2 次圏）を持つ。買い手は必ず徒歩で移動するので，中心市の 2 次圏でも日帰りは可能な半径である。当地方の慣習法として，5 里以内に他の市を立てることは許されない。市場圏の人口も階層ごとに異なり，基本市や中間市は 3.5〜8 千人，中心市の 2 次圏では数万人である。市場圏の縁辺部では複数の市場圏が重なっている。一方，売り手の集まる圏はより広く，買い手の圏の 2〜3 倍に達し，畜力や乗り物を使って広いエリアから集まる。市は道路網の中心に立地しており，幹線道路沿いや可航水路沿いの市はより発展している。

市の内部組織について見ると，まず度量衡の標準が重要で，市での争い事の大半はこれをめぐって起こる。小規模市で，付近の村々が共同で度量衡の標準を維持してきた例があるが，一般には市には公認の計量人がいて，計量代を取って計量する。1932 年山東省政府は税制を公布し，斗行と牲畜代理人を入札制にしたと言う。市では近代工業製品は政府制定の度量衡で取引されるが，そ

れ以外の商品は市ごとにかなり異なる地元の度量衡で売買される。物々交換は姿を消しており，取引の媒介物は貨幣である。銀貨・銅貨が主であるが，各種の銀行（省や国の銀行の他，県内の銀行も）の発行した銀行券（多くは質の悪い紙幣）も流通している。なお，市の内部には商品別に出店場所が分かれており，これは買い手の便宜のためであるが，広い空間を必要とする商品もあるためでもある。

　市の新規誕生は，村々の共同の努力による場合と，上からの公的な決定による場合とがある。新規の市は，道路の交点や入植地などに設けられることが多い。一方市の消滅は，人口が少ないなど悪い立地の場合，洪水などで人口減が生じた場合，高い税を課したため忌避された場合などがある。市日は陰暦で旬に2回，県城市のみは4回で，隣接市との市日の競合を避けている。村人は1か所または若干の市へ出市し，専門的商人・職人は町や村に店などを持つが，一群の市を巡回する。長距離の移動商人は，数十マイル〜百数十マイル遠方から来て，煙草，亜麻，レンコンなどの特産物，季節生産物を販売する。この他，年市（fair）としては，県城近くの黄丘廟会があり，売り手は200マイルのエリアから集まり，10万人が訪れ，薬が有名であるが，珍しい商品，安価な商品が手に入り，域内の商人が仕入を行い，その商品が定期市にも流れると言う。

　地域の交通については，まず，道路は狭く所どころで荷車がすれ違う場所がある程度で，メンテナンスも悪い。荷物は荷車，牛馬の背，手押し一輪車，人力による運搬があり，それぞれ運搬可能量とスピードが異なる。1日で往復可能な距離は10〜13マイル以内である。荷車・駄獣・一輪車は専門業者のものではなく，農家の道具で，農民は閑なときに輸送を引き受けるが，あまり遠方へは行きたがらないと言う。市への持ち込み物のうち，14％が荷車・駄獣により，86％が一輪車・人力によるものであった。鉄道の影響は商品の長距離輸送について出ているが，自動車道が整備されバス路線も開通したものの，利用者は少ない。自転車は商人の間で普及しつつある。郵便局は県城にでき，定期市を通じてサービスが始まった。

　町と市の関係については，周辺村に対して卓越しているのは町の商店ではなく定期市であり，町の商店は市日以外は閑散とし，売り上げの9割は市日に集中している。また，町の商店より市の方が商品の幅があり，生産財（駄獣，農具，肥料，種子）は市でのみ売られ，ほとんどの娯楽も市においてである。町の商店や加工場は，市に店を張り，商品や原料のほとんども市で仕入れる。例

えば，土布の買い集め商人は，市で仕入れ，遠方へ移送する。また，農村の職工は，市に来て，町の職人に染めを依頼する。ただし，市の町に対する優位性は下降傾向にあり，鉄道駅近くの大きな町（隣接する県の周村鎮など）が，卸売中心として卓越する傾向が認められる。

　局地的な自給性は，崩壊しつつある。穀物・豆・卵・綿花・土布などは，市で買い集め商人により集められ，遠方へ移送される。農業の商業化は綿作で最も顕著で，綿花は鉄道町より紡績中心の青島や済南などへ送られる。同じ鉄道が，紡績された綿糸や機械織りの綿布を地域に供給し，これらが市を通じて消費者に届く。かくして，市で売られる商品は，農産物65％，手工業品20％，機械生産物15％である。鉄道や蒸気船などの近代的輸送手段は，機械工業製品のほとんどと，手工業品の一定割合を運んでいる。かくしてYangは，当地の経済はもはや自給経済ではないが，新しい商品も定期市システムを通じて流通しており，市は依然町と共存しつつ地域の経済を支えているとし，日本軍の占領によってもこのシステムへの影響は見られないと結論付けている。

　一方，日本の占領期に山東省の他の県の一つの定期市を調査した研究としては，西山武一の報告書がある。対象の市は，同じく膠済鉄路沿いでより東にある益都県の，県城から西方5支里の山麓に位置する五里堡の村で開かれる。当村は231戸の大きな村で，市は村を貫く大路と観音堂の前の広場とで開かれる。大路では商店が並ぶ他，約20人の露店の市が立ち，観音堂前の広場では，夏には山地からの山果の市が，初夏には繭の市が，農繁期には30〜100人の短工（短期の雇用労働者）の市が，また季節を問わず野菜や豚の市が立つ。市日は，1・6が小集，4・9が大集である。最も盛んなのは山果の市であるが，その買い方は村内外の販子（買い集め商人）で，ここで集貨し，鉄道で移送する。当村の過半は農家であるが，26戸の販子，24戸の商店（旅館・飯舗を含む），20戸の推車（運搬人で小車とも言う），29戸の雑業がおり，大販子や大商店はおおむね地主層である。これらの家の多くが市に依存しており，清末には戸数約80戸で商店も少なかったと言うから，その後急成長したと言える。Yangの研究と比べて，市立地集落の空間構造や社会構造を論じている点に意義があり，またYangが専業の運搬人はいないとしたのに対して，推車の存在を指摘した点も注目される。

　天野元之助は山東省の農業経済を論じた戦前の著書において，Yang（楊）などを引用しつつ定期市一般について論じるとともに，山東省の主要農産物の

商品化過程と市との関連を論じている。後者に限って紹介すると，山東省では
1862 年の芝罘開港の影響は小さかったが，1898 年のドイツによる膠州湾租借
の影響は大きく，1904 年の膠済鉄路及び 1913 年の津浦鉄路の開通，並びに長
途自動車道の開通がこれに続いた。主要農産物の商品化過程を見ると，煙草は，
在来種の場合は市に出され農民の消費物になるが，米種の場合は日・米・英・
中の煙草業者の買場にて売られる。綿花は，農民が市で販子に売り，販子が地
方市場で工場筋・洋行筋の代理人または綿花問屋（花行）に売る。しかし花行
が村に進出し，市日と無関係に買い付けを行う傾向が出ている。落花生は，ふ
つう農民が市で売却し，集散地に近い場合は集散市場に持ち込まれる。小麦の
場合は，農民が市に持ち込み，糧食行が購入する。この場合，市にいる経紀を
通さねばならず，経紀が計量・価格決定を行い手数料を取る。以上のように，
いまだ市を通す場合が多いものの，市を通らない取引が増えつつあると言う。

　深尾葉子は，1990 年の論文において，先学の諸研究に依拠しつつ山東省の
市の概況と変化について論じたうえで，1910 年以降の変化としては，鉄道の
開通により大運河に関わる商人資本や民船運輸が決定的な打撃を受けたこと，
市が鉄道駅付近に移動したり，駅周辺の定期市が常設市に変わったりしたこと，
タバコ栽培が鉄道駅に設けられた収買所との関係から鉄道沿線に普及し，タバ
コ栽培農家は穀物や石炭（タバコ乾燥用），大豆粕（肥料）をも購入するよう
になったこと，などを挙げている。深尾はまた，満州について論じた編著書[11]に
おいて，山東省では，葉タバコ，綿花，落花生の主要産地は，ほとんど重なる
ことなく，パッチワークのように，ほぼ全省に分布するようになっていたが，
上述のような諸変化を経たにもかかわらず，満州とは異なる網の目のような定
期市のネットワークはほとんど変化せず，中心地の変更の事例はむしろ例外的
であったと総括している。

　さらに，中生勝美は，満鉄による「中国農村慣行調査」で調査対象とされた
山東省歴城県の王舎人荘の定期市を再調査し，民国時代と現状とを対比的に考
察している。それによれば，民国期この市の市場圏は半径 3 km 程度であった
が，今は交通条件の改善（自転車，トラクター，バスの普及）で拡大している。
民国期，家畜の取引では「牙紀人」と呼ばれる仲買人が 2 ％の交易税を買い手
から徴収していたが，現在では臨時税務職員が工商税を売り手から徴収する。
山東省の市は社交の場ではなく，茶館の機能は顕著ではなく，市であいさつす
るのは同じ村の人に限られる。民国期には村外婚の傾向が強かったが，革命後

村内婚の傾向が強まり，通婚圏は逆に狭くなった。通婚圏の中心は各村にあり，通婚圏と市場圏は重複するが一致しない。祭祀圏は市場圏とも通婚圏とも一致しない。宗族が族譜・墓地などを共有し統合される範囲は村である。風俗・習慣が異なるのは，このあたりでは平野部と山間部の間においてである。以上から，市場圏には物資流通以上の社会的意味を見出すことはできず，社会単位としては村落の重要性を再確認したとし，村落を越えるレベルでの社会的単位としては通婚圏が挙げられるのであって市場圏ではないとし，Skinner が四川農村の現地調査をもとに想定した，市場圏と一致した社会圏（市場共同体）の考えを全面的に否定している。

　山西省については，黒田明伸が清末〜民国期の太原県の地域経済を論じた論文で，郷村居住の知識人の日記の分析により，当地では数か村を範域とする短工の労働力市場，集市を取引点とする穀物市場，太原府を市場圏とする（蔬菜，靴，紙などの）特産物市場が，重層的に存在するが，貨幣需給の逼迫の下，市鎮の複数の商号が自己の信用に基づき銭票（紙幣）を発行し，独自の通用圏を形成し，支払協同体を形成していたとし，これこそが地域経済の実体と言えるとし，Skinner などの中心地論的見方を批判している。

　次に東北地方については，安冨　歩が論文及び編著書において，興味深い議論を展開している。すなわち，県志，『地名辞典』，『地方事情』などの資料により，定期市の存在状況を検討した結果，旧満洲地域の 195 県・旗のうち，100 県について情報が得られ，23 県が定期市顕在地域，30 県が定期市希薄地域，47 県が定期市不在地域に分類できるとし，①山海関から栄口に至る京奉線沿線と，朝鮮人の集住する間島地方には明瞭な定期市の群が見られ，②大連から哈爾濱に至る鉄道沿線や奉吉線・吉敦線沿線には定期市が散在するが，③それ以外の地域には定期市が見られないと概括した。そして①・②では人口密度は 75 人/km^2 程度であるが，③は人口密度が 25 人/km^2 程度であること，①では県全体の人口に対する県城の人口の割合が 6 ％程度で県城以外にも町があるが，②・③では 10％程度で県城が唯一の都市であることを明らかにした。そして，Skinner モデルでは標準市場圏が 18 村，1,500 戸，7 千人余，50 km^2 であり，石原，森などの既往の研究による華北・華中での数字が 1 市当たり 9 〜19 千人，36〜67 km^2 であるのに対して，満洲の市場圏はこれらよりははるかに大きく，市場の稠密な京奉線沿線でも 27〜114 千人に達するとする。また，満洲における行商人は，屯（部落）を廻り庭先で売買をする行商人であ

り，市間の距離が遠いため，Skinner モデルにおけるような市から市へめぐる行商人ではないとする。

　安富は，満洲，特に北満の流通は，輸出作物（主に大豆）を買い付ける県城の糧桟商群と，それと連携する雑貨商群，それらを補完する小さな町の雑貨商群，及び屯から屯へめぐる行商人からなるとし，農民は自家用の大車（数頭の馬に引かせる荷車）か，あるいは知り合いに依頼して，収穫後に大豆などを県城に運び，糧桟商に売却し，小切手を得て，雑貨商より商品や現金に換えて帰宅すると言う。そして県城への一極集中の理由としては，まず，①荷馬車を農民が持っていたこと（モンゴルとの交易で馬の入手が容易で，また長白山系から荷車製造に適した広葉樹材の入手が容易であった），また，②冬季の道路凍結により，夏にはぬかるむ道路が舗装道路のようになり，積載量も増して輸送コストが大幅に低下し，かなりの長距離輸送が可能になり，また収穫物も腐敗しないため貯蔵コストが軽減されること，さらに，③物資の流通が強い季節性を持ち，冬季に集中すること（大豆などの移出と，その販売代金による需要に応えての諸商品の移入とが，冬季に集中）を挙げる。そして，このような地域に鉄道が敷設され，定期市を繁栄させる前に，県城などに店舗商業を主体とする強力な商業中心地が形成されたとする。また，特に北満では県城に住む地主による大土地所有が顕著で，県城の農村掌握が強く，さらに満洲では通貨の逼迫期などに県城の商人が大量に紙幣を発行してきたこともあり，「県城経済」とも称すべき体制ができ上がっていたとする。張作霖政権あるいは「満洲国」が短期間に政治的・経済的統合を果たせたのは，このような県城経済を掌握したからであったとも言う。

　安富はまた，編著書の第 12 章では，Skinner の定期市論について，均衡論的な中心地論に対して，発生過程というダイナミクスを導入することで動学的な理論構成としたことを評価する一方，いくつかの問題点を指摘している。特に山東省では，Skinner は近代化過程で市が消滅したとするが，実際には消滅していないこと，Skinner 理論には地域性に対する配慮が不足しており，例えば四川省の市と違って山東省の市は買い物をするだけの場であり，また山東省は定期市と廟会が組み合わさった経済であるのに対して，旧満洲は「県城経済」である等である。

　さらに，安富と深尾は，編著書の第 7 章で，廟会についても論じ，満洲の廟会の特徴として，①各県に同じ組み合わせの廟があること，②同じ神の廟会は

どこでも同じ日に開かれること（市場機能を果たすには不適切な市日配置），③娘々廟が特に重要であること，④大型の廟会には都市民や上層農民が鉄道・馬車などで集まること，④村や屯（部落）の廟・廟会は不振であること（農家ごとの小廟はあるが），⑤廟会の市場機能は限られていること（飲食物や玩具程度）を挙げ，華北農村では村に共有の廟があり，廟会が長距離交易や卸売機能をも持ち，定期市と役割分担をしながら流通機構を担っているのとは，大いに違っているとする。そして満洲の県城経済機構の下では，廟会が市場機能を担う必要はなかったとする。

　一方，華中・華南地方については，林　和生がその論文で⁽¹⁸⁾，主として民国期の地方志を用いて，商業集落と定期市の諸側面を検討している。それによれば，まず商業集落の形態は長方形が多く，市街地面積 600〜8,600 m²，戸数 10〜900 戸，1 本または数本の街路が走り，一部は十字路・三叉路をなすとし，清代に多かった墟亭・市房は，集落としての発達の結果，むしろ少なくなっていると言う。また，商業集落では，常設店舗よりも定期市の方が高次の機能（商品やサービスで）を果たしているとし，商業機能を支える基盤は，依然として定期市の方にあるとする。さらに，定期市の 1 日当たり参加数は 100〜5,000人，郷民の月間市参加回数は 5 〜 7 回，郷民の行く市は固定しており，度量衡は商業集落ごとに違い，民国期には商業集落に地方行政の末端機関（郷会所）や中心学校が置かれたと言う。そして，商業集落の階層区分としては，県城（城市），他の市に対する卸売・集荷機能を持つ鎮市，郷村に対する小売・集荷機能を持つ村市の，3 階層区分が適当であるとしている。

　華中東部 3 省については，石原　潤が前述の論文で⁽¹⁹⁾，①1 県当たり市鎮数は，江蘇省では 34.74，浙江省では 18.35，安徽省では 38.22 で，いずれも清代後半に比して上昇，②100 km² 当たり市鎮密度は，江蘇省では 2.75，浙江省では 1.57，安徽省では 2.07 で，江蘇省と安徽省では上昇したが，浙江省ではわずかに下降，③その逆数である 1 市鎮当たり面積（km²）は，江蘇省では 36.4，浙江省では 63.7，安徽省では 48.3 と，江蘇・安徽省では下降し，浙江省ではわずかに上昇，④それより求められる市場圏の半径（km）は，江蘇省では 3.74，浙江省では 4.95，安徽省では 4.31 で，江蘇・安徽省では下降し，浙江省ではわずかに上昇，④1 市鎮当たり人口は，江蘇省で 15,312，浙江省で 14,845，安徽省で 18,651 と，いずれの省でも下降した。1 市鎮当たりの人口の動きは，前述の河北省の場合と異なっており，人口の増加以上に市鎮数が

増えていることになる。なお，事例地域として採り上げた浙江省鄞県では，この間，寧波付近で若干の市が消滅しており，これは Skinner が近代化過程による淘汰であると見なしたものであるが，より広域では市の新設が続いている。なお，市立地集落の商店数と市の開催頻度の間に相関が認められるとする。また，もう一つの事例地域である江蘇省嘉定県では，市鎮の商店数と市での取扱い商品の種類数との間にも相関が認められるとする。

　小島泰雄は，満鉄が行った江南地方 6 県の実態調査報告を分析した論文[20]で，当地の農村が，商品作物生産を通して流通過程に組み込まれてはいるが，村落共同体としての機能を維持しているとするとともに，江南地方では中心地分布密度が高いために，農民は農産物売却に際して複数の中心地を選択しており，市場圏は Skinner が論じたように閉鎖的な範域ではないとした。

　四川省については，早くにアメリカの地理学者 J. E. Spencer の，犍為県におけるフィールドワークに基づく研究がある[21]。それによれば，四川では散村が卓越するが，その中の小さな村落（集村）はサービスセンターとして機能しているとし，定期市の立つ村落は石や石灰で舗装された広い通りを持ち，若干の常設店舗を持つとする。市は通常旬に 3 回，取引量が増えれば 4 ～ 5 回開かれ，1,000 戸以上の集落になると毎日市となり，移動商人よりも常設店舗が重要になると言う。家畜や穀物の取引には，取引税が地区役人により徴集され，地区の費用に充てられると言う。

　飯塚英明は，四川省を中心に定期市について考察した研究[22]で，伝統的中国では，行政系統は県段階までで，それ以下では定期市の交易範囲を社会的単位とする村落の「自治」が行われていたとし，これに対して南京政府は，県—郷鎮—保—甲の系統で地方行政を執行するとともに，定期市交易にも行政権を及ぼし，市での農産物商品化を促すとともに，市場における税収の管理をも行ったとした。また飯塚は，四川省彭県での現地調査と行政資料の検討に基づく研究[23]を行った。それによれば，当県には民国時代に定期市のある場鎮が 27 個あり，牙行（家畜の仲介人）や斗紀（穀物・柴・炭その他の仲介人）がいたが，1935年県政府は場鎮の管理を強め，各場鎮に公定の斗と秤を設置し，その利用により売買双方から使用料を取ることとし，それを牙行や斗紀に請け負わせることとした。当時，全県では 21 戸の牙行と 161 戸の斗紀がいたと言う。さらに1945 年には，政府は定期市を「公営市場」とし，牙行・斗紀を「徴収員」と改めたが，実際には脱税行為が公然化していたと言う。飯塚が述べた牙行や斗

紀のあり方は，山東省や河北省について他の研究者が述べた牙行などのあり方とほぼ同様で，清代雍正年間の四川省について，山本 進が述べた牙行の姿（第6節注13参照）とは大いに異なっている。

　華南の広東省については，林 和生が前述の論文で[24]，民国期には，1県当たり市数は 36.9 か所，100 km^2 当たり市密度は 2.47 と，清代後半期よりも著しく増加しており，その増加率が河北や山東よりも高いことを明らかにした。また広東では省内の地域差が大きく，例えば北部の山間部では，市の分布密度が低いうえに，市場の集落への発達が民国時代になっても未成熟であったとしている。

　最後に，民国時代と次の革命後の時代をつなぐ研究としては，林 和生の解放区の研究がある[25]。林は，共産党軍による解放区の中で，どのような商業政策が採られ，定期市がどのように扱われていたかを論じ，1927 年の国共分裂後，諸解放区では，公営商業や合作社商業を発展させるとともに，経済を安定させるために私営商業をも奨励し，その主な活動の場として定期市をも保護・育成したとする。ただ，法外な手数料を徴収していた牙行・経紀は取り締まりを受け，市場を牛耳る地主・郷紳は打倒されたと言う。また，極端な左傾路線が採られた時期には，商店の焼き討ちや，商人の殺害も行われたこともあったとする。抗日戦争時期以降は，「対外管制，対内自由」の政策が明確に採られ，解放区以外との商取引は厳しく管制するが，解放区内の商業活動は自由が保証され，定期市や騾馬大会が盛んに行われ，この傾向は戦局が共産党軍に有利に傾くにつれ促進されたと言う。かくして，1949 年の中華人民共和国建国後も，当面は戦後復興のため，定期市の存在と役割が認められたのである。

　以上のように，民国時代を通じても，定期市は活発に活動を続け，東北地方のような新開地ではその意義は相対的に小さかったものの，少なくとも中国本部においては，主要な流通システムとして存続した。ただ，Skinner が想定したような近代化過程による市の淘汰が生じたかどうかについては，意見が分かれているし，Skinner が四川の調査に基づき想定した市場圏と社会圏の一致については，否定的な意見も出されている。

〈注〉
(1)　天野元之助「現代支那の市集と廟会」東亜学 2，1940 年。
(2)　天野元之助『中国農業の諸問題』（下），技報堂，1953 年，69-174 頁。

(3) 石原 潤「河北省における明・清・民国時代の定期市」地理学評論 46-4, 1973 年, 245-264 頁。

(4) 石田 浩「旧中国農村における市場圏と通婚圏」史林 63-5, 1980 年。

(5) 小沼 正「華北農村市集の「牙行」について」『和田博士還暦記念東洋史論叢』講談社, 1951 年, 221-236 頁。

(6) 森 勝彦「清代から民国に至る山東省の定期市」筑波大学歴史地理研究会会報 1, 1978 年, 3-28 頁, 森 勝彦「清代・民国期の山東省における中心地の展開（1）」鹿児島経大論集 33-1, 1992 年, 99-112 頁。

(7) Ching-Kum Yang, *A North China Local Market Economy*, Institute of Pacific Relations, 1944.

(8) 西山武一『山東の一集市鎮の社会的構造』北京大学附設農村経済研究所 研究資料第 8 号, 1942 年。

(9) 天野元之助『山東省経済調査資料第三輯 山東農業経済論』第 5 章, 南満洲鉄道株式会社, 1936 年, 126-171 頁。

(10) 深尾葉子「中国農村社会と集市研究」台湾史研究 8, 1990 年, 58-69 頁。

(11) 安富 歩・深尾葉子編『「満州」の成立』第 11 章 山東の小農世界, 名古屋大学出版会, 2009 年, 419-455 頁。

(12) 中生勝美「華北の定期市――スキナー市場理論の再検討」宮城学院女子大学キリスト教文化研究所年報 26, 1993 年。

(13) 黒田明伸「二十世紀初期太原県にみる地域経済の原基」東洋史研究 54-4, 1996 年, 103-136 頁。

(14) 安富 歩「定期市と県域経済」アジア経済 43-10, 2002 年, 2-25 頁。

(15) 安富 歩・深尾葉子編著『「満洲」の成立』第 5 章 県域経済, 名古屋大学出版会, 2009 年, 165-200 頁。

(16) 安富 歩・深尾葉子編著『「満洲」の成立』第 12 章 スキナー定期市論の再検討, 名古屋大学出版会, 2009 年, 457-492 頁。

(17) 安富 歩・深尾葉子編著『「満洲」の成立』第 7 章 廟に集まる神と人, 名古屋大学出版会, 2009 年, 243-288 頁。

(18) 林 和生「民国時代における華中・華南の商業集落」人文 27, 1981 年, 85-116 頁。

(19) 石原 潤「華中東部における明・清・民国時代の伝統的市（market）について」人文地理 32-3, 1980 年, 1-21 頁。

(20) 小島泰雄「満鉄江南農村実態調査にみる生活空間の諸相」神戸市外国語大学外国学研究所研究年報 30, 1993 年, 1-50 頁。

(21) J. E. Spencer, The Szechwan Village Fair, *Economic Geography* 16-1, 1940, pp. 44-58.

(22) 飯塚英明「中国の伝統的農村と市場社会」北海道極東研究 2，1999 年，45-69 頁。

(23) 飯塚英明「中華民国時期の彭県における集市および商工業の税制管理」中国研究月報 52-5，1998 年，1-15 頁。

(24) 林 和生「明清時代，広東の墟と市」史林 63-1，1980 年，69-105 頁。

(25) 林 和生「新中国建国前後の商業政策と集市貿易」歴史地理学 178，1996 年，14-27 頁。

第8節
むすび

　中国では，本章で見たように，西周時代に既に市が現れ，春秋・戦国期には都市国家の首都などに見られたが，秦・漢代以降は，帝国の首都や多くの地方都市に計画的に設けられ市の姿をとり，商業活動をその中に限定する「市制」が実行された。しかしながら，春秋・戦国から秦・漢へと続く流通経済発展の第1の波の中で，漢代には農村部にも市が立地し，市間を商人が移動するという，市システムの形成が，初歩的に実現していたのではないかと思われる。

　三国・晋・南北朝の低迷期を経て，唐代の特に後半になると，都市部における「市制」が弛緩するとともに，農村部に定期市が出現するという，新たな事態が生ずる。この流れは，続く宋・元・明・清の時代を貫く，時々は後退期を挟みながらも緩やかに上昇する流通経済発展の第2の波に乗りつつ，Skinner がモデル化したような定期市の簇生と，その階層的な配置により，市システムの形成と成熟が進んだと言えよう。民国時代は，この流れの延長上にあり，加えて近代化の新しい要素が加わった時代でもある。

　明代，清代から民国にかけては，多くの地方志が残されているので，こうした市システムの状況を定量的にとらえることも可能である。**表1-1** は，日本人研究者が明らかにした，華北の河北・山東省，華中の江蘇・浙江・安徽省，華南の広東省についての時代別の数値を一覧表にしたものである。この表より変化を追うと，まず1県当たりの市数は，いずれの省においても時代を追って増加している。$100\,km^2$ 当たりの市密度についても，どの省でも時代を追って上昇しており，ただ浙江省においてのみ清代後半期に比して民国期には若干低下

50　　第I部　市の展開過程

表1-1 市をめぐる諸指標の変化（石原・森・林による）

市数（M）

	明　代	清代前半	清代後半	民国時代
河北	8.7	11.3	14.5	21.0
山東	—	20.1	23.5	40.4
江蘇	15.9	18.9	25.0	34.7
浙江	6.8	9.2	16.3	18.3
安徽	12.8	22.8	29.2	33.2
広東	6.6	18.4	28.7	36.9

100 km² 当たり市密度（M/S）

	明　代	清代前半	清代後半	清代後半
河北	0.95	1.44	1.71	2.50
山東	—	1.85	2.12	3.03
江蘇	0.54	1.51	2.49	2.75
浙江	0.70	0.91	1.61	1.57
安徽	0.76	0.92	1.46	2.07
広東	0.34	0.98	1.44	2.47

1市当たり人口（P/M）

	明　代	清代前半	清代後半	民国時代
河北	5,100	8,900	15,600	16,400
山東	—	6,100	14,500	8,700
江蘇	12,800	22,400	25,800	15,800
浙江	11,800	15,400	22,900	14,800
安徽	13,800	3,700	23,700	18,700
広東	—	—	—	—

市日延べ数（D）

	明　代	清代前半	清代後半	清代後半
河北	21.0	26.0	37.9	47.7
山東	—	41.5	45.3	59.7
江蘇	—	—	—	—
浙江	—	—	—	—
安徽	—	—	—	—
広東	—	—	—	—

（出所）　河北は，石原 潤「河北省における明・清・民国時代の定期市」地理学評論 46-4, 1973
　　　　による。山東は，森 勝彦「清代から民国に至る山東省の定期市」筑波大学歴史地理研究
　　　　会会報 1, 1978 による。江蘇・浙江・安徽は，石原 潤「華中東部における明・清・民国
　　　　時代の伝統的市（market）について」人文地理 32-3, 1980 による。広東は，林 和生
　　　　「明清時代，広東の墟と市」史林 63-1, 1980 による。明代・清代前半については，2 年
　　　　次の値のうち片方を採用。1 市当たり人口の値は，100 の位に整えた。

している。Skinner の言うような市の淘汰が部分的に起っているのかも知れな
い。1市当たり人口は，いずれの省でも，明代から清代にかけては上昇し，清 [1]
代後半から民国期にかけては，河北省では上昇しているが，その他の省では低
下している。これは，この時期に限っては人口の増加率よりも定期市の増加率
が上回った結果だと推測される。1県当たり市日延べ数については，河北省と
山東省でのみデータが得られるが，両省とも時代を追って値が上昇している。

　なお，表1-2 は，G.Rozman が算出した，康熙期から民国期に至る河北省と
山東省における，1県当たり市数と1市当たり人口との変化を示したものであ
る。市数の変化については，日本人研究者の結果とは大きな違いはない。しか
し1市当たり人口では，日本人研究者がおおむね時代とともに上昇していると
したのに対し，Rozman はおおむね下降傾向を示すとしている。両者の算出法
上の大きな違いは，日本人研究者が市数や人口を地方志の生の値を用いている
のに対して，後者は他の資料を用いて修正した推計値を用いていることである。
日本人研究者が正しければ，市数の伸びは人口数の伸びよりは小さかったとい

第1章　歴史時代における市の発達　　51

表 1-2　市をめぐる諸指標の変化（Rozman による）

市数（M）

	康熙期	乾隆期	嘉慶期	光緒期	民国期
河北	10	12	13	14	21
山東	15	20	23	29	42

1 市当たり人口（P/M）

	康熙期	乾隆期	嘉慶期	光緒期	民国期
河北	12-13,000	13,000	11,000	13,000	11,000
山東	12-13,000	12,000	12,000	11,000	9,000

（出所）　G. Rozman, *Population and Marketing Settlement in Ch'ing China*, 1982, pp. 105-107 による。

うことになろうし，Rozman が正しければ，その逆ということになろう。後考を待ちたい。また表の形では示し得なかったが，日本人研究者の多くが市の平均開催頻度が時代とともに上昇してきたと考えているのに対して，Rozman はこの考えに否定的である。この点に関しては，華北に限らず，華中・華南の諸事例から考えて，筆者は Rozman の批判は必ずしも当てはまらないと考えている。

　ともあれ，いずれにせよ，これらの期間を通じて，市数は増え，市密度は上昇し，個々の市場圏は縮小し，市日総数も増加して，市システムの充実が続いたことには間違いはない。Skinner の言う高密度化サイクルはともかく，伝統的過程は進行を続けたと言うべきであろう。ただ，彼が言う近代化過程が，例えば民国期に進行したかどうかは，それを支持するデータや意見もあり，否定するデータや意見もある。これについても，後考を待ちたい。

　しかし，広大な中国において，市システムのありようは，当然地域差を伴う。それは，表 1-1 や表 1-2 が示すような，市の密度（したがって市場圏の面積や半径），対人口比（市場圏の人口規模），市日数（したがって開催頻度）の地域差にとどまらない。例えば，市場圏と社会圏が一致するかどうかでも，Skinner が拠り所にした四川省と，他の研究者が反論に用いた華北とでは，大いに違っているように見える。さらに，いわゆる中国本部では，強固な市システムが共通して存在するが，安富が論じたように，新開地でかつ寒冷地の東北地方では，市システムは十分に育たなかった。同様なことは，乾燥地帯の内蒙古，西北地方，チベット高原などにもあてはまる。こうした市システムの地域差については，本書の第 2 部の諸章で詳述されるであろう。

52　　第Ⅰ部　市の展開過程

表 1-3　1948 年における各種市場の推計数（Skinner による）

	近代化過程進行せず	近代化過程 10%進行
標準市場（農村部）	47,000	42,938
標準市場（都市周辺）	2,200	924
中間市場	12,660	12,121
中心市場	3,340	2,572
計	65,200	58,555

（出所）　G. W. Skinner, Marketing and Social Structure in Rural China, Part 2, *The Journal of Asian Studies* 24-2, 1965, p. 228 による。

　最後に，民国時代の末期，新中国成立の直前に，いったいどれほどの市が存在したのかを，Skinner の推定値で示しておきたい。**表 1-3** は，革命前夜の 1948 年の時点で，近代化過程が全く見られないと仮定した場合と，それが 10%の地域で進行していたと仮定した場合の，中国本部における標準市場，中間市場，及び中心市場の総数を示している。市場数は前者の場合 65,200，後者の場合 58,555 との推計である。こうした状況で，中国は新しい体制へと移行するのであるが，その後の変化については，次章で詳述する。

〈注〉
　(1)　ただし，安徽省の清代前半の数字は異常に小さい。これは得られたサンプル数が異常に少なかったためと考えられ，正常な傾向を示していないと考える。

第 2 章

革命以後の市の展開

はじめに

　本章の目的は，前章で見たように民国期に最盛期を迎えた市が，社会主義革命以後の計画経済期の中国においてどのような扱いを受け，また改革開放以後においてどのような変容を遂げたかを明らかにすることである。その際，市をめぐってごく近年に生じている新たな動きについても言及したい。

　以上の目的を達成するために，市をめぐる政策の変化を論じた既往の諸研究を渉猟するとともに，市に関する諸統計の収集と分析に努め，併せて現地調査に基づき獲得した経験的知識をも加えた。なお，革命以後の行政用語として，定期市及び毎日市からなる伝統的市は，「集市」と呼ばれるのが一般であるため，以後この呼称法を採用する。

第1節

計画経済期における集市の変遷

1 左寄りの政策と右寄りの政策

革命後の中国政府の集市に関する政策の変化を追うと，左寄りの政策が採られた時期が3回あり，これに対して右寄りの政策への振れが見られる時期が3回ある。[(1)]

1949年の人民共和国政権樹立直後は，抗日戦争や国共内戦からの復興を第一に，政府は集市交易の原則自由の方針を採る。これは，共産党が解放区において採っていた政策，すなわち，私営商業を利用しつつ，次第に統制を強化し，社会主義的改造に向けて歩を進める，という政策に沿ったものであった。集市[(2)]を管轄したのは，1952年に設立され，経済活動の監督・管理を司った工商行政管理局であり，国家，省，地区，県ごとに作られた。また，各県内にはその支所である工商行政管理所が適宜配置された。折から進められた土地改革の進展により，農業生産が高まったこともあって，集市はしばらくの間，盛況を呈する。

しかし，工業部門や農業部門と同様，商業部門でも，1953年以降社会主義化が図られ，国営商業機構と供鎖合作社（購買販売協同組合）とが組織された。[(3)]前者は主に都市に基盤を持ち，卸売部門から次第に小売部門へ及び，後者は主に農村部を基盤とし，農業生産物の集荷と消費財及び農業生産財の供給を受け持った。基礎供鎖合作社は各郷鎮に設けられ，その数は3万2,000余，県，省，全国には，その連合体が組織された。[(4)]この過程で私営商業部門は「社会主義的改造」を受け，次第にこれらに吸収されていった。かくして，基礎供鎖合作社は13万の小売販売所と3.5万の移動販売班を持つに至ったとされる。[(5)]1953年11月からは糧食（主食類）の統一買付・統一販売も始まり，1954年には，私営商業のシェアは，卸売販売額の10.2%，小売販売額の26.1%を占めるに過ぎなくなった。[(6)]こうした中で，本来，私営商人や農民個人の活動の場であった集市は，その活動を弱め，衰退を余儀なくされた。特に1955年秋〜1956年初

頭にかけて，毛沢東が主導した社会主義改造の高潮期には，農業部門では高級合作社化が進められたが，商業部門でも社会主義改造がいっそう進み，まだ農村部に残っていた零細私営商人も社会主義改造の対象になった[7]。

　しかしその結果，商品の種類や質の低下，農副産物の生産・流通の減退が起こったので，政府は 1956 年以降，副総理陳雲の指導の下に取引の部分自由化[8]を進め，集市の復活をも図ったという[9]。すなわち，1956 年 3 月には，糧食の供出後に農民が余った分を売買できる食糧市場が全国で約 3.7 万か所設置され，9 月以降には，蔬菜の自由販売制も導入されたので，農村集市が活性化した。集市は都市部でも広範に設立されたと言う。このような集市の回復により，市場での取引商品の種類と数量が著しく増えたとされる[10]。

　以上が，集市をめぐる左寄りの政策の採用と，その後の右寄りの政策への振れの第 1 回目である。

　ところが早くも翌 1957 年になると，物価騰貴や不正行為（供出義務を遂行しない等）が生じ，市場の弊害が目立つとされて，再び市場管理強化の方針が出される[11]。すなわち，1 類物資（糧食・食用油・綿花・生糸等），及び 2 類物資（黄麻・桐油・漢方薬材等）の集市での取引が禁止され，3 類物資（蔬菜・家禽・一部の手工業品等）しか取引できなくなった[12]。

　さらに，毛沢東主導の大躍進運動の一環として始まった 1958 年夏頃からの人民公社化の際に，郷鎮ごとにあった基礎供鎖合作社は人民公社の一部（人民公社販売部）となり，最後まで残っていた農村部の「小商販」（行商人や小商人）もその下に吸収され[13]，それまで集市で販売可能な農副産物の源であった農民の自留地が全廃され[14]，ほとんどの集市が閉鎖されたという[15]。

　なお，第 5，6 章で扱う地方志類の記載によれば，大躍進期には，閉鎖を免れた集市についても，旬に 3 回の市日を 1 回にするなど，市日間隔の拡大（開催日数の削減）が広範に実施されたことが読み取れる。これは農民の出市活動を抑え，人民公社の共同労働に向かわせるためであった。また，県単位などで集市の市日を特定の日に統一することもしばしば行われた。これは農民や商人が複数の市へ出市するのを阻止する措置であり，商品の広域での移動を不可能にするものであった。さらに，市日を決めるカレンダーを，伝統的に用いられてきた農暦（旧暦）から公暦（新暦）に改めることや，周期を伝統的な旬や十干十二支から 7 日週に改めることも，一部では実行された。これらは，人民公社などでの労働のローテーションに合わせた措置であったと推測される。

しかしこれらの結果，農副産物の生産は減退し，商品の分配機構は麻痺状態⁽¹⁶⁾になった。大躍進運動の惨状については，ディケーターの『毛沢東の大飢饉』⁽¹⁸⁾に詳しいが，同書によれば，北京市や天津市には闇市場が発生したと言う。こ⁽¹⁹⁾うした闇市場は，第5，6章で扱う地方志類によれば，「黒市」，「場外市」などと呼ばれ，地方都市や農村でも各所に発生したことがわかる。

　やむなく政府は，翌1959年には，自留地と家庭内副業の復活とともに，農⁽²⁰⁾民的取引を再び発展させる目的で，国家の指導の下での集市の復活を図らざるをえなかった。すなわち，集市で取引しうる商品の範囲を明示し，小商販を一⁽²¹⁾定の条件下で許容するとともに，市場管理委員会を設け，市場での価格をコントロールするというものであった。「活而不乱，管而不死」の管理方針である。⁽²²⁾

　大躍進運動の失敗を受けての，1961年以後のいわゆる調整期において，上述のように復活された集市は住民生活の安定に一定の寄与をしたと考えられる。1961年3月頃，湖北省の集市が住民にとって如何に役立っているかの報告がなされている。基礎供鎖合作社は1961年頃再び人民公社から分離され，1962⁽²³⁾⁽²⁴⁾年に政府は，「市取引は国営商業・供鎖合作社商業の必要な補完物である」との見解を述べている。⁽²⁵⁾

　以上，大躍進期から調整期に至る時期には，集市をめぐって左寄りの政策の採用から，その後の右寄りの政策への，第2回目の振れが見られたのである。

　ところが1966年に毛沢東主導の文化大革命が始まると，紅衛兵は自留地・自由市場（集市）を批判し，その廃止を主張する（特に1967年4月の「革命大批判」において）。この結果，地方によっては自留地・集市が消滅したところもあるとされる。しかし中共中央は，自留地は廃止しないとし，集市につい⁽²⁶⁾ても，その存在を容認しつつ管理の強化を図るという立場を採る。1968年1⁽²⁷⁾月，党中央は文革小組と共に市場管理強化についての通知を出し，農民らの自己生産物販売は容認するが，商業を営むことを禁じ，また1968年中頃〜1969年にかけて，貧農・下層中農を主体とする市場管理委員会を組織させた。⁽²⁸⁾

　この期間，集市はさまざまな制約を受けながらも，細々と存続したと推測される。第5，6章で扱うような地方志の記載を検討して見ても，一般に大躍進期に比して，集市の閉鎖そのものはそれほど多くはなく，むしろさまざまな制約が強化されたとの記載が多い。しかし，市日の削減，特定日への統一，公暦への転換などは，大躍進期よりも広範に行われており，しかも約10年間続いた文革期間内に，それらを複数回実施し，削減や統制の強化が図られた事例が

第2章　革命以後の市の展開　　57

多い。他方で，闇市などで住民が対抗した事例も，大躍進期以上に記録されている。

　なお，文革の末期にいわゆる「四人組」が最も猛威を振るったのは 1975，76 年であったが，1976 年には「取代」（取消と代替）運動が展開され，集市取引の取消しと国営商業による代替が叫ばれた。[29] そうした中で推奨された注目すべき動きとしては，「社会主義大集」ないし「哈爾套の経験」に学べと言う運動があった。「社会主義大集」とは，当時，遼寧省阜新地区彰武県の哈爾套鎮で試みられたもので，「人民日報」1976 年 5 月 9 日にその紹介記事が掲載されている。[30] それによれば，当鎮では古来，旬に 2 回，5・10 の市日に，周辺 10 里を越える範囲から 3,000〜5,000 人が集まる集市が開かれてきた。市日には農民は市に出かけ，人民公社の共同労働に参加しないのみならず，自留地からの農副産物の販売に従事し「資本主義の道」を歩む者がいた。そこで 1975 年の年頭より，集市に代わって「社会主義大集」を開催し，そこで農民が農副産物を供鎖合作社に販売し，得た代金で供鎖合作社の出店より必要物を購入するかたちを採った。これにより流通の社会主義化が促進されるとともに，人民公社の共同労働が強化され，開墾や水利建設が促進されたというものであった。

　「社会主義大集」を勧める運動は，「農業は大寨に学ぶ」運動と関連して，毛沢東の甥で当時遼寧省の党委員会幹部であった毛遠新により主導されたと言われ，当時全国に喧伝され多くの見学者を集めたとされる。しかし『遼寧省志』[31] によれば，それは作為に満ちたものであったと言う。すなわち，「大集」は県内の集市を県で 1 か所または数か所，あるいは人民公社ごとに集約して行われ，農民は出市するのにより不便になった。彼らは農副産物を個人間では売買できず，公定価格で供鎖合作社に売らねばならなかった。農民にはあらかじめ販売物の強制的な割り当てがあり，市の当日は鐘や太鼓，紅旗で景気付けられ，農民が隊列を組んで市へと向かったと言う。第 5，6 章で扱うような全国各地の省・自治区や市・県の地方志からも，この運動が試行または推奨された事例を数多く挙げることができる。しかし，間もなく 1976 年 10 月の「四人組」の逮捕・失脚とともに，この運動も終結を迎えた。

　以上のように，文革期には集市をめぐって 3 回目の左寄りの政策が採られた。それが右寄りに振れるのは，次章で述べる改革開放期を待たねばならない。

　なお，左寄りの政策が市システムや農村住民に与えた諸結果として，Skinner はいくつかの点を挙げている。[32] すなわち，まず，行商人の広域の移動

が阻害され，低次市と高次市の間の垂直的な交換機能がなくなり，水平的交換
機能のみとなり，市システムにおける階層性が崩壊した。また，農民が都市で
農産物を売ることも禁じられ，農村と都市との経済的連結が破壊された。さら
に，農産物販売先を公的購買機関に限定させ，また農民にいっそうの自給性を
強いることにより，その生活水準の低下をもたらした，などである。

2　集市数及び集市取引高の変遷

　計画経済期の集市に関する統計は，断片的にしか存在しない。本項では，断
片的な情報をつなぎ合わせて，集市数や集市取引高の変遷を推測してみる。
　Skinner は，一定の論証の上に立って，社会主義革命の前夜の「農業的
中国」[33] に伝統的市場が 58,555 か所存在していたと推計している。[34] 彼はまた独
自の推論により，大躍進期の 1958 年 8 月には，「農業的中国」に 48,000 の
「標準市場機構」[35] が残っていたはずだとする。[36] 一方南部は，調整期の 1961 年 9
月頃，全国の農村に 4 万余の農村集市が存在したと，典拠を挙げて記している。[37]
Skinner はまた独自の推論により，調整期の 1964 年末に 42,000〜45,000 の伝
統的な定期市が存在したはずだとしている。[38]
　以上の諸推計が正しいかどうか，参照しうる統計としては，管見の限りでは
全国については『中国市場統計年鑑』1994 年版があり，[39] 省単位では省志など
の地方志類がある。後者の内では，河北省，[40] 河南省，[41] 黒竜江省，[42] 及び広西チワ
ン族自治区[43] について，比較的多年度についての統計が得られる。**表 2-1** は，全
国及び上記四つの省・自治区の集市数，及びその全国に対するシェアの経年変
化を示したものである。全国の集市数が『中国市場統計年鑑』から直接得られ
るのは，調整期の 1961 年から 1965 年，文革末期及び過渡期の 1974 年から
1978 年に過ぎない。そこで対全国シェアが 4.35％前後で比較的安定している
河北省の数値，及び同じく 8.00％前後の河南省の数値から，1952，53，54，
57，66 年の全国値を推計し，表中に＊印を付して記入しておいた。
　これらによれば，全国の集市数は，民国末年には 5 万か所を越えていたが，
革命後，大局的には次第にその数を減らし，1976 年の文革終了時に 3 万か所
を割って最小値に達した。上記の Skinner や南部の推計は，（各年次の
Skinner の推計値がやや過大ではあるが）おおむね傾向を捉えていると言えよ
う。より子細に見ると，集市数は，まず，商業の社会主義化が進んだ 1953 年

第 2 章　革命以後の市の展開　　59

表2-1 計画経済期 (1950-1978) における全国及び4省・自治区の集市数の変遷

年次	全国集市数	河北省 集市数	河北省 対全国シェア (%)	河南省 集市数	河南省 対全国シェア (%)	黒竜江省 集市数	黒竜江省 対全国シェア (%)	広西チワン族自治区 集市数	広西 対全国シェア (%)
1950						550		1,040	
1951						560		1,045	
1952	*52,400	2,802	*5.35			565		1,052	
1953	*45,000			3,600	*8.00	550		1,064	
1954	*45,100			3,610	*8.00	530		1,076	
1955						550		1,084	
1956						525		1,084	
1957		2,439	*5.35			540		1,105	
1958						450		1,204	
1959						390		1,149	
1960						310		1,190	
1961	41,437	2,260	5.45			325	0.748	1,336	3.22
1962	38,666			3,100	8.02	294	0.760	1,370	3.54
1963	38,468			3,018	7.85	261	0.678	1,319	3.43
1964	38,083			2,967	7.79	244	0.641	1,321	3.47
1965	37,000	1,944	5.25	2,871	7.76	230	0.622	1,431	3.87
1966	*29,200	1,562	*5.35			200		1,427	
1967						200		1,456	
1968						200		1,383	
1969						170		1,390	
1970						220		1,393	
1971						247		1,395	
1972						254		1,396	
1973						169		1,398	
1974	32,000					179	0.560	1,393	4.35
1975	31,238			2,487	7.96	209	0.669	1,392	4.46
1976	29,227			2,221	7.59	204	0.698	1,383	4.73
1977	29,882			2,415	8.08	228	0.763	1,383	4.63
1978	33,302			2,683	8.06	260	0.781	1,383	4.15

(注) ＊付きの数字は推計値。
(出所) 「中国市場統計年鑑」1994年版, 「河北省志・工商行政管理志」(1994), 「河南省情」 (1987), 「黒竜江情」(1986), 「広西通志・工商行政管理志」(1995)。

頃に著しく減少し，右寄りの政策が採られた1957年頃にはある程度回復している。その後，全国の数値は不明だが，1958年以後の大躍進期には急減し，調整期に入ってある程度回復したはずで，1961年の数値はそれを示していよう。その後1966年に始まる文化大革命により，集市数は再び急減し，多少の増減を繰り返しつつ文革末期に最低値に達した。

　四つの省・自治区のうち，河北省，河南省及び黒竜江省の数値は，おおむね全国値に類似した変化を示す。ただ，広西自治区の場合，全国あるいは他の3

省とは違った傾向を示す。すなわち，1950年以降集市は継続して増加傾向を示し，大躍進直前にいったんピークを迎え，大躍進期に多少減少するものの，その後再び増加基調に入り，文革初期の1967年にピークに達し，その後多少減少するが文革末期の数値は，革命直後を大きく上回っている。左寄りの政策による抑制を跳ね返すほどの集市開設の需要があったと考えるべきであろうか。

　一方，前節で見た集市をめぐる左寄りまたは右寄りの政策の影響は，集市取引高の数値にも如実に現れている。**表2-2**は，前述の同じ資料により，全国及び四つの省・自治区の集市取引高と，その対全国シェアの経年変化を示したものである。河北省及び河南省については，集市取引高の小売販売総額に対するシェアの数値も得られたので，これも記載しておいた。全国の集市取引高の数値は，集市数の場合と同じく，限られた年次についてしか得られないが，四つの省・自治区の対全国シェアはいずれも安定的でないため，ここでは省・自治区の数値を基に全国値を推算することは行わない。

　まず，全国値について見ると，調整期の1961，62年に最も高い値が見られるが，その後は低迷し，文革末期も低い値にとどまっている。

　河北省については，1958～1960年の大躍進期の落ち込みが明瞭で，逆に1961～1964年の調整期の高い値が目立つ。小売販売総額に対する集市取引高のシェアも，それ以前の数％という値から，調整期には19～43％と急増している。文革期には集市取引高は相対的に低くなり，1967～1973年については同じ値が報告されていて統計としての信頼性も低い。河南省については，1950，51年の数値は小さすぎて信じ難いが，1952年以降は社会主義的改造が進むとともに次第に取引高が減じている。大躍進期の数値は不明であるが，調整期の1962，63年には高い数値が見られる。この両年，小売販売総額に対する集市取引高の割合もそれぞれ44.6％，31.2％と著しく高い。なお文革末期の集市取引高の数値は，それほど低くはない。黒竜江省については，全年次について統計が得られ，1950年代は減少基調が明らかで，特に1958～60年の大躍進期の落ち込みが明瞭である。逆に調整期の1961～65年には高い値が現れ，1966～76年の文化大革命期には値は低迷する。

　これに対して，広西チワン族自治区の場合は，やや違った動きを呈する。当地区においても全年次の統計が得られるが，1950年代に取引高が漸減する傾向は認められず，大躍進期の減少も顕著ではない。一方，調整期の増加は明瞭で，文革期の前半は相対的に低い値を示すが，その末期には極めて高い値が記

表2-2 計画経済期 (1950–1978) における全国及び4省・自治区の集市取引高の変遷

年次	全国 集市取引高 (億元)	河北省 集市取引高 (万元)	河北省 対全国シェア (%)	河北省 小売販売総額に対するシェア (%)	河南省 集市取引高 (万元)	河南省 対全国シェア (%)	河南省 小売販売総額に対するシェア (%)	黒竜江省 集市取引高 (万元)	黒竜江省 対全国シェア (%)	広西チワン族自治区 集市取引高 (万元)	広西チワン族自治区 対全国シェア (%)
1950					2,000		2.8	5,500		12,483	
1951					3,845		4.1	5,996		11,100	
1952		10,342		5.84	20,880		17.9	6,000		10,554	
1953		9,858		4.62	20,043		13.3	4,500		12,292	
1954		9,268		3.98	19,964		11.6	4,000		11,215	
1955		10,194		4.06	16,445		9.1	4,500		12,023	
1956		9,826		3.34	16,764		7.6	4,300		13,030	
1957		10,112		3.6				5,500		16,500	
1958		3,236		0.98				3,772		13,660	
1959		5,000		1.36				3,077		16,120	
1960		6,558		1.66				2,027		19,367	
1961	317	100,000	3.15	29.12	138,349	8.44	44.6	20,000	0.631	51,217	1.62
1962	164	140,000	8.54	43.38	96,094	9.15	31.2	10,000	0.610	52,650	3.21
1963	105	82,000	7.81	26.45	64,063	8.21	18.7	8,475	0.807	45,000	4.29
1964	78	67,800	8.69	19.4	56,188	8.26	17.5	5,667	0.727	38,000	4.87
1965	68	42,273	6.22	14.94				4,892	0.719	34,002	5.00
1966		27,700						3,500		27,365	
1967		30,000						2,500		27,329	
1968		30,000						2,600		26,383	
1969		30,000						2,400		27,191	
1970		30,000						3,000		29,043	
1971		30,000						3,510		32,222	
1972		30,000						3,816		33,013	
1973		30,000						3,771		39,143	
1974	114	28,970	2.53					3,970	0.348	38,769	3.40
1975	105	44,000	4.19		89,648	8.53	11.1	3,750	0.357	83,300	7.93
1976	102	37,000	3.63		92,579	9.08	11.1	3,377	0.331	53,100	5.21
1977	105	41,000	4.01		88,393	8.42	9.8	3,704	0.353	75,960	7.23
1978	125	45,000	3.60		99,565	7.97	10.5	6,000	0.480	85,100	6.81

(出所) 表2-1と同じ。

録されている。集市数の場合と同じく，少数民族の卓越するこの地区では，左寄りの政策による抑制を押し返すだけの，需要の高まりがあったと見るべきであろうか。

〈注〉
(1) Skinner は，計画経済期に諸政策の左右への振れ（cycle）は 11 回あったとし，集市に対する右寄りまたは左寄りの政策をその中に位置づけしようとするが，筆者は主要な振れは 3 回だと考える方が，大局を見るのに理解しやすいと考える。Skinner, G. W., Rural Marketing in China: Repression and Revival, *The China Quarterly* 103, 1985 参照。

(2) 林 和生「新中国建国前後の商業政策と集市貿易」歴史地理学 38-2，1996年，25 頁。

(3) 久重福三郎「新中国経済建設下の商業の動向」太平洋問題 9/10，1954 年，1-10 頁。

(4) 同上。

(5) 同上。

(6) 久重福三郎「中国国営商業の市場支配」神戸外大論叢 7-1/2/3，1956 年，349-372 頁。

(7) スキナー，G. W. 著，今井・中村・原田訳『中国農村の市場・社会構造』法律文化社，1979 年，110 頁。原論文は，Marketing and Social Structure in Rural China, Part III, *The Journal of Asian Studies* 24-3, 1965.

(8) 久重福三郎「中共の市場自由化について」神戸外大論叢 7-5，1957 年，1-25 頁。

(9) 菅沼正久「社会主義革命達成後の中国国内市場の変化」中国資料月報 110，1957 年，36-38 頁。

(10) 浅田喬二「農業協同化達成後の中国農村市場の若干の問題」農業総合研究 12-3，1958 年，236 頁。

(11) 久重福三郎「中共その後の自由市場，太平洋問題」1958-4，1-6 頁，久重福三郎「中共の市場管理再強化と物資の統一配分」神戸外大論叢 9-1，1958 年，67-79 頁，浅田喬二「農業協同化達成後の中国農村市場の若干の問題」農業総合研究 12-3，1958 年，237 頁。

(12) 小林熙直「中国における農村市場政策の変遷――"集市貿易"（定期市）を中心に」アジア研究紀要 18，1991 年，145 頁。

(13) 米沢秀夫「人民公社後の商品流通機構」中国資料月報 140，1959 年，4-5 頁。

(14) 南部 稔「中国における商品流通の計画と自由化（1）・（2）」季刊東亜 9/10，1970 年，85 頁。

(15) スキナー，G. W.，前掲書，注（7），1979 年，120 頁。原論文は，Marketing and Social Structure in Rural China, Part III, *The Journal of Asian Studies* 24-3, 1965.

(16) 南部 稔「中国における商品流通の計画と自由化（1）・（2）」季刊東亜 9/10，1970 年，85-86 頁。

(17) 注（15）に同じ。

(18) フランク・ディケーター著，中川治子訳『毛沢東の大飢饉』草思社，2011 年。

(19) 同上，297 頁。

(20) 草野文男「中国商業の構造と農村商業の機能」拓殖大学論集 120，1979 年，23-24 頁。

(21) 米沢秀夫「人民公社後の商品流通機構」中国資料月報 140，1959 年，21-25 頁。

(22) 小林熙直「中国における農村市場政策の変遷――"集市貿易"（定期市）を中心に」アジア研究紀要 18，1991 年，146 頁。

(23) 大崎富士夫「中国の集市とその実態」広島商大論集 2-1，1961 年，85-87 頁，林 耀「農村における定期市取引――湖北省咸寧県汀泗橋集市取引調査報告」アジア経済旬報 469，1961 年，9-17 頁。

(24) 土井 章「中国の商業改革」昭和同人 1970-4，12 頁，南部 稔「中国における商品流通の計画と自由化（1）・（2）」季刊東亜 9/10，1970 年，43 頁。

(25) 立石昌広「中国における商業・サービス業をめぐる最近の議論」研究論集（神奈川大学大学院経済学研究科）53，1981 年，86 頁。

(26) 宮下忠雄「文革と中国の商業組織」季刊東亜 13，1971 年，10-11 頁。

(27) 同上。

(28) 土井 章「中国の商業改革」昭和同人 1970-4，16 頁。

(29) 小林熙直「中国における農村市場政策の変遷――"集市貿易"（定期市）を中心に」アジア研究紀要 18，1991 年，149 頁。

(30) 「社会主義大集好」人民日報，1956 年 5 月 8 日。

(31) 『遼寧省志・工商行政管理志』2000 年，18 頁。

(32) Skinner, G. W., 1985, Rural Marketing in China: Repression and Revival, *The China Quarterly*, pp. 401-403.

(33) 「農業的中国」とは牧畜志向の乾燥地域を除いた中国全土を指す。いわゆる中国本部に東北地方を加えた範囲に近い。

(34) スキナー，G. W.，前掲書，注（7），107 頁。原論文は，Marketing and Social Structure in Rural China, Part III, *ibid*.

(35) 「標準市場機構」とは，スキナーの言う「標準市場（町）」の市場圏に相当す

る。

(36) スキナー，G. W.，前掲書，注（7），119 頁。原論文は，Marketing and Social Structure in Rural China, Part III, *ibid.*

(37) 南部 稔「中国における商品流通の計画と自由化（1）・（2）」季刊東亜 9/10，1970 年，91 頁。

(38) スキナー，G. W.，前掲書，注（7），130 頁。原論文は，Marketing and Social Structure in Rural China, Part III, *ibid.*

(39) 『中国市場統計年鑑』1994 年版，中国統計出版社。

(40) 『河北省志 51・工商行政管理志』1994 年。

(41) 『河南省情』1987 年，河南人民出版社。

(42) 『黒竜江省情』1986 年。

(43) 『広西通志・工商行政管理志』1994 年。

第 2 節
改革開放期における集市の変遷

1 集市をめぐる政策の変遷

1978 年 12 月の中国共産党第 11 期 3 中全会において改革開放路線がスタートし，1979 年の農業の生産請負制の導入，1982 年の人民公社の解体へと進むと，集市をめぐる状況は一変する。

1979 年から 1989 年の天安門事件に至る時期を改革開放期の前期とすると，この期間に商業をめぐって次のような政策が実行された。①国営商業と供鎖合作社の改革が図られ，経営請負制の導入や，一部で個人経営や集団経営への切り替えが実行された。②商業経営形態の多様化を目指し，新たな個人商業，集団商業の育成が図られた。③農産物，工業製品ともに，取引の自由化が進められ，特に農副産物については市場取引にゆだねられた。④流通の合理化を進めるため，流通の地域間（農村・都市間，行政区画間）の封鎖を解き，併せて流通の中間段階の短縮が図られた。

特に集市に関わる政策を見てみると，1979 年 4 月には，政府売り渡し後の糧食を含む全ての農産物を自由市場（集市）で売ってよいことになった。また，

第 2 章　革命以後の市の展開　　65

中共中央は 1979 年 9 月に，「農村の自由市場は社会主義経済の一部であり，補完物である」との見解を示した[6]。1983 年 2 月には，国務院が集市取引に関する管理規定「都市・農村集市管理弁法」を交付し，従来厳しく規制されていた長距離輸送・販売が認められるようになった[7]。この結果，早くも 1983 年の段階で，都市集市で取引される農産物の過半が長距離輸送・販売業者により，農村集市から輸送される物となった[8]。

　かくして農村・都市の両方において集市は「集貿市場」，「農貿市場」，「農副産物市場」，「自由市場」等の名称で回復し，その発展が奨励された[9]。こうした中で，集市の伝統的市日の回復が至るところで進行し，取引量の拡大とともに，伝統的周期の中での開催頻度の上昇が見られ，定期市から毎日市化するものも見られた。さらに，1985 年に実行された都市の流通改革により，国家による農産物の計画買付が糧食等を残して廃止され，生鮮食料品の取引は自由化され，農民が都市に出かけて売ってもよいし，商人が産地に出かけて買ってもよいとされた[10]。以後，国営商業は生鮮食料品については市場競争力を失っていき，集市がそれに取って代わっていった。例えば，1982 年時点では，都市の集市は，住民による家禽の購入先としては国営商業を上回っていたものの，蔬菜，牛・羊肉，卵，魚介類の購入先としてはいまだ国営商業を凌駕していなかったが，1989 年には，これら全ての項目で国営商業を凌駕するに至った[11]。加えて，1980 年代における「郷鎮企業」の発展は，市場への工業製品の供給力を増大させ，集市での取引品目の多様化をも促進した[12]。かくして，農村部では集市が集鎮（中心集落）形成の核になっていったことが報告されている[13]。

　一方，大都市及び商品集散地域においては，卸売市場が建設され，生鮮食料品の流通が広域化・活発化した[14]。さらに，従来の各種商品を扱う「綜合市場」に加えて，特定の商品に特化した小売・卸売の「専業市場」も，次第に開設されるようになった[15]。なお，政府は 1981 年頃より集市の設備・サービス・衛生状態等の改善を目指して「五好集市」の指標を制定し，次いで 1986 年頃よりは「文明市場」を全国・省・地区・県などで指定して，改善を競わせた[16]。

　次に，天安門事件以後，世紀が転換する 2000 年頃までを改革開放期の後期とすると，この時期には，前期の諸政策が徹底化されるとともに，商業の現代化を目指して，新たに次のような施策がなされた。①スーパーマーケット等のチェーンストアや総合商社など，現代的な商業組織を育成する[17]。②商業部門にも外資を導入し，商業の現代化に資する[18]。③商品市場や大型卸売市場を建設し，

卸売市場のネットワークを形成すると共に，先物取引なども行う，などである。[19]

　この時期になると，生鮮食料品を扱う国営商店は次第に姿を消し，当該商品については集市が圧倒的に優位に立った。また，1992年以降，糧食についても価格・流通の自由化が進められ，最後まで残っていたこの分野の配給制度が撤廃された。[20] 集市に関する政策としては，1990年頃から「退路進庁」政策がスタートし，多くが道路上で開かれていた集市（「馬路市場」などと呼ばれていた）を，交通上・衛生上の配慮から，「庁」（建物）の下に収容する方針が立てられた。また2000年頃からは，集市の運営と管理の両面に関わってきた工商行政管理局に対して，運営の面から手を引かせる施策が取られ，集市への投資やその運営の民営化が進んだ。

2　集市数及び集市取引高の変遷

　表2-3は改革開放期における全国の集市数及び集市取引高の変遷を示している。まず集市の総数では，1978年の33,302から毎年一貫して増加し，1985年には，Skinnerによる革命直前の推計値58,555をも上回り，1998年には89,177でピークに達した。約2.7倍に増えたことになる。このうち農村部の集市は，1978年の33,302から一貫して増加し，1994年に66,583（約2.0倍）でピークに達し，以後は減少に転じた。これに対して都市部では，1979年にわずか2,226であったものが，より遅くまで一貫して増加を続け，2003年にピークに達し，27,006と12.1倍にまで増加した。これは都市部において人口増加が激しく，集市の開設が遅くまで続いたためであり，また卸売市場や専業市場の新規開設が主として都市部で進んだためと思われる。[21]

　次に表2-3から，集市取引高の変遷を見ると，まず全体では1978年の125億元から，2003年には約212倍の2兆6,497億元まで，一貫して増加している。そのうち農村部集市の取引高も，1978年の125億元から，2003年の1兆1,050億元へと88倍に増えているが，都市部のそれは，1979年の12億元から，2003年の1兆5,447億元と1,287倍にまで増えており，都市部の集市の取引高が，1994年以降は，農村部集市のそれを上回っているのである。この間の物価上昇率を考慮したとしても，集市売上高の増加は顕著なものがある。

　表2-4は小売販売総額に対する集市取引高の割合を示したものである。1978年の8.0％からほぼ一貫して上昇し，1994年には50％を越え，2000年には

表 2-3 改革開放期における全国の集市数及び取引高の変遷

年次	集市数			取引高		
	全域	都市	農村	全域	都市	農村
1978	33,302	―	33,302	125.0	―	125.0
1979	38,993	2,226	36,767	183.0	12.0	171.0
1980	40,809	2,919	37,890	235.4	23.7	211.7
1981	43,013	3,298	39,715	287.0	34.0	253.0
1982	44,775	3,591	41,184	333.1	45.2	287.9
1983	48,003	4,488	43,515	379.3	51.4	327.9
1984	56,500	6,144	50,356	456.9	75.2	381.7
1985	61,337	8,013	53,224	632.3	120.7	511.6
1986	67,610	9,701	57,909	906.5	244.4	662.1
1987	69,683	10,908	58,775	1,157.0	347.1	810.8
1988	71,359	12,181	59,178	1,621.3	545.3	1,076.0
1989	72,130	13,111	59,019	1,973.6	723.6	1,250.0
1990	72,579	13,106	59,473	2,168.2	837.8	1,330.4
1991	74,675	13,891	60,784	2,622.2	1,079.2	1,542.9
1992	79,188	14,510	64,678	3,530.0	1,583.0	1,947.0
1993	83,001	16,450	66,551	5,343.0	2,562.4	2,780.6
1994	84,463	17,880	<u>66,583</u>	8,981.6	4,569.1	4,412.5
1995	82,892	19,892	63,000	11,590.1	6,176.4	5,413.7
1996	85,391	20,832	64,559	14,690.9	7,882.5	6,812.4
1997	87,105	22,352	64,753	17,424.5	9,468.8	7,955.7
1998	<u>89,177</u>	24,125	65,052	19,835.5	11,042.8	8,792.7
1999	88,576	24,983	63,593	21,707.8	12,325.8	9,382.1
2000	88,811	26,395	62,416	24,279.6	13,800.4	10,479.2
2001	86,454	26,699	59,755	24,949.4	14,319.7	10,629.6
2002	82,498	26,529	55,969	25,975.8	15,140.1	10,835.6
2003	81,017	<u>27,006</u>	54,011	<u>26,497.5</u>	<u>15,447.5</u>	<u>11,050.0</u>
2004	71,552	25,404	46,148	―	―	―
2005	69,520	25,905	43,615	―	―	―
2006	67,042	25,237	41,805	―	―	―
2007	61,913	24,150	37,753	―	―	―
2008	61,535	24,945	36,590	―	―	―

（注）　取引高の単位は億元。下線は最大値。2001 年以降は「消費品市場」の数。
（出所）　各年度の『中国統計年鑑』より作成。

71.1％でピークに達した。集市には一部卸売機能を兼ねるものがあり，集市取引高の中には一部卸売販売額が含まれていると思われるが，ともあれこの数値の高さは，流通機構における集市の持つ重要性を物語っていると言えよう。

　最後に表 2-5 は，集市における商品種類別取引高構成比の変遷を見たものである。商品種類別の数値が得られるのは，第 1 次産業生産物と農業生産資材で，

68　　第 I 部　市の展開過程

衣類・雑貨などからなる工業製品は
「その他」に一括して分類されている。
構成比の経年変化を見ると，まず穀
物・食用油類，家畜，及び農業生産資
材は，初期にはかなりの構成比を示し
ていたが，その後はほぼ一貫してシェ
アを低下させており，農業生産資材は
1995年以降，家畜は2000年以降，独
立した分類項目から外されてしまった。
次に，肉・卵類，水産物，蔬菜類，及
び果物類は，初期には構成比が比較的
低かったが，その後次第に上昇し，
1990年前後にピークに達している。
一方，主として工業製品からなる「そ
の他」の構成比は，初期には比較的低
かったが，1994年以降はほぼ50％前
後の高い値を維持している。

　以上のことから，集市は全体として，
初期には家畜や農業資材も多く取引さ
れる「生産者農民の市場」としての性
格を色濃く持っていたが，やがて生鮮
食料品を消費者に提供する場としての
性格が強まり，さらに工業製品を販売
する場としての性格をも強め「消費者

表 2-4　小売販売額に対する集市取引高の割合

年次	A集市取引高	B小売販売額	A/B×100
1978	125.0	1,558.6	8.0
1979	183.0	1,800.0	10.2
1980	235.4	2,140.0	11.0
1981	287.0	—	—
1982	333.1	2,570.0	13.0
1983	379.3	2,849.4	13.3
1984	456.9	3,376.4	13.5
1985	632.3	4,305.0	14.7
1986	906.5	4,950.0	18.3
1987	1,157.0	5,820.0	19.9
1988	1,621.3	7,440.0	24.4
1989	1,973.6	8,101.4	24.4
1990	2,168.2	8,300.1	26.0
1991	2,622.2	8,245.7	31.8
1992	3,530.0	9,704.8	36.4
1993	5,343.0	12,462.1	42.9
1994	8,981.6	16,264.7	55.2
1995	11,590.1	20,620.0	56.2
1996	14,694.9	24,774.1	59.3
1997	17,424.5	27,298.9	63.8
1998	19,835.5	29,152.6	68.0
1999	21,707.8	31,134.7	69.7
2000	24,279.6	34,152.6	<u>71.1</u>
2001	24,949.4	37,595.2	66.4
2002	25,975.7	40,910.5	63.5
2003	<u>26,497.5</u>	<u>45,892.0</u>	57.8

（注）　取引高・販売額の単位は億元。下線は
　　　最大値。
（出所）　各年度の『中国統計年鑑』より計算。

住民の市」としての性格を強めていったと言えよう。生鮮食料品のウエイトの
上昇は，都市化や所得の上昇に伴う消費性向の変化[22]に応じたものではあるが，
前節でも述べたように，生鮮食料品販売の分野で集市が国営商店に打ち勝った
結果でもあろう。さらに，第Ⅲ部の実態調査でも明らかなように，集市におけ
る工業製品の販売は，都市部の失業者や農村部の余剰労働力によるところが大
きい。こうした人口の顕在化と市商人への継続的参入が，集市における工業製
品取引の拡大を支えていたと推測される。

第2章　革命以後の市の展開　　69

表 2-5　商品種類別集市取引高構成比の変遷

年次	穀物・食用油類	肉・卵類	水産物	蔬菜類	果物類	農業生産資材	家畜	その他	合計
1978	<u>16.1</u>	17.0	4.2	11.4	<u>3.2</u>	8.3	16.7	<u>23.1</u>	100.0
1979	14.6	18.2	<u>3.6</u>	9.3	3.3	6.3	16.3	27.4	100.0
1980	14.6	17.9	4.0	9.1	<u>3.2</u>	3.0	11.3	37.0	100.0
1981	—	—	—	—	—	—	—	—	—
1982	12.2	17.8	4.6	8.4	<u>3.2</u>	3.2	14.1	36.5	100.0
1983	11.4	19.2	5.0	8.7	3.5	3.1	11.0	38.1	100.0
1984	10.0	20.1	5.3	8.4	4.1	2.9	7.8	41.5	100.0
1985	7.8	22.2	5.3	<u>7.7</u>	4.0	2.2	5.2	46.3	100.0
1986	7.9	27.0	7.1	10.7	6.5	1.7	3.4	35.0	100.0
1987	7.3	27.7	7.4	11.3	7.2	1.4	2.8	34.9	100.0
1988	6.7	28.4	7.6	11.9	7.6	1.1	2.4	34.4	100.0
1989	7.6	<u>30.5</u>	8.4	<u>12.7</u>	8.6	1.2	2.1	28.9	100.0
1990	6.8	28.5	8.4	12.2	8.5	1.1	1.8	32.8	100.0
1991	6.3	27.0	<u>8.6</u>	<u>12.7</u>	<u>8.9</u>	0.9	1.7	34.1	100.0
1992	<u>6.0</u>	24.3	8.3	12.3	8.3	0.8	1.4	38.6	100.0
1993	6.5	20.6	7.7	10.9	7.5	0.7	1.1	44.9	100.0
1994	6.6	18.1	7.0	9.5	6.4	<u>0.6</u>	0.9	<u>51.0</u>	100.0
1995	7.8	19.2	7.5	10.4	6.7	—	0.9	47.5	100.0
1996	7.8	18.7	7.7	10.8	6.7	—	0.8	47.4	100.0
1997	7.8	19.2	8.0	11.2	6.3	—	0.8	46.8	100.0
1998	7.4	17.9	8.4	11.1	6.2	—	<u>0.7</u>	48.3	100.0
1999	7.3	17.5	8.3	11.2	6.4	—	<u>0.7</u>	48.6	100.0
2000	8.1	17.3	8.5	11.0	6.4	—	—	48.7	100.0
2001	7.5	<u>16.8</u>	8.3	10.8	6.3	—	—	50.3	100.0
2002	8.1	17.2	8.5	11.1	6.5	—	—	48.6	100.0
2003	8.8	17.1	8.5	11.1	6.4	—	—	48.1	100.0

（注）　数字は％。二重の下線は最大値。普通の下線は最小値。
（出所）　各年度の『中国統計年鑑』より計算。

〈注〉

(1)　浜　勝彦「本格化する中国流通部門の改革」アジアトレンド（アジア経済研究所）25, 1983 年, 95-99 頁, 中島誠一「商業・流通体制の改革」中国経済 217, 1984 年, 48-53 頁, 横井靖男「中国の商業・物資流動事情」中国経済 216, 1983 年, 52-62 頁。

(2)　南部　稔「中国の商品流通と価格メカニズム」商大論集（神戸商科大学経済研究所）32-3, 1981 年, 119-123 頁, 黄　洪年「中国の商業流通の現状」日本経済協力会報 114, 1983 年, 28 頁。

(3)　南部　稔「中国の商品流通と価格メカニズム」商大論集（神戸商科大学経済研究所）32-3, 1981 年, 119-126 頁, 黄　洪年「中国の商業流通の現状」日本

経済協力会報 114，1983 年，28-31 頁．横井靖男「中国の商業・物資・物流事情および近年の日中経済交流」アジア交流 49，1984 年，88-89 頁．浜 勝彦「広東省の流通改革の現状」中国経済 228，1984 年，46-53 頁．入柿秀俊・水野百合「中国の流通」基金調査季報（海外経済協力基金）51，1986 年，165 頁．

(4) 浜 勝彦「本格化する中国流通部門の改革」アジアトレンド（アジア経済研究所）25，1983 年，98 頁．

(5) 池上彰英「食糧の流通・価格問題」阪本楠彦・川村嘉夫編『中国農村の改革』アジア経済研究所，1989 年，80 頁．

(6) 森 久男「都市改革と生鮮食料品流通機構の再編」阪本楠彦・川村嘉夫編『中国農村の改革』アジア経済研究所，1989 年，122 頁．

(7) 小林熙直「中国における農村市場政策の変遷——"集市貿易"（定期市）を中心に」アジア研究紀要 18，1991 年，158 頁．

(8) 同上，160 頁．

(9) 中村 勝「華北三大都市における国営市場と自由市場」中国研究月報 393，1980 年，13-27 頁．何 世元（小粥章司訳）「集市取引は社会主義市場の一部分である——昆明市における集市取引に関する調査報告」アジア経済旬報 1193，1987 年，9-15 頁．南部 稔「中国の商品流通と価格メカニズム」商大論集（神戸商科大学経済研究所）32-3，1981 年，123 頁．謝 庭享「自由市場の運営状態」日本経済協力会会報 114，1981 年，26-27 頁．

(10) 森 久男「都市改革と生鮮食料品流通機構の再編」阪本楠彦・河村嘉夫編『中国農村の改革』アジア経済研究所，1989 年，119-183 頁．

(11) 小林熙直「中国における農村市場政策の変遷——"集市貿易"（定期市）を中心に」アジア研究紀要 18，1991 年，153-155 頁．

(12) 同上，161 頁．

(13) 同上，163 頁．

(14) 浜 勝彦「本格化する中国流通部門の改革」アジアトレンド（アジア経済研究所）25，1983 年，91 頁．中島誠一「商業・流通体制の改革」中国経済 217，1984 年，48 頁．

(15) 例えば，『河北省志 51・工商行政管理志』1994 年，52-62 頁。本書の付論 1 参照。

(16) 例えば，『山東省志 62・工商行政管理志』1997 年，85-89 頁，『河南省志 48・工商行政管理志』1995 年，62-63 頁。

(17) 『中国年鑑』1994 年版，125 頁，大修館書店，同 1995 年版，新評論，140 頁，同 1996 年版，新評論，147 頁，同 1997 年版，新評論，155 頁。

(18) 『中国年鑑』1993 年版，大修館書店，112 頁，同 1994 年版，大修館書店，124 頁，同 1995 年版，新評論，139-140 頁，同 1996 年版，新評論，147-148

頁，同 1997 年版，新評論，155 頁。

(19)　『中国年鑑』1991 年版，大修館書店，96-97 頁，同 1992 年版，大修館書店，
119 頁，同 1993 年版，大修館書店，123 頁，同 1994 年版，大修館書店，125
頁，同 1995 年版，新評論，140 頁。

(20)　菅沼圭輔「農産物流通の自由化と広域流通の展開」加藤弘之編『中国の農村
発展と市場化』世界思想社，1995 年，81 頁。

(21)　この他，地域の都市化に伴い，農村部立地とされていた集市が都市部立地の
集市に変更された事例もあると考えられるが，その数は明らかにしえない。

(22)　池上彰英「経済発展と農業」加藤弘之編『中国の農村発展と市場化』世界思
想社，1995 年，51-76 頁。

第 3 節
近年における集市の諸変化

1　集市の統計上現れている諸変化

　以上のように，中国の集市は 1990 年代中葉までは，都市においても農村に
おいても活況を呈していたのであるが，90 年代末から 2000 年代になると，さ
まざまな点で新たな動きが生じてくる。

　まず集市に関する統計の上で，新たな傾向が認められる。第 1 に，**表 2-3** に
示したように，集市数の減少が，農村部では 1994 年のピーク以降見られるよ
うになり，特に 2000 年以降は加速度的に減少が進み，2008 年には 36,590 と，
1979 年並の数字に縮小した。都市部の集市は 2003 年までは増加を続けたが，
それ以降は減少に転じた。この結果集市の総数も，1998 年をピークに減少に
転じ，2008 年には 61,535 と，1985 年並の数字に縮小した。なお，集市総数
（都市・農村別も含めて）の公表は，2009 年以降は行われなくなった。

　第 2 に，集市取引高は，2000 年までは都市部，農村部，全域ともに急速に
上昇してきたが，それ以降は伸び率が低下し停滞の傾向を示すに至った。なお，
この統計も 2004 年以降，集計されなくなった[1]ので，以後の動向を把握する
のは困難である。

　第 3 に，**表 2-4** に示したように，集市取引高の小売販売総額に対する割合は，

72　　第 I 部　市の展開過程

2000年までは一貫して上昇を続けたが，それ以降逆に低下を示し始めたのである。ただし，2004年以降は，前述のように集市取引高の統計が得られなくなったため，この割合も計算不能である。

2　集市を取り巻く環境の実体的変化

以上のような統計上の変化が何を意味するのか，あるいはどのような要因によって起こっているのか，次にこれらの点を検討していきたい。

まず集市と競合するものとして，特に農村部での私営の常設店舗（「個体戸」商店）の増加・充実が挙げられる。詳細については，第8章及び第11章において論ずるが，1990年代以降顕著に見られる農村部における私営常設店舗の叢生は，農村部集市の取引高の停滞，場合によっては集市数そのものの減少へ影響したものと考えられる。

次に，広義のモータリゼーションの影響が考えられる。モータリゼーションを自家用乗用車の普及と狭義に捉えるならば，中国でそれが顕著に見られるのは，都市部や沿海部農村に限られよう。しかし自家用オートバイやオート三輪の普及，さらにはバス路線網の広範な普及をも含めて広義に解釈すれば，現在の中国では全国的にモータリゼーションが進行中と言える。詳細については，第10章及び第11章において論ずるが，モータリゼーションは商人・消費者の双方に，出市する集市の選択性を高める効果を持っており，農村部を中心に弱小集市が淘汰される可能性を示している。

第3に，「退路進庁」政策の影響が挙げられる。この政策は，特に都市部で早く実行され，例えば鄭州市の市街地では2000年頃に基本的に完了したと言われるが，西安市の市街地の場合は，2005年の時点でなお進行中であった。[2]また天津市では，2000年から2005年にかけて，実行されたと言う。[3][4]「進庁」の仕方は，①単一の建物内への収容，②大規模な上屋の下への収容，または③道路沿いの房への入居のかたちを採ることが多い。①と②の場合は，進庁後も「集市」と呼ばれることが多いが，③の場合は常設店舗と区別することは困難で，もはや「集市」とは呼ばれなくなる可能性が強い。このように，退路進庁政策の結果，見かけ上，都市部を中心に集市数や集市取引高の減少が生じる可能性がある。

第4に，都市部を中心に，スーパーマーケットの普及の影響が考えられる。

第2章　革命以後の市の展開　　73

中国におけるスーパーの本格的な普及は，1990 年代以降であり，初期には沿海部の大都市にのみ立地した[5]。しかしその後全国の地方都市にも広く普及し，第 10 章で論ずるように，陝西省の西安市や寧夏回族自治区の銀川市，さらには河西回廊の酒泉市にすら立地するようになった。しかし，1997，98 年の時点で，上海市の住民は，多くの商品についてスーパーマーケットを主たる購入先とするようになっていたものの，生鮮食料品については，依然として「自由市場」（集市）を主要な購入先としていた[6]。その理由は，当時，生鮮食料品については，スーパーマーケットの方が仕入コストや販売コストが高く，かつ商品の鮮度が劣る状況にあったからである[7]。2005 年時点でも西安市の一般消費者は，生鮮食料品の購買には，鮮度が高く値段が安い集市での購買を指向していた[8]。しかし，近年では，第 10 章第 2 節で論ずるように，富裕層や多忙層を中心に，ワンストップ・ショッピングの可能なスーパーでの生鮮食料品の購買が次第に高まっていると考えられる[9]。また第 11 章第 1 節で言及するように，農村の一部でも，ある種のスーパーマーケットが普及し始めている。このようにスーパーマーケットの普及は，都市部を中心に集市取引の停滞や集市数の減少など，一定の影響を与えていると考えられる。

　以上のように，集市をめぐる新たな動向に影響を与えつつあるのは，私営常設店舗の叢生やモータリゼーション，退路進庁政策やスーパーマーケットの普及といった，中国の流通システムの近代化・現代化を進める諸要素である。すなわち，集市の停滞ないし衰退という新局面は，集市をめぐる外部環境の近代化・現代化のプロセスの中で生じたものであると言わざるをえない[10]。

〈注〉
(1)　2004 年以降集市売上高の集計がされなくなったのは，直接的には工商行政管理局が集市の経営から撤退したためであると考えられる。しかしながら間接的には，退路進庁政策の実行，巨大卸売市場の実現などで，集市や集市売上高の定義付けが困難になってきた背景があると思われる。付論 1 及び付論 3 を参照されたい。
(2)　現地研究者からの書信による。
(3)　第 10 章第 1 節参照。
(4)　河野志保・趙世晨「中国におけるインフォーマルセクターとしての「自由市場」の実態」日本建築学会九州支部研究報告 44，2005 年。
(5)　寺崎正尚・後藤亜希子・川上幸代・洪緑萍『よく分かる中国流通業界』日本

実業出版社，2003 年，42-48 頁。

(6) 呉　軍「中国における生鮮食料品をめぐる自由市場とスーパーマーケットの競争」経営研究 49-3，1998 年，48 頁。

(7) 同上，48-53 頁。

(8) 第 10 章第 1 節，及び石原　潤「西安市における野菜の流通システム」石原潤・趙　榮・秋山元秀・小島泰雄編『西安市と陝西農村の変貌』奈良大学文学部地理学科，2006 年，99 頁。

(9) 第 10 第 2 節，及び石原　潤「銀川市における青果物流通について」石原潤・馬　平・秋山元秀・高橋健太郎編『寧夏回族自治区の経済と文化』奈良大学文学部地理学科，2008 年，69-71 頁。

(10) 北京及び上海の 2 大都市について，青果物流通における集市（集貿市場）とスーパーマーケット等その他の流通組織との競合については，以下の研究に詳しい。王　志剛『中国青果物卸売市場の構造再編』九州大学出版会，2001 年，第 7 章，及び藤田武弘・小野雅之・豊田八宏・坂爪浩史編著『中国大都市にみる青果物供給システムの新展開』筑摩書房，2002 年，第 4 章。

*　　　　　　*　　　　　　*

む す び

　以上見てきたように，中国の伝統的集市は，革命後，計画経済期には，さまざまな規制を受け，衰退を余儀なくされた。しかし改革開放期に入ると，集市は一転して奨励され，市数も取引高も年を追って急上昇した。第 3 部で後述するように，都市部では，出稼ぎ農民や失業者層が市商人に参入し，農村部では，農民が市廻りの兼業商人として従事した。しかるに 1990 年代末から，集市をめぐる新たな変化（集市数の減少，売上高の停滞，小売販売額に対するウエイトの低下）が見られ，その要因は，常設店舗の叢生，モータリゼーション，退路進庁政策，スーパーマーケットの普及等，流通システムの近代化・現代化の諸要素に求められる。かつて日本を含む多くの先進国で見られたと同様に，今や中国の集市システムも衰退の淵に立っているのであろうか。今後の動向が注目されるところである。

付論1
市の呼称と分類

　中国では，計画経済期を通じて，伝統的市は，行政用語ないし統計用語としては「集市」と呼ばれてきた。しかし，改革開放期に入ると，さまざまな種類の市が開設されるようになり，市に対する呼称法あるいは分類法が，さまざまなかたちで用いられるようになった。

　第4章第2節で詳述するように，河北省の場合，1980年代に入ると，従来の総合的な集市を「総合市場」とし，特定の商品のみを扱う集市を「専業市場」と呼ぶようになった。そしてその中には，省政府の方針で奨励されるようになった「農副産品卸売市場」や「日用工業小商品市場」，「その他の各種専業市場」が含まれていた。

　1994年刊『中国市場統計年鑑』は，全国を対象とした年鑑類では初めて，従来の「（城郷）集市」を「集貿市場」と呼び換え，**付表1**のような分類を提示し，1993年のそれぞれの市場数と取引高を掲載している。市場数では，「集貿市場」の約8割が「総合集貿市場」が占め，5.9%が「工業品専業市場」，9.9%が「農副産品専業市場」，1.1%が「廃旧品専業市場」，残り3.7%が「その他専業市場」とされた。しかし取引高では，「総合集貿市場」のウエイトは55.7%に過ぎず，既に「専業市場」が相当重要な地位を占めていることがわかる。

　ところが，1997年刊の『中国市場統計年鑑』では，「集貿市場」の分類法が変わるとともに，新たに生産財の取引市場である「生産資料市場」と，商品以外の各種生産要素を扱う「生産要素市場」の分類が加わり，1996年の数値が**付表2**のように示されている。「集貿市場」のうち，「総合市場」とされたのはちょうど6割，「農副産品市場」が28.8%，「工業品市場」が8.9%，残り2.2%が「その他」とされた。「生産資料市場」は，「生産資料総合市場」，「工業生産資料市場」，「農業生産資料市場」，及び「その他」に分類されており，そのうち，「工業生産資料市場」が62.7%を占め，ウエイトが高い。「生産要素市場」は，さらに7種に分類されており，その中では，「不動産市場」と「労働市場」のウエイトが比較的高い。

付表 1　1993 年集貿市場数と取引高

	市場数	同構成比	取引高（万元）	同構成比
集貿市場　合計	83,001	100.0	53,430,321	100.0
1．総合集貿市場	65,991	79.5	29,758,475	55.7
2．工業品専業市場	4,866	5.9	13,158,693	24.6
うち卸売市場	746	0.9	7,897,327	14.8
3．農副産品専業市場	8,221	9.9	6,697,844	12.5
うち卸売市場	2,081	2.5	3,473,234	6.5
4．廃旧品専業市場	875	1.1	1,126,215	2.1
5．その他専業市場	3,048	3.7	2,689,094	5.0

（出所）『中国市場統計年鑑』1994 年版による。

付表 2　1996 年集貿市場・生産資料市場・生産要素市場数と同取引高

	市場数	同構成比	取引高（億元）
集貿市場　合計	85,391	100.0	14,695
1．総合市場	51,237	60.0	
2．農副産品市場	24,626	28.8	
1．農副産品総合市場	17,190	20.1	
2．農副産品専業市場	7,436	8.7	
3．工業品市場	7,633	8.9	
1．工業品総合市場	3,947	4.6	
2．工業品専業市場	3,680	4.3	
4．その他	1,895	2.2	
生産資料市場　合計	4,730	100.0	3,879
1．生産資料総合市場	852	18.0	
2．工業生産資料市場	2,965	62.7	
1．工業生産資料総合市場	512	10.8	
2．工業生産資料専業市場	2,453	51.9	
3．農業生産資料市場	490	10.4	
1．農業生産資料総合市場	158	3.3	
2．農業生産資料専業市場	332	7.0	
4．その他	423	8.9	
生産要素市場　合計	1,004	100.0	1,518
1．不動産市場	285	28.4	
2．金融市場	73	7.3	
3．労働市場	261	26.0	
4．技術市場	107	10.7	
5．情報市場	45	4.5	
6．財産権市場	24	2.4	
7．その他要素市場	209	20.8	

（出所）『中国市場統計年鑑』1997 年版による。

付表3　2001年消費品市場・消費品卸売市場と同取引高

	市場数	同構成比	取引高（億元）	同構成比
消費品市場　合計	86,454	100.0	24,949	100.0
1．消費品総合市場	47,152	54.5	7,107	28.5
2．農副産品市場	27,167	31.4	7,762	31.1
1．農副産品総合市場	20,167	23.3	4,792	19.2
2．農副産品専業市場	7,028	8.1	2,971	11.9
3．工業消費品市場	10,163	11.8	9,386	37.6
1．工業消費品総合市場	5,566	6.4	3,788	15.2
2．工業消費品専業市場	4,597	5.3	5,598	22.4
4．その他	1,972	2.3	693	2.8
うち消費品卸売市場　合計	7,394	100.0	10,795	100.0
1．総合卸売市場	663	9.0	1,228	11.4
2．工業消費品卸売市場	2,380	32.2	6,144	56.9
3．農副産品卸売市場	4,351	58.8	3,423	31.7
1．蔬菜市場	1,410	19.1	1,048	9.7
2．干鮮果市場	820	11.1	605	5.6
3．水産物市場	361	4.9	487	4.5
4．肉・卵市場	277	3.7	245	2.3
5．糧食市場	738	10.0	323	3.0
6．食用植物油市場	16	0.2	10	0.1
7．子豚市場	227	3.1	24	0.2
8．その他市場	502	6.8	682	6.3

（出所）『中国工商行政年鑑』2002年版による。

　さらに，1999年刊の『中国市場統計年鑑』（1998年の統計を記載）からは，「集貿市場」が「消費品市場」と再び改称され，「消費品市場」と「生産資料市場」とを併せた概念として「商品交易市場」という呼称法も用いられるようになる。

　このように，改革開放期に市の呼称法や分類法は，複雑な変化を辿ってきたのであるが，「集市」→「集貿市場」→「消費品市場」と名称を変えた市場群は，一貫して生産財（生産資料）市場と生産要素市場を除き，「総合市場」と「専業市場」の双方を含む全ての市場を指しており，本書の各種統計では，原則としてこれらを「集市」として表記している。

　また，年度によっては，中分類の「工業品専業市場（工業消費品市場）」や「農副産品専業市場（農副産品市場）」，あるいは「消費品総合市場」の内数として，それぞれの卸売市場の数や取引高が提示されることもある。**付表1**にはそのような卸売市場の数値を加えておいたし，**付表3**では，2002年刊の『中

国工商行政管理年鑑』に掲載された2001年の卸売市場分の統計をも示しておいた。こうした卸売市場の統計から，その「集市」全体に対するウエイトを検討して見ると，**付表1**の1994年段階では，市場数では3.1%，取引高では21.3%であったが，**付表3**の2001年段階では，市場数で8.6%，取引高で43.3%と急増している。したがって，時代が下がるにつれ，特に取引高において卸売市場のウエイトが大きくなることには，十分留意せねばならない。

こうしたこともあってか，2000年の統計からは，「億元以上商品交易市場」の集計が始まる。「商品交易市場」であるから「消費品市場（集市）」と「生産資料市場（生産財市場）」の両方を含み，そのうち取引高1億元以上の市場の統計である。そして，この統計は，しばらくは「消費品市場（集市）」の統計と併存するかたちをとるが，「消費品市場（集市）」の統計が2010年以降姿を消すと，市場関係の唯一の統計として後を継ぐことになる。この背景には，商業統計の合理化ないし簡素化の動き，すなわち卸売・小売統計でも，1990年代末以来，「大・中型」や「限度額以上」の商店・企業に集計を限るという動きと，軌を一にするものがあると言えよう。しかし，一方では「集市」の中で，小売機能中心の伝統的な小規模市場が，相対的な地位低下ないし衰退傾向にあることを反映したものであるとも言えよう。「億元以上商品交易市場」の詳細については，付論3を参照されたい。

〈注〉
(1) 『河北省志第52巻 工商管理志』1994年，52頁。
(2) 同上，52-60頁。

付論2
集市紹介の全国資料について

集市の統計を掲載する年鑑類以外で，中国全土の集市を紹介する文献としては，主なものに，『全国主要集市名冊』1987年刊，『中国集市大観』1988年刊，並びに『中国集貿市場大全』1993年刊がある。ここでは，これらを紹介するとともに，それを用いて当時の全国の集市の概況を捉えておきたい。

1 『全国主要集市名冊』に見る主要集市の概況

『全国主要集市名冊』（以下『名冊』と略記）は，国家工商行政管理局市場管理司と中国農村経営報社の共編で，1987年に農村読物出版社から4冊本（計2,216頁）として出版されたもので，集市の管理主体である官庁が持つ情報に基づき，1986年頃の集市の状況を示していると考えられる。第1，2冊は「農村集貿市場」を，第3冊は「都市集貿市場」を，第4冊は「専業市場」と「農副産品卸売市場」を，それぞれ収録している。収録されている集市の数は，「農村集貿市場」が約8,000，「都市集貿市場」が約1,800，「専業市場」が約2,600，「農副産品卸売市場」が約600，合計約13,000である。当時の全国の集市総数が63,000であったのに対し，本書ではその約5分の1強を収録していることになる。採録した集市の抽出基準については，何らの説明も加えられていないが，「主要集市」とあるからには，比較的重要な集市をピックアップしたものであろう。

『名冊』には，各集市について，①名称，②住所，③主要取扱い商品，③出店数（常時出店数と臨時出店数），④市場設備（露店，上屋，商場の別），⑤交通条件（公路，鉄道，水路，市内交通の便），⑥通信条件（電話の便）を記す。①名称については，その集市が「〜集市」と呼ばれているのか，「〜市場」と呼ばれているのか，それともその他の呼称法で呼ばれているのかが判断できる。②住所からは，その集市が立地する集落が，都市（「市・区」）か，県城（県城鎮とその四関）か，鎮（県城鎮を除く）か，あるいは郷村かが判断できる。③主要取扱い商品については，商品の分類基準が一定でないのが難点であるが，概略の把握には用いることができる。④出店数は常時出店数と臨時出店数及びそれらの合計が得られる。⑤市場設備については露店式，上屋（棚頂）式，商場（建物）式の区別ができる。⑥交通条件については公路（幹線道路），鉄道，水路，市内交通の便が記載されている。⑦また通信条件については，専用電話，呼び出し電話の有無が判断できる。

筆者が旧稿において[1]，13,000の収録集市のうち，さらにその約3分の1の4,837集市を抽出して分析した結果を要約すると，以下のとおりである。

①集市の呼称法については，「農村集貿市場」の場合，「〜集市」と呼ばれるものが44.1％で，「〜市場」と呼ばれるものの57.1％に次ぐが，「都市集貿市

場」・「専業市場」・「農副産品市場」の場合は，それぞれ9割以上が「〜市場」と呼ばれている。それ以外の呼称法は（伝統的呼称法である「〜市」や「〜場」をも含めて），少数の集市に限られる。

　②集市の立地集落については，当然のことながら，「農村集貿市場」は鎮（48.0％）と郷村（33.7％）とに大部分が立地し，「都市集貿市場」は圧倒的（90.1％）に「市区」に立地する。これに対し，「専業市場」は4種の集落のいずれにも比較的均等に立地し，「農副産品卸売市場」も「市区」が多い（47.9％）が，他の3種の集落にもある程度立地する。

　③集市の取扱い商品は，「農村集貿市場」では，その多くが農副産品（65.6％）または農副産品＋日用工業品（23.4％）であるのに対し，「都市集貿市場」ではその多くが農副産品（82.0％）である。「専業市場」の場合は，日用工業品（38.4％）や家畜・肉（30.2％）であることが多いが，多岐にわたる。「農副産品卸売市場」の場合は，当然のことながら，「農副産品」かそのうちの限定された商品（果物，家畜・肉，水産物など）である。

　④集市の平均出店者数は，「主要集市」であるためか，一般にかなり多数であり，「農村集貿市場」（789.9），「都市集貿市場」（482.4），「専業市場」（295.2），「農副産品卸売市場」（236.2）の順である。うち，いずれのカテゴリーにおいても，臨時出店者数が常時出店者数の約2倍を占める。

　⑤集市の設備については，「農村集貿市場」の場合，露店式が46.3％と最も多く，上屋式が44.9％で，商場式は8.5％と少ない。「専業市場」の場合も，ほぼ同じ構成である。これに対し「都市集貿市場」では，露店式（32.6％）よりも上屋式（59.2％）が上回っている。「農副産品卸売市場」の場合も同様で，商場式の割合もやや高い（16.5％）。本資料に掲載されている「主要集市」の場合，都市部を中心に，「退路進庁」がある程度進んでいたことが知れる。

　⑥集市の交通条件については，「農村集貿市場」・「専業市場」・「農副産品卸売市場」のほとんどで幹線道路の便があり，各々の10〜20％程度では鉄道と水路の便がある。これに対して「都市集貿市場」は，市内交通の便は備えているが，他の便はほとんど持たない。

　⑦集市の通信条件については，電話の便があるのは，呼び出し電話を加えても，「農副産品卸売市場」で47.9％，「都市集貿市場」で42.1％，「農村集貿市場」で30.2％，「専業市場」で22.8％に過ぎない。「主要集市」であるにもかかわらず，当時の劣悪な電話事情を反映してか，普及率が低かったと言わざる

第2章　革命以後の市の展開　　81

をえない。

以上により，「農村集貿市場」と「都市集貿市場」は，さまざまな農副産品またはそれに工業製品を加えて扱う伝統的な小売中心の集市であり，「専業市場」は，都市にも農村にも立地し，改革開放以後増加した特定商品の専門市場であり，また，「農副産品卸売市場」は，都市（消費地卸売市場）にも農村（産地集荷市場）にも立地し，やはり改革開放の進展とともに設立された，農副産品一般ないしそのうちの特定商品の卸売市場であることがわかる。

掲載されている集市は，いずれも「主要集市」とされた上位5分の1程度の集市であるので，「市区」や県城に立地するものが比較的多く，一般に出店者数が多く，交通条件も比較的恵まれていて，設備についても都市部を中心に「退路進庁」が進み始めている。しかし，改革開放政策が始まってまだ日の浅い1986年という制約のため，設備状況はまだ良いとは言えず，通信条件も劣悪と言わざるをえない。

2 『中国集市大観』に見る大中型集市の概況

『中国集市大観』（以下『大観』と略称）は，『中国集市大観』編写組の編集で1988年3月に中南工業出版社から刊行され，1巻本だが790頁からなる。編集組織や編者については，詳細は不明であるが，「前言」や「后記」からは，編者たちが全国の工商行政担当者から情報を収集したとある。内容は3部からなり，第1部は中国の集市取引の歴史の簡単な紹介で10頁を占める。第2部は特色ある集市の紹介で，全国から89か所が選ばれ，50頁にわたって記述的に各集市の特色が述べられているが，共通の尺度による比較には向いていない。最も有用なのは，729頁に及ぶ第3部で，全国3,637個の「大中型集市」について，統一的な基準で1988年1月時点の「基本状況表」が掲載されている。なお，本書の「説明」によれば，おおよそ上市（市への参集）人数1万人以上の集市が「大型集市」，同じく5,000人から1万人の集市が「中型集市」であるが，一部，5,000人未満でも，所属県・市の重点集市あるいは専業集市であるものは，これに加えたとある。1988年の全国の集市数は，71,359であったので，3,637の集市は上位約20分の1に相当する。

「基本状況表」に記されているのは，16種の属性である。すなわち，①名称，②所在集落，③類型，④敷地面積，⑤建造物面積，⑥室内（商場式）市場，⑦

82　　第Ⅰ部　市の展開過程

上屋（頂棚式）市場，⑧荷売り台，⑨開催頻度（集期），⑩参集（上市）人数，
⑪外来商人（外地客商）率，⑫取引高（1市日当たり），⑬主要商品，⑭移出
商品，⑮移入商品，⑯交通条件である。『名冊』と比べると，①，②，③，⑬，
⑯は共通している（ただし③の類型区分は異なり，「総合市場」，「専業市場」，
「卸売市場」，「専業卸売市場」の4類型からなる）。しかし市場設備については，
『大観』の方が⑥から⑧までに別れ詳細になっている。また，④，⑤，⑨，⑩，
⑪，⑫，⑭，⑮は，『大観』にしかない貴重な情報である。一方，『名冊』にあ
った（常時及び臨時の）出店数，及び通信条件の情報は，『大観』にはない。
総じて言えば，『大観』の方が，対象がより上位の集市に限られているが，各
集市当たりの情報量が豊かである。本書の詳細な分析は，筆者の旧稿に譲るこ
ととし，ここでは『名冊』では捉え難い点を中心に，まず全国的概況を見てみ
ょう。

　①，②，③は省略して，④の敷地面積について見ると，平均 11,649 m^2 と大
きいが，これは一部の広大な集市が平均を引き上げているためで，最も多いの
は 2,000〜4,999 m^2 の集市である。⑤建造物面積は，平均で 3,310 m^2 とかな
り大きいが，0 m^2 と建造物がない全く露天の集市も 26.4% を占める。⑥室内
（商場式）の建物は，平均で 840 m^2 で，これを欠く集市は 68.5% にのぼる。
⑦上屋（頂棚式）の建物は，平均値が 917 m^2 で，これを欠く集市は 42.3% で
ある。⑧荷売り台の平均値は 286 m^2 で，これを欠く集市は 45.4% を占める。
これらにより，「大・中型集市」といえども，その4分の1強は全く露天の市
場であり，残りの集市が数百㎡程度の商場・頂棚・荷売り台の一つまたは複数
を備えていることがわかる。

　⑨開催頻度については，『名冊』では得られぬ貴重な情報である。毎日開催
される「毎日市」が 41.1%，比較的短い周期で開かれる「定期市」が 58.3%，
比較的長い周期（年に1回や数回）で開かれる「大市」が 0.6% である。「大
市」の割合が極端に低いのは，中国ではこの種の市は「廟会」として「集市」
と区別するのが一般で，本書には原則として採用されなかったものと思われる。
「毎日市」の割合がかなり高率なのは，対象が「大中型集市」であるからであ
ろう。「定期市」58.3% 中では，伝統的な旬（10日）の周期の集市が 48.4% と
過半を占め，頻度は旬に2回の集市が 23.8%，3回の集市が 16.0% である。
同じく伝統的な十二支の周期の集市が 4.1%，月の周期の市が 0.5% 見られる
他，おそらく革命後に普及したと思われる週の周期の集市が 5.1% 存在する。

第2章　革命以後の市の展開　　83

⑩1日当たり参集（上市）者数は，集市の規模を示す変数であるが，平均は14,323人，最も多いのは，5,000〜9,999人の集市である。前述した，「大・中型集市」の定義から，当然予想される数値であるが，かなり大きな値である。もう一つの規模を示す変数が⑪の1日当たり取引高であるが，平均は51,857元，最も多くの集市は20,000〜49,999元の間にある。1日当たりの額としては，かなり大きな金額である。

⑫外来（外地）商人率は，集市の外部との交流の程度（遠隔地との取引の程度）を示す指標となろう。平均値は17.4％であるが，最小値は0％，最大値は75％で，差が大きい。集市の性格（類型）間の違いが大きいものと推測される。

⑬主要商品については，農副産品類を挙げる集市が44.0％，鉱工業製品類を挙げる集市が7.9％，農副産品＋鉱工業製品とするものが48.0％である。1980年代のこの時期には，「大・中型集市」といえども，まだ農副産品が主，工鉱業製品が従の状態であったと言えよう。⑭移出商品については，「なし」とした集市が27.0％，農副産品を挙げた集市が57.1％，鉱工業製品を挙げた集市が6.7％，農副産品＋鉱工業製品としたものが8.8％である。農副産品の集荷・出荷機能を持つ集市が，数の上からは多いことがわかる。⑮移入商品については，農副産品を挙げた集市が29.5％，鉱工業製品を挙げた集市が27.6％，農副産品＋鉱工業製品とした集市が21.7％で，移出商品に比べて鉱工業製品の割合が相対的に高まっている。⑯交通条件については，省略する。

以上，『大観』による全国を対象にした検討からは，『名冊』では明らかにされなかった集市のより具体的な設備状況，市日の頻度や周期，参集者数や取引高による規模，外地商人や移出移入商品の状況などが明らかになった。さらに，地域別にこれらの指標を検討して見ると，以下のことが明らかとなる。

1級行政区（省・自治区・直轄市）別に16の属性を集計し，都市化の水準を示す都市人口率と経済発展の水準を示す1人当たり所得の両指標との相関分析を行ったところ，まず，都市化・経済発展の進んだ地域で，「専業市場」化が進んでいること，開催頻度でも「毎日市」化が進んでいること，集市の主要移入商品が農副産品であること，集市の交通条件がより良好であること，また，経済発展の進んだ地域では，集市の外部地域との結合性がより強まっていることが明らかになった。他方，都市化・経済発展の遅れた地域では，依然「総合市場」の割合や，「定期市」の割合が高く，集市を通じての主要移出品が農副

産品であり，主要移入品が工業製品であること，また，都市化の遅れた農村的
地域では，スペースに恵まれているせいか，集市の敷地面積・建造物面積とも
に大きいことも明らかとなった。

しかし，都市化や経済発展では説明できない顕著な地域差としては，文化的
伝統や自然条件に由来するものが挙げられる。まず，市日の周期のうち伝統的
な十二支の周期が，西南地方の広西自治区，貴州省，雲南省，四川省のみに現
れること，また，現代に起因する週の周期も，西南地方に集中して見られ，現
代的生活への対応のため，十二支周期からの転換が行われたらしいことが明ら
かになった。一方，自然条件に由来するものとしては，，移出商品中，農副産
品が地域ごとに顕著な地域差があること，交通条件中，水路の便がある集市は，
華中・華南の平地部・臨海部に集中すること，などが明らかになった。

3 『中国集貿市場大全』について

当書は，『中国集貿市場大全』編集部編で，華齢出版社より 1993 年 3 月に出
版されたもので，1 巻本，787 頁からなる。編集メンバーの詳しい紹介はない
が，「前言」からは工商行政管理局関係者のようであり，全国からの情報提供
者も，各地の工商行政管理局関係者と思われる。『大観』の収録集市数よりは
かなり多い 4,916 の集市を収録する。採録の基準は明記されていないが，おそ
らく主として大型や中型の集市を採録したものと思われる。収録集市の配列は，
まず集市を取扱い商品による分類別に並べ，同一分類内では北京市から始まる
慣例的な行政区画順に並べられている。

集市の分類と分類別の集市数を記すと，まず，専業市場に相当する集市が並
び，廃旧物資類（42），建築類（18），家具類（22），生産資料類（13），五金電
器類（11），車両類（14），土産雑品類（25），皮毛類（22），中草薬材類（25），
旅游商品類（8），珍珠項鏈類（7），花鳥魚虫類（6），牲畜類（108），水産
海鮮類（19），肉蛋禽類（19），粮食類（29），食品類（29），水果類（52），蔬
菜副食類（130），小商品類（44），服装鞋帽類（84），針紡織品類（32），軽工
業品（378）と続く。このうち，生産資料類の市場は，ふつうは集市（集貿市
場）には入れないのだが（付論 1 参照），ここでは収録されている。続いて，
国境の集市が辺境口岸類（14）として挙げられ，廟会類（20）もふつうは集市
に入れないのだが，一部が収録されている。このあと，さまざまな農副産品を

扱う農貿類（1,382）が続き，最後に総合集市である総合類（2,313）が続く。数の上からは，この2者が圧倒的に多い。

　掲載されている情報は，①名称，②住所，③交通条件，③市日，④規模（敷地面積，上市人数，取引額など），⑤外地商人（数または割合），⑥取扱い商品，⑦提供するサービスなどで，『名冊』や『大観』と共通するところが多い。「前言」によれば，情報の内容は，1992年5月のものとされるので，『名冊』や『大観』より5，6年後の新しい情報であるという点では意味があり，また類型別の主要市場を通覧するのには便利である。しかし，各集市当たりの掲載量は，数行から数十行と不定であり，また記述的な表記で，統計的に扱うのは容易ではない。したがって，ここでは，資料として紹介するにとどめ，内容の分析には入らないこととする。

〈注〉
(1)　石原　潤「中国の自由市場について」名古屋大学文学部論集 110，1991年。
(2)　石原　潤「『中国集市大観』に見る中国の自由市場」名古屋大学文学部論集 119，1994年。

付論3
「億元以上商品交易市場」について

　付論1で述べたように，集市に関する統計として，年鑑類には2000年分の統計から，「億元以上商品交易市場」の掲載が始まり，2010年以降「消費品市場」（従来の「集市」に相当）の統計が姿を消すと，以後市場関係の唯一の統計として，継続することになる。ここでは，億元以上商品交易市場関連の統計より，この種の市場の性格（基本状況），経年変化，並びに地域差を概観したい。

　年間取引高1億元というのは1日当たりに直すと約30万元の取引高に当たり，このような市場は後述する地方志の記述などから見ても1県に1か所あるかないかであり，また，後述するように全国で3000か所であれば，1級行政区（省など）平均では100か所程度の，限られた数の大規模な市場である。付論1で論じたように，「商品交易市場」という呼称法は1999年に始まり，「消

費品市場」と「生産資料市場」を併せた概念であると考えられるが、はたして
そのような内容を持つものであろうか。

1　「億元以上商品交易市場」の基本状況

　付表4は、「億元以上商品交易市場」の詳しい統計が得られる最初の年であ
る2003年の基本状況を示すものである。当該市場は、「総合市場」、「専業市
場」、「その他市場」に3分類され、「総合市場」はさらに3種の市場に、「専業
市場」は20種の市場に細分されている。

　市場総数は3,265で、その構成は「総合市場」が1,591（48.7%）、「専業市
場」が1,664（51.0%）と半々で、「その他市場」が10（0.3%）である。「総
合市場」の中では、農産品総合市場が過半の820を占め、工業品総合市場
（412）、その他総合市場（356）がそれに続く。「専業市場」の中には、数の多
い順に、衣類市場（255）、その他専業市場（231）、建材装飾材料市場（213）、
蔬菜市場（152）、金属材料市場（128）、食品・酒・煙草市場（115）、自動車市
場（104）等々が続く。石炭・木炭市場や農業生産資財市場なども含まれてい
るので、「消費品市場」だけでなく、付論1で論じた「生産資料市場」をも含
んでいることがわかる。ただし、いわゆる「生産要素市場」は含まれていない
ので、1999年以来の「商品交易市場」の概念に合致している。

　ブース（出店）総数は214.9万で、その過半131.6万は「総合市場」が占め、
その内訳では工業品総合市場が最も多い。「専業市場」のブース総数は82.5万
で、その内訳では衣類市場が最も多く、その他専業市場、蔬菜市場、水産物市
場、建材・装飾品市場、小商品市場などが続く。しかし、営業面積では総営業
面積10,984万m^{2}中、「総合市場」のそれは4,431万m^{2}で半分に満たず、内
訳では工業品総合市場が最も広い面積を占める。「専業市場」は6,534万m^2
と過半数を占め、内訳では石炭・木炭市場が最も広い面積を占め、以下、建
材・装飾材料市場、その他専業市場、衣類市場、蔬菜市場と続き、商品の特性
が現れている。また、総取引高は2兆1,515億元で、「総合市場」は半額に及
ばぬ8,069億元、内訳では工業製品総合市場が最も多い。「専業市場」は過半
の1兆3,399万元を占め、内訳では衣類市場が最も多くの額を占め、以下金属
材料市場、その他専業市場、自動車市場、建材・装飾品市場と続く。

　「億元以上商品交易市場」のこのような分類は、多少の修正を加えつつ、基

第2章　革命以後の市の展開　　87

付表 4　億元以上商品交易市場の基本状況（2003 年）

	市場数 M	ブース数 B	営業面積 S（万 m²）	取引高 T（億元）	B/M	S/M（万 m²）	T/M（億元）
総計	3,265	2,148,866	10,984	21,515	658.2	3.364	6.59
総合市場	1,591	1,315,771	4,431	8,069	827.0	2.785	5.07
工業品総合市場	415	500,431	1,834	3,874	1,205.9	4.419	9.33
農産品総合市場	820	488,108	1,416	3,007	595.3	1.727	3.67
その他総合市場	356	327,232	1,181	1,189	919.2	3.317	3.34
専業市場	1,664	825,039	6,534	13,399	495.8	3.927	8.05
衣類市場	255	253,027	824	2,800	992.3	3.231	10.98
食品・酒・煙草市場	115	45,954	276	759	399.6	2.400	6.60
薬材市場	11	12,929	67	115	1,175.4	6.091	10.45
家具市場	58	24,724	391	234	426.3	6.741	4.03
小商品市場	64	64,068	147	483	1,001.1	2.297	7.55
文化用品・書籍市場	42	11,430	42	186	272.1	1.000	4.43
中古品市場	15	6,863	34	35	457.5	2.267	2.33
自動車市場	104	12,792	306	1,072	123.0	2.942	10.31
金属材料市場	128	27,626	476	2,400	215.8	3.719	18.75
石炭・木炭市場	12	1,421	926	43	118.4	77.167	3.58
木材市場	30	4,987	319	160	166.2	10.633	5.33
建材・装飾材市場	213	74,789	886	1,033	351.1	4.160	4.85
穀物・油脂市場	42	6,323	76	189	150.5	1.810	4.50
果物市場	65	20,076	182	278	308.9	2.800	4.28
水産物市場	64	27,170	140	444	424.5	2.188	6.94
蔬菜市場	152	104,099	511	657	684.9	3.362	4.32
肉・卵市場	32	3,990	43	99	124.7	1.344	3.09
特産品市場	23	14,886	51	86	647.2	2.217	3.74
農業生産資材市場	8	3,729	18	33	466.1	2.250	4.13
その他専業市場	231	104,656	870	2,746	453.1	3.766	11.89
その他市場	10	8,056	19	46	805.6	1.900	4.60

（出所）　『中国商業年鑑』2004 年版所収の統計をもとに作成。

本的には 2007 年までは続くが，2008 年以降は，分類に大幅な改訂がなされ，現在に至っている。**付表 5** は，比較的最近の 2011 年の基本状況を示したものである。当該市場は，まず「総合市場」と「専業市場」に大別され，前者は 4 種の市場に，後者は 13 種の市場に小分類がなされている。後者の小分類中，生産資料市場，農産品市場，紡績・服装・鞋帽市場，家具・五金・装飾材料市場，自動車・オートバイ市場などには，さらに細分類が施されている。**付表 5** では，農産品市場の細分類の一部のみを掲げておいた。

　市場総数は 2003 年に比べ 5,075 とかなり増えており，うち「総合市場」は

88　　第 I 部　市の展開過程

付表 5　億元以上商品交易市場の基本状況（2011 年）

	市場数 M	ブース数 B	営業面積 S（万 m²）	取引高 T（億元）	B/M	S/M （万 m²）	T/M （億元）
総計	5,075	3,334,787	26,235	82,017	657.1	5.169	16.16
総合市場	1,368	1,173,555	5,900	16,103	857.9	4.313	11.77
生産資料総合市場	57	54,428	734	1,367	954.9	12.877	23.98
工業消費品総合市場	314	439,732	2,146	5,440	1,400.4	6.834	17.32
農産品総合市場	702	429,245	1,780	6,325	611.5	2.536	9.01
その他総合市場	295	250,150	1,240	2,971	848.0	4.203	10.07
専業市場	3,707	2,161,232	20,335	65,914	583.0	5.486	17.78
生産資料市場	764	285,028	6,548	26,808	373.1	8.571	35.09
農産品市場	1,020	563,645	4,159	12,595	552.6	4.077	12.35
内水産品市場	157	99,622	478	2,739	634.5	3.045	17.45
内蔬菜市場	313	228,107	1,537	3,265	728.8	4.911	10.43
内果物市場	147	65,041	588	1,889	442.5	4.000	12.85
食品・飲料・煙草市場	159	84,576	477	1,504	531.9	3.000	9.46
衣料品市場	559	680,641	2,734	10,797	1,217.6	4.891	19.31
日用品・文化用品市場	104	69,469	307	1,191	668.0	2.952	11.45
貴金属・宝石市場	22	12,276	76	365	558.0	3.455	16.59
電気・電子機器市場	162	69,732	270	1,281	430.4	1.667	7.91
医薬・医療器材市場	26	25,501	132	801	980.8	5.077	30.81
家具・金物・装飾材料市場	525	248,949	3,427	4,500	474.2	6.528	8.57
自動車・オートバイ市場	273	72,488	1,318	5,182	265.5	4.828	18.98
花・ペット市場	28	19,654	658	398	701.9	23.500	14.21
中古品市場	20	8,161	37	86	408.1	1.850	4.30
その他専業市場	45	21,112	191	406	469.2	4.244	9.02

（出所）『中国商業年鑑』2012 年版所収の統計をもとに作成。

むしろ減って 1,368 で 27.0％，「専業市場」の方は大幅に増えて，3,707 とな
り 73.0％を占める。「総合市場」中では，相変わらず農産品総合市場が最も多
い。一方，「専業市場」中では，農産品市場が最も多く，生産資料市場，衣料
品市場，家具・金物・装飾材料市場などがこれに続く。農産品市場の細分類で
は，蔬菜市場が最も多い。
　ブースの総数は，333.5 万と増えており，うち「総合市場」は 117.3 万でむ
しろ減っており，「専業市場」は 216.1 万と急増している。「総合市場」中では，
工業消費品総合市場が最も多くのブースを持ち，「専業市場」中では，衣料品
市場，農産品市場，生産資料市場，家具・金物・装飾材料市場の順である。総
営業面積は，26,235 万 m² と 2003 年に比して 2 倍以上に増えているが，うち
「総合市場」は 5,900 万 m² を占めるに過ぎず，「専業市場」が 20,335 万 m² と
大部分を占める。「総合市場」では，やはり工業消費品総合市場が最も広い面

第 2 章　革命以後の市の展開　　89

積を占め,「専業市場」では生産資料市場,農産品市場,家具・金物・装飾材料市場の順である。総取引高は 8 兆 2,017 億元と,2003 年に比し 7 倍以上に増えているが,うち「総合市場」は 1 兆 6,103 億元で,「専業市場」が大部分の 6 兆 5,914 億元を占める。「総合市場」では,農産品総合市場の取引高が最も多く,「専業市場」では,生産資料市場,農産品市場,衣料品市場の順である。

　以上により,「億元以上商品交易市場」とは,「消費品市場」と「生産資料市場」を含む「商品交易市場」のうち,年間 1 億元以上の取引高を示す市場であること,また,「総合市場」と「専業市場」に 2 分され,さらに各種の市場に細分類されるが,次第に「専業市場」のウエイトが高まっていることが明らかになった。

2 「億元以上商品交易市場」の経年変化

　次に,以上のような「億元以上商品交易市場」が,経年的にどのように変化してきたのか,基本的統計が得られる 2000 年から 2012 年まで,毎年の数値で見たものが,**付表 6** である。

　年間 1 億元以上の取引のあった市場は,2000 年から 2012 年の 12 年間に 3,087 か所から 5,194 か所まで,約 1.7 倍に増えた。これは,新規大規模市場の開設によると言うよりも,後述するように 1 市場当たり取引高の急上昇の傾向から考えると,取引高の増加により 1 億元を越えて集計対象になった市場が増えたことによるものと思われる。これらの市場におけるブース(出店)数も,この間に 211 万余から 349 万余に,やはり 1.7 倍近くに増えた。また,これらの市場の総営業面積は,この間,8,000 万 m² 余から 2 億 7,000 万 m² 余に,3.4 倍に増えた。さらに,これらの市場での総取引高は,1 兆 6,000 億元余から 9 兆 3,000 億元余へと,実に 5.7 倍に増えた。総取引高中,卸売取引高は 1 兆 1,000 億元余から 8 兆元余へと 6.9 倍に増え,小売取引高も 4,700 億元から 1 兆 2,800 億元余へと 2.7 倍に増えた。この結果,総取引高に占める卸売取引高の割合は,2000 年にすでに 71.2% を占めていたが,2012 年にはさらに高まり 86.2% を占めるまでになっている。

　付表 5 に示したように,1 市場当たりのブース数(B/M)は,2000 年の 685 店から 2012 年の 673 店へと,ほとんど変化はないが,1 市場当たりの営

付表6　億元以上商品交易市場の経年変化

年次	市場数 M	ブース数 B	営業面積 S (万m²)	取引額 T (億元)	内卸売分 W (億元)	内小売分 R (億元)	B/M	S/M (万m²)	T/M (億元)	S/B (m²)	T/B (万元)	T/S (億元)
2000	3,087	2,115,115	8,262	16,359	11,648	4,711	685.2	2,676	5.30	39.1	77.3	1.98
2001	3,273	2,200,662	9,397	17,719	12,563	5,157	672.4	2,871	5.41	42.7	80.5	1.89
2002	3,258	2,190,814	10,313	19,840	15,451	4,389	672.4	3,165	6.09	47.1	90.6	1.92
2003	3,265	2,148,616	10,984	21,515	16,833	4,682	658.1	3,364	6.59	51.1	100.1	1.96
2004	3,365	2,229,818	12,478	26,103	21,117	4,986	662.7	3,708	7.76	56.0	117.1	2.09
2005	3,323	2,248,803	13,141	30,021	24,544	5,477	676.7	3,955	9.03	58.4	133.5	2.28
2006	3,876	2,527,987	18,072	37,138	29,680	7,458	652.2	4,663	9.58	71.5	147.0	2.06
2007	4,121	2,681,630	19,815	44,085	35,872	8,214	650.7	4,808	10.70	73.9	164.8	2.22
2008	4,567	2,839,070	21,225	52,458	43,120	9,338	621.6	4,647	11.49	74.8	184.8	2.47
2009	4,687	2,994,781	23,230	57,964	48,308	9,656	639.0	4,956	12.37	77.6	193.6	2.50
2010	4,940	3,193,365	24,832	72,704	60,955	11,749	646.4	5,027	14.72	77.8	227.7	2.93
2011	5,075	3,334,787	26,235	82,017	69,391	12,627	657.1	5,169	16.16	78.7	246.0	3.13
2012	5,194	3,494,122	27,899	93,024	80,142	12,882	672.7	5,371	17.91	79.8	266.2	3.33

(出所)『中国統計年鑑』所収の統計を基に作成。

業面積（S/M）は 2.7 万 m^2 から 5.4 万 m^2 へと倍増し，1 市場当たりの取引高（T/M）も 5.3 億元から 17.9 億元へと 3 倍以上になり，明らかに規模拡大が進んでいる。これは，1 ブース当たりの営業面積（S/B）が 39.1 m^2 から 79.8 m^2 へと倍増し，1 ブース当たりの取引高（T/B）も 77.3 万元から 266.2 万元と 4 倍近くに増えたことによっている。営業面積 1 万 m^2 当たりの取引高（T/S）も 1.98 億元から 3.33 億元と 1.7 倍となり，生産性も上がっていると言えよう。

以上により，「億元以上商品交易市場」は，この 12 年間に，数が増え，営業面積規模が拡大し，取引高を上昇させるとともに，卸売取引の比重をいっそう高め，各出店ブースの規模拡大と取引高の増大，並びに生産性の上昇を実現させたことが明らかになった。

3　「億元以上商品交易市場」の地域差

最後に，**付表 7** は，「億元以上商品交易市場」の地域差を見るため，比較的最近の 2011 年における第 1 級行政区画別の統計を見たものである。市場数では，浙江 730，江蘇 575，山東 555，広東 370 など，沿海部の経済発展した省で多く，海南 8，青海 9，寧夏 29，貴州 33，陝西 39，山西 40 など，人口規模の小さな省や内陸部の経済発展の遅れた地域で少ない。ブース数，あるいは営業面積でも，同じことが言える。取引高でも傾向は類似するが，特に浙江と江蘇の値の高さが特徴的である。

市場の規模を見るため，1 市場当たりのブース数（表の B/M）を見ると，河北，雲南，四川，吉林などで多く，内陸部でも規模の大きな市場があることがわかる。また 1 市場当たりの営業面積（表の S/M）を見ると，河北，寧夏，内蒙古，新疆など，内陸部で広大な市場が多いことが知れる。これらは，スペースに余裕があるためであろう。しかし，1 市場当たりの取引高（T/M）で見ると，上海，天津，江蘇，重慶，浙江，北京など，沿海部ないし都市化の進んだ地域で高いことがわかる。

ブースの規模を営業面積と取引高で見ると，1 ブース当たり営業面積（S/B）が大きいのは，内蒙古，寧夏，新疆などの最内陸の地域と，広東，天津，上海，山東などの沿海部先進地域である。前者はスペースの余裕に，後者は出店主体の経営規模の大きさに起因するものと推察される。しかし，1 ブー

92　　第 I 部　市の展開過程

付表7 億元以上商品交易市場の地域差（2011年）

地域	市場数 M	ブース数 B	営業面積 S（万 m²）	取引額 T（億元）	B/M	S/M （万 m²）	T/M （億元）	S/B （m²）	T/B （万元）	T/S （億元）
全国	5,075	3,334,787	26,235	82,017	657.1	5.169	16.16	78.7	245.9	3.13
北京	140	116,505	738	2,548	832.2	5.271	18.20	63.3	218.7	3.45
天津	77	51,119	523	2,566	663.9	6.792	33.32	102.3	502	4.91
河北	278	306,369	2,670	4,431	1,102.0	9.604	15.94	87.1	144.6	1.66
山西	40	29,966	254	498	749.2	6.350	12.45	84.8	166.2	1.96
内蒙古	74	38,503	677	716	520.3	9.149	9.68	175.8	186	1.06
遼寧	221	180,547	814	3,795	817.0	3.683	17.17	45.1	210.2	4.66
吉林	66	55,911	309	643	847.1	4.682	9.74	55.3	115	2.08
黒竜江	97	64,752	357	938	667.5	3.680	9.67	55.1	144.9	2.63
上海	180	75,387	761	6,790	418.8	4.228	37.72	100.9	900.7	8.92
江蘇	575	346,988	3,028	14,007	603.5	5.266	24.36	87.3	403.7	4.63
浙江	730	431,884	2,876	13,100	591.6	3.940	17.95	66.6	303.3	4.55
安徽	135	94,112	909	2,191	697.1	6.733	16.23	96.6	232.8	2.41
福建	159	55,039	334	1,540	346.2	2.101	9.69	60.7	279.8	4.61
江西	95	64,818	359	1,317	682.3	3.779	13.86	55.4	203.2	3.67
山東	555	364,551	3,650	7,424	656.8	6.577	13.38	100.1	203.6	2.03
河南	178	126,929	1,053	2,030	713.1	5.916	11.40	83.0	159.9	1.93
湖北	176	81,416	562	1,459	462.6	3.193	8.29	69.0	179.2	2.60
湖南	313	182,225	967	2,489	582.2	3.089	7.95	53.1	136.6	2.57
広東	370	193,857	2,025	5,106	523.9	5.473	13.80	104.5	263.4	2.52
広西	91	69,123	437	1,071	759.6	4.802	11.77	63.2	154.9	2.45
海南	8	4,459	9	18	557.4	1.175	2.26	21.1	40.59	1.93
重慶	129	85,298	622	2,987	661.2	4.822	23.16	72.9	350.2	4.80
四川	112	102,610	583	1,517	916.2	5.205	13.54	56.8	147.8	2.60
貴州	33	20,086	119	371	608.7	3.606	11.24	59.2	184.7	3.12
雲南	55	55,050	391	734	1,000.9	7.109	13.35	71.0	133.3	1.88
西蔵										
陝西	39	28,389	101	270	727.9	2.590	6.92	35.6	95.11	2.67
甘粛	43	30,351	226	419	705.8	5.256	9.74	74.5	138.1	1.85
青海	9	6,000	52	38	666.7	5.767	4.24	86.5	63.67	0.74
寧夏	29	20,868	303	226	719.6	10.448	7.79	145.2	108.3	0.75
新疆	68	51,665	524	779	759.8	7.706	11.46	101.4	150.8	1.49

（出所）　『中国商業年鑑』2012年版所収の統計をもとに作成。西蔵のデータは欠如。

ス当たりの取引高が大きいのは，上海，天津，江蘇，重慶，浙江などの先進地域に限られる。最後に，営業面積当たりの取引高（T/S）で生産性を見ると，上海，天津，重慶，遼寧，江蘇，福建，浙江などの先進地域で高く，青海，寧夏，内蒙古，新疆などの最内陸部で低いことがわかる。

　以上により，沿海部を中心にした経済発展の進んだ地域では，1億元以上の

取引高を誇るこの種の市場の数が多いのみならず，1市場当たりの取引高が大きく，1ブース当たりの営業面積や取引高も大きく，営業面積当たりの取引高で見た生産性も高いことが明らかとなった。これに対して，経済発展の遅れた内陸部，特に最内陸部では，この種の市場数は少なく，スペースに余裕があるため，1市場当たりのブース数や営業面積，1ブース当たりの営業面積では規模の大きい地域が見られるが，1市場または1ブース当たりの取引高は一般に低位で，生産性も低いことが明らかになった。

第Ⅱ部

市の分布と存立状態

第3章

市の地域差概観

1 はじめに

本章では，中国の集市の全国スケールでの地域差を，1級行政区（省・自治区・直轄市）別の1994年の統計数値から明らかにする。1994年を採り上げるのは，本年が農村集市数がピークに達したいわば集市最盛期に相当し，かつ集市の地域差を論ずるに必要なデータがよく揃う年であるからである。すなわち，『中国市場統計年鑑』1995年版により，1994年の地域別（1級行政区別，以下同じ）の集市数及び集市取引高の統計が都市・農村別にも得られ，また各地域別の統計年鑑1995年版からは，集市取引高の商品別構成の統計が得られる。さらに，『中国行政区画手冊』1995年刊からは，当時の地域別面積が判明し，『中国統計年鑑』1995年版からは，1994年の地域別人口数が，『中国行政区画通覧』1995年刊からは，1994年当時の地域別郷鎮数が明らかになる。

2 集市の存立状態を規定する諸要因

集市統計の検討に入る前に，集市の存立状態を規定すると考えられる要因として，表3-1によって，人口密度，都市人口率，並びに1人当たり所得の地域差を見ておきたい。これらの指標を採り上げる理由は，筆者の前稿などにより[1]，3者が集市の存立状態に強く相関することがわかっているからである。人口密

96　　第Ⅱ部　市の分布と存立状態

表 3-1　地域別人口密度・都市人口率・1 人当たり所得

地域	人口密度 人/km² (1994 年)	都市人口率 % (1993 年)	1 人当たり所得 元 (1995 年)
1．北京	669.6	62.5	11,150
2．天津	806.0	55.3	9,768
3．河北	340.3	14.6	4,427
4．山西	194.8	22.1	3,550
5．内蒙古	19.1	29.6	3,647
6．遼寧	278.8	42.7	6,826
7．吉林	137.4	40.1	4,356
8．黒竜江	79.8	40.4	5,443
9．上海	2,152.4	66.1	17,403
10．江蘇	684.3	21.7	7,296
11．浙江	421.8	17.1	8,161
12．安徽	428.4	15.5	3,321
13．福建	262.2	17.5	6,674
14．江西	240.6	17.2	2,966
15．山東	563.8	18.5	5,747
16．河南	540.5	12.9	3,300
17．湖北	307.6	22.3	4,143
18．湖南	302.6	15.3	3,935
19．広東	371.0	27.2	7,836
20．広西	189.9	13.6	3,535
21．海南	209.7	20.2	5,030
22．四川	196.7	14.8	3,121
23．貴州	196.4	12.1	1,796
24．雲南	100.0	11.4	3,024
25．西蔵	1.9	9.2	2,333
26．陝西	169.3	18.1	2,846
27．甘粛	52.4	15.9	2,270
28．青海	6.6	23.8	3,437
29．寧夏	97.3	22.8	3,309
30．新疆	9.8	28.8	5,025
全国	140.3	20.9	4,810

(注)　都市人口率は，市鎮非農業人口の総人口に対する割合。1 人
　　　当たり所得は，国民総生産を総人口で割ったもの。

度は人口の分布状態を，都市人口率は都市化の程度を，1 人当たり所得は経済
発展の程度を，それぞれ表すことは言うまでもない。

　まず人口密度は，図 3-1 に示したように上海・天津・北京の直轄市で著しく
高い他，華北・華中・華南の平原を多く含む各省，すなわち河北・河南・山

第 3 章　市の地域差概観　　97

図3-1 人口密度

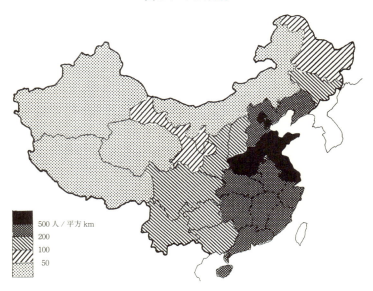

図3-2 都市人口率

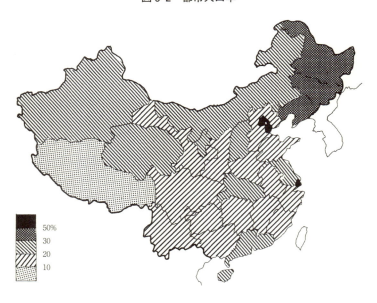

東・江蘇・浙江・安徽・湖北・湖南・広東の各省で全国値（140.3 人/km²）の２倍を越えている。四川省は四川盆地の部分は人口稠密であるが，省域内に山岳地帯を広く含んでいるため，全体の数値はあまり高くない。一方，西南地方や西北地方で山岳地帯や砂漠を広く含む西蔵・青海・新疆・甘粛・寧夏・内蒙古，雲南の各省・自治区は，全国値より著しく低く，東北地方の黒竜江・吉林の両省も，寒冷な気候のため全国値より低い。

次に都市人口率は，**図 3-2** に示したように北京・天津・上海の直轄市で最も高い（55%以上）のは当然であるが，次いで新開地であり重工業化が進んでいる東北３省（遼寧・吉林・黒竜江）で高く（40%台），また乾燥地帯の内蒙古・山西・青海・寧夏・新疆の各省，及び華中・華南でも比較的工業化の進んでいる江蘇・湖北・広東の各省で全国値（20.9%）を上回っている。これに対して，西南部の西蔵・雲南・貴州・四川・広西の各省や，内陸部の湖南・河南・江西・安徽の各省，及び西北部でも陝西・甘粛の両省では，全国平均をかなり下回っている。

いっぽう１人当たり所得は，**図 3-3** に示したようにある程度都市人口率と相関するが，完全に比例するわけではない。最も高いのは上海・北京・天津の直轄市（9,000 元以上）であるが，次いで高いのは浙江・江蘇・広東の郷鎮企業の発達した南部沿海の各省（7,000 元以上）で，遼寧・福建・山東・海南の各省もこれに準じている。これ以外で全国値（4,810 元）を上回るのは，黒竜江・新疆の２省のみである。これに対して，西南部の西蔵・雲南・貴州・四川・広西の各省や，西北部の陝西・甘粛・青海・寧夏の各省で最も低く（いずれも 4,000 元未満），内陸部の湖南・湖北・河南・河北・江西・安徽の各省や，山西・内蒙古・吉林の各省でも全国値をかなり下回っている。

以下では，この人口密度，都市人口率，並びに１人当たり所得の地域差と対比しつつ，集市の地域差を論じたい。

3　集市の分布状態

本項では，集市数の都市部・農村部構成，100 km² 当たり集市密度，１集市当たり人口，１郷鎮当たり農村集市数から，集市の分布状態の地域差を明らかにする。

表 3-2 は，地域別の集市数とその都市部・農村部別の構成比を見たものであ

図3-3 1人当たり所得

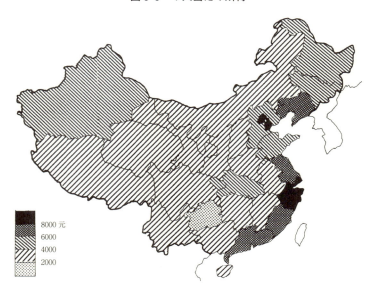

図3-4 集市密度

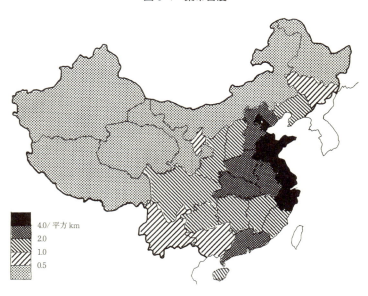

100　第Ⅱ部　市の分布と存立状態

表 3-2 地域別集市数とその都市・農村別構成

地域	集市数	同	集市数	同	集市数	同
	全域	構成比	都市部	構成比	農村部	構成比
全国	84,463	100.0	17,894	21.2	66,569	78.8
1. 北京	1,049	100.0	755	72.0	294	28.3
2. 天津	490	100.0	305	62.2	185	38.8
3. 河北	4,167	100.0	635	15.2	3,532	84.8
4. 山西	1,964	100.0	662	33.7	1,302	66.3
5. 内蒙古	1,582	100.0	404	25.5	1,178	74.5
6. 遼寧	2,762	100.0	1,386	50.2	1,376	49.9
7. 吉林	1,803	100.0	627	34.8	1,176	65.2
8. 黒竜江	1,895	100.0	820	43.3	1,075	56.7
9. 上海	482	100.0	291	60.4	191	39.6
10. 江蘇	4,812	100.0	950	19.7	3,862	80.3
11. 浙江	4,812	100.0	766	15.9	3,441	71.5
12. 安徽	4,015	100.0	933	23.2	3,082	76.8
13. 福建	1,953	100.0	402	20.6	1,551	79.4
14. 江西	2,720	100.0	426	15.7	2,294	84.3
15. 山東	8,264	100.0	1,019	12.3	7,245	67.7
16. 河南	5,266	100.0	799	15.2	4,467	84.8
17. 湖北	4,214	100.0	1,051	24.9	3,163	75.1
18. 湖南	4,060	100.0	738	18.2	3,322	81.8
19. 広東	4,266	100.0	1,149	26.9	3,117	73.1
20. 広西	2,721	100.0	208	7.6	2,513	92.4
21. 海南	476	100.0	114	23.9	362	76.1
22. 四川	9,116	100.0	1,198	13.1	7,918	86.9
23. 貴州	2,798	100.0	351	12.5	2,447	87.5
24. 雲南	3,220	100.0	193	6.0	3,027	94
25. 西蔵	78	100.0	53	67.9	25	32.1
26. 陝西	2,517	100.0	553	22.0	1,964	78
27. 甘粛	1,756	100.0	582	33.1	1,174	66.9
28. 青海	315	100.0	66	21.0	249	79.1
29. 寧夏	289	100.0	76	26.3	213	73.7
30. 新疆	1,206	100.0	382	31.7	824	68.3

(注) 集市数は『中国市場統計年鑑』1995 年版による 1994 年
の数値。

る。集市数は，人口の多い四川（9,116）や山東（8,266）などで多く，人口の
少ない西蔵（78），寧夏（289），青海（315），海南（476）などで少ないが，必
ずしも人口数に比例するわけではない。集市数と人口との関係については，後
ほど検討する。次に，都市部立地の集市の割合は，全国で 21.2％であるが，
当然のことながら北京（72.0％），天津（62.2％），上海（60.4％），遼寧

表3-3 地域別集市密度・1集市当たり人口・1郷鎮当たり農村集市数

地域	集市数	面積 (100 km²)	集市密度 (100 km²当たり)	人口 (万人)	1集市当たり 人口(万人)	農村 集市数	郷鎮数	1郷鎮当たり 農村集市数
全国	84,463	85,451	0.99	119,850	1.42	66,569	48,047	1.39
1．北京	1,049	168	6.24	1,125	1.07	294	266	1.11
2．天津	490	116	4.22	935	1.91	185	220	0.84
3．河北	4,167	1,877	2.22	6,388	1.53	3,532	3,201	1.10
4．山西	1,964	1,563	1.26	3,045	1.55	1,302	1,909	0.68
5．内蒙古	1,582	11,830	0.13	2,260	1.43	1,178	1,570	0.75
6．遼寧	2,762	1,459	1.89	4,067	1.47	1,376	1,260	1.09
7．吉林	1,803	1,874	0.96	2,574	1.43	1,176	921	1.28
8．黒竜江	1,895	4,600	0.41	3,672	1.94	1,075	1,208	0.89
9．上海	482	63	7.65	1,356	2.81	191	224	0.85
10．江蘇	4,812	1,026	4.69	7,021	1.46	3,862	2,008	1.92
11．浙江	4,812	1,018	4.73	4,294	0.89	3,441	1,839	1.87
12．安徽	4,015	1,390	2.89	5,955	1.48	3,082	1,776	1.74
13．福建	1,953	1,214	1.61	3,183	1.63	1,551	974	1.59
14．江西	2,720	1,669	1.63	4,015	1.48	2,294	1,833	1.25
15．山東	8,264	1,538	5.37	8,671	1.05	7,245	2,376	3.05
16．河南	5,266	1,670	3.15	9,027	1.71	4,467	2,144	2.08
17．湖北	4,214	1,859	2.27	5,719	1.36	3,163	1,956	1.62
18．湖南	4,060	2,100	1.93	6,355	1.57	3,322	3,327	1.00
19．広東	4,266	1,803	2.37	6,689	1.57	3,117	1,590	1.96
20．広西	2,721	2,366	1.15	4,493	1.65	2,513	1,364	1.84
21．海南	476	339	1.40	711	1.49	362	304	1.19
22．四川	9,116	5,701	1.60	11,214	1.23	7,918	6,093	1.30
23．貴州	2,798	1,761	1.59	3,458	1.24	2,447	1,463	1.67
24．雲南	3,220	3,940	0.82	3,939	1.22	3,027	1,569	1.93
25．西蔵	78	12,200	0.01	236	3.03	25	928	0.03
26．陝西	2,517	2,056	1.22	3,481	1.38	1,964	2,593	0.76
27．甘粛	1,756	4,540	0.39	2,378	1.35	1,174	1,554	0.76
28．青海	315	7,200	0.04	474	1.50	249	419	0.59
29．寧夏	289	518	0.56	504	1.74	213	300	0.71
30．新疆	1,206	16,640	0.07	1,632	1.35	824	858	0.96

（注） 集市数・農村集市数は『中国市場統計年鑑』1995年版による1994年の数値。面積は『中国行政区画手冊』1995年刊による数値。人口は『中国統計年鑑』1995年版による1994年の数値。郷鎮数は『中国行政区画通覧』による1994年の数値。

（50.2%），黒竜江（43.3%），吉林（34.8%）など，都市人口率の高い地域で高く，雲南（6.0%），広西（7.6%），山東（12.3%），四川（13.1%）など都市人口率の低い地域で低い。農村部立地集市については，言うまでもなく，全く逆の関係が成り立つ。

　表3-3は，地域別の面積・人口・郷鎮数と，それに基づいて計算された100km²当たりの集市密度，1集市当たりの人口，及び1郷鎮当たり農村集市数

を示している。

　まず集市密度は，全国では100km^{2}当たり0.99と，ほぼ1か所の集市が分布することを示す。この値は，図3-4に見るように上海（7.65），北京（6.24），山東（5.37），浙江（4.73），江蘇（4.69），天津（4.24）などで特に高い。これらはいずれも，人口密度の高い地域であるが，山東や浙江の場合，人口密度の順位以上に，集市密度の順位が高位にあり，特別に集市が盛んな地域と認識できよう。一方，この値は，西蔵（0.01），青海（0.04），新疆（0.07），甘粛（0.39），黒竜江（0.41），寧夏（0.56）などで特に低い。これらはいずれも人口密度の低い地域であり，人口密度の順位と集市密度の順位は一致している。

　次に1集市当たり人口は，人口当たりの集市数の逆数であり，一つの集市を支える平均的な人口数（市場圏人口）を示す。全国では，この値は1.42万人で，表3-3に見るように地域別の差異は小さく，ほぼこの値の前後を示し，全国的に市場圏人口がほぼ一定であることを示している。図3-5に見るようにこの値が特別に低い地域は，人口の割に多くの集市が分布している地域と言えるが，先述の浙江（0.89）や山東（1.05），そして北京（1.07）などが該当し，西南地方の雲南（1.22），四川（1.23），貴州（1.24）もこれに準ずる。一方この値が特別に高い地域は，人口の割には集市が少ない地域と言えるが，西蔵（3.03）と上海（2.81）が突出している。西蔵の場合は，人口密度が極端に低く，1人当たり所得も極めて低い地域であって，いわば集市の発達の未熟な地域であると言えよう。他方，上海の場合は，逆に1人当たり所得の最も高い地域であるが，人口密度が極端に高い稠密居住地域でもあり，各集市の市場圏人口が異常に大きくなっていると推定される。

　さらに1郷鎮当たり農村集市数を問題にするのは，Skinner[2]によれば，農村部の集市の市場圏が基礎になりかつての人民公社が設立され，その人民公社の範域が1982年の公社の解体により，新たな郷鎮の行政域として踏襲されたとされるからである。このように，集市市場圏＝人民公社範域＝郷鎮域の等式が完全に成り立つならば，1郷鎮当たり農村集市数は，1.00の値を示すはずである。しかるに，表3-3に見るように，1994年の全国値は1.39で，郷鎮数よりも集市数がやや多いことを示している。全国の農村集市数の変化からこの値が1.00を越えたのは，1985年頃と推定され，この頃までにかつての集市がほぼ復活し，それ以後は1994年のピークに向けて，いっそうの開設がなされたと考えられる。図3-6に見るようにこの値の地域差はやや大きく，山東

第3章　市の地域差概観　　103

図3-5 1集市当たり人口

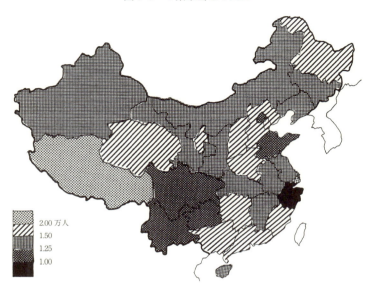

図3-6 1郷鎮当たり農村集市数

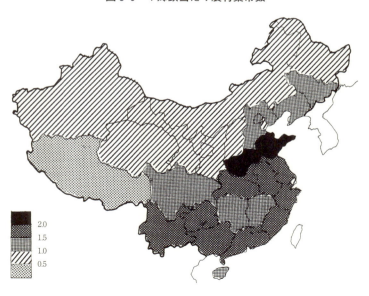

（3.05），河南（2.08），広東（1.96），雲南（1.93），江蘇（1.92），浙江（1.87）などで高い。ここでも山東の突出振りが目立つ。一方この値の低いのは，西蔵（0.03），江西（0.35），青海（0.59），山西（0.68），寧夏（0.71），内蒙古（0.75），甘粛（0.76），陝西（0.76）などで，ここでも西蔵の突出ぶりが目立つ。

4　集市取引の状況

　表3-4は，地域別の集市総取引高とその都市部・農村部別の構成比を見たものである。まず，総取引高は，基本的に人口規模の大きな地域で大きく，人口規模の小さな地域で小さいが，やはり浙江（1,480.5億元）や山東（991.3億元）のように伝統的に集市の盛んな地域で突出して大きく，西蔵（9.4億元），青海（13.1億元），寧夏（19.5億元）など，集市の発達が悪い地域で特に小さい。

　次に，都市部立地の集市の取引高の割合は，全国では50.9％と総取引高の半分を占める。地域別には，当然のことながら，上海（89.9％），北京（82.1％），吉林（74.0％），甘粛（70.4％），遼寧（69.0％），天津（68.6％），黒竜江（66.2％）など，都市人口率の高い地域で高く，広西（18.3％），雲南（25.3％）など都市人口率の低い地域で低い。ただし，西蔵は都市人口率が低いにもかかわらず，この値は92.4％に達し，発達した集市が都市部にしかないことをうかがわせる。逆に，江蘇の場合，都市人口率は全国よりも高いが，この値は35.5％と低く，むしろ農村部の集市が発達していることをうかがわせる。農村部立地の集市の取引高については，言うまでもなく，上記と全く逆の関係が認められる。

　表3-5は，1集市当たりの取引高を地域別に見たものである。まず，全体の集市についてみると，全国の値は1063.4万元である（以下単位は同じ）が，図3-7に示したように浙江（3,076.6），天津（2,654.4），上海（2,272.2），広東（1,826.7），江蘇（1,591.9），北京（1,430.3）など，1人当たり所得の高い，経済発展の進んだ地域でその値が高い。特に浙江でこの値が突出しているのは，この省に全国市場を対象にした卸売中心の大規模集市が集積しているためと思われる。一方，この値は，貴州（335.5），雲南（375.5），青海（415.5），新疆（432.0），内蒙古（449.0），山西（450.0）など，一般に1人当たり所得

第3章　市の地域差概観　　　105

表 3-4　地域別取引高とその都市部・農村部構成

地域	取引高 全域 （万元）	同 構成比	取引高 都市部 （万元）	同 構成比	取引高 農村部 （万元）	同 構成比
全国	89,815,495	100.0	45,690,853	50.9	44,124,642	49.1
1．北京	1,500,451	100.0	1,232,225	82.1	268,226	17.9
2．天津	1,300,673	100.0	892,141	68.6	408,532	31.4
3．河北	5,472,010	100.0	2,891,971	52.9	2,580,039	47.1
4．山西	883,727	100.0	445,396	50.4	438,331	49.6
5．内蒙古	710,371	100.0	358,545	50.5	351,826	49.5
6．遼寧	6,094,827	100.0	4,203,887	69.0	1,890,940	31.0
7．吉林	1,448,045	100.0	1,071,621	74.0	376,424	26.0
8．黒竜江	1,507,046	100.0	997,043	66.2	510,003	33.8
9．上海	1,095,090	100.0	984,288	89.9	110,802	10.1
10．江蘇	7,660,147	100.0	2,715,875	35.5	4,944,272	64.5
11．浙江	14,804,633	100.0	6,272,278	42.4	8,532,355	57.6
12．安徽	2,446,360	100.0	1,173,412	48.0	1,272,948	52.0
13．福建	2,478,978	100.0	1,196,318	48.3	1,282,660	51.7
14．江西	1,582,588	100.0	664,185	42.0	918,403	58.0
15．山東	9,913,339	100.0	6,050,905	61.0	3,862,434	39.0
16．河南	3,562,917	100.0	1,577,983	44.3	1,984,934	55.7
17．湖北	2,796,868	100.0	1,670,111	59.7	1,126,757	40.3
18．湖南	3,585,907	100.0	1,708,208	47.6	1,877,699	52.4
19．広東	7,792,666	100.0	3,973,281	51.0	3,819,385	49.0
20．広西	2,490,163	100.0	456,604	18.3	2,033,559	81.7
21．海南	476,268	100.0	299,580	62.9	176,688	37.1
22．四川	4,821,129	100.0	2,138,632	44.4	2,682,497	55.6
23．貴州	938,763	100.0	409,420	43.6	529,343	56.4
24．雲南	1,209,237	100.0	306,401	25.3	902,836	74.7
25．西蔵	93,451	100.0	86,369	92.4	7,082	7.6
26．陝西	1,213,587	100.0	713,044	58.8	500,543	41.2
27．甘粛	1,089,633	100.0	766,976	70.4	322,657	29.6
28．青海	130,915	100.0	86,970	66.4	43,945	33.6
29．寧夏	194,690	100.0	97,319	50.0	97,371	50.0
30．新疆	521,016	100.0	249,865	48.0	271,151	52.0

　（注）　取引高は『中国市場統計年鑑』1995 年版による 1994 年の数値。

の低い，経済発展の遅れた地域でその値が低い。

　次に，都市部立地の集市の 1 集市当たり取引高を見ると，全国については 2,553.4 万元で，全集市の値の約 2.5 倍である。地域別では，浙江（8,188.4）や山東（5,938.1）が突出して高く，河北（4,554.3）がそれに次ぐ。他方，新疆（654.1），山西（672.8），内蒙古（887.5）で，特に低い。

表3-5　地域別1集市当たり取引高

地域	全域	都市部	農村部
全国	1,063.4	2,253.4	662.8
1.　北京	1,430.4	1,632.1	912.3
2.　天津	2,654.4	2,925.1	2,208.3
3.　河北	1,313.2	4,554.3	730.5
4.　山西	450.0	672.8	336.7
5.　内蒙古	449.0	887.5	298.7
6.　遼寧	2,206.7	3,033.1	1,374.2
7.　吉林	803.1	1,709.1	320.1
8.　黒竜江	795.3	1,215.9	474.4
9.　上海	2,272.0	3,382.4	580.1
10.　江蘇	1,591.9	2,858.8	1,280.2
11.　浙江	3,076.6	8,188.4	2,479.6
12.　安徽	609.3	1,257.7	413.0
13.　福建	1,269.3	2,975.9	827.0
14.　江西	581.6	1,559.1	400.4
15.　山東	1,199.6	5,938.1	533.1
16.　河南	676.6	1,974.9	444.4
17.　湖北	663.7	1,589.1	356.2
18.　湖南	883.2	2,314.6	565.2
19.　広東	1,826.7	3,458.0	1,225.3
20.　広西	915.2	2,195.2	809.2
21.　海南	1,000.6	2,627.9	488.1
22.　四川	528.9	1,785.2	338.8
23.　貴州	335.5	1,166.4	216.3
24.　雲南	375.5	1,587.6	298.3
25.　西蔵	1,198.1	1,629.6	283.3
26.　陝西	482.2	1,289.4	254.9
27.　甘粛	620.5	1,317.8	274.8
28.　青海	415.6	1,317.7	176.5
29.　寧夏	673.7	1,280.5	457.1
30.　新疆	432.0	654.1	329.1

（注）　集市数・取引高は『中国市場
　　　統計年鑑』1995年版による
　　　1994年の数字に基づく。単位は
　　　万元。

表3-6　小売販売総額に対する集市取引高の割合

地域	集市取引高（万元）	小売販売総額（万元）	小売販売総額に対する集市取引高の割合（％）
全国	89,815,495	162,647,000	55.2
1.　北京	1,500,451	6,670,000	22.5
2.　天津	1,300,673	3,034,000	42.9
3.　河北	5,472,010	6,738,000	81.2
4.　山西	883,727	3,085,000	28.6
5.　内蒙古	710,371	2,473,000	28.7
6.　遼寧	6,094,827	8,705,000	70.0
7.　吉林	1,448,045	3,967,000	36.5
8.　黒竜江	1,507,046	5,517,000	27.3
9.　上海	1,095,090	7,708,000	14.2
10.　江蘇	7,660,147	12,879,000	59.5
11.　浙江	14,804,633	10,201,000	145.1
12.　安徽	2,446,360	4,532,000	54.0
13.　福建	2,478,978	5,240,000	47.3
14.　江西	1,582,588	3,310,000	47.8
15.　山東	9,913,339	11,372,000	87.2
16.　河南	3,562,917	7,025,000	50.7
17.　湖北	2,796,868	7,237,000	38.6
18.　湖南	3,585,907	6,597,000	54.4
19.　広東	7,792,666	18,514,000	42.1
20.　広西	2,490,163	4,165,000	59.8
21.　海南	476,268	896,000	53.2
22.　四川	4,821,129	10,066,000	47.9
23.　貴州	938,763	1,595,000	58.9
24.　雲南	1,209,237	3,050,000	39.6
25.　西蔵	93,451	209,000	44.7
26.　陝西	1,213,587	3,059,000	39.7
27.　甘粛	1,089,633	1,877,000	58.1
28.　青海	130,915	468,000	28.0
29.　寧夏	194,690	470,000	41.4
30.　新疆	521,016	1,971,000	26.4

（注）　取引高は『中国市場統計年鑑』1995年版によ
　　　る1994年の数値。小売販売総額は『中国統計
　　　年鑑』1995年版による1994年の数値。

　さらに，農村部立地の集市の1集市当たり取引高を見ると，全国の値は
662.8万元で，都市部のそれの約4分の1である。地域別では，浙江
（2,479.6），天津（2,208.3），遼寧（1,374.2），江蘇（1280.2），広東
（1,225.3）など，1人当たり所得の高い，経済発展の進んだ地域でその値が高

図 3-7　1集市当たり取引高

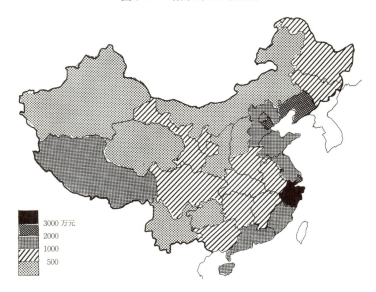

図 3-8　小売販売総額に対する集市取引高の割合

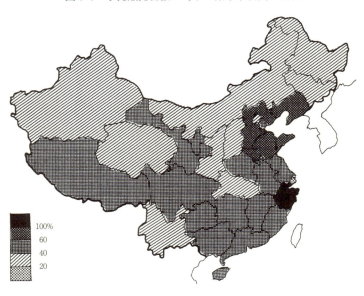

108　第Ⅱ部　市の分布と存立状態

く，青海（176.5），貴州（216.3），陝西（254.9），甘粛（274.8），西蔵（283.3），雲南（298.3），内蒙古（298.7）など，1人当たり所得の低い，経済発展の遅れた地域でその値が低い。

表3-6は，小売販売総額に対する集市取引高の割合の地域差を見たものである。この数値は常設店舗商業に対する集市取引の相対的重要性を示すものとして採り上げる。全国の値は55.2%であるが，**図3-8**に示したように地域別では浙江（145.1%），山東（87.2%），河北（81.2%），遼寧（70.7%）などで高い。このうち，浙江と山東は，伝統的に集市活動の盛んな地域であり，特に浙江の値が100%を超えるのは，集市取引高の中に，当省で特に盛んな卸売販売の取引高が含まれているからであろう。一方この値が低いのは，上海（14.2%），北京（22.5%），新疆（26.4%），黒竜江（27.3%），青海（28.0%），山西（28.6%），内蒙古（28.7%）であり，常設店舗商業の活発な大都市域か，伝統的に集市活動の不活発な地域である。

最後に，**表3-7**は，集市の商品種類別の取引高とその構成比の地域差を見たものである。商品種類別の取引高の統計は，全国を対象とした各種統計年鑑には中国全体の値しか収録されておらず，地域別の値は各地域別の年鑑類から蒐集せざるを得ない。結局，1994年度についてこの数値が得られたのは，全国30地域のうち，18地域に限られた。各商品別の傾向を指摘すると，以下のごとくである。

穀物・食用油の構成比は，全国の値が6.6%であるが，山西（16.8%），福建（13.7%），陝西（12.1%），雲南（11.2%），四川（10.7%），広西（10.6%），安徽（10.6%）など，都市人口率の低い地域で高く，遼寧（3.3%），黒竜江（4.3%）など都市人口率の高い地域で低い。これは，これらの商品が，都市部では別の流通ルート（おそらく常設店舗）に主として依存するためであると推定される。

肉・卵類の構成比は，全国の値が18.1%であるが，海南（39.6%），江西（38.7%），広東（33.5%），雲南（32.7%）などで高く，山東（9.8%），河南（9.8%），遼寧（10.5%）などで低い。肉・卵類についても，都市部では常設店舗が主要な流通ルートとなっている可能性があるが，その要因の他に，地域による消費性向（肉・卵の消費頻度の差）が影響しているかも知れない。

水産物の構成比は，全国では7.0%であるが，天津（18.8%），福建（15.5%），広東（12.5%）など沿海部で高く，河南（1.3%），甘粛（2.3%），雲南

第3章　市の地域差概観　　109

表 3-7　地域別の商品種類別集市取引高とその構成比

地域	粮油類	肉・卵類	水産物	蔬菜類	果物類	農業資材	家　畜	その他	合計
2．天津	79,739	169,725	244,501	166,286	108,565	1,230	1,556	529,071	1,300,673
	6.1	13.0	18.8	12.8	8.3	0.1	0.1	40.7	100.0
4．山西	148,789	191,155	31,311	164,409	99,482	3,861	11,011	233,709	883,727
	16.8	21.6	3.5	18.6	11.3	0.4	1.2	26.4	100.0
6．遼寧	202,068	640,055	361,023	666,716	383,861	13,324	15,292	3,818,488	6,094,827
	3.9	10.5	5.9	10.8	6.3	0.2	0.3	62.7	100.0
7．吉林	86,923	319,221	102,699	170,396	116,977	3,966	11,210	636,653	1,448,045
	6.0	22.0	7.1	11.8	8.1	0.3	0.8	44.0	100.0
8．黒竜江	64,783	298,565	96,887	273,483	136,352	2,408	7,843	626,725	1,507,046
	4.3	19.8	6.4	18.1	9.0	0.2	0.5	41.6	100.0
12．安徽	259,420	579,540	166,735	267,041	150,196	12,207	54,972	959,249	2,446,360
	10.6	23.7	6.8	10.9	6.1	0.5	2.2	39.2	100.0
13．福建	340,770	696,131	384,194	231,431	163,771	24,984	7,211	630,483	2,478,978
	13.7	28.1	15.5	9.3	6.6	1.0	0.3	25.4	100.0
15．山東	509,265	973,417	414,976	1,009,667	489,360	49,803	96,820	6,370,031	9,913,339
	5.1	9.8	4.2	10.2	4.9	0.5	1.0	64.3	100.0
16．河南	279,750	348,100	46,191	163,021	116,761	21,884	61,746	2,525,464	3,562,917
	7.9	9.8	1.3	4.6	3.3	0.6	1.7	70.9	100.0
17．湖北	257,119	645,660	225,342	347,098	163,145	20,627	70,278	1,067,599	2,796,868
	9.2	23.1	8.1	12.4	5.8	0.7	2.5	38.2	100.0
18．湖南	205,440	563,600	124,900	168,200	117,800	33,900	50,200	2,321,900	3,585,900
	5.7	15.7	3.5	4.7	3.3	0.9	1.4	64.8	100.0
19．広東	559,449	2,613,152	973,341	591,038	837,179	49,171	46,308	2,122,998	7,792,666
	7.2	33.5	12.5	7.7	10.7	0.6	0.6	27.2	100.0
20．広西	263,339	963,652	119,966	138,642	199,936	26,071	55,263	723,294	2,490,163
	10.6	38.7	4.8	5.6	8.0	1.0	2.2	29.0	100.0
21．海南	27,188	192,857	37,491	31,379	24,272	6,118	3,789	163,347	486,441
	5.6	39.6	7.7	6.5	5.0	1.3	0.8	33.6	100.0
22．四川	517,821	1,355,663	212,919	419,760	238,913	47,821	38,443	1,989,789	4,821,129
	10.7	28.1	4.4	8.7	5.0	1.0	0.8	41.3	100.0
24．雲南	134,296	395,982	34,255	139,754	73,965	10,048	45,876	375,151	1,209,237
	11.1	32.7	2.8	11.6	6.1	0.8	3.8	31.0	100.0
26．陝西	147,405	196,173	43,032	176,046	131,726	6,736	9,532	502,937	1,213,587
	12.1	16.2	3.5	14.5	10.9	0.6	0.8	41.4	100.0
27．甘粛	52,933	131,653	25,128	136,160	107,088	—	21,082	—	1,089,633
	4.9	12.1	2.3	12.5	9.8	—	1.9	—	100.0
28．全国	594.7	1,626.4	628.5	850.0	571.9	49.6	78.8	4,581.4	8,981.6
	6.6	18.1	7.0	9.5	6.4	0.6	0.9	51.0	100.0

（注）　取引高の単位は，各地域は万元，全国は億元。イタリックの数字は構成比（％）。
（出所）　各地域及び全国の統計年鑑の 1995 年版（1994 年の数値）。

（2.8％）など内陸部で著しく低く，当該地域の自然条件，ひいては消費性向を反映している。

　蔬菜類の構成比は，全国では 9.5％であるが，山西（18.6％），黒竜江

(18.1%)，陝西（14.5%）などで高く，河南（4.6%），広西（5.6%），海南（6.5%）などで低い。1988年の集市を扱った筆者の前稿によれば，蔬菜類の構成比は都市人口率の高い地域で高い傾向があり，それは，これらの商品が都市部の集市の代表的な商品であるからだと判断された。しかし，1994年の状況を示す**表3-7**では，このような傾向は不明瞭になっていると言わざるを得ない。

果実類の構成比は，全国では6.4%であるが，山西（11.3%），陝西（10.9%），広東（10.7%）などで高く，河南（3.3%），雲南（3.3%）などで低い。1988年には，蔬菜類と同様，都市人口率の高い地域で構成比が高い傾向にあったが，**表3-7**が示すように，1994年にはそれが不明瞭になっている。こうした変化の一因としては，集市取引高の中に，消費地での小売販売高の他に，産地での集荷機能をも持つ集市の卸売販売額のウエイトが高まっているためと推測される。山西と陝西はリンゴの主産地，広東はミカンやバナナの主産地である。

これに対して，農業生産資材の構成比は，全国では0.9%に過ぎないが，海南（1.3%），四川（1.0%），広西（1.0%）など，都市人口率の低い地域で相対的に高く，天津（0.1%），遼寧（0.2%），黒竜江（0.2%），吉林（0.3%）など，都市人口率の高い地域で相対的に低く，この傾向は1988年と変わっていない。言うまでもなく，この商品はもっぱら農村部の集市で取引されるからである。

家畜の構成比も，全国で0.9%に過ぎないが，雲南（3.8%），湖北（2.5%），江西（2.2%），安徽（2.2%）など，どちらかと言うと経済発展の遅れた地域で高く，天津（0.1%），福建（0.3%），遼寧（0.3%），黒竜江（0.5%）など，経済発展の進んだ地域で低く，この傾向は1998年と変わっていない。これは，後者の地域では，家畜飼育そのものが盛んでなくなっているか，家畜の売買が既に集市以外のルートによるようになったためではないかと思われる。

表3-7の「その他」は，主に衣類や雑貨など工業製品を指し，集市で提供されるさまざまなサービスをも含んでいる。その構成比は年々上昇する傾向にあり，1994年には全国で集市全取引高の過半の51.0%に達している。地域別では，河南（70.9%），湖南（64.8%），山東（64.3%），遼寧（62.7%）などで相対的に高く，福建（25.4%），山西（26.4%），広東（27.2%），広西（29.0%）などで相対的に低い。両グループの地域的特徴は不明瞭で，地域差を生み

出す要因は読み取り難い。

5 む す び

　以上の検討により，1994年の中国の集市が，中国のさまざまな地理的条件，すなわち，地形（沿海部/内陸部，平原/山岳地），気候（乾燥気候や寒冷気候），人口分布（人口規模や人口密度），都市化の程度，経済発展の程度，地域的な消費性向などに対応しながら，さまざまな地域的差異を示しつつ存在していることが明らかにされた。また，中でも，集市の存立状態を規定する要因としては，人口密度，都市化率，1人当たり所得が重要な意味を持つことも再確認された。しかしながら，筆者が前稿で扱った1988年の状況に比べると，1994年[5]にはこれらの説明変数の説明力はやや落ちていることも明らかになった。

　〈注〉
  (1)　石原　潤，中国における自由市場の発展と現状，名古屋大学文学部研究論集
　　　　125，1996年。
  (2)　Skinner, G. W., Marketing and Social Structure in Rural China, Part I, II, III,
　　　　The Journal of Asian Studies, Vol. 24, 1964/65.
  (3)　石原　潤，前掲論文。
  (4)　同上。
  (5)　同上。

第4章

河北省における市の存立状態

1　はじめに

　前章では，改革開放期の現代中国における集市の存立状態について，全国規模での概観を行い，そのマクロな地域差をある程度明らかにした。本章では，特に河北省を採り上げ，改革開放期における集市の変遷と存立状態を，1省規模で詳しく検討してみたい。

　河北省を採り上げるのは，当省が首都北京を包み込む中国の代表的な地域の一つであり，また，既往の研究の積み重ねにより明・清・民国時代を通じて市が活発に機能してきたことが明らかな地域であり，併せて，筆者自身も以前，地方志の分析を基に，明・清・民国期の市の存在状況を論じた[1]地域でもあるからである。なお，前章におけるデータによれば，1994年時点で，河北省は，集市数の都市・農村比，集市売上高の都市・農村比，1集市当たりの売上高，小売販売総額に対する集市売上高の割合が，それぞれ全国の値と類似しており，集市の存在状態が中国の平均的地域であったことがわかる。

　本章での検討項目は，集市政策の変遷と集市の経年変化，集市の分布・開催頻度・取引高とその地域差，事例地域における集市の存立状況などである。なお，本章では，空間的連続性に配慮して，かつて河北省に含まれていてその後直轄市として独立した，北京市及び天津市をも検討対象とする。対象地域の行政区画を示したものが，**図4-1**である。検討の方法は，各種統計書や各種の地

113

図 4-1　河北省（含北京市・天津市）の行政区画

114　第Ⅱ部　市の分布と存立状態

北京市
01　門頭溝区
02　房山区
03　昌平県
04　延慶県
05　懐柔県
06　密雲県
07　順義県
08　平谷県
09　通県
10　大興県

天津市
21　塘沽区
22　漢沽区
23　津南区
24　西青区
25　北辰区
26　大港区
27　薊県
28　宝坻県
29　寧河県
30　武清県
31　静海県

承徳地区
41　承徳県
42　隆化県
43　平泉県
44　興隆県
45　灤平県
46　豊寧満族自治県
47　囲場満族蒙古族自治県
48　寛城満族自治県

張家口地区
51　宣化県
52　康保県
53　張北県
54　沽源県
55　崇礼県
56　赤城県
57　懐来県
58　涿鹿県
59　蔚県
60　陽源県
61　懐安県
62　万全県
63　尚義県

秦皇島地区
71　昌黎県
72　盧竜県
73　撫寧県
74　青竜満族自治県

唐山地区
81　遷西県
82　遷安県
83　灤県
84　灤南県
85　楽亭県
86　唐海県
87　豊潤県
88　玉田県
89　遵化県
90　豊南県

廊坊地区
101　大城県
102　文安県
103　永清県
104　固安県
105　香河県
106　大廠回族自治県
107　覇州市
108　三河市

保定地区
111　満城県
112　清苑県
113　淶源県
114　易県
115　淶水県
116　定興県
117　雄県
118　容城県
119　徐水県
120　高陽県
121　蠡県
122　博野県
123　安国県
124　順平県
125　唐県
126　曲陽県
127　阜平県
128　安新県
129　安国市
130　涿州市
131　定州市
132　高碑店市

滄州地区
141　滄県
142　青県
143　海興県
144　塩山県
145　南皮県
146　東光県
147　呉橋県
148　献県
149　粛寧県
150　猛村回族自治県
151　泊頭市
152　任丘市
153　黄驊市
154　河間市

衡水地区
161　衡水市
162　深州市
163　冀州市
164　安平県
165　饒陽県
166　武強県
167　武邑県
168　阜城県
169　景県
170　故城県
171　棗強県

邢台地区
201　邢台県
202　内丘県
203　臨城県
204　泊郷県
205　寧晋県
206　新河県
207　清河県
208　臨西県
209　威県
210　広宗県
211　巨鹿県
212　平郷県
213　南和県
214　任県
215　隆尭県
216　南宮市
217　沙河市

邯鄲地区
221　邯鄲県
222　鶏澤県
223　曲周県
224　丘県
225　館陶県
226　大名県
227　魏県
228　広平県
229　肥郷県
230　成安県
231　臨漳県
232　磁県
233　渉県
234　永年県
235　武安市

1995 年当時のもの。
市街地を除く。
地区級市は，地区とした。
下線を引いた県は，本章 4 で採り上げた事例地域。

方志の分析による。地方志については，この時期に発行された県志以上のほぼ全ての地方志を，日本全国の図書館を利用して閲覧した。

2　集市政策の変遷と集市の経年変化

　河北省（含北京市・天津市）における集市に関する政策は，基本的に中国全体で採られてきた政策と変わりはない。しかし，いくつかの点で河北省独自と思われる政策も含まれている。本節では，主として『河北省志第51巻工商行政管理志』（以下『管理志』と略記）に拠りながら，計画経済期における集市政策と集市の実態の変化を概観したうえで，改革開放期におけるそれらの変化を明らかにしたい。

(1) 計画経済期における集市政策の変遷と集市の経年変化

　1949年10月の新中国発足直後は，河北省人民政府も，当面の集市交易の原則自由を表明しており（『管理志』41頁），抗日戦争や国共内戦で疲弊していたとされる集市は，1952年末には全省で2,802か所まで回復した（表4-1参照）。しかし1953年11月以降，糧食と綿花の供出制度が導入され，また私営商工業の社会主義改造と国営・合作社商業の発展が進むと，私営商業と集市取引の衰退が進行した（『管理志』41頁）。ただ，それに伴い流通上の諸障害が生じたので，1956年には，中央政府より農村市場管理を緩める指示があり，集市の一時的な活発化が見られた（『管理志』42頁）。しかし，その結果，不正行為などさまざまな問題が生じたとして，翌1957年には，逆に市場管理を強める指示が出された（『管理志』42頁）。このような経過を経て，集市数は，1957年末には，2,439まで減少した（表4-1参照）。

　1958年からの「大躍進」と人民公社化の時期，一切の物資は統一購買・販売とされたため，集市取引は衰退し，多くの集市や廟会が閉鎖された（『管理志』42頁）。しかし，その結果，流通が滞るなど，大きな影響が出たので，翌1959年には，早くも中央政府は，農村での集市取引の意義を肯定しその組織化を指示している（『管理志』42頁）。そして深刻な経済混乱から回復するための1961年からの「調整期」には，本省でも集市の回復が確認され，1962年6月には都市部でも「集貿市場」の開放も実行された（『管理志』42頁）。この結果，表4-1が示すように集市の取引高は，1962年に計画経済期におけるピー

クを迎えている。また，一時急減した
とされる集市数も，1961 年末には
2,260 まで回復した（**表 4-1** 参照）。

　しかしながらこのような方向も永く
は続かず，1964 年には省の工商管理
局が都市・農村の集市の管理を強める
方針を出しており（『管理志』43 頁），
表 4-1 が示すように，集市取引高は減
少に向かった。1966 年からの「文革
期」には，本省でも集市取引の縮小・
制限が顕著に進んだ（『管理志』43 頁）。
1966 年には，全省の集市の市日が旬
の 1・6 の日に統一された（『管理志』
43 頁）。この措置は，市の売り手にも
買い手にも，複数の市に出ることを事
実上不可能にする措置であり，閉鎖的
な市場圏へと追い込む措置であった。
1966 年末には，集市数は 1,562 か所
に減少し，以後集市取引高は永く低迷
する（**表 4-1** 参照）。そうした中で，
1975 年には市日の頻度をさらに下げ
る地区（唐山地区は月 2 回，廊坊地区
と邢台地区は月に 3 回のみに）や，集
市をさらに閉鎖する県（24 県）があ
ったと報告されている（『管理志』44

表 4-1　計画経済期における河北省の集市
の状況

年度	集市数	集市取引高 （万元）	社会商品小売高 に対する割合（%）
1952	2,802	10,340	5.84
1953		9,858	4.62
1954		9,268	3.98
1955		10,194	4.06
1956		9,826	3.34
1957	2,439	10,112	3.60
1958		3,236	0.98
1959		5,000	1.36
1960		6,558	1.66
1961	2,260	100,000	29.12
1962		140,000	43.38
1963		82,000	26.45
1964		67,802	19.40
1965	1,944	47,273	14.94
1966	1,562	27,700	8.28
1967		30,000	9.23
1968		30,000	9.51
1969		30,000	8.13
1970		30,000	7.16
1971		30,000	6.69
1972		30,000	5.89
1973		30,000	5.57
1974		28,970	4.93
1975		44,000	6.61
1976		37,000	5.17
1977		41,000	5.25
1978		45,000	5.41

（出所）　『河北省志第 51 巻工商行政管理志』
1994 年。

頁）。また，文革末期になると 1976 年 5 月 9 日の「人民日報」には，「社会主
義大集は素晴らしい」と言う報告記事が掲載され，本省でもそれに呼応する動
きが一部にあったと言う（『管理志』44 頁）。

(2) 改革開放期における集市政策の変遷と集市の経年変化

　1978 年 12 月の第 11 期 3 中全会で出された改革開放の方針に従い，翌 1979
年 10 月以降，農村では国家への供出後の糧食や農民個人が生産した農副産物

表 4-2　改革開放期における河北省の集市の状況

年度	集市数 合計	集市数 農村	集市数 都市	集市取引高 合計（万元）	小売販売総額に 対する割合（％）	集市取引高 農村（万元）	集市取引高 都市（万元）
1979	1,541	1,449	92	68,199	7.30	63,306	4,893
1980	1,755	1,656	99	92,142	8.87	84,358	7,784
1981	1,755	1,660	95	119,518	10.69	108,722	10,795
1982	1,696	1,597	99	131,908	10.89	116,641	15,267
1983	1,902	1,745	157	174,198	12.62	151,947	22,251
1984	2,274	2,075	199	231,642	13.31	195,491	36,151
1985	2,470	2,217	253	338,217	14.98	270,225	67,992
1986	2,722	2,350	372	469,272	20.35	350,868	118,404
1987	3,003	2,464	539	539,639	21.88	409,588	184,051
1988	3,010	2,471	539	758,203	21.35	514,964	243,239
1989	3,039	2,615	424	900,600	24.05	588,900	311,700
1990	3,042	2,617	425	1,001,600	26.30	622,700	378,900
1991	3,288	2,793	495	1,284,900	30.10	760,200	524,700
1992	3,719	3,157	562	2,111,300	43.00	1,179,500	931,800
1993	4,016	3,403	613	3,211,271	63.44	1,724,446	1,486,825
1994	4,167	3,532	635	5,472,010	81.21	2,580,039	2,891,471
1995	1,827	—	—	1,473,000	17.29	—	—
1996	1,896	—	—	1,820,000	17.81	—	—
1997	4,269	—	—	10,896,167	91.17	—	—
1998	4,365	—	—	13,805,175	103.60	—	—
1999	4,488	—	—	13,621,763	93.38	—	—
2000	4,452	—	—	16,565,838	102.68	—	—
2001	4,325	—	—	16,681,217	93.80	—	—

（注）　1995 年以降は，都市・農村別の数値は公表されなくなる。また，2002 年以降は，省
全体の数値も公表されなくなる。
（出所）　『河北省志第 51 巻工商行政管理志』1994 年。

を集市で売ること，及び集市で修理・食物提供・サービス等の個人営業を行う
ことが可能になった（『管理志』45 頁）。一方都市部では失業者の集市での各種
営業が可能となった。また，1982 年以後，都市での農副産物価格が次第に自
由化され，農副産物の輸送販売の制限も緩められていった（『管理志』46 頁）。
さらに，1985 年には，糧食・綿花以外の全ての農産物の統一購買制度を廃止
する方針が打ち出された（『管理志』46 頁）。他方で，集市を積極的に復活させ
る政策が採られ，1979 年以降，年々多数の集市が復活ないし新設された（『管
理志』46 頁）。

表 4-2 は，改革開放期の河北省における集市の数と集市における取引高の経
年変化を示している。第 2 章第 2 節で見た全国的動向と同様に，当地域でも，

118　　　第Ⅱ部　市の分布と存立状態

表 4-3　河北省の集市における商品の種類別取引高の変遷

商品の種類	1979 年		1982 年		1985 年		1988 年	
	取引高 （万元）	同構成比 （％）	取引高 （万元）	同構成比 （％）	取引高 （万元）	同構成比 （％）	取引高 （万元）	同構成比 （％）
合計	68,199	100.0	131,908	100.0	338,217	100.0	758,203	100.0
糧食	13,196	19.3	18,328	13.9	14,451	4.3	24,921	3.3
油脂油料	1,739	2.5	5,462	4.1	9,971	2.9	15,442	2.0
綿・タバコ・麻	1,045	1.5	2,067	1.6	3,744	1.1	4,989	0.7
肉・卵	6,763	9.9	18,270	13.9	45,130	13.3	113,909	15.0
水産品	810	1.2	2,059	1.6	9,892	2.9	29,920	3.9
蔬菜	3,752	5.5	9,230	7.0	24,692	7.3	71,313	9.4
果物	2,370	3.5	4,855	3.7	14,925	4.4	55,557	7.3
日用雑貨	505	0.7	2,433	1.8	5,046	1.5	11,836	1.6
柴類	1,479	2.2	891	0.7	1,678	0.5	2,306	0.3
飼料・農具・種苗	1,691	2.5	4,650	3.5	8,051	2.4	7,761	1.0
大型家畜	15,430	22.6	37,002	28.1	27,733	8.2	25,951	3.4
小型家畜	11,952	17.5	13,407	10.2	27,843	8.2	40,028	5.3
工業製品	218	0.3	3,393	2.6	123,130	36.4	251,334	33.1
廃品・中古品	423	0.6	6,257	4.7	8,357	2.5	32,923	4.3
その他	1,751	2.6	3,604	2.7	13,573	4.0	70,013	9.2

（出所）　『河北省志第 51 巻工商行政管理志』1994 年。

1979 年以降，集市が都市及び農村の両方において，急速に増加し，集市での取引高はさらにそれ以上のスピードで上昇したことがわかる。また，同表に示されているように，小売販売総額に対する集市取引高の割合も，年々高まっていった。表 4-3 は，集市における商品の種類別取引高とその構成比の経年変化を示している。第 2 章第 2 節で見た全国的動向と同様に，多くの種類の商品が絶対額では取引高を伸ばしているが，構成比で見ると，主食類（糧食），工業原料用農産物（油脂油料，綿・タバコ・麻），燃料（柴類），農業用生産材（飼料・農具・種苗，大型家畜，小型家畜）が比率を下げる傾向が顕著で，他方，生鮮食料品（肉・卵，水産物，蔬菜，果物），工業製の消費物（日用雑貨，工業製品，廃品・中古品），その他が，比率を上げる傾向にある。全般的に，集市が，糧食や工業原料用農産物を販売し，農業用生産財を購入する「生産者農民のための市」から，生鮮食料品や工業製消費物を売る「消費者住民のための市」へと，性格を変えつつある傾向が認められよう。

　ところで，各種の商品を扱う集市（「総合市場」と言う）とは別に，1980 年代になると，特定の商品を扱う「専業市場」の開設が進む（『管理志』52 頁）。省の工商管理局は，1984 年に，城鎮に「農副産品卸売市場」を開設する方針

を打ち出し（『管理志』52 頁），保定市を筆頭にその設立が進み，1985 年末には全省で 15 市場，1988 年末には 58 市場にまで達した（『管理志』52-53 頁）。一方工業小商品についても，1982 年 160 種の小商品の価格を自由化する方針が出され（『管理志』56 頁），最初は「総合市場」の中で小商品を扱う店が増加したが，1983 年には省が「日用工業小商品市場」を開設する方針を打ち出し（『管理志』56 頁），1986 年末には 27 市場，1988 年末には 34 市場にまで達した（『管理志』57 頁）。さらに，河北省には革命以前から全国的名声を保つ伝統的専業市場が，皮毛市場（張家口など），薬材市場（安国），土布（綿布）市場（高陽）などが見られた（『管理志』59 頁）が，1983 年に保定地区が率先して 10 の「その他の各種専業市場」を開設して以来，1985 年末には 58 市場，88 年末には 136 市場にまで達した（『管理志』60 頁）。これらの専業市場の開設は，小城鎮の発展の基礎となるとともに，農村家内工業発展の基礎ともなっている（『管理志』60 頁）。

　1989 年の天安門事件により，中国の経済発展は一時減速するが，その後の市場経済化政策により，発展は加速化される。1990 年代以降の集市政策としては，第 2 章で論じたように，「総合市場」については，「退路進庁」（露天市から建物の中の市へ）など設備面の改善，「専業市場」については，広域市場をねらった大型卸売市場や全国市場を対象とする「商品取引市場」の開設など，さらなる現代化が中心になってくる。スーパーマーケットやチェーンストア，コンビニエンスストアなどの出現とともに，集市の発展も曲がり角を迎える点では，河北省も中国全体の動きの例外ではなかったであろう。**表 4-2** に示されるように，集市数のピークは，全国の数字と同様 1999 年にやってきた。また，集市取引高は，省単位の統計が得られる下限の 2001 年まで増え続けるが，その小売販売総額に対する割合のピークは，全国のそれが 2000 年であるのに先立ち，本省では 1998 年であった。

3　集市の分布・開催頻度・取引高とその地域差

　ところで，このような集市は，河北省（及び北京市・天津市）において，一律に展開したのであろうか。あるいは，地域差を伴って展開したのであろうか。ここでは，その点を明らかにしたい。中国では，改革開放期に入って，県別の地方志を編纂することが，国策として推進され，ほとんどの県で県志が編纂・

発行された。本章では 1985 年から 2000 年ころに発行された地方志のデータに基づき，集市に関する以下の諸数値を検討する。市街地の卓越する都市域中の「区部」の多くは対象外とし，またデータを欠く地域もかなり存在するが，大部分の県や県級市についてデータが得られた。

(1) 100 km² 当たり集市密度

　河北省における 100 km² 当たりの集市密度は，筆者の旧稿によれば，平均で明代には 0.95，清代前半が 1.44，後半は 1.71，民国時代には 2.43 と，次第に上昇してきた。図 4-2 は，現代の河北省各県の 100 km² 当たりの集市の分布密度の地域差を見たものである。それによれば，北部の高原・山地及び西端の太行山脈沿いに，1.0 未満の低密度地域が広がり，一方，河北平原は少なくとも 1.0 以上，多くは 2.0 以上の値を示す。したがって，集市密度は，大局的には地形及びその影響を受けた人口密度（図 4-3）に対応していると言える。

　ただし，集市の最高密度（5.0 以上）の分布地域は，保定地区の中部に位置する保定市から南南西方向に石家庄地区の東部へと連続している。この地域は，確かに人口密度も高い地域ではあるが，その最高密度地域とは必ずしも一致していない。また，人口密度の高い地域の全てで市密度が高いわけではない。例えば，邯鄲地区は，人口密度は高いが市密度は高くない。このことから，各地域（地区や県）ごとに，人口密度に対応してできるだけ多くの集市の開設を志向した地域と，限られた数にその開設を限定した地域との，地域差が生じたと考えられる。

(2) 1 集市当たり人口

　1 集市当たりの人口は，一つの集市を支える人口，すなわち各集市の市場圏の平均的人口を近似的に示し，筆者の旧稿によれば，明・清・民国時代の河北省では，2 万人台で推移してきた。しかるに現代の河北省では，図 4-4 が示すように，大局的に見ると，平野部では値が 2.0 万人未満の地域が多く，山地・高原部で 3.0 万人以上の地域が多い。このことからは，平野部では人口密度の割合以上に集市が数多く分布し，小さな市場圏人口で集市が支えられていること，逆に山地・高原部では人口密度の割合以上に集市の分布が少なく，大きな市場圏人口で集市が支えられていることがわかる。ただし，平野部でも天津市北部・唐山地区・邯鄲地区などでは比較的値が高く，山地・高原部でも承徳地

図4-2 河北省の集市密度

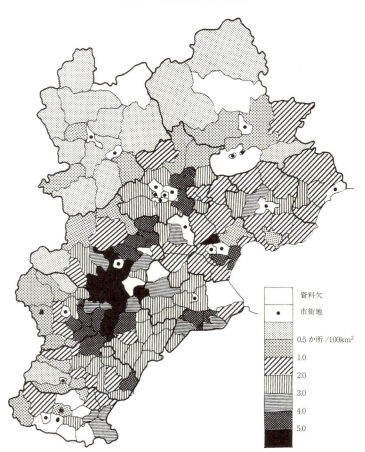

区南部のように比較的値が低いなど,例外的な地域もかなり見られ,各地域ごとの特殊な事情も無視できない。

(3) 1集市当たり村数

図4-5は,1集市当たりの村数,すなわち一つの集市を支えている村数の地域差を見たものである。これは,かつてSkinnerが,伝統的中国では,平均18か村に1か所集市が立地するとしたことを[7],意識している。ただし本稿では,「村」とは行政村を指しており,自然村を指すものではない。自然村の統

図 4-3　河北省の人口密度

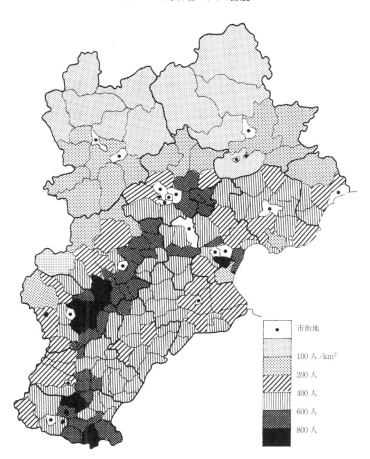

計は県によって得られない場合があり，また河北省では自然村と行政村の乖離が，少なくとも対象時期には小さかったと判断されるので，行政村を採用した。

その結果によれば1集市当たり30か村以上と多いのは，一般に山地・高原部であるが，承徳地区のように例外的に少ない地域もある。他方，20か村未満と少ないのは，保定地区・石家庄地区・浪洲地区など平野部に見られるが，平野部でも天津市・衡水地区・邢台地区・邯鄲地区の一部には，30か村以上と例外的に多い地域もかなり見られる。ただ，全体的に20か村前後の地域が多く，Skinnerが指摘した値は無意味とは言えないであろう。

第4章　河北省における市の存立状態　　123

図4-4 河北省の1集市当たり人口

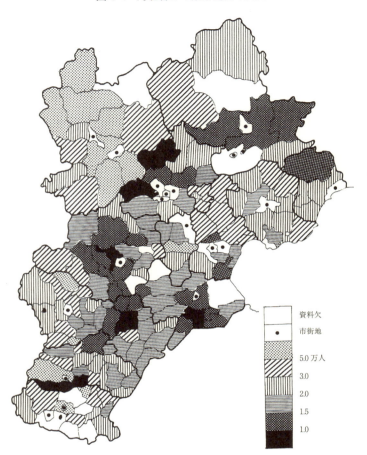

(4) 1郷鎮当たり集市数

　1982年から進められた人民公社の解体により，旧公社は郷または鎮に組織変更された。この人民公社の範域は，Skinnerによれば，彼が「標準市場」とする集市の市場圏に相当すると言う。筆者も本書の第8章第2節において，ほぼ郷鎮ごとに1か所の集市が立地し，郷鎮域の住民が日常的にそれを利用している実態を明らかにした。したがって，両者の対応関係を見るために，1郷鎮当たりの集市数を採り上げる。

図 4-5 河北省の1集市当たり村数

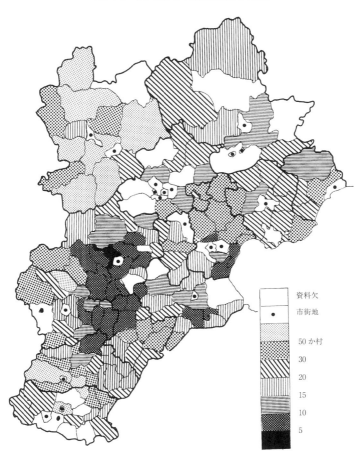

 その結果を示したものが図 4-6 である。それによれば,山地・高原部では,一般にこの値が0.5未満と低く,集市を持たぬ郷鎮が多いことを示す。一方,平野部では,一般的には1.0前後の地域が多く,1郷鎮に1集市に近い状況と言えるであろう。ただし,平野部でも,特に北京市・保定地区・石家庄地区・滄洲地区などではこの値が高く,1.0を越えているが,秦皇島地区・唐山地区・邢台地区・邯鄲地区などでは値が相対的に低く,1.0を下回る場合が多い。

第4章 河北省における市の存立状態

図 4-6　河北省の郷鎮当たり集市数

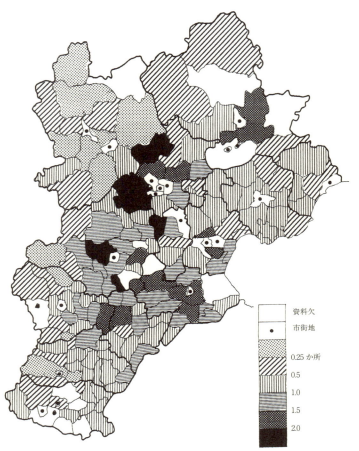

(5) 旬当たり平均開催頻度

　次に，各県（または県級市）ごとに，旬（10日）当たりに開催される市日数の合計を計算し，これを集市数で割って，平均開催頻度を求めた結果が図4-7である。データを欠く地域がかなり多いが，データの得られる地域では，大部分でその値は 2.00～2.49 のカテゴリーに属し，旬に2回の市が卓越し，一部の市がそれ以上の頻度（旬に3・4・5・10回）であるような状況が一般的であることを示している。ただし，保定地区・邢台地区・邯鄲地区の一部

図4-7 河北省の集市の平均開催頻度

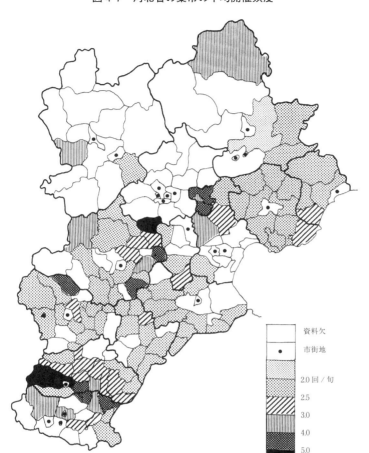

や北京・天津間など，ところどころにこの値が高い地域が存在している。特に4.0を越える地域は，旬に4回の市が卓越する地域である。なお，山地・高原部で値が低いわけではなく，また全国スケールでは認められる北部で低く南部で高い傾向性も，河北省内部に限っては認め難い。

筆者の旧稿によれば，この値の平均は，明代には2.12，清代前半には2.56，清代後半には2.65，民国時代には2.43と推移してきた。現代の状況も，これらと大きく変わっていないと言えよう。

第4章 河北省における市の存立状態　127

4 事例地域における集市の存在状況

　以上の検討結果を踏まえて，河北省（含北京市・天津市）の中から，若干の事例地域を採り上げ，実際の集市の存在状況を提示したい。採り上げるのは，①集市が特に高密度に分布する地域，②集市の分布密度が中位の地域，③集市の分布が特に低密度な地域から，それぞれ2事例である。

(1) 高密度分布地域の事例①——保定地区徐水県

　高密度分布地域の一つ目の事例としては，保定地区の中心保定市の東北方に位置する徐水県を採り上げる。当県は，一面の平原地域で，耕地が全面的に展開し，徐水県志（1998年刊）によれば，面積 737 km²，人口 53.9 万，人口密度 731 人/km² の人口高密度地域で，100 km² 当たりの市密度も，4.54 と高密度である。1鎮22郷，307行政村からなり，1郷鎮当たりの集市数は1.47と郷鎮数よりも集市数が多く，1集市当たりの村数は9.03と少なく，集市高密度分布地域の特徴をよく示している。

　1990年時点で，県内には34の集市が存在し，その分布状態は**図4-8**のようであった。県城の周りには，半径約5〜10 km で他の集市を欠く地域が広がっているが，それ以外の地域では，集市が高密度に分布し，互いの距離は2〜3 km に過ぎない地域もある。同一郷鎮に複数の集市が立地する場合も多く，郷鎮政府所在地に立地する集市が15，それ以外の集落に立地するものが20で，むしろ後者の場合の方が多い。逆に郷鎮政府所在地で，集市が立地しない集落も8か所ある。

　これらの集市は，県志では大規模市・中規模市・小規模市の3種に分類されており，その構成は，大規模市が1か所（県城の市），中規模市が5か所，小規模市が28か所である。県志の記載によれば，大規模市は取扱商品 1,600 種，1日当たり出市客3万人，1日当たり取引高 17 万元であるのに対し，中規模市は取扱商品 400〜500 種，1日当たり出市客1〜2万人，1日当たり取引高4〜8万元で，明らかに格差がある。小規模市についてのこうした統計は示されていないが，さらに一段と格差があるのであろう。

　しかし，以下本章で取り扱うその他の諸県における分類基準に比べて，当県の大規模市の基準はあまりにも厳格で，他県ではむしろ本県の中規模市以上に

図 4-8 徐水県における集市の分布

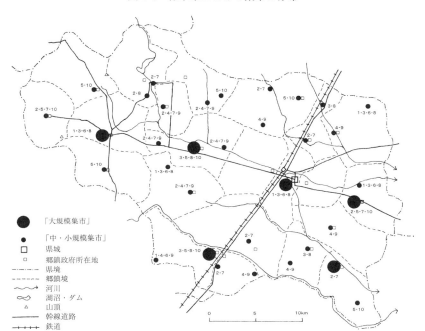

(注) 図中の数字は市日

相当する市を大規模市としている。したがって、本稿では、他県との比較が可能なように、県志の大規模市と中規模市の両方を「大規模集市」と見なし、県志の小規模市を「中・小規模集市」と見なすことにする。図4-8でわかるように、このように分類された「大規模集市」は、互いに約10km間隔で立地しているのに対し、「中・小規模集市」はこれらの「大規模集市」の間隙をぬって立地し、上述のように互いに2〜3kmの間隔で立地するところもある。

これらの集市の市日を検討すると、旬（10日）に4回開かれる市が15か所、2回開かれる市が19か所で、旬当たりの平均開催頻度は2.88回と、高頻度である。これらの市日は全て1・6、2・7、3・8、4・9、5・10のいずれかの組み合わせか、さらにそのうち2組の組み合わせ（1・6と3・8、2・7と4・9など）であり、例外は旬に2回の2・8の市が1か所見られるだけである。なお、市の規模と開催頻度との関係を見ると、「大規模集市」は6か所中、5か所は旬に4回開催、1か所が旬に2回開催、さらに「中・小規

第4章 河北省における市の存立状態 129

模集市」は 28 か所中，10 か所が旬に 4 回開催，18 か所が旬に 2 回開催と，規模が大きい市が開催頻度が高いという傾向が認められる。なお，隣接する市が，競合を避け，異なった市日を選択する傾向が明らかであるが，かつて Skinner が指摘し，筆者がより古い時代の河北省でも確認したように，「大規模集市」の周りの「中・小規模集市」は，必ず中心の「大規模集市」と市日を異にするが，「中・小規模集市」どうしは競合する同じ市日を選ぶ場合が，本地域でも認められる。

なお，集市とは別に，かつての廟会の系譜を引き，1 年の特定日に開催される物資交流会が，県志によれば 1990 年に全県で 60 回開かれたと言う。物資交流会では，家畜や農機具など，日常的に開かれる集市ではあまり取引されない商品が扱われ，また廟会の色彩の濃い交流会の場合では，宗教に関わる商品や娯楽的な商品・サービスが供給されることが多い。これらは，当県志では，大規模交流会，中規模交流会，小規模交流会に分類され，大規模交流会が 2 集落で 3 回開催，中規模交流会が 10 集落で 12 回開催，小規模交流会が 48 回開催された。大規模交流会及び中規模交流会については，開催日と開催集落が明らかなので，それを地図化したのが**図 4-9** である。それによると，大・中規模交流会の立地点は，5〜10 km 間隔で比較的均等に分布しているが，「大・中規模集市」の立地点とは，一致する場合と一致せぬ場合がある。開催時期は農暦（陰暦）の 2・3・4・6・9・10 月の 1 日（ほとんどの場合）または 4 日（県城で開かれる 2 回の交流会の場合）で，概して短期間である。集市に対して補完的役割を果たしていると思われる。

(2) 高密度分布地域の事例②——滄州地区粛寧県

高密度分布地域の二つ目の事例としては，滄州地区の西端に位置する粛寧県を採り上げる。当県も一面の平原地域で，耕地が全面的に展開し，粛寧県志（1999 年刊）によれば，面積 525 km^2，人口 31.79 万，人口密度 606 人/km^2 の人口高密度地域で，100 km^2 当たりの市密度も 5.14 と極めて高密度である。3 鎮 11 郷，253 行政村からなり，1 郷鎮当たりの集市数は 1.93 と多く，1 集市当たりの村数は 9.37 と少なく，集市高密度分布地域の特徴をよく示している。

1994 年時点で，県内には 27 の集市が存在し，その分布状態は**図 4-10** のようであった。県城の周りには，半径約 5 km 以上に他の集市を欠く地域が広が

図4-9 徐水県における大・中規模物資交流会の分布

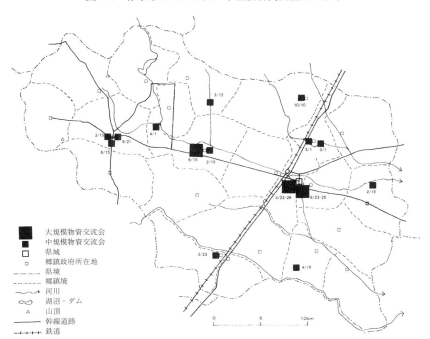

(注) 図中の数字は開催月/日

っているが，それ以外の地域では，一般に集市が高密度に分布し，互いの距離が1〜3kmに過ぎない地域すらあちこちに見られる。同一郷鎮に複数の集市が立地する場合も多く，郷鎮政府所在地に立地する集市が14，それ以外の集落に立地するものが13で，郷鎮政府所在地で，集市が立地しないところは存在しない。

県志記載の統計からは，攤位（露店）数1000以上，1日当たり出市客1万人以上の集市群，及び攤位（露店）数350以上，1日当たり出市客3,000人以上の集市群，並びに攤位（露店）数350未満，1日当たり出市客3,000人未満の集市群が識別される。したがってこれらを，大規模市・中規模市・小規模市として分類すると，その構成は，大規模市が6か所（県城の市を含む），中規模市が8か所，小規模市が13か所である。なお，図4-10でわかるように，大規模市は，互いに5〜10km間隔で立地しているのに対し，中規模市は大規模市を補完するように比較的均等に立地しているものの，一部近接し競合するも

図4-10 粛寧県における集市の分布

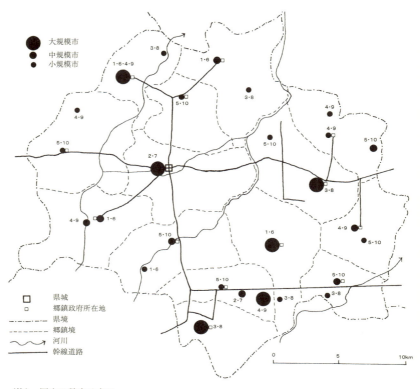

（注）図中の数字は市日

のもある。小規模市はこれらの大・中規模市の間隙をぬって立地し，郷鎮内に複数の市が立地する場合，少なくとも1つは小規模市である。

　これらの集市の市日を検討すると，旬（10日）に4回開かれる市が1か所のみで，その他は全て旬に2回開かれる市で，旬当たりの平均開催頻度は2.07回である。これらの市日は全て1・6，2・7，3・8，4・9，5・10のいずれかの組み合わせか，さらにそのうち2組の組み合わせである。旬に4回の市は，県城の市ではないが，大規模市の一つである。また，隣接する市が，競合を避け，異なった市日を選択する傾向は，当県でも明らかであり，特に大規模市（県城市をも含む）の周りの市は，必ず中心の大規模市と市日を異にしている。

なお，廟会ないし物資交流会に関する記述は，当県志では詳しくないので，徐水県のような検討は不可能である。

　以上，徐水・粛寧両県は，所属の地区は異なるが，いずれも集市が極めて高密度で開設されており，類似したパターンで配置され，機能していることが明らかとなった。

（3）中位の分布密度の地域の事例①──邢台地区巨鹿県

　集市の分布密度が中位の地域の一つ目としては，邢台地区の中央部に位置する巨鹿県を採り上げる。当省西南部の平原に位置し，当県は，前述の高密度分布地域の2例と同様，県域の大部分は農地である。1994年刊行の県志によれば，面積は623 km²，人口32.2万，人口密度は517人/km²とかなり高密である。しかし，集市数は14で，100 km²当たりの市密度はあまり高くなく，2.21と中位である。3鎮14郷，291行政村からなり，1郷鎮当たりの集市数は0.82と1郷鎮1集市に満たないが，1集市当たりの村数は20.8と平均的である。

　1990年時点での集市の分布状態は**図4-11**のようであった。県城の周りは集市の分布が疎で，5 km以上の間隔で立地するが，県境付近，特に北部においてはやや密な分布が見られ，2〜3 km間隔のものもある。郷鎮政府所在地に立地する集市が9，それ以外の集落に立地するものは5で，逆に郷鎮政府所在地で，集市が立地しない集落は8か所である。

　県志は，これらの集市を，大規模市6，中規模市2，小規模市6と分類しており，大規模市の割合が高く，逆に小規模市の割合が通例より低いように見える。うち大・中規模市は，5〜7 km間隔で，県域内に比較的均等に分布している。ただし，こうした分類の基準や各集市の取引額・出市客数などの統計は，記載されていない。

　これらの集市の市日を検討すると，旬に4回開かれる市が3か所（うち大規模市が2，小規模市が1），3回開かれる市が4か所（うち大規模市が1，中規模市が1，小規模市が2），2回開かれる市が7か所（うち，大規模市が3か所，中規模市が1か所，小規模市が3か所）で，本県では規模が大きいほど開催頻度が高くなるといった関係は見出し難い。旬当たりの平均開催頻度は2.71回である。旬に2回と4回の市の市日は，ほとんどが1・6，2・7，3・8，4・9，5・10の1組または2組のいずれかの組み合わせであるが，

図 4-11 巨鹿県における集市の分布（1990 年）

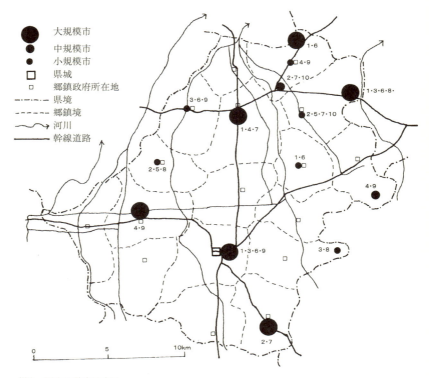

（注） 図中の数字は市日

例外的には県城の市が 1・6 と 3・9 の組み合わせである。旬に 3 回の市は，3 か所が，1・4・7，2・5・8，3・6・9 の標準的組み合わせであるが，1 か所は 2・7・10 というイレギュラーな組み合わせである。隣接する市が，競合を避け，異なった市日を選択する傾向は当県でも認められるが，いくつかの箇所で競合も認められる。

　以上，要するに，当県では，平野部の人口高密度地域であるが，前述 2 例に比べて，1990 年時点での集市は，分布密度があまり高くなく，規模構成も歪みがあり，市日配置も典型的なパターンを採ってはいないと言えよう。

　そこで，当県のより古い時期の状態を検討してみると，残念ながら民国期の資料は存在しないが，清末の光緒 12 年（1886 年）の県志によれば，県内には 1990 年の 2 倍を越える 30 か所の集市が存在していた。その分布状況を示す図

図 4-12 清末巨鹿県における集市の分布 (1886 年)

(注) 図中の数字は市日

4-12 によれば, 県城付近を含め, 県域内には, 集市がほぼ 3 km 前後の間隔で均等に分布していた。

市の規模に関する情報は無いが, 市日の頻度は, 隔日 (双日または単日), すなわち旬に 5 回の市が県城付近から県域西部にかけて 18 か所, 旬に 4 回の市が県域の東部に 10 か所, 旬に 2 回の市が県域東部の一部に 2 か所存在し, 平均頻度は, 4.47 と 1990 年の平均頻度よりはるかに高頻度であった。なお, 旬に 4 回及び 2 回の市の市日は, 1・6, 2・7, 3・8, 4・9, 5・10 の組み合わせが大部分であったが, 3 か所でイレギュラーな組み合わせが見られた。また, 隣接市との市日の競合は避ける傾向が認められるが, 特に隔日市分布地域では, 市日組み合わせの選択肢が少ないためか, 競合が生じている例が散見された。

以上により，当県では，清代末には集市が高密度に均等に配置されており，市の頻度も高頻度であった状態から，現在ではむしろ，やや不均等で高密度ではない分布になっており，市日頻度もかなり低下している。こうした変化が，民国時代に生じたとは考え難く，おそらく改革開放以後の集市の復活過程で，完全には旧に復しなかった可能性が高い。清末の市が1990年に同一集落に位置的に継続している例は11例のみ，市日が同じで継続しているのは1例のみで，両者間の継続性は弱いと言わざるを得ない。集市復活に当たって，旧集市所在地のかなりで集市の復活が見送られたり，復活しても異なった市日が選択された場合が多かったと思われる。

　なお，本県についても，県志の物資交流会についての記載は簡単で，検討の対象外とせざるを得ない。

　本県と同様の，清代ないし民国時代に比べて現在の方が集市密度が低い県は，内丘県，柏郷県，臨西県，南宮市（県）など，邢台地区において多く見られ，また当地区では一般に，清代または民国期からの現在の市への継続性が弱い。地区の方針として，集市を旧に復するよりも位置・市日ともに新たな基準で設立していった可能性が考えられる。同様な県は，邢台地区以外にも，石家庄地区の正定県や定県（定州市），邯鄲地区の丘県，保定地区の高陽県，滄州地区の青県，廊坊地区の文安県，衡水地区の景県や棗強県など，平野部のあちこちに散見され，これらは，県単位で同様な方針が採られた可能性があろう。

　平野部に位置し，人口密度が高いにもかかわらず，市密度があまり高くない県は，以上のようなタイプである。

（4）中位の分布密度の地域の事例②──唐山地区遷西県

　集市の分布密度が中位の地域の二つ目のタイプが，平野と山地が交叉する諸県である。ここでは，その典型的な例として，省の東北部唐山地区の北部に位置する遷西県を採り上げる。当県は，北から南へ流れるいくつかの河流がつくる平野と，その間の低い丘陵が交叉する地形を持つ。1986年末で，面積は1,439 km^2，人口32.67万，人口密度227人/km^{2}と中位であり，100 km^{2}当たりの市密度も1.28と中位である。3鎮30郷，412行政村からなり，1郷鎮当たりの集市数は0.45とかなり少なく，1集市当たりの村数は27.5とやや多く，市密度が中位の地域の特徴をよく示している。

　1991年発行の県志によれば，県内には15の集市が存在し，その分布状態は

図 4-13 遷西県における集市の分布

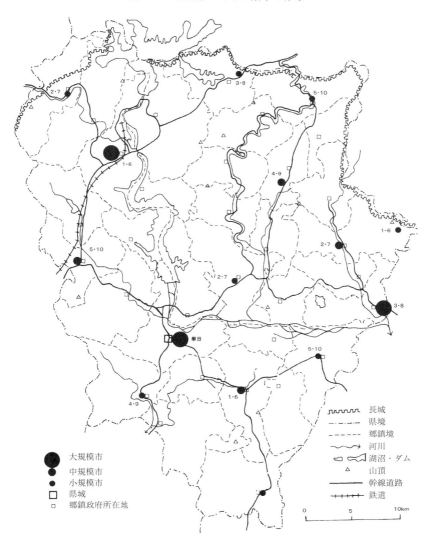

(注) 図中の数字は市日

図 4-13 のようであった。一般に集市は互いに 10 km 前後の間隔で比較的均等に分布し，一部では約 7 km 間隔で分布している。同一郷鎮に複数の集市が立地する場合は 1 例のみで，鎮政府所在地に立地する集市が 12，それ以外の集

落に立地するものは三つだけである。逆に郷鎮政府所在地で，集市が立地しない集落は 21 か所にのぼる。

　これらの集市は，県志では大規模市・中規模市・小規模市の３種に分類されており，その構成は，大規模市が３か所（県城の市を含む），中規模市が５か所，小規模市が７か所である。県志の記載によれば，大規模市は，１日当たり出市客 1.8 万人以上，１日当たり取引高 10 万元以上であるのに対し，中規模市は，１日当たり出市客 2,000 人以上，１日当たり取引高 8,000 元以上，小規模市は１日当たり出市客 2,000 人未満，１日当たり取引高 8,000 元未満で，明らかに格差がある。この分類基準は，徐水県の場合よりは，粛寧県の場合に近い。なお，図 4-13 でわかるように，大規模市は，互いに約 20 km 間隔で立地しているのに対し，中・小規模市はこれらの大規模市の間隙をぬって立地している。北部の県境に沿い長城が東西に走っているが，その出入口３か所の幹線道路沿いに，集市が立地していることも注目される。

　これらの集市の市日を検討すると，旬に５回奇数日に開かれる市（隔日市）が１か所で県城市のみ，他の 14 か所は全て旬に２回開かれる市である。旬当たりの平均開催頻度は 2.20 回となる。旬に２回の市の市日は，全てが１・６，２・７，３・８，４・９，５・10 のいずれかの組み合わせである。なお，隣接する市が，競合を避け，異なった市日を選択する傾向は当県でも明らかであるが，県城は隔日市であるので，周囲の集市とは市日の一部が重なっている。

　なお，県志には，1984 年以来，廟会の一部が復活したこと，及び文革後期の 1972 年以来，毎年 2，3 回の大牲畜交流会が盛大に挙行され，北方内蒙古・承徳地区や南方諸省からの参加者があることが記されている。長城の北が，牧畜的伝統を残す地域であることを考えると，当県で大牲畜交流会が大規模に行われてきたことは，うなずけるものがある。[14]

　以上の遷西県のような平地と山地の交叉する地形は，唐山地区北部の遷安県や淳化県，秦皇島地区北部の盧流県，撫寧県や青竜満族自治県，天津市の北部の薊県，北京市東部の平谷県など，河北平原東北端の一連の地域で見られ，集市密度は中位で，類似の分布パターンが認められる。また河北平原の西北端は，太行山脈が走り，山地と平地の境界が比較的明瞭であるが，山地部が県域の過半を占める県では，集市密度は一般に 1.0 を割り込み低密度を示すものの，平地部が過半を占める県では，集市密度は 1.0〜2.0 程度で中位の密度を維持していて，このパターンに準ずる地域と言えよう。

以上，集市密度が中位の県には，二つのタイプがあり，その一つは，平野部の人口高密度地域に位置しながらも，改革開放以後の集市の開設が，民国以前ほどには行われなかったタイプ，もう一つは，平野と山地が交叉し，人口密度が中位の地域において，市の分布密度も中位を示すタイプである。

(5) 低密度分布地域の事例①──張家口地区懐安県

　集市の分布密度 1.0 未満の低密度地域は，前述の太行山脈地域に加えて，河北北部山地・高原が広がる北京市北部，張家口地区，及び承徳地区に見られる。こうした地域の事例としては，まず，張家口地区の西部，長城のすぐ南の懐安県を採り上げる。当県は，蒙古高原に連なる山地を，永定河の上流である洋河とその支流が一部開析している地形を呈する。したがって，県内には，林場が各地に設定されている（図 4-14 参照）。1994 年刊行の県志によれば，1990 年時点で，面積 1,693 km^2，人口 23.9 万人で，人口密度は 144 人／km^2 と低い。100 km^2 当たりの集市密度も，0.28 と極めて低密度である。1988 年時点で，4 鎮 17 郷，305 行政村からなり，1 郷鎮当たりの集市数は 0.24 とかなり少なく，1 集市当たりの村数は 61.0 とかなり多く，低密度分布地域の特徴をよく示している。

　1980 年に県内の 4 か所に旬に 3 回の定期市が開かれ，同じ年に毎日市である農貿市場がこれら 4 集落と県城（紫溝堡鎮）の 5 か所に開設され，県志編纂年に至っている。同一集落の定期市と農貿市場は一体的に運営されていると思われるので，当県の集市数は 5 か所とカウントすることにする。これらの分布状態は，図 4-14 のとおりである。これらの集落間の距離は，直線で左衛～太洋庄が 15 km，太洋庄～頭百戸が 7.5 km，頭百戸～懐安城が 9 km，頭百戸～県城が 18 km といずれも長く，県域内にはこれら 4 集落のいずれかに達するのに，20 km 以上を移動しなければならない地域が存在する。分布状態は疎であると言わざるを得ない。

　定期市の規模を示すデータは得られないが，県志には農貿市場の規模を示すデータを記す。それによれば，店舗総数（常設店舗＋固定露店＋臨時露店の合計）では，県城が 740，左衛が 223，懐安城が 196，頭百戸が 150，太洋庄が 80 であり，年間取引高は，県城が 1,029 万元，左衛が 1,047 万元，懐安城が 196 万元，頭百戸が 24 万元，太洋庄が 18 万元であるので，両者を勘案すれば，県城が大規模市場，左衛と懐安城が中規模市場，頭百戸と太洋庄が小規模市場

図 4-14 懐安県における集市の分布

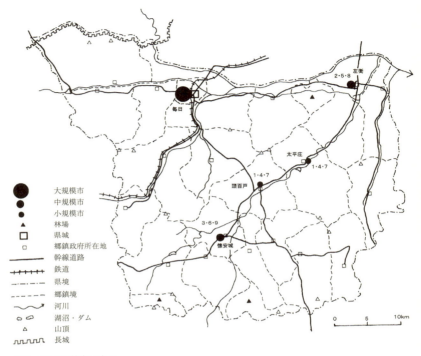

(注) 図中の数字は市日

と分類できよう。

定期市の市日は、中規模市の左衛が2・5・8、懐安が3・6・9と互いに競合を避けているに対して、小規模市の太洋庄と頭百戸が、距離が近いにもかかわらず、同じ1・4・7を選択しているのは、理解に苦しむ。あえて競合を挑んだのであろうか。

なお、当県にも廟会ないし物資交流会が存在するはずであるが、県志からはその情報を得られないのが残念である。

(6) 低密度分布地域の事例②——張家口地区康保県

集市の低密度の分布地域のもう一つの事例としては、長城より北、張家口地区の最北端に位置する康保県を採り上げる。当県は、蒙古高原に連なる高原地帯で、すぐ北隣は内モンゴル自治区である。県内には国営の林場や牧場・農場

図 4-15 康保県における集市の分布

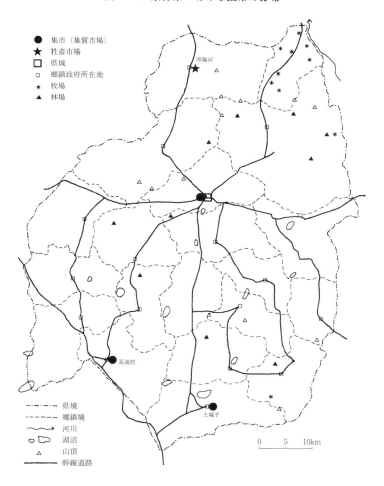

が広く分布している(図4-15参照)。1991年刊行の県志によれば,1987年時点で,面積は3395 km^2,人口27.0万人,人口密度80人/km^{2}と極めて低密度で,100 km^{2}当たりの集市密度も,0.09と極めて低密度である。3鎮17郷,357行政村からなり,1郷鎮当たりの集市数は0.15とかなり少なく,1集市当たりの村数は119.0と著しく多く,低密度分布地域の特徴をよく示している。

新中国の初期までは,県城に毎日市,双油坊鎮に市日が3・6・9の定期市があったが,大躍進期や文革期に閉鎖されてしまい,ようやく1978年12月以

第4章 河北省における市の存立状態　　141

降，県城，双油坊，土城市の３鎮に集市と見なせる農貿市場，照陽河に専業市場である牲畜市場が開設された。これらは，明記されていないが，毎日市として運用されているようである。県城にはそのほか，蔬菜・皮革・木材など六つの専業市場も付加されている。

　四つの市場立地集落は，**図4-15**のように分布している。県城と土城子は直線距離で約40 km，県城と双油坊もそれに近く，県城と照陽河も約25 km離れている。県域内には，これら４集落のいずれかに達するのに約30 kmの距離を移動せねばならない地域がある。徒歩による１日行程を明らかに超えている。４集落はいずれも郷鎮政府の所在地に立地するが，それ以外のほとんどの郷鎮政府所在地には市場は立地していない。

　一方，物資交流会は，1980年以降，毎年７月に驥馬物資交流大会として県城で開催されている。なお，当県志では，集市取引高，交流会取引高，牲畜取引高の各統計が得られるが，交流会取引高の集市取引高に対する比率は1980年で76.2％，1987年でも27.0％，牲畜取引高の集市取引高に対する比率は，1980年で84.9％，1987年でも37.0％にのぼり，牧畜的伝統を残す当地域において，交流会での家畜取引の重要性が高いことが理解される。

　以上のように，河北省の山地・高原地域には，集市が極めて疎にしか分布していない地域が見られ，特に長城の北では，物資交流の比重が高く，家畜取引の重要性が高い地域が認められる。こうした状況は，民国期の満州，特にその内蒙古地区に見られた状況に類似しており，現在の内蒙古自治区に連なる当地域の特徴として，指摘できよう。[15]

5　むすび

以上，本章で明らかにされた主要な点は，以下のように要約されよう。

①計画経済期を通じて，河北省でも全国と同様な集市に対する政策が採られ，社会主義改造期，大躍進期，及び文革期を経て，集市数は次第に減少し，集市取引高及びその小売販売総額に対する割合は，調整期以外は低迷していた。

②改革開放期に入ると，河北省でも全国と同様，集市を奨励する政策が採られ，集市数，集市取引高及びその小売販売総額に対する割合は，ほぼ一貫

して上昇したが，2000 年頃には転換期に達した。

③改革開放期における集市に関する諸数値の空間的分布を見ると，集市の分布密度は人口密度と相関するが，一致しない場合がある。1 集市当たり人口は，平野部で少なく，山地・高原部で多い。1 集市当たり村数も，同様の傾向を示すが，平野部では Skinner が示した標準値に近い。1 郷鎮当たり集市数は，山地・高原部で低く，平野部で高く，後者ではほぼ 1 郷鎮 1 集市が実現している。開催頻度は，旬に 2 回が一般的だが，それより高頻度の地域もある。

④集市の高密度分布地域は，河北の平野部の高人口密度地域に広く見られ，集市の規模配置や市日の配分に一定の規則性が認められる。なお，廟会の系譜を引く物資交流会が，集市の補完的役割を果たしている。

⑤集市の中程度の分布地域には，二つのタイプがあり，その一つは，高人口密度地域だが改革開放後の集市の復活が民国以前ほどには行われなかった地域であり，もう一つは，山地と平野が交叉し人口密度が中位の地域である。後者の中には，家畜取引の場として大規模な物資交流会が開かれる地域がある。

⑥集市の低密度分布地域は，山地・高原部に見られ，人口密度の低さに対応し，あるいはそれ以上に集市の分布が疎である。特に長城以北では，牧畜的風土を持つ内蒙古自治区に準ずると考えられ，物資交流会における家畜取引のウエイトが大きい。

なお，本章では十分明らかにされず，今後の課題として残された点としては，以下の諸点が挙げられよう。

①高人口密度地域で，なぜ集市の復活・開設が非常に進んだ地域と，そうでない地域とが見られるのか。おそらく，地区または県の政府・工商行政管理局の方針の違いによるのであろうが，なぜそのような方針の違いが生じたのか。これについては，本稿では明らかにできなかった。

②北部の山地・高原部における集市の存立状況が，内蒙古自治区に準ずるものであると推測したが，十分な論証はなされていない。

③廟会の系譜を引く物資交流会と集市との関係（補完や競合，相対的重要性など）については，部分的な検討にとどまっている。

第 4 章　河北省における市の存立状態　　143

〈注〉

(1) 石原 潤「河北省における明・清・民国時代の定期市」地理学評論 46-4,
    1973 年, 245-263 頁。

(2) **表4-2**中, 1995 年及び 1996 年の集市数・集市取引高の数値は, その前後に
    比べ異常に低い値を示す。またこれらの数値は, 同年の他省の数値と比べても
    異常に低い。おそらく, この両年度について, 河北省のみが集市の定義を変え,
    限られた市のみを集計したためと推測される。1998 年以降は, 妥当な数値に
    復している。

(3) 1997 年以降, この割合は 90％を超え, 特に 1998 年と 2000 年には 100％を
    も超えている。これは集市では小売取引のみならず, 卸売取引も行われ, 時代
    とともに後者のウエイトが高まったためと推測される。

(4) 石原, 前掲論文。

(5) 人口当たりの集市密度の逆数でもある。

(6) 石原, 前掲論文。

(7) Skinner, G. W., Marketing and Social Structure in Rural China, Part II, *The
    Journal of Asian Studies*, 24-2, 1964, pp. 195-228.

(8) Skinner, G. W., Marketing and Social Structure in Rural China, Part I, *The
    Journal of Asian Studies*, 24-1, 1964, pp. 3-43.

(9) 石原, 前掲論文。

(10) 県城の周囲に一定の範囲で他の集市が立地しない傾向は, ほとんどの県で認
    められる。これは, 一般に県城の集市が規模・機能において他を凌駕しており,
    その周りに他の集市を立地させないためと考えられる。同様の傾向は, 明・
    清・民国時代にも認められた（注（1）の拙稿参照）。

(11) この例外も, 周辺の他の市の市日から判断して, 3・8 の誤記である可能性
    が高い。

(12) Skinner, G. W., Marketing and Social Structure in Rural China, Part III, *The
    Journal of Asian Studies*, 24-3, 1965, pp. 363-399.

(13) 石原, 前掲論文。

(14) 東隣りの遷安県においても, 同様に大牲畜交流会が, 長城近くの集落及び県
    城において行われてきた（遷安県志, 1994 年刊, 参照）。

(15) 安富 歩・深尾葉子編『「満州」の成立』名古屋大学出版, 2009 年, 特に第
    5 章参照。

第5章

中国北半各省における市の存立状態

はじめに

　本章及び次章では，主に1980年代・90年代に活発に出版されてきた1級行政区（省，自治区，直轄市）ごと，2級行政区（地区，自治州，地区級市）ごと，並びに3級行政区（県，自治県，県級市，区）ごとの地方志に，それぞれ記載されている集市関係の統計や記事を素材として，中国における集市の存立状態を地方ごとに論じたい。ここでの「地方」とは，中国の慣用的な各種地域区分を勘案し，華北（北京，天津，河北，山東，河南，山西，内蒙古），東北（遼寧，吉林，黒竜江），西北（陝西，甘粛，寧夏，青海，新疆），華中（上海，江蘇，浙江，安徽，湖北，湖南，江西），華南（福建，広東，広西，海南），西南（四川，重慶，貴州，雲南，西蔵）の6地方とする。

　以下の叙述は，各地方別に，まず1級行政区ごとの地域差を捉え，それに基づき地方別の地域差を概括するという手順で進めたい。1級行政区ごとの記述は，原則として，①地域の特徴（地勢・土地利用・民族構成など），②集市関連指標の全国的位置付け，③当地の市に関する既往の主な研究の紹介，④当地における市発達の歴史概観，⑤民国期と現在の市県別集市数の比較，⑥人民共和国建国後現在に至る集市総数の変化，⑦100平方km当たり集市密度の地域差，⑧集市の開催周期及び頻度の地域差，の順に進め，⑨市の呼称法その他，当地に限られる特記すべき事象がある場合には，それを書き加える[1]。ただし，

145

行論の必要上，①～⑨の順序が一部入れ替わる場合がある。

　分析に当たっては，各省・自治区別に各指標ごとの多くの分布図を作成したが，紙数の制約もあり，本稿では，集市密度の分布図は全ての1級行政区について提示し，集市開催周期・頻度の分布図については，大部分の1級行政区について提示するが，その他の分布図については，最小限必要に応じて提示することにとどめる。

　なお，閲覧・参照し得た地方志は，1級行政区の地方志については，原則として国会図書館関西館，国際日本文化研究所，並びに京都大学人文科学研究所現代中国研究センター所蔵の工商行政管理志，商業志，市場志など約60種であり，2級及び3級行政区の地方志については，時間的・経費的制約により，京都大学現代中国研究センター所蔵の1,049種（中国北半については464種，南半については585種，2級行政区のものが80種，3級行政区のものが969種，ただし第4章で検討した河北省・北京市・天津市のものを除く）に限られる[2]。

　本章では，中国北半の華北・東北・西北の各地方を対象とし，南半については次章で論ずる。

　〈注〉
　　(1)　なお，第4章の考察では，この他に，①1集市当たり人口，②1郷鎮当たり農村集市数，③1集市当たり行政村数を採り上げたが，①については，各省で必ずしも有意な地域的パターンを見出せなったため，また②，③については，省によって郷鎮や行政村の規模に違いが大きく，またしばしば合併が進行して比較が困難であったため，本章及び次章では，考察を省略する。
　　(2)　閲覧・参照し得た2・3級行政区の地方志は，当該地域について当該年代に刊行された物の半数強を占めると推定される。

第1節
華北地方

　華北地方は，河北（北京市・天津市を含む）・河南・山東・山西の4省と内蒙古自治区からなる。このうち，河北・河南・山東の3省は，黄河下流の華北

平原を主体とし，人口密度も高く，歴史的にも中国の核心地域の一つであった。これに対し，山西省は半乾燥の黄土高原を主体とし，内蒙古自治区は草原や砂漠が広がる本来蒙古族の土地であった。市は明清期以来これらの地域で活発に活動してきたが，現在ではどのように展開しているであろうか。なお河北省（北京市・天津市を含む）については，第4章で詳述したので，本章では省略する。

1　山　東　省

　山東省は，地勢的には，その西部は黄河下流の平原地帯で，最下流のデルタ地域をも含んでいるが，中部から東部（山東半島）にかけては，山地や丘陵が現れる。したがって，都市部を除けば，人口密度は西部で高く（ただし黄河河口部は低い），中部・東部でやや低い（図5-1）。

　本省は，第3章の検討によれば，中国全体の中で都市人口率が低く，1人当たり所得も中位であるが，人口密度が農村部においてすら高い。集市が空間的にも，対人口比でも高密度に分布し，1郷鎮当たりの農村集市数も多く，1集市当たり取引高は比較的高く，小売販売額に対する集市取引高の割合も高くて，総じて集市の活動が極めて活発な地域と位置付けられる。

　本省における市の歴史は，極めて古く，春秋戦国期に遡ると考えられ，伝統的に集市の活動が盛んな地域として，第1章で見たように明清期や民国期についての多数の研究においても，あるいは建国以後のいくつかの調査報告[1]においても，たびたび言及されてきた地域である。

　『省志』[2]によれば，当省では，民国期の1921年に，既に3,000余の集市があり，それが1957年までに4,500にまで増えていたが，大躍進期の1959年には3,700まで減少，調整期の1962年には4,200まで回復したが，文革期を経て1977年には最低の3,000にまで減少，以後改革開放期に入って，1980年に3,899，1990年には6,589か所へと増加したと言う。1980年に比し1990年の数値は，1.69倍で，それほど急激な増加ではない。

　2・3級行政区ごとの地方志より，民国期（一部清末期）の集市数と現在の集市数とを比較すると，個別の市県については，状況がさまざまであったことが理解される。すなわち，全体で43の市県について比較可能なデータが得られたが，そのうち，29市県では民国期より現在の方が集市数が多い（うち

図 5-1 華北地方の人口密度

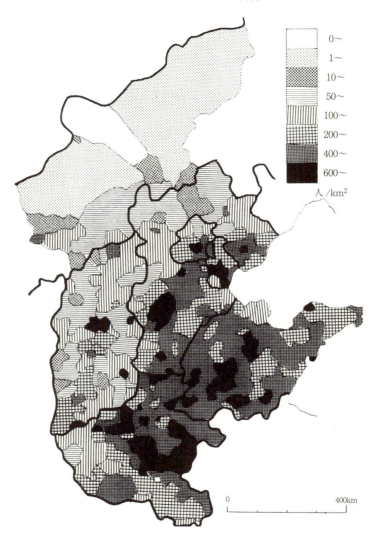

(出所) 1982年センサスによる

30%以上の増加が16市県）ものの，一方では，民国期より現在の方が集市数が少ない市県が14市県ある（うち30%以上の減少が7市県）。このことは，第4章で見た河北省の一部や，後述する河南省の一部と同様に，山東省でも，

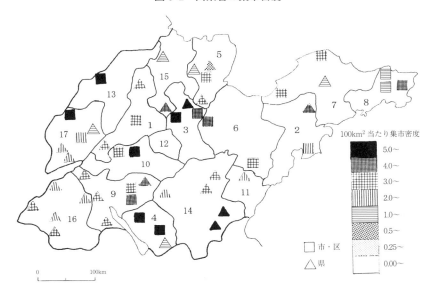

図 5-2　山東省の集市密度

2級行政区名
1．済南市　2．青島市　3．淄博市　4．棗庄市　5．東営市　6．濰坊市　7．烟台市
8．威海市　9．済寧市　10．泰安市　11．日照市　12．莱蕪市　13．徳州市　14．臨沂市
15．濱州市　16．菏澤地区　17．聊城地区

むしろ民国期に集市数がピークを迎えていた地域がかなりの割合であったことを示している。河北省の場合と同様に，民国期における綿花栽培の隆盛と関連している可能性があろう。

次に，集市の100平方km当たり分布密度（図5-2）を見ると，都市部（市や区）で局地的に高い値が現れるが，農村部では西部で高く，東部でやや低く，黄河河口部で最も低く，これらは前述した人口密度の分布に対応している。

集市の旬当たり平均開催頻度（図5-3）については，大部分の地域が2.0以上2.5未満で，旬に2回の市が卓越していることを示している。都市部では，毎日市のウエイトが高いので，この値が高くなるのは当然であるが，西南部では農村的な県でも，3.0以上の地域が現れており，旬に3または4回の市が卓越することを示している。この高頻度地域は，西側に隣接する河南省へと連続する。

以上により，山東省は，伝統的にも，また現状においても，集市活動が極め

図 5-3　山東省の集市開催頻度

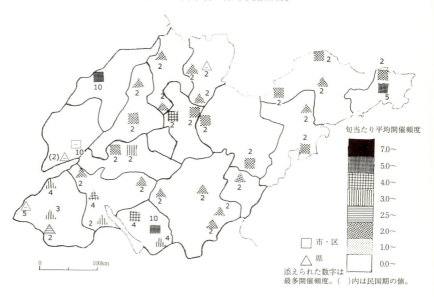

て活発な地域であると言えるが，その中でも，西部の黄河下流平原地域が特に集市の分布密度が高く，また西南部が開催頻度も高く，集市活動の核心的地域であると言えよう。

2　河　南　省

　河南省は，地勢的には，省の西半が山地や丘陵で，太行山脈，伏牛山脈，桐柏山脈などが山西・陝西・湖北省との境界部を走る。これに対し省の東半は黄河（北部）と淮河（南部）が形成した平原地帯である。したがって，人口密度は一般に西部で低く東部で高い（図5-1）。

　第3章の検討によれば，本省は都市人口率が低く，1人当たり所得も低いが，山東省と並んで人口密度が高い。集市が空間的にはかなり高密に分布する地域で，1郷鎮当たりの農村集市数も山東省と並んで多い地域である。ただし，対人口比では集市が多いとは必ずしも言えず（1集市当たり人口が全国値より大きい），1集市当たりの取引高は全国値より低く，小売販売額に対する集市取引高は中位の地域である。

当省は陝西省関中盆地の東に隣接し，中華文明が早期に展開した中原地方に当たり，集市の歴史も極めて古い。明清期や民国期の市についての一定の研究が行われ，集市の現況についは，本書第8，11，12章で論ずるように，筆者が現地調査を実行した地域である。

　『省志』によれば，民国期の様相をまだ残す1953年には農村集市だけで3,600あったものが，文革末期の1976年には合計2,221（うち農村集市2,201）にまで減少し，改革開放が始まって，1980年には合計2,808（うち農村集市2,643）に回復，1994年には合計5,266（うち農村集市4,467）にまで達した。ただ，1980年に比べ，1994年の集市総数は1.99倍に過ぎず，他省に比べて増加の割合はあまり高くない。

　次に，3級行政区ごとの地方志から，現在の集市の数が，民国期（一部は清末）に比べて多いか少ないかを検討して見たところ，地方志から比較可能な43例中，17例が現在の方が集市数が多い（うち30％以上の増加が10例）のに対し，過半の24例が現在の方が集市が少ない（うち30％以上の減少が10例），残り2例が変化なしとの結果になった。以上により，現在の方がむしろ集市数が少ない地域が多いことが明らかになったが，これは，当省が，集市が早期に展開した地域であり，また河北省・山東省と同様に民国期には綿花栽培の隆盛により，とりわけ集市の分布密度が高かったためだと推測される。

　また，『省志』から，2級行政区別の集市に関するデータが得られるので，それにより省内の$100km^2$当たり集市密度を見てみると，人口密度に対応して，一般に西部で低く，東部で高いことが明瞭に認められる（図5-4）。

　一方，集市の旬当たり平均開催頻度（図5-5）については，3級行政区ごとの地方志から得られたデータによると，多くの地域が5.0以上で，旬に5回の隔日市が卓越していることを示している。ただし西部の洛陽地区では3.0余，北部の新郷・焦作地区では1.0余の県が多く，それぞれより頻度の低い，旬に3回，及び旬に1回の市の卓越地域であることを示している。

　このように，河南省の多くの地域が開催頻度の高い隔日市卓越地域であるためか，当省では，市日に関して興味深い特別の現象が認められる。それは，市が2重の周期を持つことであり，例えば1・3・5・7・9の市日を持つ隔日市において，旬に1回，例えば5の日が特別に多くの出市者を集める日として定められているのである。後述第8章の現地調査によれば，鄭州地区登封県（現・鄭州広域市登封市）においては，前者のような周期の市を「集」，後者の

図 5-4 河南省の集市密度

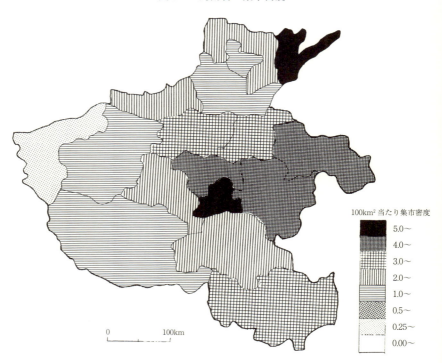

ような市を「会」と呼んで区別している[5]。地方志の記述からは，商丘地区夏邑県[6]・商丘県[7]，濮陽地区南采県[8]，洛陽地区偃師県[9]で同様な区別がなされている。また，前者を「集」と呼ぶのは同じだが，後者を「綆会」と呼ぶのが許昌地区[10]鄢陵県[11]と漯河地区臨潁県[12]，「綆日」と呼ぶのが周口地区の太康県[13]，「例会」と呼ぶのが商丘地区柘城県[14]，「月会」と呼ぶのが新郷地区長垣県[15]である。このように名称はさまざまであるが，当省内各地に見られる現象である。隔日の「集」が，小規模で比較的近隣からの出市者を集めるに過ぎないのに対し，「会」や「綆」と呼ばれる日には，多くの出市者がより遠方からも集まると推測される。

以上により，河南省は，河北・山東両省と並び，歴史的にも，現状においても集市活動が盛んで，中国北部における集市分布の核心地域を形成するが，特に集市の開催頻度が高く，2重の周期すら見られる点に，その特徴が認められよう。ただし，省内のかなりの地域で，河北省や山東省の一部地域と同様，集市分布のピークは民国期にあった。

152　第Ⅱ部　市の分布と存立状態

図 5-5 河南省の集市開催頻度

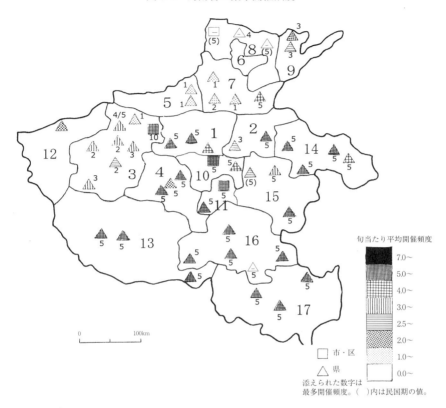

2級行政区名
1. 鄭州市　2. 開封市　3. 洛陽市　4. 平頂山市　5. 焦作市　6. 鶴壁市　7. 新郷市
8. 安陽市　9. 濮陽市　10. 許昌市　11. 漯河市　12. 三門峡市　13. 南陽市　14. 商丘市
15. 周口地区　16. 駐馬店地区　17. 信陽地区

3　山 西 省

　山西省は，東の河北省及び河南省北部とは太行山脈で画し，西の陝西省及び南の河南省西部とは黄河を境とし，北の内蒙古自治区とは長城で画する。全般に黄土が載る高原状の地勢で，数条の山脈が南北に走る。ただし，山脈間のいくつかの河谷，特に省中央部から南に流れ黄河に注ぐ汾河の河谷には平地が見られる。したがって，人口密度は河谷部で高く，山脈沿いに低く，南北差では

第5章　中国北半各省における市の存立状態　　153

相対的に南でやや高く，北でやや低い（図5-1）。

　本省は，第3章の検討によれば，人口密度や都市人口率は全国的には中位で
あるが，華北地方の中では低位であり，1人当たり所得では全国的にも低位で
ある。したがって，集市の分布密度も全国的には中位であるが，華北地方の中
では低位であり，1郷鎮当たり農村集市数では，全国値よりも低位である。1
集市当たり人口は全国値より大きく，対人口比でも集市が多いとは言えない。
加えて，1集市当たりの取引高は全国値よりはるかに低く，小売販売額に対す
る集市取引高の割合も低位の地域である。総じて，集市の分布が比較的疎で，
その活動もあまり活発でない地域と言えよう。

　陝西省や河南省に隣接する当省，特にその南部には，古くから市が存在した
と考えられ，明清期については一定の研究が行われている。

　3級行政区ごとの地方志により，民国時代（一部は清末）の集市数と，現在
のそれとが比較可能な3級行政区が37ある。このうち，両期の間に集市が増
加した3級行政区が24（うち30％以上の増加が21），集市数が変わらなかっ
たのが3，集市数の減少が見られたのが10（うち30％以上の減少が5）とい
う内訳である。総じて増加したものが多く，しかも30％以上の増加が多い。
本省は，全般的に集市の分布が疎であったがゆえに，改革開放後，集市を新設
する力が強く働いたと推測される。

　『省志』によれば，民国期の様相を残す1951年の農村集市数は600余りであ
ったと推測されている。それが，大躍進期の1958年には農村・都市を合わせ
ても326に減少し，調整期の1961年には合わせて617に回復するが，文革直
後の1978年には合わせて303にまで落ち込む。改革開放期に入り，1980年に
は538に回復し，1990年には1,615，ピーク時の1994年には1,964にまで達
する。1980年に比し1994年の数字は3.65倍で，改革開放期における増加率
が高いことが知られる。

　また，『省志』より3級行政区別の集市数が得られるので，それにより集市
密度の地域差を検討して見ると，図5-6のように，省全域が全般的に低密度
（ほとんどの県で1.0未満）の中で，都市部及び汾河の河谷部では比較的密度
が高い。また相対的には，省南部よりも北部で集市密度の低い（0.5未満の）
県が多い。

　集市の平均開催頻度について，3級行政区ごとの地方志よりデータが得られ
たのは20の3級行政区に限られるが，その分布状態を示したのが図5-7であ

図5-6 山西省の集市密度

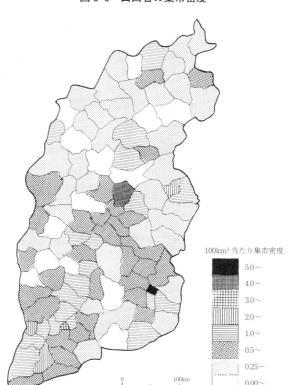

る。全般的に2.0前後の値を示す3級行政区が多く、旬2回の市の卓越を示すが、他方、1.0未満や、5.0以上の地域も散見し、旬に1回の市や、隔日市・毎日市が卓越する地域も存在することを示す。ただ、人口密度と開催頻度の間には、相関は認められない。

なお、本省の集市密度の低い県では、第4章で論じた河北省北部の懐安県や康保県と同様に、県内に3～5か所程度の集市しか存在せず、日常的な出市行動が容易でない地域が広く見られる。このような地域では、廟会や物資交流会が集市を補完している程度が強いと考えられ、地方志の記載内容も、集市より廟会・物資交流会のウエイトが相対的に大きい。特に牲畜の取引は、主にこれらに拠っていると見られる。

以上により、山西省は、平原の卓越する河北・河南・山東の各省に比べて、

第5章 中国北半各省における市の存立状態　　155

図 5-7 山西省の集市開催頻度

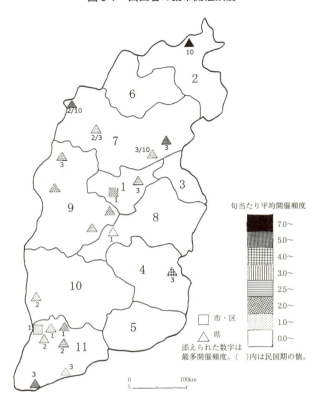

2級行政区名
1．太原市　2．大同市　3．陽泉市　4．長治市　5．晋城市
6．朔州市　7．忻州市　8．晋中市　9．呂梁地区　10．臨汾地区
11．運城地区

高原や山地が卓越するせいか，集市の空間的分布あるいは人口比においても，集市の疎な地域であり，各郷鎮に集市があるとは限らず，改革開放後，集市が民国期以上に開設された場合が多かったし，廟会や物資交流会の持つ補完的役割がより重要であったと総括できよう．

4　内蒙古自治区

内蒙古自治区は，東西に細長い広大な空間を占め，東部は東北地方と，西部

は西北地方とつながりを持つが，中央部は華北地方とのつながりが深いため，ここでは華北地方の一部として論述する。地形は高原状，気候は乾燥気候で，草原や砂漠が卓越する。長城の北に位置し，本来は蒙古族に代表される牧畜民が展開する空間であったが，清代後半以来，南部から漢族の入植が進み，現在では漢族の人口比が約80％に達し，蒙古族も定住化・農民化が進んでいる。

　第3章の検討によれば，当自治区は人口密度が著しく低く（図5-1，5-9，5-13），都市人口率では中国では中位であるが，1人当たり所得では低位にある。集市の分布密度は著しく低く，1郷鎮当たり農村集市数も1.0を割っており，集市が疎な地域ではあるが，1集市当たり人口では全国で中位にある。1集市当たり取引高は全国値の半分に満たず，小売販売額に対する集市取引高の割合も著しく低く，総じて集市の活動は活発とは言えない地域である。[18]

　かつて遊牧生活が卓越していた地域，例えば自治区の東北端フルンボイル盟のシンバラグ左旗[19]では，民国時代まで市は存在せず，ナダム大会（漢族地域の廟会に相当）において，牧畜民はその生産物を物々交換方式で生活必需品と交換していたと言う。[20]同じくフルンボイル盟のオロチョン族自治旗でも同様で，集市の形成は1950年代であり，ナダム大会は文革期前まで続いたと言う。[21]また同じ盟のエルグネ右旗の場合も，集市の開設は1953年以降であると言う。[22]一方，河北省や遼寧省に近い赤峰地区級市域の場合は，鄭　国全[23]によれば，『赤峰市工商行政管理志』（1992年）からの引用として，市域最古の市は4世紀に起源とし，明代には現在のヘシグデン旗，オンニュド旗，寧城県，松山区（郊区），バイリン左旗，林西県に，それぞれ1つの市が存在していたとする。ただし地方志の記載によれば，ハルチン旗では，清代の移民政策により，直隷省（河北省）や山西省の商人が入り込み，宣統1年（1909年）に最初の集市（旬2回開催）が始まり，民国時代に同じく旬2回の集市の開設が進んだと言う。[24]また上記の寧城県の場合も，地方志によれば，集市は乾隆年間に始まり，清代・民国期を通じて数を増したと言う。[25]また同じく上記のオンニュド旗では，地方志によれば，乾隆年間に旬2回または3回の複数の集市が開設されていたと言う。[26]したがって，集市の起源はともかく，県（旗）内に複数の市が出現する状況は，清代以降であったと言えよう。しかしながら，赤峰地区級市の北東に隣接するジリム盟（現・通寧地区級市）に属するジャルド旗の場合，民国期にすら集市は存在せず，市場交易のためには，南隣の県（開魯県）まで行く必要があったと言い，[27]前述のフルンボイル盟と同様な状態であったと推測される。

第5章　中国北半各省における市の存立状態　　157

図 5-8　内蒙古自治区の集市密度

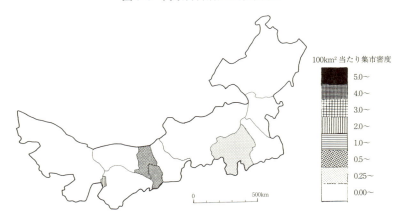

　『自治区志』⁽²⁸⁾によれば，調整期の1962年に自治区全体で289あった集市は，1965年には88にまで減少し，改革開放期に入って，1978年には321，1983年には553，1988年には887と急増した。その後1994年には1,582とさらに増えており，⁽²⁹⁾1978に比し1994年の数は，実に4.9倍に相当する。

　『自治区志』⁽³⁰⁾から2級行政区別の集市数の統計が得られるので，集市の分布状態の自治区内の地域差を見ると，**図5-8**のように，都市化が進む包頭市・フフホト市や，漢族の定住化が顕著な赤峰市などでは，集市密度が相対的に高いが，そのどちらもあまり進んでおらず，人口密度の極めて低いアラシャン盟・シリンゴル盟・フルンボイル盟などでは，集市密度が著しく低い。

　『自治区志』からは集市の開催頻度に関するデータは得られないので，これについては，県志など3級行政区ごとの地方志によってデータを収集し，検討した。ただし，集市の平均開催頻度についてはごく限られた3級行政区でしか情報が得られなかった。赤峰地区級市の寧城県では平均頻度が2.29，⁽³¹⁾同じくハルチン旗では2.23で，⁽³²⁾旬に2回の市が卓越するのに対し，同地区級市のアルホルチン旗では2.84，⁽³³⁾同じくアオハン旗では2.87で，⁽³⁴⁾旬に3回の市が卓越する。他方，ジリム盟（現・通遼市）のホルチン左翼旗では平均頻度8.2で，⁽³⁵⁾定期市も存在するが毎日市が卓越する。事例が少ないので，地域差については，これ以上論じられない。

　以上のように，既述の華北4省に比べて内蒙古自治区は，市の起源が新しい地域であり，その点では後述する東北地方に類似し，また集市の分布が極めて

疎な地域であり，その点では同じ乾燥気候に属する西北地方に類似すると言えよう。また，ナダム大会の，集市に対する補完的機能も重要であったと思われる。

5　華北地方概括

　以上，（第4章に加えて）本節において見てきたように，華北地方の河北省（北京市・天津市を含む）・山東省・河南省の平野部（華北平原）は，人口密度が高く，集市が高密度に分布し，中国の北半では，集市が最も発達している地域である。集市の開催頻度は，河北省・山東省では旬に2回の集市が卓越するが，河南省ではむしろ隔日市が卓越し，その一部では二重の周期性が認められる。

　これに対し，河北省の北部や河南省の西部の山地，あるいは高原状の山西省では，人口密度が相対的に低く，集市の分布密度も相対的に低い。さらに，内蒙古自治区では，人口密度が極めて低く，かつては集市を欠く地域もあったほどで，集市密度は極めて低い。これらの地域では，廟会やナダム大会が，集市に対して補完的役割を相対的に強く持っていると考えられる。

〈注〉
(1)　中生勝美「華北の定期市——スキナー市場理論の再検討」宮城学院女子大キリスト教文化研究所研究年報 26，1993 年。Mazart, W., The System of Rural Periodic Markets — Examples from Shandong Province, China. *Bremer Beiträge zur Geographie und Raumplanung* 25, 1993. Mazart, W., Das Heutige System Periodisher Märkte im Keise Zouping (Shandong/China), *Erdkunde* 47, 1993, pp. 219-228.
(2)　『山東省志 62 巻・工商行政管理志』1997 年，62-82 頁。
(3)　『河南省志 48 巻，第 79 篇，工商行政管理志』河南人民出版社，1995 年，51-65 頁。ただし，1994 年の数値は，『中国市場統計年鑑』1995 年版による。
(4)　『河南省志 48 巻，第 79 篇，工商行政管理志』69-70 頁，表 3-2-1。
(5)　中国では第1章で述べたように，一般に「会」とは，「廟会」「古会」「山会」など，1 年に1度や季節に1度など，長い周期で開かれるいわゆる「大市」のことを言う。したがって，このような定期市をも「会」と呼ぶのは，「集」に比べて，周期が長く，規模が大きく，一般的な「会」にある程度近いとの認識によるものと思われる。

(6) 『夏邑県志』1989 年，311-312 頁。

(7) 『商丘県志』1991 年，231-234 頁。

(8) 『南楽県志』1996 年，337-339 頁。

(9) 『偃師県志』1992 年，337 頁。

(10) 「綆」の語義は「つるべなわ」のことであり，「力が劣るもの」の喩えに用いられると言う。この場合は，「小規模な会」との認識であろうか。

(11) 『鄢陵県志』1984 年，287-288 頁。

(12) 『臨潁県志』1996 年，415-416 頁。

(13) 『太康県志』1991 年，410-413 頁。

(14) 『柘城県志』1991 年，353 頁。

(15) 『長垣県志』1991 年，230-231 頁。

(16) 『山西通志・第 32 巻経済管理志，工商行政管理編』中華書局，1996 年。

(17) 同上。

(18) ただし鄭 国全「中国，内モンゴル自治区寧城県における農村商業の変容」学芸大地理 59，2004 年によれば，内蒙古自治区でも，集市は農村地域における商業の最も重要な要素となっていると言う。

(19) 「盟」とは，2 級行政区を示す内蒙古独特の呼称で，他省の「地区」に当たる。また，「旗」とは，3 級行政区を示す内蒙古独特の呼称で，他省の「県」に当たる。

(20) 『新巴爾虎左旗志』2002 年。

(21) 『鄂温克族自治旗志』1997 年。

(22) 『額爾古納右旗志』1993 年。

(23) 鄭 国全『内モンゴル自治区赤峰市における定期市の変遷』，東京学芸大学教育学研究科修士論文。

(24) 『喀喇泌旗志』1988 年。

(25) 『寧城県志』1992 年。

(26) 『翁牛特旗志』1993 年。

(27) 『托魯特旗志』2001 年。

(28) 『内蒙古自治区志・工商行政管理志』2008 年，179-183 頁。

(29) 『中国統計年鑑』1995 年版。

(30) 『内蒙古自治区志・工商行政管理志』2008 年，183 頁。

(31) 注（25）に同じ。

(32) 注（24）に同じ。

(33) 『阿魯科爾泌旗志』1994 年。

(34) 『敖漢旗志』1991 年。

(35) 『科爾泌左翼后旗志』1993 年。

第2節

東北地方

　東北地方は，遼寧・吉林・黒竜江の3省からなるが，いずれも長城の外に当たり，永らく北方異民族の地であったが，清代には漢民族の入植が盛んになる。これに伴い，市も開設されるようになるが，第1章第7節で紹介したように，安富・深尾によれば，「満洲国」時代においてすら，東北地方は山東など華北地方とは異なって集市が少なく，県城の商業システムが卓越する地域であったと言う。それでは，現代の東北3省における集市の存立状況はいかがであろうか。

1　遼寧省

　東北地方南部の遼寧省は，地勢上，東南部は長白山脈に連なる山地，中央部は遼河などが作る低地，西北部は内蒙古に続く丘陵・高原からなる。当然，人口密度は中央部で相対的に高く，東南部と西北部で低い（図5-9）。
　第3章での検討によれば，当省は人口密度が比較的高く，東北3省では最も高い。都市人口率は，新開地でもあり，一定の工業化が進んでいることもあって，中国でも高位にある。1人当たり所得も比較的高位にある。しかし，集市の空間的分布密度は中国でも中位で，1郷鎮当たり農村集市数も全国値より低位であり，1集市当たり人口でも全国値をやや上回り，集市が密に存在する地域とは言えない。ただ，1集市当たり取引高は全国値の2倍を超え，小売販売額に対する集市取引高の割合も高く，存在する集市については，規模が大きいと言えよう。
　『省志』によれば，現遼寧省域には，明代より若干の関市（辺境の地にあって異民族と交易する市），馬市（牲畜市），及び城鎮の市が開設されていた。しかかなりの数の市が開設されるのは清代に入ってからで，特に南部において開設が先行した。民国期には集市はさらに増えたが，各県の集市数は3，4か所か5，6か所，多くても10か所程度で，多いとは言えなかった。省西部諸県の集市間の間隔は，40里〜60里（20〜30 km）程度であったと言う。満州国

第5章　中国北半各省における市の存立状態　　161

図 5-9 東北地方の人口密度

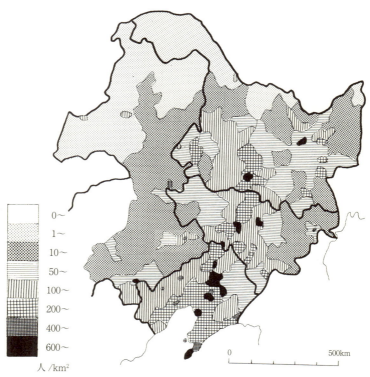

（注）　内蒙古自治区の東部を含む
（出所）　1982 年センサスによる

時代も，ほぼ同様であったと思われる。

　2・3 級行政区ごとの地方志より，人民共和国成立以前の集市数と現在のそれとを比較して見ると，24 の市県についてデータが得られたが，その内，建国前と現在の集市数が同じとする事例が 2 件あるが，他の 22 事例では，全て現在の方が集市数が多くなっており，しかも全てが 30%以上の増加，その多くでは数倍への増加となっている。

　『省志』によれば，建国前の様相が残る 1951 年の全省の各類市場数は 221 に過ぎなかったが，改革開放期に入り，1979 年には 816，1985 年には 2,158，1994 年には 2,762（1979 年の 3.38 倍）にまで増加した。建国後，特に改革開放期の増加がいかに顕著であったかを示している。

162　　第Ⅱ部　市の分布と存立状態

『省志』に記載されている新中国成立以後の当省の集市をめぐる動きは，他省の場合と大筋では違いは認められない。ただ，当省で特筆すべきは，文革の末期にいわゆる「四人組」政権により推奨された「社会主義大集」としての「哈尓套の経験」は，当省の阜新地区彰武県哈尓套鎮で開かれた集市についてであった。「哈尓套の経験」は，当時全国に喧伝され，多くの見学者を集めたものであったが，『省志』によれば，作為に満ちたものであったと言う。当省の２級または３級行政区別の地方志からは，少なくとも 15 の３級行政区で「社会主義大集」が開かれたことが確認できる。

『省志』からは２級行政区別の集市数の統計が得られるので，それにより集市の分布状態の省内の地域差を見ると，**図 5-10** のように，人口密度の高い中部の平野部，特に都市化が進む瀋陽地区級市・鞍山地区級市などで，$100 \, km^2$ 当たり集市密度が相対的に高いのに対し，一方，山地・高原が卓越し人口密度の低い東南部や西北部は，集市密度が相対的に低い。

『省志』からは，２級行政区別の集市の開催頻度に関するデータは得られないので，これらについては，２・３級行政区ごとの地方志より市県別のデータを収集し検討した。対象とし得たのは 37 の３級行政区についてあるが，集市の平均開催頻度についてはごく限られた３級行政区でしか情報を得られなかった。西北部では，朝陽地区凌源県で平均頻度 2.07（最多は旬２回の市），同ハルチン左翼県で 2.36（最多は旬２回の市），同北票市では 2.62（最多は旬３回の市），阜新地区の阜新県で 3.00（全て旬３回の市）と，旬２回または３回の市が卓越し，平均頻度は比較的低い。中部では，盤錦地区の盤山県で 4.70（最多は旬３回の市），錦州地区の錦県で 4.71（最多は旬３回の市）と，旬３回の市が比較的多いが毎日市や旬４回の市が混在し，平均頻度はかなり高い。東南部では，大連地区級市の庄河県で 4.30（最多は旬２回の市），本渓地区級市の恒仁県で 4.90（最多は旬３回の市）と比較的高頻度の地域があり，やはり毎日市の混在のためであるが，他方では丹東地区の鳳城県で 1.43（全て週１回の市）と，低頻度の地域もある。なお，集市の伝統が新しいこの省の特徴としては，華北地方のように市日を原則として農暦（陰暦）によるのではなく，公暦（新暦）による場合が混在し，また７日週の周期すら混在する点が挙げられる。

以上，遼寧省の集市は，比較的その伝統が浅く，民国期や「満州国」時代には，まだその数が少なかったが，人民共和国建国以後，特に改革開放以降に新

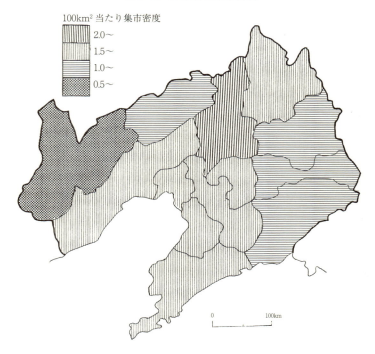

図5-10 遼寧省の集市密度

規の開設が進み,華北地方に準ずる状態になるに至ったと言えよう。

2 吉　林　省

　東北地方中部の吉林省は,地勢上,東南の半分は長白山脈に連なる山地,西北の半分は松花江や遼河などが造る低地からなる。人口密度は,標高の高い東南部と乾燥度の高まる西北部で低く,長春市や吉林市を含む中央部で高い（図5-9)。

　第3章での検討によれば,当省は人口密度が,全国的にも東北地方の中でも中位である。都市人口率は,新開地であるためか,他の東北2省と同様,中国でも高位にある。1人当たり所得は,遼寧省よりはかなり低く,中国では中位である。しかし,集市の分布密度は全国値よりも低く,1郷鎮当たり農村集市数も全国値より低位であり,1集市当たり人口でも全国値をやや上回り,集市

の分布は疎であると言える。1集市当たり取引高は全国値より低く，小売販売
額に対する集市取引高の割合も低く，集市が活発な地域とは言えない。

『省志』[17]によれば，現吉林省域では，市は，清代初期には若干の衙署所在
地で[18]，また清末には城鎮周辺の比較的大規模な村落でも開設されていた。それ
らの周期[19]としては，旬に3回あるいは隔日市の例が報告されている[20]。民国期や
「満州国」時代には，集市はさらに増えたと考えられるが，遼寧省同様，各県
の集市数はそれほど多くはなかったと推察される。

2・3級行政区ごとの地方志より，人民共和国成立以前の集市数と現在の集
市数とを比較しうる市県は13例であるが，その内11例で現在の方が集市数が
多く，しかも全てが30％以上，多くは数倍に増加している。ただし，残り2
例については現在の方が集市数が減少している。

ちなみに，吉林省全体の集市数は[21]，1962年には482であったのが，改革開
放政策の始まる1978年には303か所にまで減っていたものの，1985年には
1,269，1995年には1,868へと増加した。1978年から1995年の間の増加は6
倍強にも達している。

2・3級行政区ごとの地方志より得られたデータにより，まず，集市の空間
的分布密度について見ると，**図5-11**のように，全般的に低い値が見られるが，
人口密度の高い中部の低地部で，集市密度が相対的に高いのに対し，一方，山
地の卓越し人口密度の低い東南部と，乾燥度の高い西北部では，集市密度が相
対的に低い。その中でも通化市や延吉市のように都市部では相対的に値が高い。

集市の平均開催頻度については，通化地区級市の通化県でのみデータが得ら
れ，その値は3.12であるが[22]，当県では旬3回の市が卓越するのではなく，毎
日市が5か所，旬2回・旬1回・週1回の市が各7か所という構成である。こ
のうち，週1回の市7か所を含め9か所の市が，農暦（旧暦）でなく公暦（新
暦）を採用している。7日週の採用と合わせて，遼寧省の場合と同様，集市の
伝統が新しいこの地域としての特徴を示していると言えよう。なお，延辺自治
州の安図県でも[23]，県内8か所の集市中，5か所が毎日市であり，本省では毎日
市の割合が比較的高いようである。

以上，吉林省の集市は，遼寧省同様その伝統が浅く，民国期や「満州国」時
代には，まだその数が少なかったが，革命以後，特に改革開放以降に開設が進
んだことがわかった。ただし，遼寧省に比べると，いまだ相対的にはその分布
密度は疎で，集市の規模も小さいと言えよう。

図5-11 吉林省の集市密度

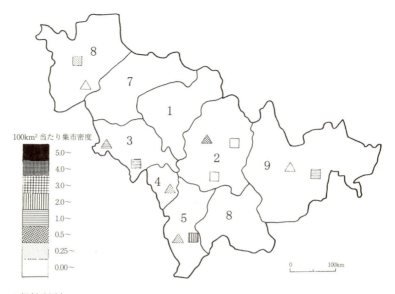

2級行政区名
1．長春市　2．吉林市　3．四平市　4．遼源市　5．通化市　6．白山市
7．松原市　8．白城市　9．延辺朝鮮族自治州

3　黒竜江省

　東北地方北部の黒竜江省は，地勢上，東南部に長白山脈に連なる山地，北部に小興安嶺・大興安嶺の山地が見られるが，中央部は，西から東へと流れる松花江の平原である。ただし，寒冷な気候のため，平原には広く泥炭地が見られ，農業開発も容易ではなかった。人口密度は，平原部に点在するハルビン・チチハル・チャムスなどの都市とその周辺では相対的に高いが，北部山地では極めて低い（図5-9）。

　第3章の検討によれば，当省は人口密度が，全国的にも東北地方の中でも低位である。都市人口率は，新開地であり，かつ一定の工業化が見られるため，他の東北2省と同様，中国でも高位にある。ただ，1人当たり所得は，吉林省と同様に，遼寧省よりはかなり低く，中国では中位である。集市の分布密度は全国でも低位にあり，1市当たり人口でも全国値をかなり上回り，1郷鎮当た

り農村集市数も 1.0 に満たず，全国値よりかなり低位である。また，1 集市当たり取引高も，小売販売額に対する集市取引高の割合も，全国値よりかなり低く，吉林省同様，集市が活発な地域とは言えない。

『省志』によれば，現黒竜江省域でも，市は清代における漢族の移住とともに普及し，特に衙署所在地には比較的大きな市が開かれていたと言う。民国期に入ると集市はさらに発展し，都市では一般に 5，6 か所の市が，県城鎮では 2，3 か所から 4，5 か所の市が見られたとする。ただし，新中国建国直後の 1950 年の全省の集市数は 550 で，市県の数は約 80 であったので，1 市県当たりは 7 か所弱となり，遼寧省・吉林省同様，集市数は多かったとは言えない。特に県城以外の集市数が少なかったと推測される。

なお，地方志から得られる 3 級行政区別のデータのうち，建国前の集市数と現在の集市数を比較しえたのは 22 事例で，うち 21 事例では現在の方が集市数が多く（全ての事例で 30％以上増加），1 事例でのみ集市数に変化がなかった。建国後の集市の急増を裏付けるものである。

『省志』によれば，省全体の集市数は，文革期中の 1973 年に 169 と底を打ち，改革開放期に入る 1978 年に 260 となり，以後急増して，1985 年には 1,406 に達した。さらに，1994 年には 1978 年の 7.3 倍に当たる 1,984 にまで増加した。

『省志』の付図から 3 級行政区別の集市数の数値が得られる。これにより，集市の分布状態の省内の地域差を見ると，図 5-12 のように，人口密度の相対的に高い松花江流域の中部の低地部，特にハルビン，チチハル，大慶，綏河，チャムス，双鴨山，七台，鶏西，牡丹江などの都市とその周辺で，分布密度がやや高い。しかし，人口密度の特に低い北部の山地や東部の国境近くの地域では，集市密度も著しく低い。

一方，集市の平均開催頻度については，どの地方志からも十分な情報が得られなかった。集市の伝統が特に新しいこの省の特徴として，集市の伝統的市日への関心が希薄なように思われる。断片的な記載からは，かつては，毎日市，農暦（旧暦）による旬 3 回または 2 回の市が一般的であったようであるが，文革期における変更などを経て，現在では週 1 回の市（当然ながら公暦（新暦）による）が混在しているようである。

以上，黒竜江省の集市は特にその伝統が浅く，民国期や満州時代にはまだその数が少なかったが，改革開放以降に新規の開設が進み，東北の他の 2 省に準ずる状態になるに至ったと言えよう。ただし，伝統的市日への関心や執着は相

第 5 章　中国北半各省における市の存立状態　　167

図 5-12　黒竜江省の集市密度

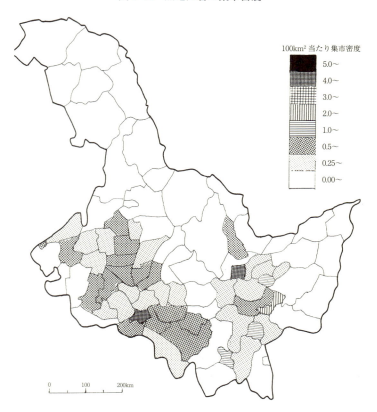

対的に薄いと推測される。

4　東北地方概括

　以上見たように，東北地方の遼寧省・吉林省・黒竜江省は，都市人口率は相対的に高いが，人口密度は相対的に低く，集市密度も相対的に低い地域である。華北地方とは異なり，市の歴史は新しく，清代に始まる漢民族の入植とともに開設が進むが，民国・「満州国」時代が「県城経済」とされるように，県域全体への集市の分布は，むしろ人民共和国建国後，特に改革開放後に進んだものと思われる。集市の開催頻度は，毎日市の他，農暦で旬に3回や2回の市が卓

越するが，公暦による週の周期の市などが混在し，伝統的市日への執着はあま
り強くないようである。これは，集市の伝統の弱さの他，「哈尓套の経験」の
地元として，文革期の攪乱が相対的に大きかったせいであるかも知れない。

　東北3省の中でも地域差はあり，集市の分布密度は，人口密度の相対的に高
い遼河や松花江の平野部で相対的に高く，人口密度の相対的に低い長白山脈，
大興安嶺，小興安嶺などの山地部で相対的に低い。また開拓の早く進んだ遼寧
省で分布密度が相対的に高く，次いで吉林省，寒冷で開拓の最も遅かった黒竜
江省で最も低い。集市の伝統の古さや強さも，この順に相応しているように見
える。

〈注〉

(1)　安富 歩・深尾葉子編著『「満州」の成立──森林の消尽と近代空間の形成』
　　　名古屋大学出版会，2009 年，特に第 5，11，12 章。

(2)　『遼寧省志・工商行政管理志』2000 年，12-20 頁。

(3)　同上，15-16 頁。

(4)　同上，16 頁。

(5)　同上，11-18 頁。なお，1994 年の数値は，『中国市場統計年鑑』1995 年版に
　　　よる。

(6)　同上，18 頁。「社会主義大集」とは，県内の集市を県で 1 か所または数か所
　　　あるいは人民公社ごとに集約し，個人間の取引を禁じ，供銷社が農副産物を人
　　　民公社社員（農民）より公定価格で買い上げるかたちの市であり，当時遼寧省
　　　の党中央委員会書記であった毛遠新（毛沢東の甥）の指導により哈尓套鎮で最
　　　初に行われ，成功したとされていた。しかし，実際には，鐘や太鼓で景気づけ
　　　られ，前もって農民に販売物を強制的に割り当てていたと言う。

(7)　同上，37 頁，表 1-5。

(8)　『凌源県志』1995 年。

(9)　『喀喇沁左翼蒙古族自治県志』1998 年。

(10)　『北票市志』2003 年。

(11)　『阜新蒙古族自治県志』1998 年。

(12)　『盤山県志』1996 年。

(13)　『錦県志』1990 年。

(14)　『庄河県志』1996 年。

(15)　『恒仁県志』1996 年。

(16)　『鳳城市志』1997 年。

(17)　『吉林省志・国内商業志/商業』1996 年。当省では『工商行政管理志』が刊

行されていないようであるので，『国内商業志』に拠った。

- (18) 同上，3頁。
- (19) 同上，4頁，18-19頁。
- (20) 同上，20頁。
- (21) 『吉林省情』1987年，『吉林社会経済統計年鑑』1989・1991年，『吉林統計年鑑』1995年による。
- (22) 『通化県志』1996年。
- (23) 『安図県志』1993年。
- (24) 『黒竜江省志・第42巻工商行政管理志』1994年。
- (25) 同上，11頁。
- (26) 同上，12頁。
- (27) 同上，13頁。
- (28) 同上，14頁。
- (29) 『中国市場統計年鑑』1995年版。
- (30) 『黒竜江省志・第42巻工商行政管理志』1994年，「黒竜江省集貿市場分布示意図」。

第3節
西北地方

　西北地方は，陝西・甘粛・青海の3省と新疆ウイグル自治区・寧夏回族自治区からなり，内陸深く，乾燥・半乾燥気候が卓越する。そのうち，陝西省は中華文明発祥の地であり，集市も極めて古い歴史を持ち，甘粛省と新疆自治区はいわゆるシルクロード沿いで，ユニークな市の歴史を持つ。他方，青海省と寧夏自治区は，シルクロードのメインルートから逸れたいわば辺境の地で，集市の活動はそれほど活発ではなかった。現代の集市は，どのようであろうか。

1　陝西省

　陝西省は西北地方東端に位置し，半乾燥気候である。地勢上，北部は黄土高原，中央部は黄河の支流の渭水が作る関中盆地，南部は秦嶺山脈とその南側の盆地群からなる。当然，人口密度は，中央部で最も高く，南部がそれに次ぎ，北部で低い（図5-13）。

図 5-13 西北地方の人口密度

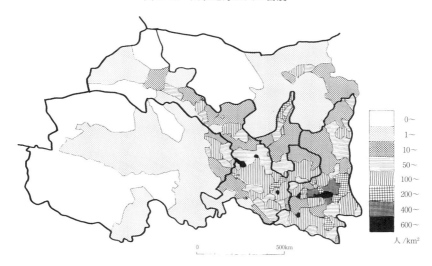

（注）内蒙古自治区の西部を含み，新疆ウイグル自治区を含まない
（出所）1982 年センサスによる

　第 3 章での検討によれば，当省は人口密度が全国値よりやや高く，西北地方では最も高い。しかし，都市人口率は大都市西安を抱えるにもかかわらず，工業化の遅れもあって全国値よりやや低い。1 人当たり所得も全国値よりかなり低位にある。集市の分布密度は全国値を上回り，1 集市当たり人口は全国値に近いが，1 郷鎮当たり農村集市数は 0.76 と全国値よりかなり低位である。1 集市当たり取引高は全国値の約半分，小売販売額に対する集市取引高の割合も全国値よりかなり低い。総じて，集市密度はかなり高いが，活動はそれほど活発とは言えない。

　『省志・工商行政管理志』(1) によれば，現陝西省域には，古く西周時代より国都に市が開設され，漢代や唐代には長安やその郊外の市が繁栄したことが，よく知られている。農村部の市は特に明代から顕著に見られ，清代，民国期へと数を増していった。(2) 民国期には，資料の得られる各県の集市数は，最少で 5 か所，最多で 36 か所に及び，十数か所の場合が多かった。(3) 当省の北部・黄土高原一帯は，1935 年以降，共産党軍の治政下に入るが，集市については，基本的には温存政策が採られた。(4)

　民国期と現在の集市数の比較については，2・3 級行政区ごとの地方志より，

第 5 章　中国北半各省における市の存立状態　　171

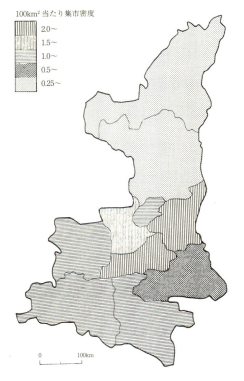

図 5-14　陝西省の集市密度

100km² 当たり集市密度
2.0～
1.5～
1.0～
0.5～
0.25～

33 の市県についてデータが得られた。そのうち，27 事例では現在の方が集市数が多くなっており，しかもうち 25 事例では 30％以上の増加を示している。他方，民国時代と現在の集市数が同じとする事例が 1 件ある他，現在の方が集市数が少なくなっている事例も 5 件（うち 30％以上の減少が 4 件）あり，うち 1 件は境域変更の結果であることがわかっているが，他の事例については，実際に集市が減っていると考えられる。河北・山東・河南省などと同様，集市が早くに展開した地域の特徴を示していよう。

『省志・工商行政管理志』(5) によれば，1961 年の当省の集市総数は 1,121 であったが，これが 1975・76 年には 741 に減少し，1979 年には 1,096 にまで回復，その後 1989 年には 2,133 にまで達した。1994 年には 2,517 で(6)，これは 1979 年の 2.30 倍である。

『省志・商業志』(7) から 2 級行政区別の集市数の統計が得られるので，それにより集市の分布状態の省内の地域差を見ると，図 5-14 のように，人口密度の高い中部の盆地部，特に西安・渭南の両地区級市で集市密度が高いのに対し，人口密度が中位の南部では集市密度も中位で，人口密度の低い北部の黄土高原では集市密度はかなり低い。

集市の平均開催頻度については，2・3 級行政区ごとの地方志より，31 の市県について情報が得られた。図 5-15 に見るように，北部で値が低く（多くが 1.0 余），旬に 1 回の市が卓越することを示している。一方南部では，値が高く（多くが 3.0 余，または 5.0 余），旬 3 回や隔日市が卓越することがわかる。これに対し中部では，全体的に値は中位であるが，その東部では 2.0 前後

図5-15 陝西省の集市開催頻度

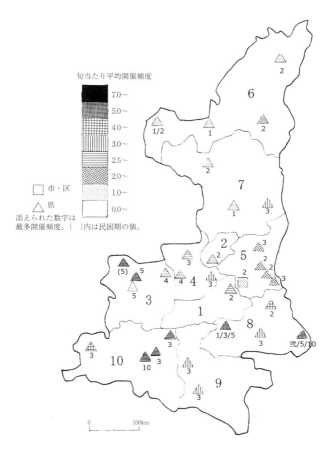

2級行政区名
 1．西安市　2．銅山市　3．宝鶏市　4．咸陽市　5．渭南市
 6．楡林地区　7．延安地区　8．商洛地区　9．安康地区
 10．漢中地区
 （注）　図中の「弐」は「月に2回」の意

の値が一般で，旬2回の市が卓越し，中央部では3.0前後の値が一般で，旬3回の市の卓越を示し，西部では5.0以上の値が一般で，隔日市の卓越を示す。なお，華北地方と同様，市日は原則として農暦（陰暦）によるが，公暦（新暦）による場合や，7日週の周期の採用も一部では見られる。

　以上，陝西省の市は，その歴史が極めて古く，民国期までにその分布の基本

が形成されており，改革開放以降の増加は，それほど顕著ではなかったと言えよう。また，地域差が明瞭で，北部の黄土高原では，市の分布密度・開催頻度ともに低く[8]，中部の関中盆地では分布密度は高く開催頻度は中位，南部では分布密度は中位で開催頻度が高い。

2　寧夏回族自治区

　寧夏回族自治区は，陝西省・甘粛省・内蒙古自治区に囲まれ，黄河の中流域に位置する。区域の西北部が黄河沿岸の低地，東南部は黄土高原に属する。西夏王朝の故地で，古来，北方異民族の地であったが，明代には漢族の支配下に入った。しかし，今も農村部を中心に回族が多く，その自治区となっている。

　第3章での検討によれば，当自治区は人口密度が全国値よりかなり低く，97.3 人/km^2 に過ぎない。都市人口率は，全国値よりやや高いが，1 人当たり所得は，全国値よりかなり低い。集市の分布密度は全国値をはるかに下回り，1 集市当たり人口では全国値をかなり上回り，人口比でも市が少ない地域である。1 郷鎮当たり農村集市数は 0.71 と全国値よりかなり低く，郷鎮ごとに集市があるわけではない。1 集市当たり取引高は全国値よりかなり低く，小売販売額に対する集市取引高の割合も同様である。総じて集市の分布も活動も低位な地域である。

　『寧夏商業志』[9]によれば，当自治区は，甘粛省同様，明代には周辺諸民族との交易の場である「茶馬互市」が置かれた地域であった。清代には，県城級の都市では商品別の毎日市が開かれ，一方農村部では，県域に十数か所程度の，毎日市・隔日市・または旬に 2 回か 3 回の定期市が見られるに至ったと言う[10]。

　民国時代と現在の集市数の比較については，一部は『寧夏商業志』により，一部は 3 級行政区別の地方志から，九つの市県についてデータが得られた。その，全てで現在の方が集市数が多くなっており，しかも八つまでもが 30％以上の増加であり，本自治区では建国後集市が急増したことを示している。

　『寧夏通志・4 経済管理志（上）』[11]によれば，自治区全体では，1961 年の集市数が 107 であったものが，1965 年には 69 に減少し，1976 年にはやや回復して 90 であった。しかし，本格的な増加は改革開放後で，1980 年[12]の 134 から，1985 年[13]には 183，1994 年[14]には 289 と，2 倍以上に増え，2000 年[15]にはピークの318 に達した。

本自治区の3級行政区別の集市数に関するデータは，一部は『寧夏商業志』により，一部は3級行政区ごとの地方志から，合計11市県について得られた。まず集市の空間的分布状態の自治区内の地域差を見ると，図5-16のように，事例数が少なく傾向は明瞭ではないが，人口密度の地域差にほぼ対応して，北部の黄河氾濫原を含む地域で相対的に高く，その他の黄土高原地域で相対的に低い。

　集市の平均開催頻度については，五つの市県についてしかデータが得られなかったが，それによれば，平均頻度は3.0または4.0の前後の数字を採る。すなわち，本自治区の集市が，現在では，旬3回の市が基本であり，一部に隔日市や毎日市が見られることを示している。『寧夏通志・4経済管理志（上）』によれば，文革末期の

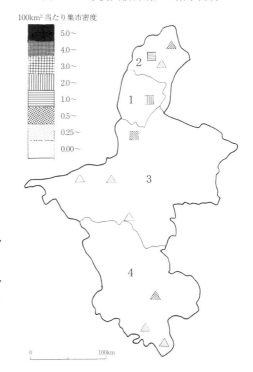

図5-16　寧夏回族自治区の集市密度

2級行政区名
　1．銀川市　2．石嘴山市　3．銀南地区
　4．固原地区

1976年，「哈爾套の経験」や「社会主義大集」が喧伝されたときに，本自治区の集市は旬に1回に統一されたが，改革開放期に入り，1979年に旬に2回に改められ，さらにその後，住民の要求により伝統的な旬に3回の市や毎日市に改められたと言う。

　以上，寧夏回族自治区の市は，当地域が辺境的位置にあったため，相対的にはその歴史が新しいが，清代・民国期までにその分布パターンの基本が形成され，改革開放以降，さらに急激に開設が進んだ。しかし，総じて集市の分布も活動も低位な地域と言えよう。

3 甘 粛 省

　甘粛省は，陝西省の西に位置し，東南から西北へと細長い省域を持ち，乾燥
度は東南から西北へ進むにつれ高まる。チベット高地が当省の西南縁に達して
いるのに対し，東北側は黄土高原や蒙古に連なる砂漠が展開する。古来，いわ
ゆるシルクロードが貫き，特に省都蘭州より西北方は，河西廻廊と呼ばれ，オ
アシス空間が連鎖状に並んでいる。

　第3章での検討によれば，当省は人口密度が全国値よりはるかに低く，52.4
人/km^{2}に過ぎない。ただし，その地域差は大きく，西北部で低く，東南部で
相対的に高い（図5-13）。都市人口率も全国値より低く，1人当たり所得も，
厳しい自然環境下にあって全国値の半分に満たない。集市の分布密度は全国値
をはるかに下回り，1郷鎮当たり農村集市数も0.76と全国値よりかなり低位
で，1郷鎮1集市は実現していないが，1集市当たり人口では全国値に近い。
1集市当たり取引高は全国値の半分強に過ぎないが，小売販売額に対する集市
取引高の割合は全国値より高い。総じて，集市の分布は密ではないが，それな
りの役割を果たしていると推測される。

　『省志』[18]によれば，現河西廻廊は前漢の時代より版図に入り，いわゆるシル
クロードが成立し，漢代・唐代を通じて，敦煌・酒泉・張掖・武威などの町が
交易拠点として繁栄した。宋代以降は，シルクロード交易はむしろ衰え，甘粛
省東南部の諸都市が，西夏や吐蕃など周辺諸民族・国家との，交易の場（「権
場」「和市」「茶馬互市」などと呼ばれた）として栄えたと言う[19]。清代には，県
城級以上の都市では複数の街に，数か所〜十数か所の商品別の市が，毎日市や
隔日市の形で開かれ，一方農村部では，数か所〜十数か所に旬に2回または3
回の定期市が見られるに至った[20]。

　民国時代と現在の集市数の比較については，2・3級行政区ごとの地方志よ
り，26の市県についてデータが得られた。そのうち，民国期の集市数が現在
を上回っていた事例が2，建国前と現在の集市数が同じとする事例が1で，他
の23事例では現在の方が集市数は多くなっており，そのうち21事例では
30％を越える増加となっている。したがって，省内の多くの地域では，建国後
の集市の急増が見られたと言えよう。

　『省志』[21]によれば，調整期の1962年に当省の集市総数は581であったが，文

図 5-17 甘粛省の集市密度

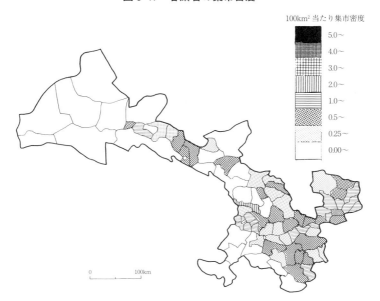

革を経て 1977 年には 428 にまで減少した。改革開放期に入り 1979 年には 630 にまで回復し，その後 1985 年には 1,050，1994 年には 1,756 にまで増えている。1979 年に比べ，1994 年の数字は 3.02 倍で，その増加は顕著であったと言えよう。

『省志』[22]には，3 級行政区別の集市の一覧表が掲載されている。これを基に，集市の分布状態の省内の地域差を見ると，図 5-17 のように，人口密度の相対的に高い東南部では，集市の分布密度が相対的に高い。ただし，東南部でもその西南端に位置し，チベット高地の延長に当たる甘南蔵族自治州では，分布密度は著しく低い。一方，人口密度が著しく低い西北部では，一般に，分布密度も著しく低い。ただし，東南部の蘭州・臨夏・平涼・西峰，西北部の武威・張掖・酒泉・嘉峪関などの都市部では，周囲に比して分布密度が相対的に高い。

上記一覧表には，各集市の市日も掲載されている。これを基に市県別に集市の平均開催頻度を計算し，分布図に表現したものが図 5-18 である。省域の東南部では，平均頻度が比較的低く 4.0 未満であり，旬に 3 回または 2 回の定期市が卓越することを示す。中でも黄土高原の延長の慶陽地区では特に低頻度で，旬に 2 回または 1 回の定期市が卓越する。これに対し東南部でも西南端の甘南

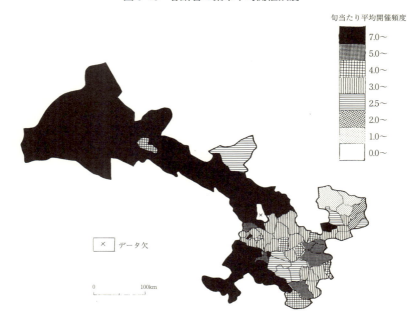

図 5-18　甘粛省の集市平均開催頻度

蔵族自治州では平均頻度は7.0を越え，毎日市が卓越することを示す。一方，省域の西北部ではほとんどの市県が平均頻度は7.0を越え，毎日市が卓越することを示すが，酒泉市と武威地区の民勤県は例外である。酒泉市では，本書第10章第3節で詳述するように，オアシス空間に広く農村地域が展開し，そこに旬に1回または2回の定期市が多数分布している。民勤県も上記一覧表と地図との照らし合わせで，同様な状況であることが確認された。

さらに上記一覧表には，各集市の月間取引高も記されている。これを基に市県別の1集市当たり月間取引高を計算し，地図化したものが図5-19である。これによると，東南部・西北部の対比ではなく，天水・蘭州・武威・張掖・酒泉・嘉峪関・玉門を貫く幹線鉄道隴海線に沿って，この値が高い地域が続き，そこから外れた省域の西南端（チベット高地の縁辺部）及び東北端（黄土高原や砂漠の部分）でこの値が低い。おそらく，交通の便の良い集市に商品が集中する，あるいはそのような地域の住民の所得が高いことが，集市の売上を大きくしているのであろう。

以上，甘粛省の市は，その歴史が古く，清代・民国期までにその分布の基本

図5-19 甘粛省の1集市当たり月間取引高

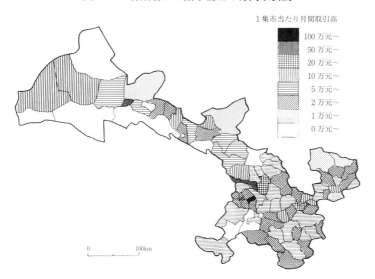

が形成されていたが，山地部など分布の疎な地域も見られ，改革開放以降もかなりの数の開設が進んだ。なお，地域差も顕著であり，東南部の特に陝西省に続く地域では，集市の分布密度も相対的に高いが，西北部ではその密度は低く，河西廻廊あるいは隴海線に沿うオアシス空間に集中している。

4 青海省

　青海省は甘粛省の西南に位置し，地勢的には西蔵自治区とともにチベット高地の一角を占める。高度が高くかつ乾燥気候に属するため牧畜空間が卓越し，人口密度は9.8人/km^{2}と西蔵自治区に次いで低い。ただ，高度が相対的に低く降水量も相対的に多い省域の東端部では農業空間が展開し，省都の西寧市もここに位置する。

　第3章の検討によれば，住民1人当たり所得は全国値をはるかに下回るが，都市人口率は全国値を少し上回っている。集市の分布密度はわずか0.04/100 km^{2}で，西蔵自治区に次いで低いが，1集市当たり人口は全国値に近い。1郷鎮当たり農村集市数は0.59で，集市を欠く郷鎮が多いことを示している。1集市当たり取引高は全国値の半分にも満たない。小売販売額に対する集市取

第5章　中国北半各省における市の存立状態　　179

引高の割合も，全国値の約半分である。総じて集市は不活発と言わざるをえない。

『青海省志・工商行政管理志』(25)によれば，隋・唐代に漢族と他民族との間の「茶馬互市」が現省域の東部数か所で始まり，宋代にも受け継がれ，清代には旬に2回あるいは3回の市も成立するようになったと言う。民国期に入って1940年に，青海省政府が省内東部の11県に92か所（1県当たり2か所〜22か所）の集市を開設したが，実際に集市の機能を果たしたのは10か所程度であったらしい。(26)『省志』掲載の「表9，中華民国時期主要集市集期」(27)によれば，17か所の集市が記載されているが，その分布は，省東部の現海東地区・西寧市域と，海南蔵族自治州の一部の，計8市県に限られており，1市県当たりの集市数は1〜4か所である。

『省志』所載「表10，1960年主要集市名称及集期」(28)によれば，依然，集市の分布は省東部の現海東地区と西寧市の8市県に限られているが，1市県当たりの集市数は4〜10か所へと増えている。大躍進期の流通の混乱からの回復のため，1963年には原有集市39か所に加え，112か所の集市が開設されたが，(29)その後，文革期には集市取引は著しく制限され，集市数も12か所にまで減ったと言う。(30)改革開放以後，集市数は，1979年の47から，1985年には204，1994年には315（1979年の6.7倍）へと急増している。

2・3級行政区画ごとの地方志からは，15県について集市に関するデータを得ることができた。それらは省の東部の諸県に限られるが，これにより集市の地域差を検討する。まず，集市の100 km² 当たりの分布密度を見ると，図5-20のように，全般的に密度がかなり低い。その中で，省の東端部（海東地区や西寧市域）で相対的に高い（0.25以上）のに対して，それ以外では著しく低く（0.25未満，しかもほとんどが0.10未満），基本的に人口密度の地域差（図5-13）に対応している。

集市の平均開催頻度については，五つの3級行政区についてのみデータが得られた。それによれば，平均頻度は，1.5の値を示すのが1県（旬1回の市と3回の市が混在），3.0が3県（旬3回の市のみ），6.25が1県（毎日市と旬3回の市が混在）である。これにより，本省の集市が，現在では，旬3回の市が基本であり，一部に旬1回の市または毎日市が見られることがわかる。一方，前述の『省志』掲載の「表9，中華民国時期主要集市集期」によれば，17か所の集市中，13か所が旬3回の市，1か所が旬1回の市，3か所が周期不明

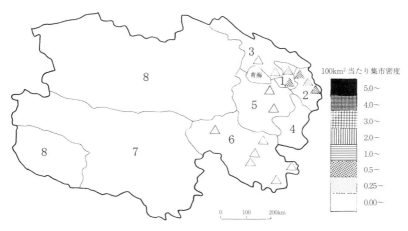

図 5-20　青海省の集市密度

2級行政区名
　1．西寧市　2．海東地区　3．海北蔵族自治州　4．黄南蔵族自治州
　5．海南蔵族自治州　6．果洛蔵族自治州　7．玉樹蔵族自治州　8．海西回族自治州

で，民国期でも旬3回の市が基本であったことが知られる。ただ，前述の同誌掲載の「表10，1960年主要集市名称及集期」によれば57か所の集市が挙げられていて，集期は旬3回が12か所，旬2回が5か所，旬1回が8か所，月4回が1か所，月2回が24か所，月1回が1か所，不明が6か所と，一部で月の周期が導入され，かつ，一般に開催頻度が低くなっていたことが知られる。これは，大躍進期の特殊事情によるものと推測され，その後改革開放期に至って，旬3回の市が基本の姿に戻されたと推測される。

　以上，本省の市の歴史は比較的新しく，しかも省域の東部に偏って展開した。現在でも集市分布密度等は著しく低く，東部とそれ以外の地域の格差が極めて顕著である。

5　新疆ウイグル自治区

　当自治区は西北地方でもその西北端に位置し，南部に崑崙山脈，北部に天山山脈，最北部にはアルタイ山脈がそれぞれ東西に走り，その間にタリム盆地とジュンガル盆地が位置する。全体に乾燥気候に属するため，両盆地には砂漠が展開するが，各山脈の山麓には，山地から流下する河川や伏流水によるオアシ

第5章　中国北半各省における市の存立状態　　181

ス空間が形成され，それらをつないで，古来，シルクロードの諸分岐路が走り，商業都市が点在していた。ウイグル族やカザフ族等，イスラム系少数民族が多く住む地域であるが，近年では都市部を中心に漢族の流入が進んでいる。

　第3章の検討によれば，当自治区の人口密度は9.8人/km^{2}と，西蔵自治区・青海省に次いで低い（**図5-21**）が，都市人口率，1人当たり所得では，全国値を上回っている。集市は当自治区ではしばしばバザール（巴扎）と呼ばれ，都市部の商業地区にも，オアシスの農村地域にも立地する。ただし，自治区全体で見れば，砂漠や山地が広大な地域を占めるため，集市の分布密度は100 km^{2}当たり0.07と，西蔵・青海に次いで低密度である。しかし，1集市当たり人口はほぼ全国値に近く，1郷鎮当たり農村集市数でも0.96と，ほぼ全郷鎮に集市が行き渡っている。一方，1集市当たりの取引高や，小売販売額に対する集市取引高の割合は，全国値の半分にも満たない。

　『新疆通志・商業志』[31]によれば，シルクロードの東西交易は，特に当地域に漢族政権の支配が及んだ漢代に盛んとなり，以後盛衰を繰り返しながら展開したが，一方ローカルな交易の場としての市については，その起源は不明であるが，イスラムの影響下に入って以来，バザールという名で呼ばれ，イスラム暦の採用から，週の周期を持つようになったと推察される。

　民国時代と現在の集市数の比較については，3級行政区別の地方志より，38

図5-21　新疆ウイグル自治区の人口密度

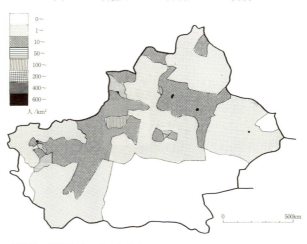

（出所）1982年センサスによる

市県についてデータが得られた。その全てで現在の方が集市数は増えており，しかもそのほとんど（35 市県）で 30％以上増えている。なおこのうちの 6 市県では解放前には集市はなかったと記されており，それらは，ハミ地区のパルクル・カザック自治県やキジルス・キルギス自治州のアクチェ県のように，人口希薄な牧畜空間や農耕の限界的地域であった。このように，本自治区は，集市の古い伝統を持つにもかかわらず，集市を久しく欠いたままの地域が存在していたうえ，集市が存在してきた地域でも，その数の急増は建国後に見られたのである。

なお，自治区全体の集市数については，初期の数字は不明であるが，1985 年には 811 であったものが，ピーク時の 1998 年には 1,322 まで増加した。[33]

『新疆通志・商業志』の第 2 編市場と，2・3 級行政区ごとの地方志から，49 の市県について集市数に関するデータを得られたので，これにより集市の 100 km^2 当たりの分布密度を見ると，図 5-22 のように全般的に密度が著しく低い。その中で 1.0 以上の高い値を示すのは，ウルムチ市区，カシュガル市，イニン市，石河子市などの都市部であり，イエンテイ県，澤普県，莎車県，琉附県などオアシス空間を含んでコンパクトな県域を持つ諸県でも，比較的高い値（0.25 以上）を示す。これに対してそれ以外の諸県では，たとえその一部にオアシス空間を有し，そこに比較的密に集市が分布していたとしても，その外側に広大な砂漠や高山地域を包含するために，集市密度は著しく低い（0.25 未満，しかもほとんどが 0.10 未満）。

集市の開催頻度について何らかの情報が得られたのは，19 の市県についてである。図 5-23 に示したように，天山南麓の諸県を中心に，現在あるいは近い過去において，全ての集市が週に 1 回の周期を持っていた市県が広く分布している。天山南麓のカシュガル市と北麓の烏蘇県は，現在では週 1 回の市と毎日市が併存しているが，これらも本来は週 1 回の市の地域であったろう。ただし，天山北麓の米泉県やアルタイ山に近いブルチュン県では，月に 1 回の集市の卓越が見られる。

ところで，集市をバザール（巴扎）と呼ぶ本自治区特有の呼称法が地方志で明記されている市県を，図 5-23 の中に示しておいた。全ての集市，あるいは多数の集市についてバザールの称号が使われている市県は，天山の南麓一帯に広く分布しており，一部の集市がバザールと呼ばれる市県は，天山北麓にも見られる。これらの地域は上記の週 1 回の市の地域とほぼ重なり，また当自治区

第 5 章　中国北半各省における市の存立状態　　183

図 5-22 新疆ウイグル自治区の集市密度

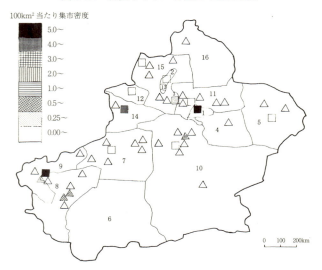

2級行政区名
 1．ウルムチ市　2．カラマイ市　3．直轄行政単位
 4．トルファン地区　5．ハミ地区　6．ホータン地区
 7．アクス地区　8．カシュガル地区　9．キジルスキルギス自治州
10．バインコリン蒙古自治州　11．チャンギ回族自治州
12．ボルタラ蒙古自治州　13．イリカザック自治州　14．イリ地区
15．ターチョン地区　16．アルタイ地区

の中でもウイグル族の卓越する地域とも重なっている．まさしく，ウイグル的な集市の核心地域と言えよう．

　なお，バザールと呼ばれる集市の存在は，現代の日本人による紀行文や調査報告書にも頻出する．例えば岩崎雅美編著には，天山南麓のトルファンに加え，崑崙北麓のホータンのバザールの記述がある．また加藤公夫著には，カシュガルのバザールに加え，ホータンの農村バザールの紹介がある．さらに，荻野矢慶記著にも，崑崙北麓に並ぶ，ケリヤ，ホータン，カラカシュ，カズル，カシュガル，ウパール村などのバザールについての言及がある．これらのバザールは，天山南麓に加え，崑崙北麓にも展開していることがわかる．また，共通して各バザールが，それぞれ週に1回の市日を持つことが指摘されている．さらに，服部範子によれば，金曜日は，当地のイスラム教徒には「女性が実家へ行く日」であるとともに「バザールのある日」と認識されていると言う．金曜日

図 5-23　新疆ウイグル自治区における「バザール」呼称と7日周期集市の分布

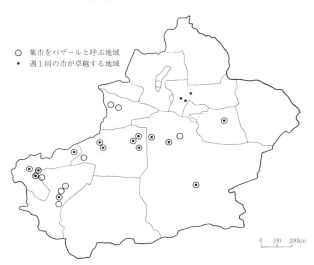

は世界のイスラム教徒にとっては安息日（休日）であり，モスクへ詣でる日であり，またしばしば市の開かれる日であることは，筆者も指摘したところであるが[39]，当地にもあてはまると言えよう。したがって，オアシス空間の主要バザールは，トルファンにせよカシュガルにせよ，金曜日を本来の市日としているのである[40]。

　こうしたバザール群が展開するオアシス空間の典型的事例として，アクス地区東部のクチャ（庫車）県の事例を見てみよう（図 5-24）[41]。当県は，北は天山山脈，南はタリム河に達する南北に細長い県域を持つ。県域の一部で天山から流れ降りる複数の河川（庫車河や英大雅河）が複合扇状地を形成しており，そこに図中「農業灌漑区」と表現されているオアシス空間が展開する。県域内の11の集落に集市が存在するが，そのうち10か所が「農業灌漑区」内に含まれ，いずれも県城または郷政府所在地に立地する。オアシス空間の外では集市は存在せず，唯一の例外はタリム河に近い県域の東南部に開設された日曜市で，新開の牧場に付設されたものである。集市の大部分は主要道路によって県城とつながっているうえ，市日の配置は，県城のそれが伝統的に主要市日とされる金曜日であるのに対し，他の集市の多くは金曜日以外の市日を選択している。したがって，市廻りの商人の多くは，県城を基地にして曜日ごとに他の集市を訪

図 5-24 新疆ウイグル自治区アクス地区クチャ県における集市の分布

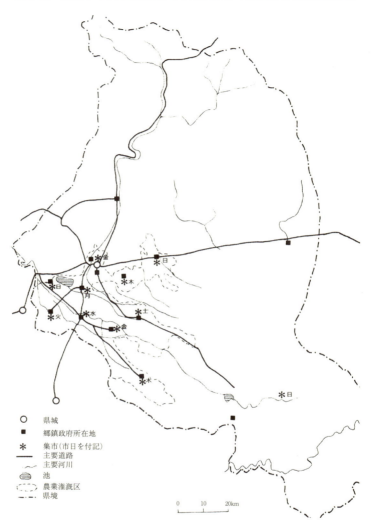

れる行動を採っていよう。隣接する市日は相互に異なるように配置されており，付近の住民は複数の集市を訪れることも可能である。ただし隣接する集市間の距離は，直線距離でも 10〜20 km，実距離ではそれ以上で，その間の移動は徒歩では容易ではなく，馬車や自転車，近年ではオート三輪や軽トラックが用い

られているであろう。なお，当県のオアシス空間は，西隣りの新和県と西南隣りの沙雅県のオアシス空間と連続しており，集市をめぐる活動も県境を越えて相互に連関していると推測される。

　以上，本自治区は，古くからの市の歴史があり，特に天山南麓のウイグル族卓越地域を中心に，バザールという呼称と 7 日週の周期を持つ独特の市の伝統が見られるが，他方，かつて集市を欠いていた主牧地域も広く見られ，集市の全域的な普及やその数の急増は，革命後，特に改革開放期において進行したと言えよう。

6　西北地方概括

　西北地方は全般的に乾燥・半乾燥地域で，人口密度も低く，集市密度も全般的には低密度である。その中にあって，陝西省の特に関中盆地は中華文明の発祥の地でもあり，市の歴史は古く，その分布密度も稠密である。陝西省の北部から寧夏自治区の南部，甘粛省の東南部に続く黄土高原や，陝西省南部の秦嶺山地とその南麓地方は，関中盆地に次いで市の歴史は古いと思われるが，その分布は明らかに疎である。甘粛省北西部の河西廻廊や新疆自治区の天山南・北路に代表される旧シルクロード沿いには，オアシス空間に古くから市が存在していたと考えられるが，それ以外の草原・砂漠・高山を含む牧畜空間（青海省の大部分をも含む）では，市の成立はごく近年のことであり，現在の分布密度も極めて疎である。

　集市の開催周期については，ここでも大部分の地域で旬の周期が採用されており，頻度は 1 回・2 回・3 回または毎日市とさまざまである。その中にあって，新疆自治区の天山南路沿いを中心に展開するウイグル族卓越地域において，「バザール」の呼称と 7 日週の市日を伴う独特の集市の伝統が注目される。

〈注〉
(1)　『陝西省志・第 41 巻工商行政管理志』2000 年，1-2 頁，45-46 頁。
(2)　同上，46 頁。
(3)　同上，47-48 頁。
(4)　同上，284-287 頁。
(5)　同上，51 頁，62 頁。

(6) 『中国市場統計年鑑』1995 年版。

(7) 『陝西省志・第 29 巻商業志』1999 年，279-349 頁よりピックアップ，一部は推算。

(8) 黄土高原南端の韓城市（渭南地区最北端）の農村部を調査した小島泰雄によれば，集市開催頻度の低さに加え，伝統的にその活動の低調さが指摘できると言う。小島泰雄「陝西農村の地域性」（石原 潤・趙 榮・秋山元秀・小島泰雄編『西安市と陝西農村の変貌』奈良大学文学部地理学科，2006 年，131-147頁），及び小島泰雄「陝西韓城市農村の地域性」（石原 潤編『西北中国はいま』ナカニシヤ出版，2011 年，64-73 頁）。

(9) 『寧夏商業志』1993 年，1-2 頁。

(10) 同上，3-5 頁。

(11) 『寧夏通志・4 経済管理志（上)』2007 年，382-386 頁。

(12) 『寧夏統計年鑑』1992 年版。

(13) 同上。

(14) 『中国市場統計年鑑』1995 年版。

(15) 『中国市場統計年鑑』2001 年版。

(16) 『寧夏通志・4 経済管理志（上)』2007 年，383 頁。

(17) 同上，386 頁。

(18) 『甘粛省志・第 51 巻工商行政管理志』1991 年，1-8 頁。

(19) 同上，8-11 頁。

(20) 同上，11-12 頁。

(21) 同上，217-218 頁。ただし，1994 年の数値は，『中国市場統計年鑑』1995 年版による。

(22) 『甘粛省志・第 51 巻工商行政管理志』1991 年，472-541 頁。

(23) 『甘粛省地図冊』2002 年，77 頁の民勤県の図。

(24) なお，図中，臨夏回族自治州広河県の値が，周囲に比して異常に高いが，これは，何らかの統計上のミスではないかと思われる。

(25) 『青海省志・工商行政管理志』1993 年，7-8 頁。

(26) 同上，8 頁。

(27) 同上，35 頁。

(28) 同上，36-37 頁。

(29) 同上，13 頁。

(30) 同上，14 頁。

(31) 『新疆通史・商業志』1988 年，3-69 頁。

(32) 『新疆統計年鑑』1995 年版による。

(33) 『中国市場統計年鑑』1999 年版による。

(34) 『新疆通史・商業志』1988 年，98-172 頁。

(35) 岩崎雅美編著『ウイグル女性の家族と生活』東方出版，2006 年，19 頁，45 頁。

(36) 加藤公夫『タクラマカンの農村を行く』連合出版，2008 年，97-99 頁，25-26 頁。

(37) 荻野矢慶記『タクラマカン――シルクロードのオアシス』東方出版，2006 年，79-141 頁。

(38) 岩崎雅美編著，前掲書，第 2 章 変わるウイグル社会と女性の生活変動，44 頁。

(39) 石原 潤『定期市の研究』名古屋大学出版会，1987 年，62 頁。

(40) カシュガルの「大バザール」は，今日では日曜日が最も賑わうと言う（荻野矢，前掲書，126-127 頁）が，本来は金曜日が市の日（バザール・クン）であった（マカトーニ夫人著，金子民雄訳『カシュガール滞在記』連合出版，2007 年，76-77 頁）。

(41) 『庫車県志』1993 年，312-313 頁。

*   *   *

む　す　び

　ここでは本章で論じた諸点のうち，中国北半における市の発展過程，分布，開催頻度の 3 点にしぼって総括をしておきたい。

　市は，早い時期に関中盆地と黄河下流平原に展開し，それに隣接する諸山地や黄土高原にも，比較的早く立地するようになったと推測される。河南・河北・山東・山西・陝西各省では，集市分布のピークが民国期にあった諸例がある。それに対して，東北 3 省での市の開設は清代の植民に伴って始まり，寒冷な気候と相まって，民国・満州時代においてもその分布は疎であったとされ，人民共和国建国後，特に改革開放後に集市開設が盛んであった。さらに内蒙古自治区・甘粛省西北部・青海省・新疆自治区などでは，交易路に沿う町には古くから市があったものの，牧畜空間に集市が初めて開設されるのは，主として改革開放後のことである。

　集市の分布密度は，人口密度と大局的には相関している。中国北半では，河北・山東・河南各省にまたがる黄河下流の華北平原，及び陝西省の関中盆地が，

集市の密に分布する中核地域であり，各郷鎮には1個を越える集市が立地している。その周りの河北省北部・山東省東部・河南省西部・陝西省南部の諸山地や，山西省から陝西省北部・寧夏自治区南部・甘粛省東南部へと続く黄土高原では，集市の分布は相対的に疎である。東北3省（遼寧・吉林・黒竜江各省）の平野部も，集市の伝統が浅いため，分布密度は相対的に疎である。ただ，これらの地域では，1郷鎮当たり1個の集市がほぼ実現しつつある。さらにその外側の，森林が卓越する東北3省の山地部，砂漠や草原の卓越する内蒙古自治区・甘粛省西北部・新疆自治区及び青海省では，集市の分布密度は極めて疎であり，集市の立地しない郷鎮が多く見られる。ただし，新疆自治区や甘粛省河西廻廊のオアシス空間には，局所的に集市の高密度分布地域が見られる。

　これに対して，集市の開催頻度は，人口密度との相関は明瞭ではない。高頻度の毎日市は甘粛省の河西廻廊のオアシスの町で卓越し，隔日市は河南省の平野部で卓越するが，それに次ぐ旬3回の市は寧夏自治区や青海省で卓越し，旬2回の市は山東省，河北省や山西省で卓越する。東北3省，内蒙古自治区，陝西省中南部，甘粛省東南部などでは，旬に3回または2回を中心に，各種の周期の混在が認められる。この他，旬に1回の市が陝西省北部で卓越し，新疆自治区ではウイグル族伝統の週に1回の市（バザール）が見られる。なお，牧畜空間や，農耕空間でも人口密度の特に低い地域においては，かつて，廟会やナダムと呼ばれる年に1回（又は数回）開かれる大市（fair）が，集市に代替して重要な役割を果たしていた。

第6章

中国南半各省における市の存立状態

はじめに

　本章では，前章に続いて，1980年代以降活発に出版されてきた1級行政区（省，自治区，直轄市）ごと，2級行政区（地区，自治州，地区級市）ごと，並びに3級行政区（県，自治県，県級市，区）ごとの地方志に記載されている集市関係の統計や記事を素材として，中国南半における集市の存立状態を地方ごとに論じたい。ここで中国南半の「地方」とは，中国の慣用的な各種地域区分を勘案し，華中（上海，江蘇，浙江，安徽，江西，湖北，湖南），華南（福建，広東，海南，広西），西南（重慶，四川，貴州，雲南，西蔵）の3地方とする。

　なお，分析に用いた資料や叙述の内容とその順序は，前章に準ずる。

第1節
華中地方

　華中地方は，江蘇（上海直轄市を含む），浙江，安徽，江西，湖北，湖南の6省からなる。このうち，前3者は長江下流の平原，後3者は長江中流の平原を含み，加えて，当地方の北部には淮河流域の平原が，南部及び西部には南嶺

山脈や大巴山脈などの山地が拡がる。気候は温暖で，降水量も比較的多く，二毛作が卓越し，宋代以降は中国の穀倉地域の地位を維持してきた。したがって，人口密度も一般的に高く，歴史的にも華北地方と並んで中国の核心地域の一つであった。集市はこれらの地域にどのように展開しているであろうか。

1　江蘇省（上海市を含む）

江蘇省は，地形的にはほとんどが平原で山地部を欠く。その南部は長江下流の平原地帯で，最下流のデルタ地域をも含んでおり，その北部は淮河下流の低地帯であり，両者は連続している。人口密度（**図6-1**）は，長江デルタ部で最も高く，北部では相対的にやや低い。

本省（特に上海市）は，第3章の検討によれば，中国全体の中で都市人口率が高く，1人当たり所得も高位である。人口密度は著しく高く，農村部においてすら高位にある。集市は空間的には著しく高密に分布するが，対人口比では全国平均に近い（ただし上海市では1集市当たり人口が全国値の約2倍である）。1郷鎮当たりの農村集市数も多く（ただし上海市では逆に低い），1集市当たり取引高は全国値よりかなり高く（上海市では約2倍），小売販売額に対する集市取引高の割合も全国値を上回り（ただし上海市では低い），総じて集市の活動が活発な地域と位置付けられる。

本省における市の歴史は古く，第1章で論じたように，特に宋代以降は，その発展において，中国全土をリードしてきた地域と言え，特に長江デルタでは，高密度かつ高頻度の市の分布が見られた。第1章で紹介したような宋・明・清代や民国期についての多数の研究においても，あるいは革命以後の若干の調査報告[1]においても，伝統的に市の活動が盛んで，それを基に市鎮の形成が顕著であった地域として，たびたび言及されてきた地域である。改革開放初期の蘇州市及びその周辺の集市については，後に第7章で論ずる。

省志の記述[2]によれば，文革末期の1976年に2,071に減少していた集市数は，改革開放期に入り，1981年には2,915，1987年には5,019へと，約2.5倍に増加した。この間，市場の施設改善も進み，頂棚市場や室内市場の割合が増え，特に1987年以降は，専門卸売市場や生産資料市場の新設が進んだと言う。

ただ，2・3級行政区ごとの地方志より3級行政区別に得られた民国期の集市数と現在の集市数とを比較すると，個別の市県については，状況がさまざま

図 6-1 華中・華南地方の人口密度

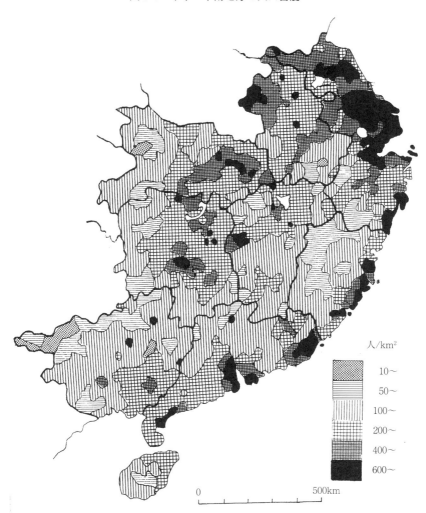

であったことが理解される。すなわち，全体で 22 の市県について比較可能な
データが得られたが，そのうち，16 市県では民国期より現在の方が集市数が
多い（うち 30％以上の増加が 11 市県）ものの，一方では，民国期より現在の
方が集市数の少ない市県が 6 市県ある（うち 30％以上の減少が 5 市県）。この
ことは，第 4 章で見た河北省や，第 5 章で見た河南省や山東省と同様，本省で

図6-2 江蘇省（上海市を含む）の集市密度

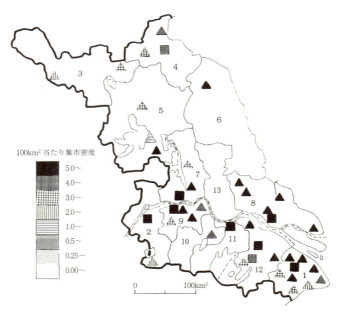

2級行政区名（但し、「上海市」は1級行政区画）
1．上海市　2．南京市　3．徐州市　4．連雲港市　5．淮陰市
6．塩城市　7．揚州市　8．南通市　9．鎮江市　10．常州市
11．無錫市　12．蘇州市

もむしろ民国期に集市数がピークを迎えていた地域があったことを示している。かつて盛んであった綿花栽培や養蚕・製糸業との関連が推測される。

次に，集市の100 km^{2}当たり分布密度（図6-2）については，42市県についてデータが得られたが，過半の市県が5.0以上の高い値を示す。地域的には，人口密度分布に対応して，長江沿いで極めて高く，それから離れるにつれ，やや低くなる傾向が明瞭である。また，一般に，都市部（市区）で高く，農村部（県）で低い。

集市の旬当たり開催頻度についてのデータが得られるのは10県に満たず，しかもほとんどが省域の北部に限られている（図6-3）。それらの県では，平均頻度は2.89から5.49の間で，県内集市が採る最多の頻度は，旬2回，3回，4回と分かれているが，いずれにせよ，定期市のかたちを残している。この状況は，第1章で論じた清代後半や民国期の状況を継続している。これに対して，

図6-3 江蘇省（上海市を含む）の集市開催周期・頻度

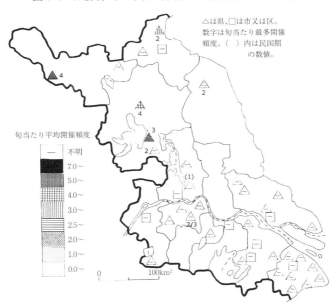

長江流域では頻度に関する言及がほとんどなく，その理由は，第1章で見たように遅くとも民国時代には集市のほとんどが毎日市化しており，それが現代に受け継がれているためと推測される。

以上により，江蘇省（上海市を含む）は，宋代以来の市発達の先進地域として，現代においても，特に長江下流域を中心に，集市の分布密度が高く，毎日市の卓越する，集市展開の核心地域を形成していると言えよう。

2　浙江省

浙江省は，最北部に長江下流デルタの一部を構成する平原が見られ，その延長上には，杭州から寧波に至る海岸平野が見られる。それ以外は，大部分が山地や丘陵で，北部に天目，南部に仙霞嶺・括蒼・天台などの諸山脈が連なり，その間に，富春江その他諸河川の河谷平野が存在するに過ぎない。しかし，平野部を中心に人口密度は高く（図6-1），古来本省では，農業では支えきれない人口が，手工業や商業を志向する風潮が強かったとされる。

第3章の検討によれば，人口密度が全国値の約3倍と高く，都市人口率は全
国値よりも低いが，1人当たり所得は全国値よりもはるかに高い。集市の空間
的分布密度は，直轄市を除けば，山東省に次いで高密であり，1郷鎮当たりの
農村集市数も全国値よりはかなり高い。本省の大きな特徴は，1集市当たり人
口が0.89万人と全国で最も小さく，人口比で最も多くの集市が存在している
ことと，1集市当たり取引高が3076.6万元と，全国で最も高い数値を示すこ
とである。したがって本省は，全国でも最も集市活動の活発な地域の一つと言
えよう。

　当省の市の歴史も古く，秦漢時の紹興に「越大市」があり，宋代には平原の
農村部に市が普及し，明・清時には山地部にも及んだとされる。宋元・明清期
や民国期の市については，第1章で紹介したように一定の研究が行われてきた。
本省の北部では遅くとも民国期には毎日市が，南部では旬に2，3回の定期市
が卓越し，その漸移地帯である寧波付近では，旬に4，5回の定期市の高密な
分布が見られた。

　そこでまず，後述する『省志・浙江省市場志』を基本に，一部は2級及び3
級行政区別地方志によりデータを補って，3級行政区ごとに，現在の集市の数
が，民国期に比べて多いか少ないかを検討してみたところ，比較可能な55例
中，48例が現在の方が集市数が多く（うち30％以上多いのが45例），1例は
民国期と現在で集市数が同数，現在の方が集市が少ないのは6例に過ぎなかっ
た（うち30％以上の減少は1例のみ）。以上により，当省では一般に，人民共
和国成立以降も，集市の開設がさらに進んだと考えられる。なお，増加地域や
減少地域の分布に特別の地域的な特徴は認められない。

　『省志・工商行政管理志』によれば，調整期の1963年には農村集市数が
1,357あったものが，文革末期の1978年には1,051にまで減少したものの，
改革開放が始まって，翌1979年には農村・都市合わせて1,322に回復，以後，
1985年には2,345，1990年には3,797，ピーク時の1998年には4,619にまで
急増した。1979年に比べ，1998年の集市数は約3.5倍に達している。

　次に集市に関する諸数値の地域差を検討してみる。本省では，とりわけ集市
の活動が顕著なせいか，省志の中に，他省では見られない『浙江省市場志』が
1巻として発行されており，集市に関する各種データを，ほぼすべての3級行
政区別に記載している。したがって，以下の検討は，このデータを基本データ
とし，2・3級行政区ごとの地方志からのデータを補助的に使用することにす

図6-4 浙江省の集市密度

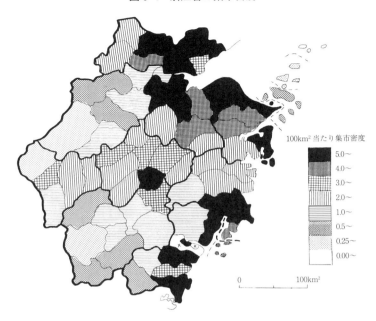

る。

　『省志・市場志』から得られた3級行政区別データにより，省内の100 km² 当たり集市密度を見てみると，人口密度に対応して，一般に海岸部で高く，内陸部で低いことが明瞭に認められる（図6-4）。特に100 km² 当たり5.0以上の高密度地域が嘉興・湖州・杭州・紹興の各地区級市域を連ねて連続的に現れ，寧波・台州・温州の各地区級市域の海岸部にも現れる。これに対して内陸部は相対的に低密度で，5.0の値は金華地区級市の一部に見られるだけで，0.5未満の値を採る地域すら認められる。

　集市の旬当たり平均開催頻度（図6-5）については，『省志・市場志』（一部は3級行政区別地方志で補う）から38の3級行政区のデータが得られたが，地域差は明瞭で，省の北半は7.0以上，特に10.0の市県が卓越し，毎日市が一般的である。江蘇省南部につながる毎日市地域と言えよう。ただし，寧波地区級市では，隔日市や旬に4回などの集市も多く，平均頻度が4.0ないし5.0の市県が見られる。これに対して，省の南半は，2.0台の数値を示す市県が卓越し，旬に2回定期市の卓越を示している。ただし，その中にあっても，一部

第6章　中国南半各省における市の存立状態　　197

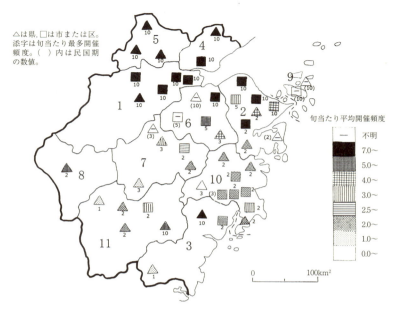

図6-5 浙江省の集市開催周期・頻度

2級行政区名
1．杭州市　2．寧波市　3．温州市　4．嘉興市　5．湖州市　6．紹興市
7．金華市　8．衢州市　9．舟山市　10．台州市　11．麗水地区

の市県は3.0以上，あるいは5.0以上の高頻度の市卓越を示す場合がある。

『省志・市場志』にはまた，3級行政区別に1998年時点での集市の年間総取引高の統計が得られる。これによって，1市当たりの年間取引高を計算し，地図化したものが図6-6である。図より，沿岸部や都市部で一般的にこの値が大きく，内陸部や農村部で値が低い傾向が読み取れる。しかし，もう一つ注目すべきは，内陸部でも義烏市や慶元県など，この値が大きな地域が見られることである。義烏市の場合は，全国最大の雑貨品の卸売市場である「中国小商品城」（年間取引高180億元），慶元県の場合は，全国最大のシイタケの集荷市場である「慶元香菇市場」（年間取引高9.1億元）の存在が大きい。本省の場合，このような全国を取引先とする卸売市場の発達が特徴的である。『省志・市場志』[6]によれば，1998年時点で，年間取引高10億元以上市場が，省内には61も存在し，そのほとんどは，工業品または農産品の専業的な卸売市場である。また，その取引高合計は，本省の全市場の取引高合計の過半（53.5%）を占め

図 6-6　浙江省の 1 市場当たり取引高

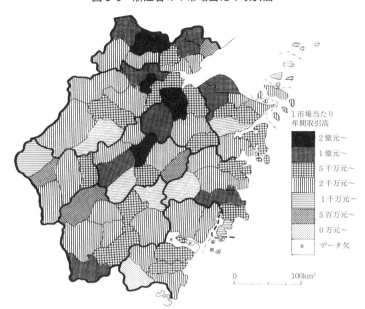

ている。

　最後に，集市の呼称法について，触れておきたい。民国時代以前には，集市を「墟」と呼ぶ華南的な呼称法が，本省の一部で行われていたことは既に明らかにされているが，その伝統は現在でも続いている。『省志・市場志』によれば江山県において，また『常山県志』によれば常山県において，「墟」または「墟日」という呼称法が現在も使われていることが確認される。いずれも衡洲地区に属し，福建省に隣接する地域である。

　以上により，浙江省は，江蘇省と並び，歴史的にも，現状においても市活動が盛んで，中国南部における集市分布の核心地域を形成するが，特に集市の開催頻度が高く，毎日市の卓越する地域も広く見られること，及び全国市場を相手とする卸売市場が多く存在し，取引高で大きな比重を占めることに，その特徴が認められよう。

3 安　徽　省

　安徽省は，その北部を淮河が，南部を長江が，それぞれ西から東へと流れ，平原が卓越する。ただし西部・湖北省との間には大別山，南部・長江の南には黄山や九華山の山地が見られる。農業が主体の省で，二毛作が可能な穀倉地域である。したがって，人口密度は，江蘇省ほどではないが，平野部でかなり高密で，特に河南省に接する西北部や，長江の両岸地域では高密である（図6-1）。ただし山地部ではやや低密である。

　本省は，第3章の検討によれば，人口密度は全国値よりはるかに高いが，都市人口率は全国値より低く，1人当たり所得でも全国値より低位である。したがって，集市の空間的分布密度では全国値よりはるかに高く，1郷鎮当たり農村集市数でも全国値をやや上回るが，1集市当たり人口は全国値に近く，対人口比では集市が多いとは言えない。加えて，1集市当たりの取引高は全国値よりかなり低く，小売販売額に対する集市取引高の割合も全国値よりやや低い。総じて，集市の空間的分布は密であるが，その活動はそれほど活発ではない地域であると言えよう。

　『安徽省志・工商行政管理志』[10]によれば，華北に隣接する本省北部の淮河流域では，既に春秋戦国期から市が成立していて，後漢末以降，特に南宋以降，それが長江流域にも及び，清末には省内に468か所の市場が存在していたと言う。拙稿によれば[11]，明代〜民国時代の間，市鎮密度が安徽省は江蘇省に次ぎ，浙江省よりも高密であったこと，市の呼称法については，江蘇省と同様，北部では「集」と呼ばれ，南部では「市」と呼ばれてきたこと，開催頻度については，北部では定期市，南部ではおそらく毎日市が一般的であったろうことが明らかにされている。

　2・3級行政区ごとの地方志により，民国時代の集市数と現在のそれとが比較可能な3級行政区が23ある。このうち，両期の間に集市が増加した市県が22（うち30％以上増加した3級行政区は19），集市が減少した市県が一つのみ（30％以上の減少）だった。増加したものがほとんどで，しかも30％以上の増加が多い。本省では，民国期が集市分布のピークであった地域はほとんどなかったと言えよう。

　『省志』によれば[12]，調整期の1965年の農村集市数は1,420であったものが，

200　　　第Ⅱ部　市の分布と存立状態

図6-7 安徽省の集市密度

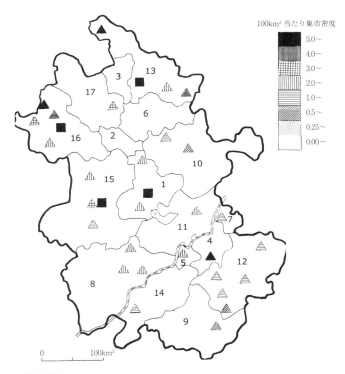

2級行政区名
 1．合肥市　2．淮南市　3．淮北市　4．蕪湖市　5．銅陵市
 6．蚌埠市　7．馬鞍山市　8．安慶市　9．黄山市　10．滁州市
 11．巣湖地区　12．宣城地区　13．宿県地区　14．池州地区
 15．六安地区　16．阜陽地区

改革開放期に入り，1979年にはすでに全体で2,345（農村1,985，都市360）に増加し，1988年には4,029（農村3,449，都市644）に達した。『安徽省統計年鑑』によれば，ピーク時の1993年には4,158（農村3,369，都市789）で，1965年に比べれば農村集市数で2.37倍，1979年に比べれば総数で1.77倍，農村集市数では1.70倍の増加である。

次に，集市の空間的分布密度については，35市県についてデータが得られた。それにより地域差を検討して見ると，図6-7のように，都市部（市区）で密度が特に高い（10.0以上）のは当然として，それ以外では，長江沿岸から北の平野部で高く（2.0以上），特に河南省と接する東北部で高い（しばしば

第6章　中国南半各省における市の存立状態　　201

図6-8 安徽省の集市開催周期・頻度

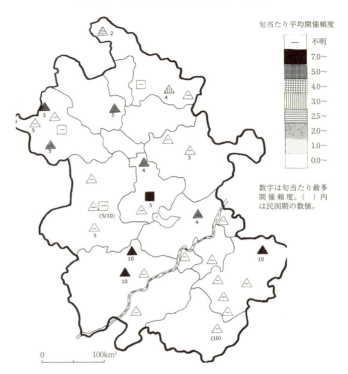

3.0以上)。それに対して，東南端の山地部で密度が低く（2.0未満），全般的に人口密度分布に対応している。

　集市の開催頻度について平均頻度が計算出来たのは11の市県に限られ，その分布状態を示したのが図6-8であるが，それら以外にも5県について，現在または過去の市日についての記述的な情報が得られた。それらを総合すると，省の北西部には隔日市が卓越し，平均頻度は5.0程度を示し，隣接する河南省東南部の状況と一致する。これに対して省の東北部では平均頻度は3.0前後で，旬に4回・3回・2回などの集市が卓越し，隣接する江蘇省北部の状況と一致する。一方，省の南部では，毎日市が卓越し，平均頻度は9.0以上の値をとり，これは隣接する江蘇省南部の状況と一致する。

　以上により，安徽省は，平原が卓越し人口密度も比較的高密であるため，隣接する江蘇省や河南省同様，集市の分布密度が比較的高く，その開催頻度もか

202　　第Ⅱ部　市の分布と存立状態

なり高い地域であるが，全ての郷鎮に集市が分布するには至らず，1市当たり
取引高も高くはなく，集市活動が極めて活発な地域であるとは言えない。

4 江 西 省

　江西省は，長江中流に南接する鄱陽湖とそこへ注ぎ込む贛江などの諸河川の
流域からなり，中央部北寄りが低地で，周囲を東に懐玉山や武夷山，南に南嶺，
西に幕阜山や羅霄山の山地が囲み，一つの地形単位をなしている。気候は温暖
多湿で，鄱陽湖周辺を中心に水稲作主体の穀倉地帯を形成する。人口密度（図
6-1）は，都市部を除けば，中央部北寄りの低地部で比較的高く，周囲の山地
部で比較的低い。

　第3章の検討によれば，当省は全国値に比し，人口密度は比較的高いが，都
市人口率は低く，1人当たり所得でも全国値より低位にある。集市の空間的密
度は全国値よりやや高いが，1郷鎮当たり農村集市数は1.25と1郷鎮1集市
を実現しているものの，全国値よりはやや低位である。1集市当たり人口では
全国値をやや上回り，人口当たりでは集市が多いとは言えない。1集市当たり
取引高は，全国値より低く，集市の活動は特別に活発とは言えない。

　当省の市の歴史も古く，第1章第5節に触れたように，すでに明代には旬3
回の市が卓越し，江南地方の延長として毎日市も多く見られたと言う。

　2・3級行政区ごとの地方志により，民国時代の集市数と，現在のそれとが
比較可能な市県が30ある。このうち，両期の間に集市が増加した市県が25
（うち30%以上増加したものが19），集市が減少したものが5（うち30%以上
の減少だったのは0）という内訳である。増加したものがほとんどで，しかも
30%以上の増加が多い。本省でも，民国期が集市分布のピークであった地域は
少なく，革命後に全域的に集市が多く新設されたと推測される。

　『江西省志・江西省工商行政管理志[14]』及び『江西省統計年鑑[15]』によれば，民
国期の様相をまだ残していたと考えられる1953年の集市数は1,619であった
が，調整期の1961年には1,863に増え，文革期の1,977年には1,019にまで
減少した。しかし，改革開放の始まった1979年には1,346に回復，以後，
1984年に1,825，1989年には2,419，1995年には2,777へと急増した。1979
年に比し1995年の数は2倍強に当たる。

　次に，2・3級行政区ごとの地方志から得られた36市県のデータにより，

図 6-9 江西省の集市密度

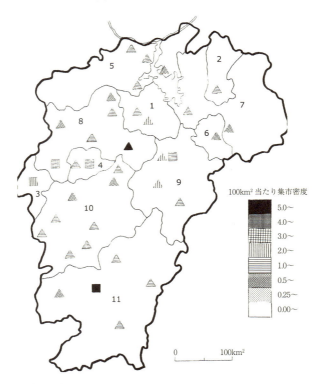

2級行政区名
 1．南昌市　2．景徳鎮市　3．萍郷市　4．新余市　5．九江市
 6．鷹潭市　7．上饒市　8．宜春地区　9．撫州市
10．吉安地区　11．贛州地区

集市の空間的分布状態の省内の地域差を見ると，図6-9のように，都市部（贛州市や萍郷市など）や中央の平野部で，集市密度が相対的に高いが，省内の大部分の地域では，100 km^2 当たり 1.0～2.0 の値を示し，周囲の山地部では 1.0 未満と低く，全般的に人口密度の分布と相関している。

集市の平均開催頻度については，24 の市県についてデータが得られた（図6-10）。それによると，本省の北部から西北部では，平均頻度が 5.0 以上，あるいは毎日市を最多とする市県が分布しており，一方中部から南部にかけては，平均頻度が 5.0 未満か，あるいは旬 3 回の市を最多とする市県が多く分布している。前者は長江沿いに東西に展開する毎日市の卓越地域の一部をなし，後者

図6-10 江西省の集市開催周期・頻度

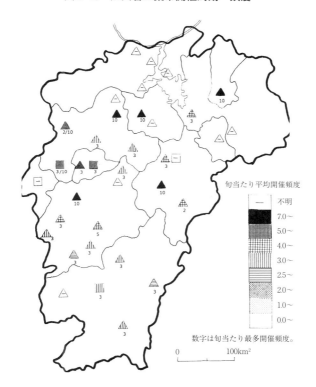

は華中から華南に続く旬3回の市卓越地域の一角を占めると言えよう。ただし，どちらの地域においても，隔日市や旬4回，旬2回，旬1回などのその他の頻度の市も，各所に存在する。

なお，当省では，集市の呼称法について，興味深い事例が多く見られるので，触れておきたい。まず，集市を「墟」と呼ぶ呼称法は，前述のように華南地方に広く認められるものであるが，華中地方に属する江西省でも「墟」（またはその簡体字である「圩」）を用いる地域が広い範囲で確認される。省東北部の上饒・鷹潭の両地区では確認されず，同じく景徳鎮・九江両地区では一部の県でしか確認されないが，西北部から中部・南部の諸地区では，ほとんどの市県でこの呼称法が用いられている。また，集市を「閙」と呼ぶ珍しい呼称法が，宜春地区の宜春市で確認される。また市日のことを「当街」と表現する珍しい

第6章 中国南半各省における市の存立状態 205

呼称法も，宜春地区の清江県で認められる。後述する雲南省で集市のことを
「街」と呼ぶのに通じていよう。さらに，毎日早朝に立つ小規模な朝市のこと
を「露水集」と称する地域は，中国各地で散見されるのであるが，当省では，
「露水集」との呼称が萍郷地区萍郷市に見られる他，「露水圩」という呼称が，
撫州地区臨川県，南豊県，宜黄県など，比較的広く見られる。本稿では，これ
らの朝市を，市の開催頻度としては毎日市（「天天集」とか「天天墟」などと
表現される）と同じ扱いとしたが，当省の多くの地方志によれば，市のランク
としては，その小規模性により一般の定期市より下位に位置付けられる場合が
多い。

　以上により，江西省は，人口密度も比較的高密であるため，集市の分布密度
が比較的高く，過半の市県が1郷鎮1集市を実現しているが，1市当たり取引
高は大きくはなく，集市活動が極めて活発な地域であるとは言えない。長江の
近くでは毎日市が卓越するが，中南部では旬3回の定期市が卓越し，集市の呼
称法として「墟」が用いられるなど，華南地方と共通する特質も認められる。

5　湖　北　省

　湖北省は長江及びその主要な支流である漢水の流域からなり，東の安徽省と
は大別山，東南の江西省とは幕阜山，北の河南省とは桐柏山，西の陝西省・四
川省（現・重慶市）とは大巴山・坐山・斉岳山などの山地で境いする一地形区
をなし，南の湖南省に向けてのみ平原が連続する。本省の東部から中部は平地
が卓越するが，西部は深い山地である。長江は省域の南部を西から東へ横断し，
三峡を抜けた後，本省東南部に広大な低湿地を作る。湖北・湖南両省からなる
「湖広地方」は，特に明代以降中国の穀倉地域の一つとされてきた。加えて現
在では，省都武漢市を中心に，工業化もかなり進んでいる。したがって，人口
密度（図6-1）は武漢市付近を中心に平原部でかなり高く，山地部では低い。

　第3章での検討によれば，本省の人口密度は全国値の約2倍，都市人口率も
全国値より高いが，1人当たり所得は全国値より低い。これに対応して，集市
密度は全国値の2倍強で，1郷鎮当たり集市数も全国値を上回り，1集市当た
り人口も全国値をやや下回り，空間的にも，人口比でも集市の多い地域である
と言える。ただ，1市当たりの取引高では，全国値をかなり下回り，集市の活
動規模は比較的小さいと言わざるを得ない。

既往の研究[22]によれば，湖広地方では，既に清代に市は各県で数個ないし数十個存在し，清代中期以降の綿業（綿花生産と綿織物業）の発展がそれを支えたこと，集市の開催頻度は旬に2回または3回の集市が多かったことが，明らかにされている。

『湖北省志・経済総合管理』[23]によれば，民国時代の1934年の集市数は全省で550，中華人民共和国の建国前夜には約500であったが，1955年には1,611にまで達し，文革中の1976年には1,400にまで減少したと言う。その後，『湖北省志・貿易』[24]によれば，1978年には1,512に回復，改革開放の進展により1985年には4,177にまで急増した。さらに『湖北統計年鑑』[25]によれば，1986年には4,751とピークに達したが，他省とは異なり，その後は1989年4,677，1994年4,214とむしろ減少気味である。なお，ピーク時の1986年の数字は，1978年の3.14倍に当たる。以上の数字が正しければ[26]湖北省の集市は，人民共和国成立直後，及び改革開放直後の時期に，特に急増したと言えよう。

そこで，2・3級行政区ごとの地方志より，市県別に民国時代の集市数と，現在の集市数の比較を試みてみると，比較可能であった市県は21で，そのほとんど（19）が現在の方が集市数が多く，しかもその大部分（13）が30％以上の増加であった。したがって，本省では，綿業の早期の展開にもかかわらず，集市数のピークは，一般に改革開放以降に見られると言えよう。

次に，同じく2・3級行政区ごとの地方志より市県別の数値を取得して，100 km^{2}当たりの集市の分布密度を見ると，35市県についてデータが得られたが，図6-11のように都市部や長江沿岸部に高い値（3.0以上）が現れ，山地部に相対的に低い値（2.0未満）が見られ，人口密度分布にほぼ相応していると言えよう。

集市の開催頻度については，本省の各地方志の記載内容は一般に貧弱で，平均開催頻度を計算出来たのは3市県に限られる。ただし，「民国時代の集期」，あるいは「伝統的集期」などとして，卓越する開催頻度について言及する地方志は，この他に10点存在する。これらの分布（図6-12）から推測すると，①長江沿岸は毎日市が卓越，②河南省に近い北部は隔日市が卓越，③西部の山地部は旬3回または2回の市が卓越すると考えられる。

なお当省でも，江西省同様，集市をめぐる呼称法について，興味深い事実が認められるので，触れておきたい。まず，「集」の代わりに「場」を用いる地域が恩施市[27]，長陽県[28]，枝江県[29]，江陵県[30]，公安県[31]，漢陽県[32]と，西南部一帯に認め

第6章　中国南半各省における市の存立状態　　207

図6-11 湖北省の集市密度

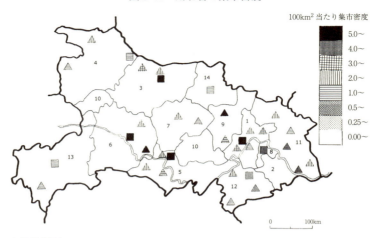

2級行政区名
1．武漢市 2．黄石市 3．襄樊市 4．十堰市 5．荊沙市 6．宜昌市
7．荊門市 8．鄂州市 9．孝感市 10．省直轄行政単位 11．黄岡地区
12．咸寧地区 13．恩施土家族苗族自治州

図6-12 湖北省の集市開催周期・頻度

られる。集市を「場」と称するのは，古来四川省に特有の呼称法とされてきたが，それに隣接する当省西南部に見られることは興味深い。しかし，江西省で広く見られた，「集」の代わりに華南的な「墟」(または「圩」)を用いる事例は，本省では確認できなかった。なお，江西省同様，「露水集」という市のカ

208　第Ⅱ部　市の分布と存立状態

テゴリーが，羅田県⁽³³⁾，浠水県⁽³⁴⁾，嘉魚県⁽³⁵⁾，安陸県⁽³⁶⁾，江陵県⁽³⁷⁾など主に東部の諸県に認められることも，注目される。

以上により，湖北省は江西省と類似し，人口密度も比較的高密であるため，集市の分布密度が比較的高く，過半の市県が1郷鎮1集を実現しているが，1市当たり取引高は大きくはなく，集市活動が極めて活発な地域であるとは言えない。長江の近くでは毎日市が卓越するが，北部では隔日市が，西部は旬2・3回の定期市が卓越する。集市の呼称法として一部で「場」が用いられるなど，四川省と共通する特質も認められる。

6　湖　南　省

湖南省は，「湖広地方」の南半，長江より南の地で，前述のように穀倉地帯の一部を形成する。長江に南接する洞庭湖に流入する諸河川流域の平原と，その周辺の山地（西は武陵山・雪峰山，南は南嶺，東は羅霄山と呼ばれる）からなり，北の湖北省とは南北対称形の，東の江西省とは相似形の，地形単位をなす。人口密度（**図6-1**）は，平野部で高く，山地部でやや低い。省都長沙を中心に一定程度工業化が見られる。

第3章の検討によれば，当省も人口密度は湖北省と同様に全国値の約2倍の値を示すが，都市人口率や1人当たり所得は全国値よりかなり低い。集市の空間的分布密度は全国値の約2倍で，1郷鎮当たり農村集市数も1.00と，なんとか1郷鎮1集を実現しており，1郷鎮当たり人口は全国値を少し上回る。しかし，1集市当たり取引高では，全国値を下回る。

筆者は旧稿で，1988年に刊行された『中国集市大観』を用いて，湖南省の集市についてやや詳しく検討したことがある⁽³⁸⁾。当資料は，第2章付論2で紹介したように，比較的大規模な集市についてその諸属性を収録したものであるが，湖南省については当時の全集市の約12％が全省から比較的均等にピックアップされている。その検討結果を要約すれば，本省の集市は全国の平均よりも，敷地規模や建造物面積が小さく，市参加者数や取引高平均も小さい傾向がある。開催頻度については，毎日市が，都市部の他，北部や中部で卓越し，西部では旬1，2回の市が，南部には旬3，4回の市が卓越している。

2・3級行政区ごとの地方志から民国期の集市数と現在の集市数の比較を試みた結果，42の市県について，その比較が可能であった。それによれば，大

多数の 28 市県が現在の方が集市数が多かった（うち 20 市県が 30% 以上の増加）が，2 市県では集市数が変わらず，12 市県では現在の方が集市数が少ない（うち 4 市県では 30% 以上の減少）との結果を得た。ただ，かなりの市県におけるこうした集市数減少の要因については，明らかではない。

『湖南省志第 7 巻綜合経済志・工商行政管理[39]』によれば，1956 年の農村集市数は 2,400 であったものが，大躍進期の 1960 年には 1,800 に減少，調整期の 1961 年には 2,557 と増加したが，文革期の 1975 年には 1,579 にまで再び減少した。しかし，改革開放期に入り，集市総数は 1979 年の 1,822（全て農村集市）から，1986 年には 3,677（うち農村集市は 3,275）と急増した。さらに『湖南統計年鑑[40]』によれば，1994 年には 4,060（うち農村集市は 3,322）と増加している。1979 年に対する 1994 年の数値は，約 2.2 倍である。

次に，100 km^2 当たりの集市の分布密度については，2・3 級行政区ごとの地方志より 47 市県のデータが得られた。その結果は（図 6-13）に示したように，2.0 以上の数値を示す高密度分布地域は，都市部の他，洞庭湖周辺の低地から，特に湘江河谷の平野に沿って南に延びている。これに対して東部，南部，特に西部の山地部は，相対的に分布密度が低い。これらは，人口密度の分布とも相関している。

集市の開催頻度については，『湖南省志第 7 巻綜合経済志・工商行政管理[41]』に貴重な報告がある。それによれば，調整期の 1961 年に存在した 2,557 の農村集市中，72% の 1,845 が「挿花集」（定期市）であって，その内訳は，旬 3 回の市が 318，旬 2 回の市が 1,095，旬 1 回の市が 364，週 1 回の市が 24，月 2 回の市が 44 であったと言う。集市の大部分が定期市で，中でも旬 2 回の市が卓越し，旬 1 回と 3 回の市がそれに次いでいたことになる。残りの 28% の 712 の市については，その一部ないし全部が毎日市のはずであるが，残念ながら同省志にはそれ以上の言及がない。

一方，2・3 級行政区ごとの地方志からは，36 の市県について，集市の開催頻度に関する情報が得られた。その結果を示したのが図 6-14 である。ただし，平均開催頻度が計算できるのは 15 市県にとどまるので，むしろ市県内で最多の開催頻度から検討すると，旬 2 回の集市を最多とする地域が，西部山地部及び東部山地部を中心に広く分布する。旬 3 回の集市を最多とする地域は南部の山地部を中心に分布する。これらに対して，毎日市を最多とする地域は，三つの都市部と一つの農村部について明記されているだけであるが，図中で

図6-13 湖南省の集市密度

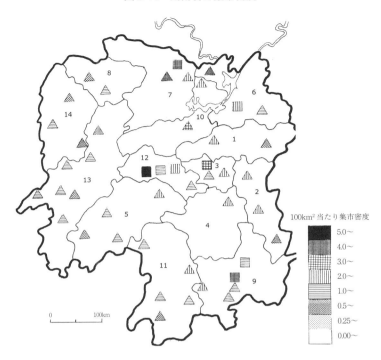

2級行政区名
 1．長沙市　2．株州市　3．湘潭市　4．衡陽市　5．邵陽市　6．岳陽市
 7．常徳市　8．張家界市　9．郴州市　10．益陽市　11．零陵地区
 12．婁底地区　13．懐化地区　14．湘西土家族苗族自治州

「データ無し」とされた地域は，実は毎日市が卓越するため市日に対する関心が薄く，それについて言及されなかった可能性が高い。「データ無し」の地域は，洞庭湖周辺平野からやや南へ延びており，都市部をも多く含んでいる。以上の結果は，前述した『中国集市大観』の分析結果とも矛盾しない。

なお，集市の呼称法については，江西省と同様，華南的な「墟」（または「圩」）と呼ばれる地域が，洞庭湖周辺平野を除き全省的に認められる。四川的な「場」との呼称法については，「墟場」または「圩場」という使われ方はするが，湖北省とは違って，「場」単独で用いられることはほとんどない。なお，毎日市を「天天集」・「常年集市」・「百日場」などと表現し，定期市を「挿花集」などと称し区別することは，省内各地で認められる。

第6章　中国南半各省における市の存立状態　　211

図 6-14　湖南省の集市開催周期・頻度

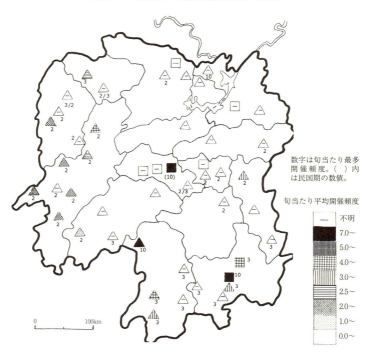

　以上のように，湖南省は江西省や湖北省と類似し，人口密度も比較的高密であるため，集市の分布密度が比較的高く，平野部を中心に1郷鎮1集市が実現されているが，1市当たり取引高は大きくはなく，集市活動が極めて活発な地域であるとは言えない。長江近くの洞庭湖周辺平野部では毎日市が卓越するが，南部山地では旬3回の市が，西部及び東部山地では旬2回の定期市が卓越する。集市の呼称法として，洞庭湖周辺平野部を除き，華南的な「墟」（「圩」）が広く用いられる点でも，江西省と類似している。

7　華中地方概括

　以上，本節において見てきたように，華中地方の江蘇省（上海市を含む）・浙江省・安徽省・江西省・湖北省・湖南省の平野部は，人口密度が高く，集市が高密度に分布し，中国の南半では，集市が最も発達している地域である。集

市の開催頻度は，長江デルタ及び中・下流のその沿岸地域では毎日市が卓越し，寧波平野や安徽省東北部・湖北省北部では旬４，５回の定期市が，その他の地域では旬に２または３回の定期市が卓越する。

　一方，浙江省・江西省・湖北省・湖南省は，山地部をも含んでおり，そこでは平野部に比し，人口密度が相対的に低く，集市の分布密度も相対的に低いが，至るところに旬に１・２・３回の定期市が認められる。

　なお，本地方の「沿海部」である浙江省や江蘇省（特に前者）では，全国市場を対象とする卸売市場が発達しており，集市に関わる諸統計にもその影響が大きい。また，集市の呼称法については，浙江省の西南部や江西省・湖南省の大部分において華南的な墟（圩）の呼称が使われ，湖北省の一部では四川的な「場」の呼称が使われる。

〈注〉

(1)　濱島敦俊・片山　剛・高橋　正「華中・南デルタ農村実地調査報告書」大阪大学文学部紀要　第 34 巻，1994。

(2)　『江蘇省志・工商行政管理志』1-10 頁，171-181 頁。

(3)　『浙江省市場志』２頁。

(4)　『浙江省市場志』2000 年。

(5)　『浙江省工商行政管理志』2000 年，179-180 頁。

(6)　『浙江省市場志』4-6 頁。

(7)　斯波義信「宋代江南の村市（market）と廟市（fair）」（上），東洋学報 44-1，1961 年，石原　潤「華中東部における明・清・民国時代の伝統的市（market）について」人文地理 32-3，1980，など。

(8)　『浙江省市場志』517-524 頁。

(9)　『常山県志』1990 年，293-294 頁。

(10)　『安徽省志・工商行政管理志』1998 年，33 頁。

(11)　石原　潤「華中東部における明・清・民国時代の伝統的市（market）について」人文地理 32-3，1980 年。

(12)　『安徽省志・工商行政管理志』1998 年，77 頁。

(13)　『安徽省統計年鑑』1995 年版。

(14)　『江西省志・江西省工商行政管理志』2005 年。

(15)　『江西省統計年鑑』1991 年版。

(16)　『宜春市志』1990 年，346-348 頁。

(17)　『清江県志』1989 年，229-230 頁。

(18)　『萍郷市志』1993 年，483 頁。

(19) 『臨川県志』1993 年，407 頁。

(20) 『南豊県志』1994 年，392 頁。

(21) 『宜黄県志』1993 年，357 頁。

(22) 森田 明「清代湖広地方における定期市について」九州産業大学商経論叢 5-1，1964 年。

(23) 『湖北省志・経済総合管理』2002 年，554 頁，578-581 頁。なお，民国期や建国前夜の数値については，過少評価の感を否めない。

(24) 『湖北省志・貿易』1992 年，108-109 頁。

(25) 『湖北統計年鑑』1988 年版，1990 年版，1995 年版。

(26) 湖北省の集市関係の統計は，年次間で唐突な変化が見られたり，資料間で相違が見られたり，信頼性にやや疑問が残る。

(27) 『恩施市志』1996 年，439 頁。

(28) 『長陽県志』1992 年，362 頁。

(29) 『枝江県志』1990 年，338-339 頁。

(30) 『江陵県志』1990 年，441 頁。

(31) 『公安県志』1990 年，273 頁，298 頁。

(32) 『漢陽県志』1989 年，294 頁。

(33) 『羅田県志』1998 年，365 頁。

(34) 『浠水県志』1992 年，314 頁。

(35) 『嘉魚県志』1993 年，654 頁。

(36) 『安陸県志』1996 年，302 頁。

(37) 『江陵県志』1990 年，441 頁。なお，同頁には，「露水集」とおそらく同義の「洗瞼集」や「流水散集」の語も記されている。

(38) 石原 潤「『中国集市大観』に見る中国の自由市場」名古屋大学文学部研究論集 119，1991 年。

(39) 『湖南省志・第 7 巻綜合経済志・工商行政管理』1991 年，179-197 頁。

(40) 『湖南統計年鑑』1991 年版，1995 年版。

(41) 『湖南省志第 7 巻綜合経済志・工商行政管理』1991 年，194 頁。

第 2 節

華南地方

　華南地方は，福建，広東，及び広東から分離した海南の 3 省，並びに広西チワン（壮）族自治区からなるが，本稿では，海南省を広東省に含めて論ずる。

華南地方は，南嶺・武夷等の諸山脈により華中地方と分けられ，南シナ海・台湾海峡方面に流れる諸河川の水系に属する。気候は一般に亜熱帯性で，稲を含む二毛作，一部では稲の二期作すら可能で，平野部では人口密度が高い。古くは，南方系の少数民族の地であったが，早くから漢族の進出が続き，現在では，少数民族の卓越地域は，福建・広東両省の一部と，広西自治区に限られる。集市は古くから発達し，当地方では一般に「墟」（簡体字では「圩」）と呼ばれ，漢族地域でも，少数民族地域でも共通して認められる。

1　福　建　省

　華南地方東部の福建省は，江西省との境を走る武威山脈をはじめとする山がちの地勢で，山地が海に迫り，リアス式の海岸が続いている。閩江など台湾海峡方面に流れる諸河川は，河口部に狭い平野を作り，そこでは人口の集積が見られる。当然，人口密度（図6-1）は，海岸部で相対的に高く，内陸部で低い。土地が狭く農業での生計が困難であるため，古来，福建人は海運・通商・漁業などを志向する気風が強く，台湾への移住の他，海外への華僑としての移住者が多く，改革開放後は，そうしたつながりをも利用して，私営の郷鎮企業が早期に展開した地域としても知られている。

　第3章の検討によれば，当省は人口密度が全国値よりかなり高く，華南地方では中位である。都市人口率は全国値よりやや低く，華南地方ではやはり中位である。1人当たり所得では，「沿岸部」に属し，上述のように郷鎮企業の発達もあって，全国値をかなり上回り，華南地方では広東省に次ぐ。したがって，集市の空間的密度も全国値をかなり上回り，華南地方では中位である。1郷鎮当たり農村集市数も全国値を上回り，1郷鎮1集市を基本的に達成している。ただし，1集市当たり人口でも全国値をやや上回り，人口比では集市が特に密に存在する地域とは言えない。1集市当たり取引高は全国値よりも高いが，小売販売額に対する集市取引高の割合は全国値よりも低く，集市の規模は比較的大きいが，集市以外の小売業のウエイトが大きい地域と言えよう。

　『福建省志・工商行政管理志』[1]によれば，福建には，早くも唐代に最初の市が現れ，宋代以降，広く普及するようになった。明の弘治年間には全省で市の数は186に増え，清の乾隆年間にはそれが700余（1県当たりでは12）にまで達し，民国期にもおおむね700か所であったと言う。また，市間の間隔は，

図6-15 福建省の集市密度

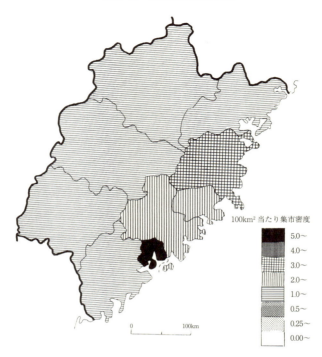

両時期を通じて5～10km程度であったとされる。

同『省志』(2)によれば，1958年の全省の集市総数は863であったが，調整期の1961年には997に増加し，文革期の1975年には820（うち都市32，農村788）にまで減少した。しかし改革開放期に入り，1980年の集市総数は990（うち都市141，農村849），1985年には1,359（うち都市164，農村1,195），1990年には1,714（うち都市307，農村1,407），1995年には1,908（うち都市444，農村1,464）まで増加した。建国後，特に改革開放期の増加が顕著であったことを示している。ただ，注目すべきは，集市総数のピークは1994年の1,953（うち都市402，農村1,551）であり，翌年には，都市の集市数はまだ増えているが，農村のそれが減少に転じた点である。1980年に比べて，1994年の集市数は，1.97倍であった。

ただし，民国期の集市数と現在のそれとの比較を，2・3級行政区ごとの地方志より検討してみると，29の市県について比較可能なデータが得られた。

図6-16 福建省の集市開催周期・頻度

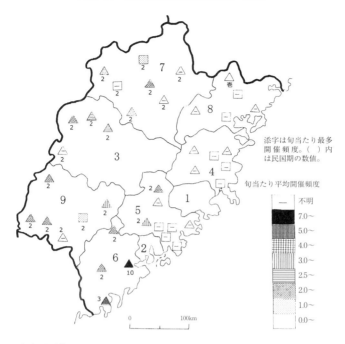

2級行政区名
1．福州市　2．厦門市　3．三明市　4．莆田市　5．泉州市
6．漳州市　7．南平市　8．寧徳地区　9．竜岩地区

（注）　図中の「壱」は、「月に1回」を示す。

　そのうち，現在の方が集市数が多い事例が過半の19（うち30％以上の増加が10），民国期と現在の集市数が同じとする事例が4，現在の方が集市数が減少している事例が9（うち30％以上の減少は2）であった。減少した市県は山間部でも沿海部でも見られ，その理由は定かでない。
　『省志』には，2級行政区別の集市数及び集市取引高の統計が記載されているので，まずそれにより集市の分布状態の省内の地域差を見ると，図6-15のように，人口密度の高い沿岸部，特に都市化が進む福州地区級市〜厦門地区級市にかけて，100 km^{2}当たり集市密度が2.0以上と高いのに対して，内陸部は集市密度は1.0余りと，相対的に低密度である。
　次に，集市の開催頻度については，2・3級行政区ごとの地方志より24市

第6章　中国南半各省における市の存立状態　　217

図6-17 福建省の1集市当たり取引高

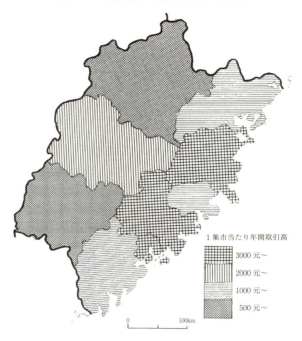

県について何らかの情報が得られた。図6-16から明らかなように、内陸部では最多開催頻度は旬2回、平均開催頻度が2.00前後の市県がほとんどであり、これに対して沿海部では、開催頻度に言及がない市県がほとんどで、言及がある竜海県や東山県の場合、平均開催頻度は6.0以上で、最多開催頻度は旬10回（毎日市）、または旬3回である。沿海部の地方志に開催頻度への言及がないのは、毎日市が一般的なためと推測される。

また1集市当たり取引高の地域差を見ると、図6-17のように、沿海部で都市化の進んだ福州・泉州・厦門の各地区級市で最も高い値が現れ、規模の大きい集市が多いことを示し、一方内陸部の南平・竜岩両地区で低い値が現れ、集市の規模が小さいことを示す。ただし、内陸部でも三明地区はかなり高い値が現れるが、これはこの地区では集市取引高中、生産資料市場（木材市場・家畜市場など）の取引高の割合が非常に高い（57.8％）ためであろう。

最後に、集市の呼称法については、「墟」（「圩」）と呼ぶ呼称法が、28の市県において確認された。内陸部では全ての市県で確認でき、沿海部では一部の

市県で確認できる。「墟市」「墟場」「墟期」等の表現で使われるこの呼称法は，本省では，少なくとも毎日市を除く定期市については，全省的に使われていると推測される。『省志』[(4)]によれば，本省では，少なくとも宋代以来，この呼称法が使われてきたようである。

以上，福建省の市は，比較的その歴史が永く，「墟」（「圩」）と呼ばれてきたが，革命以後，特に改革開放以降に，新規の開設が進んだ。内陸部では分布密度が相対的に低く，開催頻度も旬2回の市が一般的で，市の規模も相対的に小さいが，沿海部では分布密度が高く，毎日市が多く，市の規模も大きい。

2　広東省（海南省を含む）

華南地方中部の広東省は，地勢上，中央部に珠江のデルタ性平原が広がり，東部・北部・西部は山地が卓越する。特に，北部山地の北端には南嶺山脈が東西に走り，華中地方の湖南省や江西省と境いする。東部や西部には，山地の他，海岸平野や台地も見られる。したがって，人口密度（**図6-1**）は珠江デルタで最も高く，次いで東部の沿海部，さらに西部の沿海部で高い。当省は省都広州を中心に，早くから海外への窓口の役割を果たしてきたが，改革開放期に入って最初の経済特区4か所中，深圳・珠海・汕頭の3か所が省内に指定され，経済発展の先頭を走ってきた地域である。また，海南島は1988年4月に分離されて海南省になり，全島が経済特区に指定された。

第3章の検討によれば，当省は人口密度が全国的にも高く，華南地方の中では最も高い。都市人口率についても同様である。1人当たり所得は，上海・北京・天津各直轄市と浙江省に次ぎ，第4位である。したがって，集市の100 km^{2}当たり密度は全国値の2倍を超え，華南地方では最も高い。1郷鎮当たり集市数も全国値よりかなり高く，1郷鎮1集市が実現している。ただし1集市当たり人口でも全国値をやや上回り，人口比では集市が多い地域であるとは言えない。また，1集市当たり取引高は全国値よりかなり高いが，小売販売額に対する集市取引高の割合は全国値よりも低く，集市以外の商業活動の比重が高いと考えられる。以上により，当省は，全国的にも華南地方の中でも集市活動の活発な地域であると言えるが，商業活動の中での集市のウエイトは必ずしも高くない地域であると言えよう。

当省の市については，第1章で紹介したように明・清・民国期について多く

第6章　中国南半各省における市の存立状態　　219

の研究があり，さらには水岡不二雄による改革開放期初期の実態調査[5]がある。水岡は，集市の活動が急速に回復しつつあった1981年に旧高鶴県の墟市の実態調査を行い，郷（当時は人民公社）中心レベルの墟市よりも県城レベルの集市へ，商業機能の集中が顕著に進行していることを明らかにした。

　さて，2・3級行政区ごとの地方志より，人民共和国成立以前の集市数と現在の集市数とを比較しうる市県が40例認められる。そのうち26例では現在の方が集市数が多い（うち30％以上多いのが19例）ものの，14例では民国時代に比べ現在では集市数が減少しており（うち30％以上の減少が6事例），両者が同数なのが1事例であった。中には，清末に集市数がピークに達していた地域も見られる[6]。これらは，珠江デルタを中心に清末から民国期に展開した農村での商品生産に対応して，桑市や糸市などが簇生したことと関連していると思われる[7]。

　なお，革命以後の広東省全体（海南島/省を含む）の集市数は，調整期の1962年に2,338であったものが[8]，1980年には1,987にまで減少していたが，改革開放政策の進展とともに，1985年には2,598，1990年には3,788，1994年には4,742と，1980年に対し1994年には2.39倍に増加した[9]。海南島だけに限れば，1981年に225であったものが，1990年には501，1994年には476と変化している[10]。

　『省志』[11]からは，1987年の2級行政区別の集市数のデータが得られるので，それにより，100 km^{2}当たりの集市密度を見ると，**図6-18**のように，中部の珠江デルタ部を含む佛山・広州・江門の各地区及び深圳・珠海・汕頭の経済特区を含む地域で高く，東部・北部・西部の山地部では低く，海南島でも高くはない。総じて人口密度と相関していると言える。

　集市の開催頻度については，2・3級行政区ごとの地方志より，多くの市県についてデータが得られた（**図6-19**）。大陸部では，大部分の市県で旬3回の市が最多を占め，一部の市県（珠江デルタ，周辺山地部の両方で見られる）で旬2回の市が最多を占める。なお，東部の沿海部では，毎日市が最多を占める市県が見られ，福建省の沿海部と共通する。一方，海南島では，隔日が伝統的な集期と考えられているが[12]，現在，隔日市が卓越するのは比較的早くから集市の分布が見られた北東部の諸県においてであり，集市の新設が最近になって進んだ西南部の諸県では毎日市が卓越する。なお，本省では，農暦（旧暦）でなく公暦（新暦）を採用している市県が少なくないが，それは大躍進期や文革期

図6-18 広東省（現海南省を含む）の集市密度

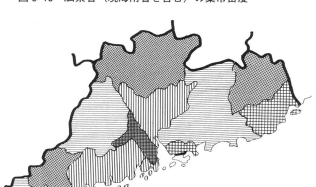

の市日の改変の際に導入されたもので，改革開放後，周期は旧に復した場合が多いが，暦は農暦に戻さず公暦を踏襲した場合が少なくないのである。

最後に，集市の呼称法については，従来から言われているように，「集」ではなく「墟（圩）」が，全省的に用いられていることが，地方志からも確認された。また，海南島では，年や月に1，2回開かれる「会」的な市のことを「軍坡」と呼び，「墟（圩）」と並んで盛んに行われているようでる。[13]

以上，広東省の市は，「墟（圩）」と呼ばれ，その歴史は古く，清代末や民国期にすでに高密度に分布していた。分布密度は，珠江デルタを中心に沿海部で高く，周辺山地部で相対的に低い。しかし，開催頻度については，全省的に旬には3回の市が最も卓越し，毎日市や隔日市は，東部の沿海部や海南島でのみ卓越する。いずれにせよ，華南地方では最も集市の発達している地域であると言えよう。

第6章 中国南半各省における市の存立状態 221

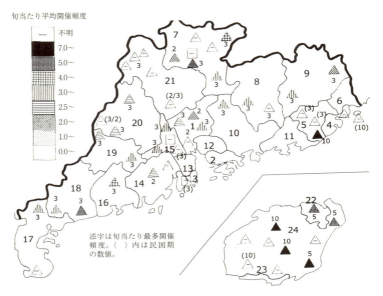

図6-19 広東省（現海南省を含む）の集市開催周期・頻度

2級行政区名
1．広州市　2．深圳市　3．珠海市　4．汕頭市　5．掲陽市　6．潮州市
7．韶関市　8．河源市　9．梅州市　10．恵州市　11．汕尾市　12．東莞市
13．中山市　14．江門市　15．佛山市　16．陽江市　17．湛江市　18．茂名市
19．雲浮市　20．肇慶市　21．清遠市　22．海口市　23．三亜市
24．（海南）省直轄行政単位

3　広西チワン（壮）族自治区

　華南地方西部の広西チワン（壮）族自治区は，南シナ海沿岸以外のその大部分が，珠江上流西江の諸支流の流域であり，「広西盆地」と称せられる一地形区をなす。東北部には南嶺山脈，北部には諸山脈が走り，西北部は雲貴高原に属して山がちであるが，中部から南部にかけては河谷平野や海岸平野が分布する。チワン族をはじめ多数の少数民族が居住する。人口密度（図6-1）は，省都南寧，柳洲，桂林，玉林などの都市部で高い他，東南部一帯で相対的に高いが，北部や西部の境界付近ではかなり低密度である。
　第3章の検討によれば，当省は人口密度が全国値よりは高いが，華南地方の中では最も低い。都市人口率は全国値よりもかなり低く，華南地方では最低位

にある。沿海部に位置し，広東省に隣接するにもかかわらず，工業化があまり
進んでおらず，1人当たり所得は全国値より低く，広東・福建両省よりも著し
く低い。集市の100 km² 当たりの分布密度は全国値より少し高く，1郷鎮当
たり集市数も全国値よりかなり高いが，1市当たり人口では全国値を上回り，
人口比では特段に集市が多いわけではない。また，1集市当たり取引高は全国
値より低く，特に広東省や福建省に比べて低く，本省の集市は一般的に小規模
であると言えよう。しかし，小売販売額に対する集市取引高の割合は全国値よ
りも高く，特に広東省や福建省に比べて高く，常設店舗商業に比して集市取引
が相対的に重要性を維持しているのであろう。

　『広西通志・工商行政管理志』[14]によれば，本自治区でも秦・漢代に都市の市
の設立があったが，農村部で定期市が普及するのは南宋時代とされ，明代には
高密度の分布が見られたが，西部の少数民族地域では低密度であったと言う。
民国期に入ると集市はさらに発展し，民国22年（1933年）には広西全体で
1,424か所の「圩市」があり，その多くは3日に1回の頻度であったが，人口
稠密・商業繁盛の地では毎日市，取引の少ない地では5日または10日に1回
の市も見られたと言う。なお，ここで3日1回とされた市の多くは，旬に3回
の市と言うよりは，後述するように十二支の周期に4回開かれる市であったと
思われる。

　本自治区の集市に関する先行研究としては，1980年代の集市の存在状態を
扱った林 和生の研究がある[15]。林は，約80％の集市についての諸データを収録
する『広西城鎮手冊』[16]を用いて，集市立地集落での複数民族の混住は意外に少
ないが，集市では西南官話，広東語，チワン語などさまざまな言葉が話される
こと，また，集市の開催周期に関しては，十二支の周期と旬の周期が，各地区
内でも，またしばしば各県内でも併存することなど，興味深い諸事実を明らか
にした。

　なお，2・3級行政区ごとの地方志から，民国期の集市数と現在の集市数を
比較し得たのは38市県であるが，うち22事例では現在の方が集市数が多く
（うち30％以上の増加は13例），3事例で集市数に変化がなかったが，現在の
方が集市数が少ない事例が13もあった（うち30％以上の減少が11事例）。な
ぜこのように，減少事例が多いのかについては，今のところ定かではないが，
先進的な山東省・河北省・江蘇省・広東省などとは異なる要因によるのではな
いかと考えられ，後述する貴州省や雲南省と類似の要因によるのではないだろ

うか。

　新中国成立以後の集市数の変化を見ると[17]，農村集市数が 1950 年の 1,040 か
ら，1958 年には 1,204 に増えていたが，「大躍進」により翌 1959 年には 1,149
に減り，1967 年には再び 1,456 にまで増えていたものが，「文革」により
1976-1978 年には 1,383 にまで減った。しかし改革開放により 1979 年には集
市総数が 1,531（農村集市 1,435，都市集市 96）と増加に転じ，1985 年には総
数で 1,917（農村 1,782，都市 135）に，1994 年には総数で 2,721（農村 2,513，
都市 208）にと急増した。農村集市数を，1978 年と 1994 年とで比べると，そ
の比は約 1.81 倍である。

　次に，2・3 級行政区ごとの地方志から得られた市県別のデータにより，ま
ず，集市の 100 km^2 当たりの分布状態の省内の地域差を見ると，図 6-20 のよ
うに，南寧，柳洲，桂林，悟洲など，都市部で分布密度が高いほか，南寧市周
辺から東南部にかけての地域では，相対的にやや高い地域が連続する。しかし，
北部から西部にかけて，多くの地域では 1.0 未満の値を示し，華中や華南の他
の省に比べ，分布は疎であると言わざるを得ない。

　また，集市の開催周期や頻度についても，ほとんどの地方志から情報が得ら
れた。このことは，当自治区において，これらに対する関心の深さを示してい
るように思える。図 6-21 で卓越する開催周期と頻度を見ると，まず，自治区
の東部には他省と同様，旬の周期が卓越するが，中部から西部一帯には本自治
区特有の十二支の周期が広く見られる。また，頻度については，旬の周期の地
域では，もっぱら旬に 3 回が卓越するのに対し，十二支の周期の地域では，十
二支に 4 回（3 日に 1 回）の地域が最も多いものの，十二支に 6 回（2 日に 1
回＝隔日）や 2 回（6 日に 1 回）の地域も認められる。旬の周期と十二支の周
期は，林和生[18]が指摘するように，地区や地区級市を単位に見ても，市県を単
位に見ても，併存している事例が少なくない。しかし市県単位で卓越する周期
を取り出して見ると，前述のように中西部と東部の地域差が明瞭である。本自
治区では中部から西部一帯はチワン族の卓越地域であり，東部は漢族（一部で
は瑶族）の卓越地域である。民族の分布と周期の分布は，細部では完全には一
致しないものの，一定の関連があるのではないかと推測される。

　ここで，十二支周期の集市の卓越地域の典型例として，本自治区西南部の防
城地区上思県を例に採り[19]，集市の分布状態を見ておきたい。当県は，面積
2,816 km^2，人口 19.4 万人で，チワン族が人口の 87％を占める。図 6-22 に示

224　　第Ⅱ部　市の分布と存立状態

図6-20 広西チワン族自治区の集市密度

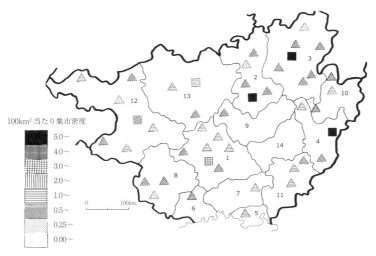

2級行政区名
1．南寧市　2．柳州市　3．桂林市　4．梧州市　5．北海市　6．防城港市
7．欽州市　8．崇左市　9．来賓市　10．賀州市　11．玉林地区　12．百色地区
13．河池地区　14．貴港市

図6-21 広西チワン族自治区の集市開催周期・頻度

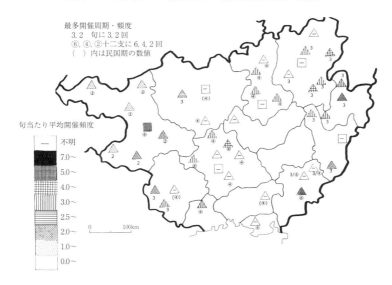

第6章　中国南半各省における市の存立状態　　225

図6-22 広西チワン族自治区防城港市上思県における集市の分布

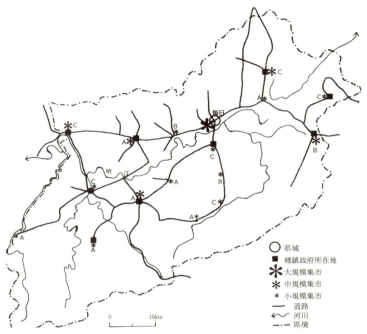

Aの市日：子・卯・午・酉，Bの市日：丑・辰・未・戌，Cの市日：寅・巳・申・亥

したように，県域の北に四方嶺，南に十万大山の山脈が走り，中央を東から西に明江が流れる盆地状の地勢である。ここに17か所の集市が分布するが，平均出市人数で区分すると，県城の思曜鎮の集市が1万人で大規模市，6か所の集市が3,000〜6,000人で中規模市，その他の11か所の市が2,000人以下で，小規模市に分類されよう。県域内に，大・中規模市が15〜20 km間隔で立地し，その中間や外側に小規模市が少なくとも5 km以上の間隔で比較的均等に立地する。郷鎮政府の所在地には必ず集市が立地し，それ以外の集落にも立地している。市日は，県城の市が毎日市である以外は全て十二支に4回で，A（子，卯，午，酉），B（丑，辰，未，戌），C（寅，巳，申，亥）の3タイプからなる。隣接する市はほぼ例外なく異なるタイプの市日を配されている。商人は十二支を追って複数の市をめぐり，農民は近隣の市の市日から出市日を決めるであろう。

最後に，集市の呼称法について述べておくと，本自治区でも，広東・福建両

省と同様,「墟（圩）」の用語が一般的に用いられている。隣接する貴州省で用いられる「場」や，同じく雲南省で用いられる「街」の呼称法は，本省では用いられている事例を確認できなかった。

以上，広西壮族自治区の市は，比較的早く普及していたが，改革開放以降の新規の開設は他省に比べては顕著ではなかったと言えよう。ただし，伝統的市日への関心は深く，十二支の周期と言うユニークな伝統へのこだわりが推測される。

4　華南地方概括

以上見たように，華南地方の福建省・広東省・広西チワン族自治区は，人口密度や集市密度が比較的高く，市の発達も，華北や華中地方に準じて，比較的早くから進行した地域である。しかしながら，当地方では共通して，集市を「墟（圩）」と呼ぶ独特の呼称法を採り続けており，また特に広西壮族自治区では十二支の周期という，独特の慣習を今も保持している。

華南3省・自治区の中にも地域差はあり，集市の分布密度は，人口密度の高い珠江デルタを抱える広東省で最も高く，福建省，広西自治区は相対的にはやや低密である。また改革開放後の経済発展が急速に進んだ広東省や福建省では，改革開放期の集市の新設が多く，卸売市場や専業市場の発展で，1市当たりの取引高も大きいのに対し，経済発展の遅れている広西自治区では，改革開放期以降の集市の新設が相対的に少なく，また1市当たりの取引高も小さい。

〈注〉
(1)　『福建省志・工商行政管理志』2000年，43-46頁。
(2)　同上，47-55頁。
(3)　『福建省志・工商行政管理志』2000年，57頁。
(4)　同上，42-43頁。
(5)　水岡不二雄「中国における農村市場中心地と現代化政策」アジア経済 28-8，1982年。
(6)　『佛山市志』1994年，1327頁。『順徳県志』1996年，238頁，620頁。『三水県志』1995年，580頁。『陽春県志』1996年，466頁。『化洲県志』1996年，518頁。
(7)　林　和生「明清時代，広東の墟と市」史林 63-1，1980年，77頁。

(8) 『広東省志・工商行政管理志』1997 年，85 頁。

(9) 『広東統計年鑑』1995 年版，『海南省志・工商行政管理志』2000 年，42 頁，並びに『中国統計年鑑』1995 年版により計算。

(10) 『海南省志，工商行政管理志』2004 年，42 頁，及び『中国統計年鑑』1995 年版。

(11) 『広東省志・工商行政管理志』1997 年，93 頁。

(12) 『海南省志・工商行政管理志』2004 年，18 頁。

(13) 『文昌県志』2000 年，465 頁。『万寧県志』1994 年，387 頁。

(14) 『広西通志・工商行政管理志』1995 年，12 頁。

(15) 林 和生「経済改革下における広西チワン族自治区の墟市」石原 潤編『農村空間の研究（下）』大明堂，2003 年，所収。

(16) 『広西城鎮手冊』広西人民出版社，1987 年。

(17) 『広西通志・工商行政管理志』1995 年，16 頁，19 頁，及び『中国統計年鑑』1995 年版。

(18) 林 和生「経済改革下における広西チワン族自治区の墟市」石原 潤編『農村空間の研究（下）』大明堂，2003 年，所収。

(19) 情報は全て『上思県志』2000 年による。

第3節
西南地方

　西南地方は，四川・貴州・雲南の3省と西蔵自治区，並びに四川省から1997 年に別れた重慶直轄市からなる。四川盆地を除くと山がちの地勢であり，気候は内陸に向かうにつれ，湿潤気候から乾燥気候へと移行する。そのうち，四川省は「蜀」や「巴」の国として早くから開発が進み，集市も古い歴史を持つ。一方，貴州省と雲南省は，さまざまな少数民族が多く住み，集市も民族色豊かな特徴を持つ。しかるに，西蔵自治区は，高地であるうえ，乾燥気候の下にあり，人口密度は著しく低く，集市の伝統は薄弱で，その情報も極度に乏しい。よって本節では，西蔵自治区は除き，四川，貴州，雲南の3省について現代の集市の状況を論じ，重慶直轄市は四川省に含めて記述する。

1 四川省（重慶市を含む）

四川省は西南地方の東北部に位置し，その東半は温暖な湿潤気候であるが，西半は次第に乾燥度と寒冷度を増す。地勢上はほぼ全域が長江の流域ではあるが，東半は高度が低く穀倉地帯である四川盆地，西半はチベット高原へ連なる川西高原からなる。したがって，人口密度は，東半で著しく高く，西半では著しく低く，対照的である（図6-23）。住民は，東半は漢族がほとんどであるのに対し，西半では，チベット族・彝族など少数民族が卓越する。

第3章の検討によれば，当省は人口密度が全国値よりも高く，西南地方でも貴州省と並び最も高い。しかし，都市人口率は大都市重慶や成都を抱えているにもかかわらず，全国値よりかなり低い。1人当たり所得も，全国値よりかなり低位にある。集市の100 km^{2}当たり分布密度は全国値をかなり上回り，1集市当たり人口でも全国値より低く，集市が空間的にも対人口比でも高密な地域と言える。1郷鎮当たり集市数は全国値に近い。ただ，1集市当たり取引高は全国値の約半分，小売販売額に対する集市取引高の割合も全国値よりもやや低い。総じて，集市密度は高いが，集市の規模は小さい地域と言えよう。

本省では，第1章で論じたように，既に漢代において市システムが初歩的に成立していたと考えられ，明・清・民国時代の市についても多くの研究がある。『四川省志　統計志・工商行政管理志・労働志』によれば，市は清の乾隆・嘉慶年間には約3,000か所，光緒・宣統年間には約4,000か所，民国期の1933年には6,240か所，民国末年の1949年には7,796か所にまで増えていたと言う。

民国期の集市数と現在の集市数の比較については，2・3級行政区ごとの地方志より，103の市県についてデータが得られた。そのうち，79事例では現在の方が集市数が多くなっており，しかも内53事例では30％以上の増加を示している。他方，民国期と現在の集市数が同じとする事例が6件ある他，現在の方が集市数が少なくなっている事例も18件（うち30％以上の減少が4件）あり，集市が比較的早くに展開した地域の特徴を示していよう。ただ，減少地区は，モザイク状に分布しており，その要因を説明することは容易ではない。川西高原では，民国時代に集市を欠くか，ごく少数しか存在しなかったため，ほとんどの県が30％以上の増加を示している。

『省志』によれば，建国後1957年の当省の農村集市数は4,782か所であった

図 6-23 西南地方の人口密度

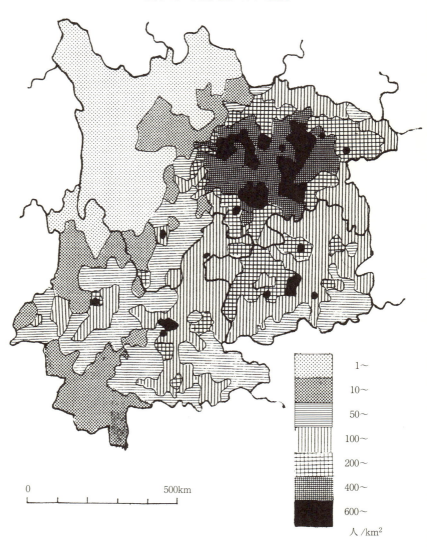

（出所） 1992 年センサスによる

図 6-24 四川省（現重慶市を含む）の集市密度

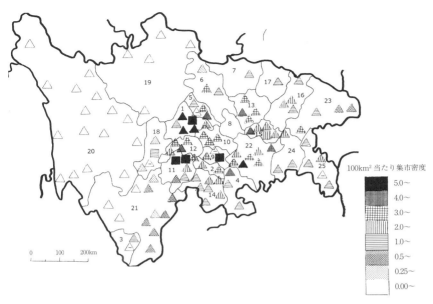

2級行政区名
1．成都市　2．自貢市　3．攀枝花市　4．瀘州市　5．徳陽市　6．綿陽市　7．広元市
8．遂寧市　9．内江市　10．資陽市　11．楽山市　12．眉山市　13．南充市　14．宜賓地区
15．広安市　16．達川市　17．巴中市　18．雅安市　19．阿壩藏族羌族自治州
20．甘孜藏族自治州　21．涼山彝族自治州　22．重慶市　23．万県市　24．涪陵地区
25．黔江地区

が，これが1958年には大躍進運動下に1,494か所にまで減少し，1961年には2,689か所にまで回復したが，以後も低迷し，やっと改革開放後の1979年には都市と農村合わせて5,426か所に回復する。1985年には都市と農村合わせて6,610か所[3]，1990年には7,209か所にまで増え[4]，1994年には9,116か所と1949年の数字をも大幅に上回るに至った。[5]

2・3級行政区ごとの地方志より収集した市県別のデータにより，まず，集市の100km^{2}当たりの分布密度を見ると，図6-24のように，人口密度の高い四川盆地の盆地底，特にその中でも西よりの成都平原で集市の分布密度が高いのに対し，盆地底を取り囲む人口密度が中位の縁辺部では，集市の分布密度も相対的に低く，人口密度の極端に低い川西高原では，集市の分布密度も著しく低いことがわかる。

第6章　中国南半各省における市の存立状態　231

図 6-25 四川省(現重慶市を含む)の集市開催周期・頻度

　集市の開催頻度については82の市県について何らかの情報が得られた。図6-25に見るように,ほとんど(67)の市県で最多の開催頻度は旬3回である。旬1回,2回,4回,5回(隔日市),10回(毎日市),及び週3回の集市が卓越する市県が散在しているが,いずれもその数は少なく,地域的に集中するわけでもない。平均頻度が計算できる市県は50で,そのうち31が3.00～3.99,10行政区が4.00～4.99を示し,地域差は明瞭でない。以上により,四川省は旬に3回の集市が卓越する地域であると言えよう。ただし川西高原の阿壩・甘孜両洲については頻度の情報が極端に少ない。『甘孜洲志』[6]によれば,民国時代に集市が存在したのは州の東端の炉定県のみで,当時は旬3回の市が開かれていたとされるが,それ以外の全ての県では,民国期には集市がなく,建国後に初めて開設された農貿市場が全てであり,それらは,おそらく炉霍県の場合[7]のように毎日開かれるため,市日の記載がないものと思われる。なお,本省のほとんどの地域では,農暦が使われているが,一部の地域では公暦への転換が認められる。また,十二支の周期については,涼山自治州の塩源県で民

232　第Ⅱ部　市の分布と存立状態

国末に 1 か所の市で用いられていたとされる他，同州布拖県では 1951 年当時 4 か所の市で用いられており，それは彝族の伝統的な習慣であると説明されている。[9]

集市の呼称法については，よく知られていることであるが，四川省全域において，「集」に代わって「場」と言う呼称が一般的に用いられ，「場市」，「場期」，「遷場」などの用語が使われる。なお，川西高地の阿垻・甘孜・涼山の自治州などでは，民国期までは集市がないか，ごくわずかであったため，各種の「会」が流通の場として重要であった。涼山彝族自治州では，それらは「三会」（虫を売買する「虫会」，綿花を売買する「花会」，アヘンを売買する「烟会」），[10] あるいは「四会」（虫，アヘン，蚕糸，花椒をそれぞれ扱う会）[11] などと呼ばれていた。一方，チベット族地域である阿垻洲の阿垻県では，宗教行事と関連して開かれる「会」の交易を「扎崇」（土陶交易の意）と呼び，新しく始まった「崇拉」交易（集市交易）と区別していると言う。[12]

以上，四川省では市は，華北の「集」，華南の「墟」に対し，「場」と呼ばれる。特に四川盆地部ではその歴史は古く，漢代にまで遡ることができる。民国期までにその分布の基本が形成されており，分布密度は高く，旬に 3 回の頻度で開催されるのが一般である。一方，川西高原部では，集市の歴史は極めて浅く，分布密度は極めて低く，民国期までは「会」または「扎崇」の方が重要であった。

2　貴　州　省

貴州省は，雲貴高原の東半を占め，平均高度は約 1,000 m，石灰岩地帯が広く占め，カルスト地形が卓越する。諸河川は北の四川盆地，東の湖南盆地，南の広西盆地へと流れ下るが，四川盆地へ流下する河川の流域が最も広い。ミャオ（苗）族，プイ（布依）族，トン（侗）族，スイ（水）族等々，さまざまな少数民族が多く住み，南部には三つの自治州が並ぶ。人口密度は相対的に南部から東部にかけて低く，省都のある中部で最も高く，西部・北部がこれに次ぎやや高い（図 6-23）。

第 3 章の検討によれば，省全体の人口密度は全国値より高いが，都市人口率は全国値より著しく低い。また，工業化が進まず，雲南省のように観光資源にも恵まれず，山勝ちの地形である点から，1 人当たり所得は全国で最も低い貧

図6-26 貴州省の集市密度

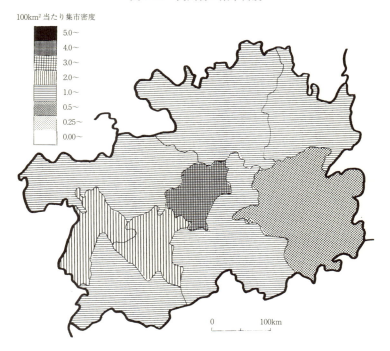

困地域である。しかし，集市の100 km² 当たりの密度は全国値より高く，1集市当たり人口では全国値より低く，空間的にも人口比でも市が多い地域であると言える。1郷鎮当たり農村集市数は1.30と全国値に近く，郷鎮ごとに集市があると言える。一方，1集市当たり取引高は全国で最も低く，貧困地域の特徴を示している。ただ，小売販売額に対する集市取引高の割合は全国値より少し高く，集市の相対的重要性を示している。

『貴州省志・工商行政管理志』[13]によれば，当省では，宋代における商品経済の進展，明代における漢族の移民などにより，集市の発展が促進され，集市は「集場」と呼ばれ，十二支の周期を取ってきたと言う。また，清代には既に3.5里間隔で集市網が形成されていたとされる。[14]

民国時代と現代の集市数の比較については，後述する3級行政区ごとの地方志[15]から33市県についてデータが得られた。そのうち，現在の方が集市数が多いのは11事例（うち30％以上の増加が7事例），集市数に変化がないのが

234　第Ⅱ部　市の分布と存立状態

図6-27 貴州省の1集市当たり取引高

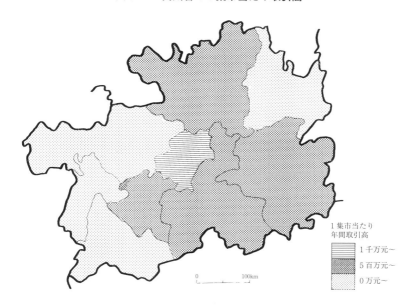

1事例，現在の方が集市数が少ないのが21事例（うち30％以上の減少が7事例）の構成である。なぜこのように減少市県が多いのかは定かではないが，特に30％以上減少の県が多い遵義地区各県の県志の説明によれば，改革開放後にいったん急増した集市が，上位中心地に近い小規模市や交通不便な市が淘汰されることにより，集市数の減少が生じたとのことである。

『省志』によれば，民国末の1949年には全省で1,474の集市があったとされるが，革命後初期には集市は増加し，1956年には2,422にまで達していたが，1958年の「大躍進」により1,272へとほぼ半減した。その後調整期の1961年には2,144にまで回復したが，「文革」期を経て1977年には1,434にまで再び減少した。改革開放期に入って，集市数は，1979年には1,850，1988年には2,468，1998年には2,845（都市388，農村2,457）と順調に増加したが，1977年に比べても，1998年の数は2倍弱と，省全体の増加率はあまり高くはない。

『省志』には，1998年の地区・地区級別の集市数，集市取引額の統計が収録されているので，これによってまず100 km² 当たりの集市密度を見ると（図6-26），省都の貴陽市で最も高く，その西に続く安順地区・六盤水市がそれに次ぎ，西北部の畢節地区や北部の遵義市で1.50以上とやや高く，南部の黔西

第6章 中国南半各省における市の存立状態 235

図6-28 貴州省の集市開催周期・頻度

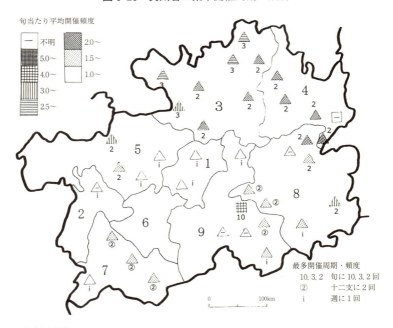

2級行政区名
 1．貴陽市　2．六盤水市　3．遵義地区　4．銅仁地区　5．畢節地区
 6．安順地区　7．黔西南布衣族苗族自治州　8．黔東南苗族侗族自治州
 9．黔南布衣族苗族自治州

南州・黔南州や東北部の銅仁地区で1.50未満と相対的に低く，東南部の黔東南州で最も低い。総じて人口密度の分布に相関している。

　また1集市当たりの取引高を見ると（図6-27），省都の貴陽市で特に高く，北部の遵義市や南部の安順地区・黔南州・黔東南州でやや高いが，東北部の銅仁地区，西南部の黔西南州・六盤水市でやや低く，西北部の畢節地区で特に低い。総じて雲南省に隣接する地域でこの値が低いと言えよう。

　集市の開催周期及び平均開催頻度については，33の3級行政区ごとの地方志よりデータが得られた（図6-28）。まず，省の北部及び東部は，卓越する周期が旬に2または3回で，平均頻度は2.0〜3.5程度，中部一帯及び南部の一部は，卓越する周期が週に1回で，平均頻度は旬当たりで1.4〜1.6程度，南部の大部分では，卓越する頻度が十二支に2回の周期で，平均頻度は旬当たりで1.7程度である。図には示されていないが，現在では卓越する周期ではない

が，部分的に十二支の周期が見られる地域は南部により広く分布し，さらに民国時代に十二支の周期であった地域は，中部にも広く広がっていた。こうした十二支の周期を用いる地域の存在は，南に接する広西チワン族自治区の十二支使用地域に連続するものである。また，現在も十二支を使用している地域は，プイ族，ミャオ族，トン族など，少数民族の卓越地域とほぼ重なり，この点でも広西チワン族自治区の状況と類似する。

最期に，集市の呼称法については，本省でも四川省と同様，「場」の呼称が一般的に用いられている。「墟」の呼称法については確認できなかった。

以上，貴州省の市は，明代には漢民族の移住とともに広く普及し，民国期にはかなり高密度に分布していたが，改革開放以後の増加はあまり顕著ではなく，一部では集市が淘汰される地域も見られる。かつては十二支の周期が広く採用されていたが，現在では南部の少数民族卓越地域に限られ，代わって旬の周期に加えて週の周期の普及が進みつつある。

3　雲南省

雲南省は，西南地方でもその西南端に位置し，南部から西部にかけては，ベトナム・ラオス・ミャンマーに接する。雲貴高原の西半分を占め，高度は一般に西北で高く東南に低い。この間を金沙江（長江上流），瀾滄江（メコン川上流），怒江（サルウィン川上流）が流れ下り，河谷底と高原や山地の高度差は数千mにまで達する。現地語で壩子（バーツ）と称する山間盆地には，多くの湖沼と昆明をはじめ諸都市が立地する。気候は一般に温暖であるが，高度差の影響が大きく，高度による生態系の違いが顕著である。古来，イ（彝）族，ペー（白）族，タイ（傣）族など20種を超える少数民族の地であったが，次第に漢族の移住が進み，今では人口の3分の2を占めるに至っている。人口密度（図6-23）は，昆明や大理など主要都市の立地する壩子で高く，省の東半で相対的に高いが，チベット高原に続く西北部やミャンマーに接する西南部では低密度である。全般的に風光明媚で，少数民族も多いため，近年，観光業の発展が目覚ましい。

第3章の検討によれば，当省は人口密度が全国値よりもかなり低く，100.0人/km^{2}に過ぎない。都市人口率も全国値よりもはるかに低く，1人当たり所得も全国値よりかなり低い。したがって，集市の100 km^{2}当たり密度は，

0.82 と全国値を下回る。しかし，1郷鎮当たり農村集市数は1.93と全国値を上回り，1集市当たり人口では1.22万人と全国値を下回るため，郷鎮数や人口比では，集市が比較的多い地域であると言えよう。なお，1集市当たり取引高は全国値の半分にも及ばず，小売販売額に対する集市取引高の割合も全国値よりかなり低い。

　本省の市に関する既往の研究としては，1988年時点でのシーサンパンナ（西双版納）自治州の景洪の町の集貿市場を扱った白坂蕃の報告[22]があり，タイ族など少数民族の売り手が卓越するこの市場で，蔬菜の栽培＝集荷圏がごく狭いことが論じられている。

　一方，西谷 大は，その一連の労作において[23]，紅河哈尼族彝族自治州の金平苗族瑶族傣族自治県に属する者米谷グループ及び金平グループの市群の詳細な報告を行い，興味深い考察を行っている。漢族以外に多数の少数民族が混住する当地域において，者米谷では，谷間の道路に沿い五つの市が並び，斜面に住む少数民族は8km圏内から徒歩で，外来商品を扱う商人はトラック等で移動し市に参加する。市は十二支の周期で6日ごとに開かれ，グループ内では市日を異にする。各民族は居住地の生態環境に応じた生業を営み，特化した商品をもたらし，その特化は市の存在により促進されたと言う。一方，金平グループは，人口3万の県城である金平の市（機能を異にする一つの定期市と三つの常設市からなる），及び国境に位置して「海関」がありベトナム領の住民も参加する那発の定期市を含み，やはり十二支周期の七つの市からなり，うち一つは者米谷グループと共有し，両グループは連結している。西谷は，これらの市のタイプを，A露店数100前後の定期市，B那発のように交通の要衝に立つやや露店数の多い定期市，C露店数300前後で商人も住む者米のような定期市，D金平のように人口数万の町に立地する定期市＋毎日市に分け，また，市システムの構築過程を，①市間の関係が無く移動商人の存在しない段階，②Cタイプの市が出現し，市間に規模と機能の差が生じ，市日が重ならぬよう配置されて移動商人が発生し，市グループが成立する段階，③Dタイプの市が出現し，市間の規模と機能の差がさらに明瞭になり，市ネットワークが完成する段階へと分けている。那発のような例を普遍的な1タイプとすべきかは議論の余地があるが，他は首肯できる内容である。西谷はこの他，市の立つ条件を6点，市の持つ特質を3点に整理している。

　省志によれば[24]，当地域の集市の出現は，唐代の南詔国に遡り，宋代には大理

国と中原との経済関係等が密接化し，明代には貴州省と同様に漢民族の移住が
進み，商品経済化の進展により集市の成立が促進されたと言う。民国初年の不
完全統計でも約500の集市があったとされるが，民国末年の1949年には約
2,300にまで増えていた。[25]

　民国時代と現代の集市数の比較については，2・3級行政区ごとの地方志か
ら69市県についてデータが得られた。そのうち，現在の方が集市数が多いの
は33事例（うち，30％以上の増加が24事例），集市数に変化がないのが3事
例，現在の方が集市数が少ないのが33事例（うち30％以上の減少が15事例）
の構成である。なぜこのように減少市県が多いのかは貴州省同様，定かではな
いが，増加地域は，省中心部の盆地の卓越する地域と，逆に省域の四隅，西
北・西南・東南・東北の辺境部に見られ，減少地域はその他の主として山地部
に卓越する。辺境部では集市が未発達だったため，また，省中心部では近年の
人口増により，それぞれ集市が増加し，逆に一般の山地部では，貴州省同様，
むしろ近年，集市の淘汰が進んだのではないかと思われる。

　人民共和国建国以後も集市数は増加し1958年には2,800にまで達していた
が，大躍進や文革を経て1972年には1,417にまで減少し，改革開放とともに[26]
増加に転じ，1979年の1,950から，1986年には2,692に増え，1994年には[27]　　　　　　　　　　　　　　　　　　　　　[28]
3,220に達した。1994年の数は，1972年に比べれば2.27倍の増加であるが，[29]
1979年に比べれば約1.65倍の増加にとどまっている。

　2・3級行政区ごとの地方志より収集した74の市県ついてのデータにより，
集市の100km^{2}当たりの分布密度を見ると，**図6-29**のように，四川省・貴州
省に接する東北部照通地区や東部曲靖地区，中部の昆明市域で比較的密であり，
さらには西部の大理自治州・臨滄地区・徳宏自治区の一部にも，やや密な地域
が分布する。これらは，相対的に人口密度の高い地域でもある。これに対して，
チベット高原に連なる西北部（迪慶自治州・怒江自治州・麗江地区など）と，
ラオスやミャンマーと接する南部（西双版納自治州・思芽地区など）では，密
度の著しく低い地域が連続する。これらは，人口密度の特に低い地域であり，
本省でも大局的には，集市密度は人口密度と相関している。

　集市の開催頻度については56の市県について何らかの情報が得られた。**図
6-30**に見るように，本省の特徴はさまざまな周期が併存していることであり，
市県ごとに最多周期を採り上げても，農暦で旬に1回（5市県で最多，以下同
様）・2回（16）・3回（13）・5回（2）・10回（1），公暦で旬に1回（1）・

図 6-29 雲南省の集市密度

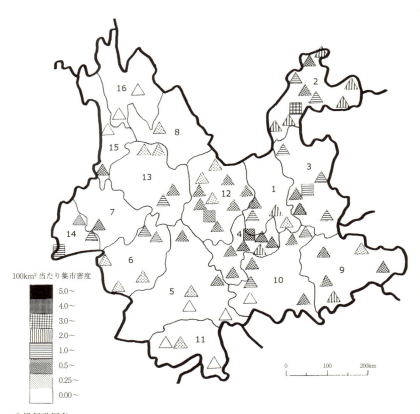

2級行政区名
 1. 昆明市 2. 昭通地区 3. 曲靖地区 4. 珠渓地区 5. 思芽地区 6. 臨滄地区
 7. 保山地区 8. 麗江地区 9. 文山壮族苗族自治州 10. 紅河哈尼族彝族自治州
 11. 西双版納傣族自治州 12. 楚雄彝族自治州 13. 大理白族自治州
 14. 徳宏傣族景頗族自治州 15. 怒江傈僳族自治州 16. 迪慶蔵族自治州

2回（1）・3回（1），農暦で十二支に2回（6）・3回（1），公暦で週に1回（12）・2回（3）と，さまざまなタイプが認められる。ただ，現在では最も多いタイプは農暦で旬に2回または3回のタイプで，省全体に広く分布している。これに対して十二支に2回や3回，週に1回や2回のタイプは，現在では省の東部や東南部，西部や西北部に塊状に現れるに過ぎない。

　ところが，地方志から得られる民国時代の周期について示した図 6-31 によれば，かつては，十二支による周期が全省的に広がっていたことがわかる。図

240　　第Ⅱ部　市の分布と存立状態

図 6-30　雲南省の集市開催周期・頻度

6-30と比較して見ると，もとの十二支周期の地域が，現在では，旬の周期や週の周期に転換したこと，しかし一部では十二支の周期を守っていることがわかる。一方，民国期には省の南部から西南部，主にタイ族の卓越地域で十干による周期が見られ，西北部の主にチベット族やリス（傈僳）族の卓越地域には，月による周期も存在したこともわかる。十干による周期は，現在では旬に2回の周期に変換されたが，本来，両者は微妙に異なる周期である。月の周期は，かつて西北部が人口密度が低く低需要であったことに対応していたのであろう。なお四川盆地に近い東北部の昭通地区は民国期にあっても旬3回または2回の周期が卓越する地域であった。この他，注目すべき点としては，思芽地区の墨江県で県内のキリスト教徒卓越地域で週の周期が採用されていたとの記述があり，週の周期が大躍進期や文化大革命期に由来するものばかりではないことが

第6章　中国南半各省における市の存立状態　　241

図 6-31 雲南省の民国期の集市開催周期

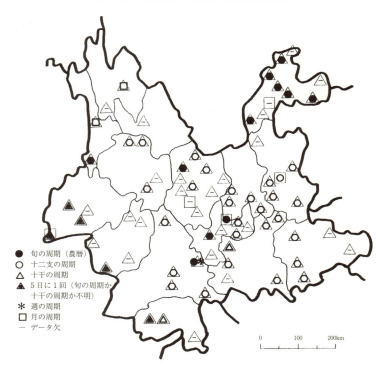

わかる。

　現在の平均開催頻度が計算できる 3 級行政区は 46 で，そのうち 15 が 1.00〜1.99 を，17 が 2.00〜2.99 を，14 が 3.00 以上を示す。地域差は明瞭で，3.00 以上の比較的高頻度の市県は，四川盆地に近い東北部昭通地区と，中心部の昆明市域や玉渓地区に見られ，一方の 1.00〜1.99 の低頻度地域は，西北部・南東部・東部の辺境部に現れ，その他の地域は中間の 2.00〜2.99 を示す。

　最後に集市の呼称法については，雲南省全域において，「集」や「場」に代わって「街」という呼称が一般的に用いられ，「街市」，「街期」，「遷街」などの用語が使われている。

　以上，雲南省では市は「街」と呼ばれ，古くに始まり，その数は民国末には 2,300 にまで及んでいたため，貴州省同様，その後の増加はあまり顕著ではない。少数民族が多く居住し，伝統的には十二支や十干の周期を取るものが多か

ったが，これまた貴州省同様，現在では旬や週の周期への転換が進んでいる。

4　西南地方概括

　西南地方は，一般に湿潤・温暖地域で，人口密度も比較的高く，集市密度もそれに対応している。その中にあって，四川盆地はとりわけ人口密度が高く，市の歴史が古く，その分布密度も稠密である。ただ，四川省西半のチベット高原に連なる地域は，人口密度は低く，市の歴史は新しく，その分布も疎である。貴州省から雲南省にかけては，雲貴高原が広がり，人口密度は中位で，少数民族が卓越する地域をも広く含むが，市は漢族地域・少数民族地域のいずれにおいても，民国期までに数多くの分布が見られた。

　市は，四川省と貴州省では「場」と呼ばれるのに対し，雲南省では「街」と呼ばれる。集市の開催周期については，四川省では旬の周期が卓越し，特に旬に3回の市が多いのに対し，貴州省や雲南省では，少数民族地域を中心に，かつては十二支や十干の周期が広く見られたが，近年では旬や週の周期への転換が進んでいる。

〈注〉

(1)　『四川省志・統計志・工商行政管理志・労働志』2000年，168頁。

(2)　同上，171頁，173頁。

(3)　同上，172頁。

(4)　『四川統計年鑑』1991年版。

(5)　『中国市場統計年鑑』1995年版。

(6)　『甘孜洲志』1998年，1284頁。

(7)　『炉霍県志』2000年，215頁。

(8)　『塩源県志』2000年，677頁。

(9)　『布拖県志』1993年，288頁。

(10)　『寧南県志』1994年，430頁。

(11)　『甘洛県志』1996年，249頁。

(12)　『阿埧県志』1993年，492-494頁。

(13)　『貴州省志・工商行政管理志』2006年，1頁，89頁。

(14)　同上，91頁。

(15)　本省では2級行政区別の地方志は閲覧できなかった。

(16)　『仁懐県志』1991年，671頁。『習水県志』1995年，186頁。『桐梓県志』

第6章　中国南半各省における市の存立状態　　243

1987 年，291 頁。『正安県志』1999 年，383 頁。『道真仡佬族苗族自治県志』1992 年，521 頁。ただし，こうした記述は，管見によれば，当地区の県志にのみ見られるものである。あるいは，地区内で集市数の増加を抑制する行政的な調整が行われたのかも知れない。

(17)　『貴州省志・工商行政管理志』2006 年，92 頁。

(18)　同上，92 頁。

(19)　同上，93 頁。

(20)　同上，93 頁，111 頁，及び『貴州年鑑』1989 年版，299 頁。

(21)　『貴州省志・工商行政管理志』2006 年，205 頁。

(22)　白坂　蕃「景洪の市場と蔬菜」，吉野正敏編『雲南フィールドノート』古今書院，1993 年，54-91 頁。

(23)　西谷　大「雲南国境地帯の定期市」東洋文化研究所紀要 147，2005 年，西谷　大「市の立つ街」国立民俗歴史博物館研究報告 121，2005 年，西谷　大「市はなぜ立つのか」国立民俗歴史博物館研究報告 130，2006 年，西谷　大「市の誕生と都市化」国立民俗歴史博物館研究報告 136，2007 年。

(24)　『雲南省志・工商行政管理志』1998 年，1 頁，41 頁。

(25)　同上，41 頁。

(26)　同上，42 頁。

(27)　『雲南統計年鑑』1991 年版。

(28)　『雲南省志・工商行政管理志』1998 年，42 頁。

(29)　『雲南統計年鑑』1995 年版。

(30)　農暦（陰暦）の場合，1 月は 30 日の場合と 29 日の場合があり，後者では，十の日を市日とする集市では市の開催日が 1 日減ることになる。一方，十干の周期は，1 月が 30 日であろうが 29 日であろうが，等間隔でめぐってくるのでそのようなことは起こらない。

(31)　『墨江哈尼族自治県志』2002 年，286 頁。

＊　　　　　　＊　　　　　　＊

む す び

ここでは，本章で論じた諸点のうち，中国南半における集市の発展過程，呼称法，分布，開催周期の 4 点にしぼって，概括をしておきたい。

市は，早い時期に長江流域の江南や湖広の平原及び四川盆地に展開し，やや遅れて華南の広東省や福建省に展開したが，本来少数民族の地であった広西省

や貴州省・雲南省への本格的展開は，貨幣経済の進展や漢民族の移住の進む宋代や明代以降であった。四川省西半や雲南省西北部など主牧的空間では，さらに遅れて，民国期や人民共和国建国後のことである。

　集市は，華中地方では「集」（定期市）または「市」（主に毎日市）と呼ばれ，華南地方では「墟」と呼ばれ，西南地方では「場」（四川省と貴州省）または「街」（雲南省）と呼ばれる。こうした呼称法の違いは，おおむね省単位で見られるのであるが，湖北省の一部に「場」の呼称法が見られたり，湖南省や江西省，浙江省の一部に「墟」の呼称法が見られたり，その分布が省境を越えている場合もある。

　集市の分布密度は，ここでも大局的には人口密度と相関している。中国南半では，長江の下流・中流の諸平野，四川盆地，珠江の下流平野などが，特に集市の高密度に分布する中核地域で，その周りの山地や丘陵・高原を含む地域では，分布密度は相対的に疎となるが，集市を欠く地域はほとんど見られない。ただ，チベット高原に続く四川省西半や雲南省西北部では，集市の分布は極めて疎であり，前述のようにその起源は新しく，それ以前には各種の「会」が専ら機能していた。

　最後に集市の周期と開催頻度について見ると，中国南半では，農暦による旬の周期が卓越するものの，広西自治区から貴州省・雲南省にかけて，広く十二支（一部では十干）の周期が見られ，しかも，それらは現在より民国時代にはより広範に見られたことが注目される。この他，週の周期や公暦による旬の周期も散見されるが，その起源は大躍進期や文化大革命期など，比較的新しい場合が多い。開催頻度については，最も高い毎日市の卓越地域が，長江流域ではデルタ地域の他，その両岸に沿って湖広地方にまで遡って見られ，また，浙江省や広東省の沿海部にも見られる。ただし，四川省西半や海南島南西部に卓越する毎日市は，ごく近年開設された集貿市場である。次に，旬に5回の隔日市の卓越地域は，安徽省北西部と湖北省北部の河南省と接した地域や，浙江省の寧波平野などに見られる。さらに旬に3回の集市の卓越地域は，四川盆地の他，中国南半の比較的人口密度の高い各地で広範に見られ，旬に2回の市の卓越地域は比較的人口密度の低い地域で見られる。十二支周期の場合は，十二支に4回の市が広西自治区西部で卓越し，2回の市が貴州省南部や雲南省の一部で卓越する。中国北半と同様，南半でも人口密度と開催頻度との相関は明瞭ではないが，極めて大局的には両者間に関連があるように見える。

第Ⅲ部

現地調査から見た市の実態

第7章

改革開放前期における蘇州地域の集市

1 はじめに

1989年の天安門事件以前を改革開放期の前半期とすると，その時期の末に当たる1988年7月に，筆者は江南デルタに位置する江蘇省蘇州市とそれを取り巻く呉県（特に木瀆鎮）において，集市の実態調査を実施することができた。調査はさまざまな制約により，初歩的なものにとどまっているが，改革開放前期の貴重な内容を含むため，その結果を報告する。

蘇州市は1982年センサスで人口が67.3万人（1986年には72.2万人），うちほぼ市街地に当たる市区の人口が56.6万人，郊外農村に当たる郊区の人口が10.7万人であった。周知のとおり蘇州は名所・旧跡に恵まれた江南の「古都」であり，クリークを縦横にめぐらせた「水の都」でもあって，多くの観光客を集めている。しかし他方では，大運河に沿った江南の中心都市の一つであり，郊外には近代的工場も少なくない。

一方，蘇州市を取り巻いている呉県は，人口が114.9万人（1986年には116.5万人），江南デルタの典型的な農村地域で2鎮37郷からなる。そのうち，木瀆鎮は蘇州市街地から西南へ約10km（**図7-2**参照）に位置する。かつては江南デルタに多数分布する典型的な地方町（鎮）であったが，改革開放前期には多数の郷鎮企業や若干の近代的工場（扇風機工場など）が立地し，工業町的性格を持つに至っている。1982年センサス人口は1.9万人であったものが，

248　　第Ⅲ部　現地調査から見た市の実態

1988年には付近の郷を合併し人口 5.2 万人になっていたが，市街地人口は 1.9万人であった。

　調査は，蘇州市及び県県において，①『全国主要集市名冊』（以下『名冊』と呼ぶ）を参考にしながら，現地調査により集市の分布を明らかにすること，②若干の集市に関して，市場の設備や売り手の業種構成，及び市場内でのその配置を明らかにすること，③若干の集市において，ランダムに抽出された売り手について，その属性や行動に関するアンケート調査を行うこと，以上3項目について実施された。

2　集市の分布

　『名冊』の記載と筆者の調査を総合すると，蘇州の市街地における集市の分布状態は図 7-1 のごとくである。

　その大部分は『名冊』の言う「城市集貿市場」に相当し，都市部に立地する農副産物の小売りを中心とした市である。その数は 21 か所で，うち 13 か所が『名冊』に記載されている。そのうち 3 か所は位置を特定できなかったが，図7-1 にはそれ以外の 10 か所の位置を示している。これらは市街地の特に中心部では 1 km 前後の間隔でほぼ均等に分布している。ただし市街地の縁辺部では分布はやや疎であるが，これは後述するように城門付近に規模の大きい市が立地しているためであろう。市はいずれも毎日開かれる朝市で，取引のピークは午前 6 〜 9 時頃である。この時間には，出勤前の男女が買物袋を手に持って，徒歩（一部は自転車）で買物に出かけていく。市街地内の住民が徒歩で往復できるような範囲内に必ず市が立地していると言えよう。

　図中には，『名冊』所載の市についてはその出店数合計を，また現地調査により出店数を確認出来た市についてはその数を（　）内に記入しておいた。一般に前者の数値の方が大きいが，これは前者の数値が 1 日を通じての出店者総数を示しているのに対して，後者の数値が調査時刻の出店のみを対象とし，先に帰宅した者や後からやって来る者を含んでいないためであると考えられる。出店数が市の規模を表すとすれば，図より明らかなように，出店者が 400 人以上の大規模な「城市集貿市場」は，都心部（大成坊）と，旧城内へ入る四つの門（婁門，葑門，南門，閶門）の付近に位置する。城門付近に大きな市が立つのは中国の都市の伝統的パターンであったが，蘇州市もそのような伝統を受け

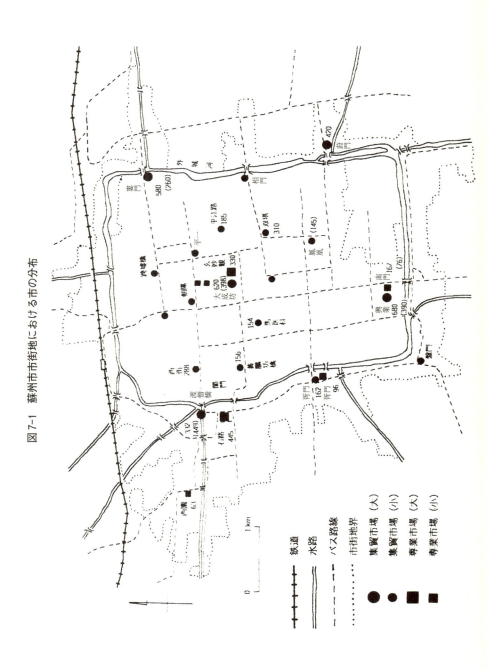

図7-1 蘇州市市街地における市の分布

250　第Ⅲ部　現地調査から見た市の実態

継いでいると言えよう。これらの市は，近郊農民が陸路によって最もアプロー
チしやすい位置にあるだけではなく，外城河とそれに連なるクリークを利用す
れば舟によっても接近しやすい場所に当たっている（図7-1参照）。その他の市
は，出店者数100前後から300程度の小規模なもので，その多くは城内（外城
河の内側）に比較的均等に分布している。

次に『名冊』には蘇州市区内に8か所の「専業市場」が記載されているが，
このうち位置が確認できた7か所を図7-1に記入しておいた。閶門近くの石路
の市が最大で，都心部の玄妙観と南門のものがそれに次ぐが，他は出店者100
前後の小規模なものである。大部分の市は日用工業製品を扱う市であるが，西
園のものは土産品が主体で，大成坊の北と西に位置する2か所の市は自転車と
愛玩物（花鳥魚虫）の「専業市場」である。図中からわかるように，その分布
は都心からやや西に偏っており，その理由は不明だが，最近の市街地形成が城
外の特に西側へと向かっていることと関連しているかも知れない。

なお蘇州市の市街地を取り囲む郊区には，四つの郷があり，筆者は現地調査
を行うことはできなかったが，図7-2に示したように，『名冊』には「城市集
貿市場」が3か所，「専業市場」が2か所記載されている。

一方，蘇州市郊区のさらに外側に展開する呉県の県域内には，『名冊』には
木瀆鎮のものを含めて8か所の「農村集貿市場」が記載されており，これらは
図7-2のごとく，二つの建制鎮と六つの郷とに立地している。しかし筆者らが
自動車で多くの郷を廻って観察したところによれば，この種の市は各郷の中心
集落（郷政府所在地など）に設立されているようであり，そうであるとすれば，
呉県は2鎮と37郷からなっているため，約40か所の集貿市場があり，その分
布は図7-2に示した鎮及び郷の中心集落の分布に相応することになる。それら
は互いに5〜10km間隔で立地しており，近在の農民が徒歩または自転車で半
日のうちに十分利用可能な範囲内にあることになる。なおこれらの市も，筆者
らの観察の限りでは，毎日開かれる朝市である。

3　市場の構造

市場の構造については，①蘇州市街地の「城市集貿市場」から，『名冊』に
記載がない小規模市として鳳凰市場を，②『名冊』に露店式の市と記されてい
る例として大成坊市場を，③同じく頂棚式の市と記されている例として興業市

図7-2 蘇州市郊区及び呉県における市の分布

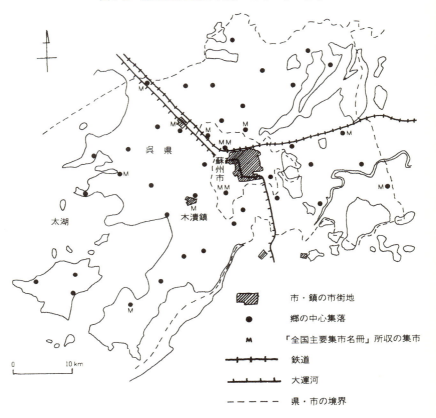

場を，④同じく商場式の市と記されている例として婁門市場を，⑤「専業市場」の例として南門市場を，さらに⑥「農村集貿市場」の例として呉県木瀆鎮の木瀆鎮市場を，それぞれ調査することができた。

図7-3は，『名冊』に記載されていない小規模城市集貿市場で，「鳳凰農貿市場」と呼ばれる市の平面図である。市街地の南東部に位置し，南北に走るバス道路から少し西に入ったところにある公設の菜場（生鮮食料品市場で，永久建築物の中に国営商店が店を出している）に付属して，街路にL字状に展開しており，売り手の多くは露店形式をとるが，一部はいわゆる售貿台を利用している。售貿台部分の出店者は，出店許可証を持つ恒常的な売り手である。鮮魚売りのほとんど，豆腐類売りのほとんど，及び野菜売りの一部が售貿台を利用し

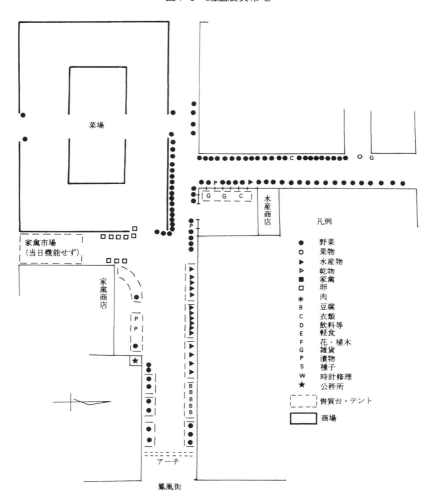

図 7-3 鳳凰農貿市場

ており，これに対して野菜売りの大部分と卵売りの全ては露店である。售貿台部分は商品別のセクション形成（すみわけ）が明瞭であるが，露店部分では野菜売りの中に漬物売りや工業製品売りが混じっている。なお菜場内の国営商店はいずれも商品が少なく，または古く，したがって少なくとも朝市が営まれている間は閑散としている。

次に，図 7-4 は，市街地の中心部に位置する城市集貿市場で，「大成坊農貿

図 7-4 大成坊農貿市場

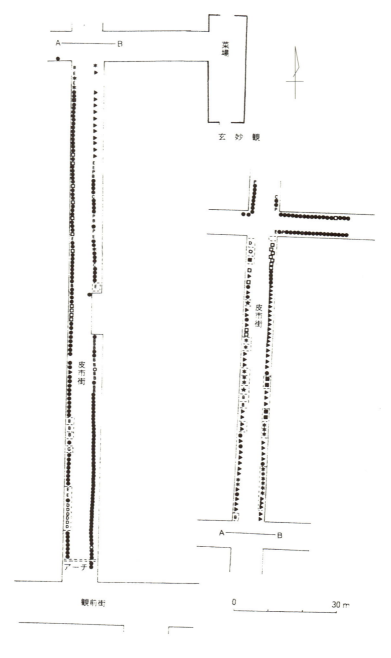

市場」と称せられる市の平面図である。蘇州市で最も繁華な商店街である観前街からやや北に入り，皮市街と呼ばれる狭い道路に２街区にわたって連綿と続く市である。『名冊』には露店式の市とされており，なるほど露店の出店が圧倒的であるが，一部に售貿台の出店も存在する。後者は，肉，家禽，鮮魚，果物，豆腐類を扱う店が多いが，これらの業種の店が全て售貿台を利用しているわけでもない。業種別のセクション形成はかなり明瞭に認められるが，あちこちで異業種の混在も認められる。なお，この市の近くにも「玄妙観菜場」と呼ばれる公設菜場があるが，やはり朝市の時間は全く閑散としていた。また，この市より１街区東側には，浅草観音を思わせる玄妙観があり，その周囲，特に東側には「玄妙観東側専業市場」が展開している。「大成坊農貿市場」は，『名冊』によれば常時出店数 20，臨時出店数 620，合計 640 の最大級の市であり，現地調査時にも 398 の出店数が認められた。それは，観前街や玄妙観と一体になった顧客吸引力によるものと考えられる。

　さらに，図 7-5 は，南門近くに位置し，南北のメインストリートの人民路より西に入った西二路，及びそれと T 字状に交叉する南北路に展開する「興業農副産品市場」と「南門工業小商品（専業）市場」とを示している。前者は西二路の西部と南北路とに広がり，『名冊』には常時出店数 80，臨時出店数 600 とある最大級の市であるが，現地調査時の出店数は 390 であった。『名冊』には棚頂式の市と記されるように，アーケードの下に果物の卸小売人，鮮魚及び家禽の小売人が並んでおり，售荷台が豆腐類及び干物売りによって利用されている。ただし，野菜・果物・卵等の多数の売り手は露店式で出店している。商品別のセクションの形成も明瞭である。なお，南北路のアーケードの部分には，「南門批零市場」との看板が出ていた。

　これに対して，西二路の東部は，後者の「南門工業小商品（専業）市場」であり，『名冊』によれば常時出店数 157，臨時出店数 10 とあるが，現地調査時には 76 であった。『名冊』には頂棚式とあるが，上屋はなく，ほとんどの店が售荷台を利用している。販売する商品は，衣類・雑貨が主であるが，肉類・野菜などの生鮮食料品も含まれている。商品別のセクションの形成もかなり明瞭である。なお，この市に接してやはり公設の「南門菜場」がある。「興業農副産品市場」と「南門工業小商品市場」とは，図 7-5 で明らかなように，事実上ひと続きの市であり，「南門菜場」とも一体になって，集客力を高めていると考えられる。

第 7 章　改革開放前期における蘇州地域の集市　　255

図7-5 興業農副産品市場と南門工業小商品市場

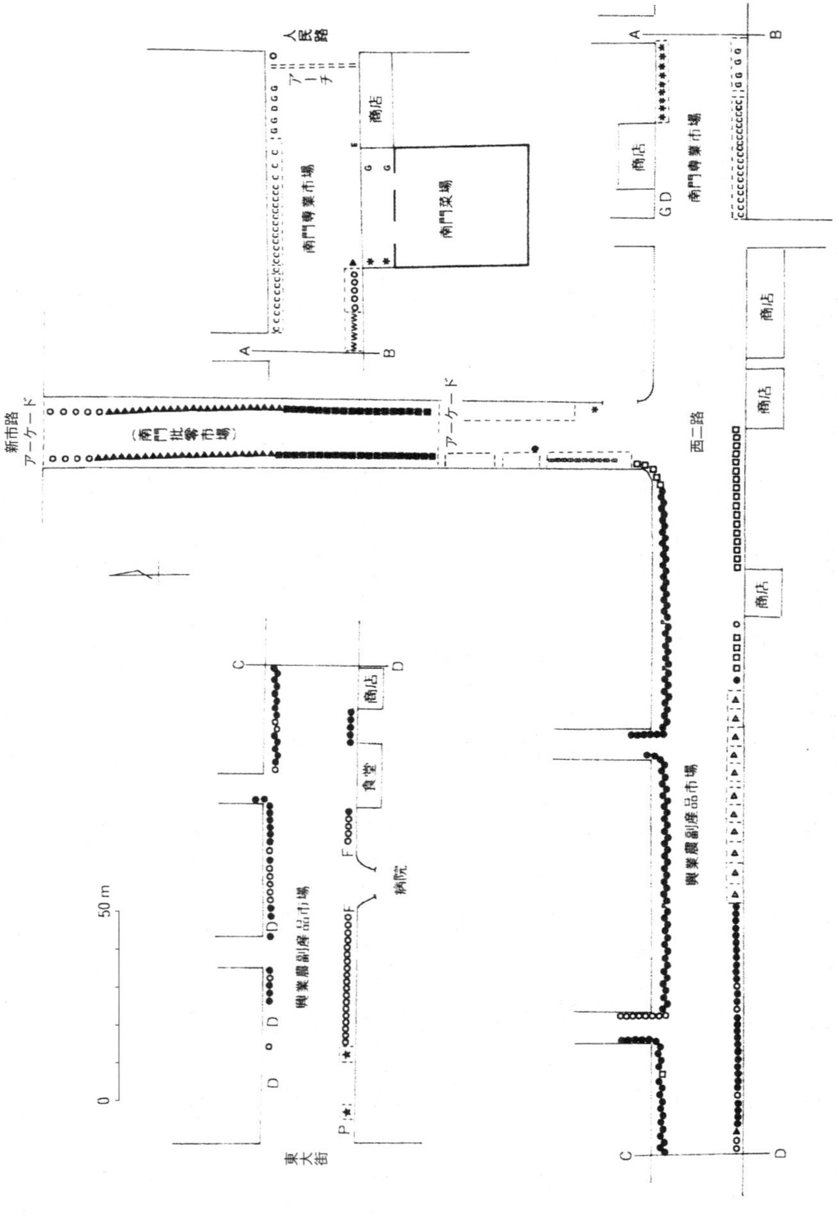

256   第Ⅲ部　現地調査から見た市の実態

図 7-6 婁門農貿市場

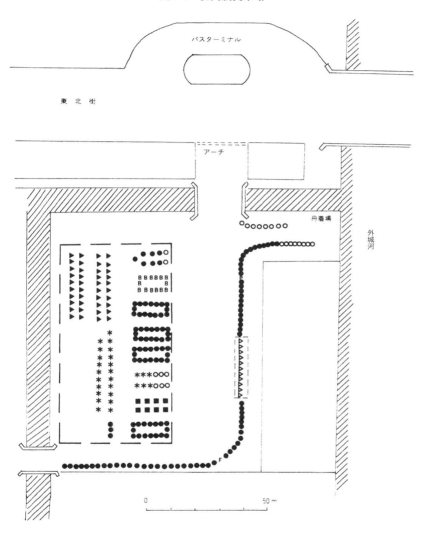

一方,図7-6は「婁門農貿市場」の平面図である。この市は市街地の東北部旧婁門跡の近くにあり,外城河の橋のたもと,市内バスのターミナルの南に位置し,船着場もある。『名冊』に商場式の市とあるように,コンクリート製の大きな上屋が作られており,その下に鮮魚・肉・家禽・豆腐類販売者の全てと,

図 7-7a 木瀆綜合農貿市場北部ブロック

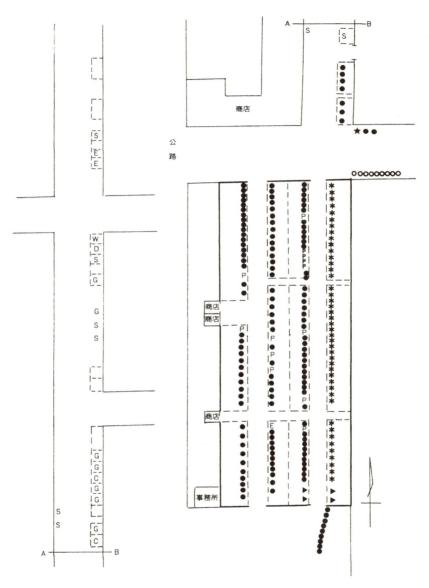

258　第Ⅲ部　現地調査から見た市の実態

図 7-7b 木漬綜合農貿市場南部ブロック

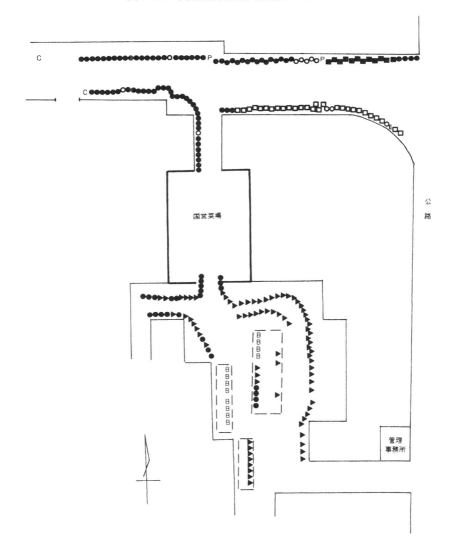

第 7 章 改革開放前期における蘇州地域の集市　259

野菜・果物販売者の一部が店を出している。これに対して，干魚販売者は屋外の售貿台で，野菜・果物販売者の大部分は露店で商っている。『名冊』によれば，常時出店者が80，臨時出店者は500とあるが，調査時点では出店数は合計で260であった。商品別セクションは明瞭に形成されている。

　以上の蘇州市街地の市に対して，図7-7は農村集貿市場に分類される「木瀆綜合農貿市場」の平面図である。この市は鎮の南北のメインストリート（公路）近くに位置するが，互いに100mほど離れた北部のブロックと南部のブロックからなっている。前者（図7-7a）は，メインストリートの東側に建てられた商場式の野菜・肉の市場と，その北側の小道に出る主として售貿台の雑貨・種子などの市からなる。後者（図7-7b）は，メインストリートをやや西に入った所に立地する公設の菜場（閑散としている）を挟んで，その北側の道路に出店する露店の家禽・卵・野菜などの市と，南側の広場に出店する一部售貿台・一部露店の鮮魚・豆腐類の市からなる。『名冊』では「木瀆綜合農貿市場」は頂棚式の市と記されており，北側のブロックの商場式の建物は最近の建築になるらしい。商品別のセクションの形成は，かなり明瞭に認められる。出店数は『名冊』によれば常時出店数112，臨時出店数789とあるが，現地調査時は合計で426であった。木瀆鎮は呉県内で二つだけの建制鎮の一つであり，その中心性は高く，しかも当鎮内には集市はこの1か所を数えるだけなので，このように出店数が多くなっていると考えられる。

　さて，表7-1は以上の六つの市について出店者の業種別構成を見たものである。城市集貿市場である鳳凰，大成坊，興業，婁門の市と，農村集貿市場である木瀆鎮の市場では，いずれも野菜が最も多く，水産物，果物，肉，卵，家禽，豆腐類がこれに次いで，いわゆる農副産品市場（農貿市場）としての特徴を示している。これに対し南門の興業小商品市場は，特に衣類・雑貨のウエイトが高く，明らかに異なったタイプの市であることを示している。

4　売り手の属性と行動

　鳳凰，大成坊，興業，婁門，渡僧橋（閻門）の五つの蘇州市街地の市に，木瀆鎮の市を加えて合計六つの集貿市場において，ランダムにサンプリングした72人の売り手に対して，面接によるアンケート調査を行い，以下のような回答を得た。

表 7-1 売り手の業種構成

		野菜	果物	花・種子	漬物	豆腐類	水産物	乾物	家禽
集貿市場	鳳凰	103 71.0	1 0.7		4 2.8	7 4.8	16 11.0		
	大成坊	220 55.2	4 1.0		8 2.0	21 5.3	68 17.1		14 3.5
	興業（南門）	179 45.2	69 17.4	2 0.5	4 1.0	10 2.5	49 12.4	11 2.8	41 10.4
	婁門	134 51.5	24 9.2	1 0.4	1 0.4	14 5.4	40 15.4	11 4.2	8 3.1
	蘇州市小計	636 53.0	98 8.2	3 0.3	17 1.4	52 4.3	173 14.4	22 1.8	63 5.3
	木瀆鎮	141 35.5	31 7.8	8 2.0	15 3.8	13 3.3	86 21.9		12 3.0
	合計	777 48.8	129 8.1	11 0.7	32 2.0	65 4.1	259 16.1	22 1.4	75 4.7
専業市場	南門		6 7.5				1 1.3		

		卵	肉	軽食	飲料等	時計修理	衣類	雑貨	計
集貿市場	鳳凰		9 6.2				2 1.4	3 2.0	145 100.0
	大成坊	15 3.8	22 5.3	15 3.8	7 1.8		1 0.3	3 0.8	398 100.0
	興業（南門）	27 6.8	1 0.3		3 0.8				396 100.0
	婁門	6 2.3	21 8.1						260 100.0
	蘇州市小計	57 4.8	44 3.7	15 1.3	10 0.8		3 0.3	6 0.5	1,199 100.0
	木瀆鎮	31 7.8	44 11.1	3 0.8	1 0.3	1 0.3	4 1.0	7 1.8	397 100.0
	合計	88 5.5	88 5.5	18 1.4	11 0.7	1 0.1	7 0.4	13 0.9	1,592 100.0
専業市場	南門		11 13.8	1 1.3	2 2.5	4 0.5	44 55.0	11 13.8	80 100.0

（注）　上段は実数，下段は構成比（％）

まず回答者の業種別構成を見ると，野菜が過半（61.9%）で，水産物（12.6%），卵（9.7%），家禽（5.6%），果物（4.2%），豆腐類（4.2%），漬物（1.4%），雑貨（1.4%）と続き，集貿市場の業種構成を比較的よく代表していると言える。

　回答者の性別構成は，男58.3%，女41.7%と，男性がやや多い。業種構成とクロスさせると，家禽は専ら男性，水産物は主として男性が扱うのに対して，卵は主として女性によって売られるなど，ある程度性的分業が認められる。ただし，野菜，果物，豆腐類は男女共に扱っている。

　回答者の年齢別構成を見ると，10代・20代の若年層が26.3%，30代・40代の壮年層が61.1%，50代以上の老年層は12.3%で，市がしっかりと壮年層によって支えられていることがわかる。

　次に，販売している商品が自家製のものであるのか仕入れたものであるのかとの質問に対しては，90.7%が自家製であると答え，仕入れ品であると答えたのは9.7%であった。したがって売り手の大部分は副産品を売りに来た農民であると考えられるが，他方では，商品を他から仕入れて市で売るという商人的行動をとっている者が一定数いることも注目すべきであろう。業種とクロスさせると，工業製品である雑貨類で仕入れる者が多いのは当然として，農副産物でも卵や野菜売りの一部に仕入れる者が存在する。

　市までの商品の輸送手段については，自転車・リヤカーによる者が圧倒的（72.2%）で，徒歩・天秤棒（13.9%）及び舟（9.7%）がやや多く，トラック（2.8%）及びバス（1.4%）を利用する者は少ない。

　市から見て居住地の方向は，**表7-2**のように，市街地北西端の閶門近くの渡僧坊橋の市の場合は北方向，市街地北東端の婁門の市及び市街地東南部の鳳凰の市では東方向，市街地南端の南門に近い興業の市では南半（東〜南〜西）の方向がそれぞれ卓越する。売り手の大部分は市街地の外の農民であり，彼らは最寄りの旧城門近くの市を選択するであろうから，以上のような傾向が見られることは肯けるところである。

　居住地から市までの所要時間は，**表7-3**のように，30分〜1時間のものが最も多く，2時間未満に大部分（77.4%）の者が納まる。しかし中には10時間以上，あるいは1日以上をかけてやって来る者もいる。そのように例外的に長時間の者がいるため，所要時間の平均値は151.7分となるが，中位数は30分である。

表7-2　売り手（アンケート回答者）の居住地の方向

方向	渡僧坊	婁門	大成坊	鳳凰	興業 （南門）	蘇州市 小計	木瀆鎮	合計
北	6	1		1	1	9	2	11
北東						6		9
東	2	7	8	6	3	26	3	29
東南			1	1	2	4	1	5
南	1	1		1	2	4	10	14
南西					1	2	2	4
西	1	1	1		2	5	2	7
西北						0		0
不明				2		2		2
計	10	10	10	11	11	52	20	72

　上記の移動手段と移動時間とから，回答者の移動距離を推算した。[4]その結果は**表7-4**のように，5〜10 km が最も多く，20 km 未満に大部分（79.1%）が納まる。しかし他方では少数だが100 km，200 km を移動する者がおり，そのため平均移動距離は21.5 km にも及ぶが，中位数を取ると5.0 km に過ぎない。なお移動距離と業種とをクロスさせると，5km 未満では徒歩と自転車が拮抗するが，5〜50 km では自転車が卓越し，10 km 以遠で使われだす舟が50〜200 km では卓越するようになり，200 km を越えるとトラックが主要な輸送手段となっている。

　回答者の出市頻度は，**表7-5**のように，毎日来る者が65.3%を占め，これに「ほとんど毎日」「1日おき」「しばしば」来る者を加えると82.0%にまで達する。毎日開かれる市に対応して，出店者の出市頻度も著しく高いと言うことができよう。

　最後に1日当たりの売上総額を問うたところ，**表7-6**のように18名から回答が得られた。全体の平均は21.8元で，業種別には卵 12.5元，野菜 17.7元，水産物 27.7元，家禽 35.0元の順で高くなる。1日 20元であっても，毎日出市すれば月 600元の粗売上額となり，販売品の多くが農家の副産物であるからには，純利益も少なくないと推測される。この地方の当時の工業労働者の平均賃金が月 100元，ボーナスを加えても150元程度であるのと比べて，相当有利な生計の途であると言えよう。

表7-3　売り手が市までの移動に要した時間

所要時間	人数	%
0 分〜	13	18.1
30 分〜	29	40.3
1 時間〜	14	19.4
2 時間〜	9	12.5
5 時間〜	2	2.8
10 時間〜	3	4.2
24 時間〜	2	2.8
計	72	100.0

表7-4　売り手の市までの移動距離（推定）

移動距離	人数	%
0.0 km〜	9	12.5
2.0 km〜	10	13.9
5.0 km〜	24	33.2
10.0 km〜	14	19.4
20.0 km〜	9	12.5
50.0 km〜	2	2.8
100.0 km〜	2	2.8
200.0 km〜	2	2.8
計	72	100.0

表7-5　売り手の出市頻度

頻　度	人数	%
毎　日	47	65.3
ほとんど毎日	2	2.8
1 日おき	3	4.2
しばしば	7	9.7
ときどき	12	16.7
不　明	1	1.4
合　計	72	100.0

表7-6　売り手の1日当たり売り上げ額

売上げ額	人数	%
〜9 元	3	16.7
10 元〜	4	22.2
20 元〜	5	27.7
30 元〜	5	27.7
50 元〜	1	5.5
小　計	18	100.0
無回答	54	―

5　むすび

　以上，蘇州市とその周辺における現地調査から明らかにされたことを要約すると，以下のとおりである。

　①蘇州の市街地（市区）の特に中心部においては，多数の「城市集貿市場」がほぼ1 km 間隔で均等に分布し，数か所の「専業市場」も存在する。集貿市場で大きいものは，都心部のものと旧城門に隣接したものであり，伝統的な立地パターンをも反映している。一方，蘇州市の郊区やそれを取り巻く呉県には，「城市または農村集貿市場」が，ほぼ各郷鎮に一つの割合で立地するものと推測される。

　②集貿市場は，野菜・果物・水産物・豆腐類など生鮮食料品を中心とした市場であり，公設の菜場の傍らに立地するものが多いが，当時すでに菜場に代わって生鮮食料品の主要な供給の場となっていたと思われる。[5]

264　　　第Ⅲ部　現地調査から見た市の実態

③市場の設備の状況を見ると，ほとんどの店が露店であるものの，かなりの店が售貿台を利用したり，頂棚と呼ばれる上屋を利用したり，商場と呼ばれる建物に収容されており，これらは『名冊』では露店式，頂棚式，商場式などと区別されているものに相当する。しかし現実には，いずれの市においても，露店，售貿台，頂棚，商場の二つないし三つが混合しているが一般である。いずれの場合でも，売り手は商品別に塊まり，それぞれセクションを形成する傾向が明瞭である。

④集貿市場の売り手は，性別では男がやや多く，年齢別では壮年層が最も多く，自家製の農副産物を売る農民が圧倒的で，徒歩または自転車で，2時間以内，20 km 以内から，毎日またはほとんど毎日出市する者が多い。しかし一部ではあるが，仕入れた商品を売る者，舟・トラック・バスで来る者，10時間以上，100 km 以上を移動してくる者など，単純に近郊の農民と言い切れない層を含んでいる。出資者の売上額は，工場労働者の賃金に比し，かなり高い水準にあると言えよう。

最後に，水岡不二雄が改革開放前期の初めの 1981 年に珠江デルタで行った調査の結果と，筆者が改革開放前期末の 1988 年に江南デルタで行った当調査の結果とを比較し，この間の異同について触れておきたい。まず市日は，前者が旬に3回の定期市であったのに対し，後者は毎日市である。この違いは，時間的差異に基づくものと言うよりは，伝統的な地域差と言うべきであろう。次に市場の設備については，前者ではほとんどが露店であったらしいのに対して，後者では集貿台，頂棚，商場などの設備がかなり整っている。集市の設備は年々改良が加えられているので，この違いは時間的差異に基づくものと言えよう。また売り手の性格について見ると，前者では解体前の人民公社の生産大隊など生産単位から派遣された者が含まれており，特に工業製品についてはそうであった。これに対して後者では，売り手の全てが個人販売者であり，その大部分は生産者農民，一部が農業または工業製品を仕入れてきた「個体戸」的小商人である。両者の違いは明らかに時期的違いを反映するものである。さらに1人1日当たりの売上額を見ると，前者では数元〜50元以上，後者では平均20元と大差ないように見える。しかし前者が旬に3回の市であるのに対し，後者は毎日市であり，開市日ごとに毎回出市する者にとっては，後者の方が売上がずっと大きいものと思われる。最後に，国営・公営の小売商店についてであるが，前者にあっては生鮮食料品に関してもなおその繁栄が確認されている

第7章　改革開放前期における蘇州地域の集市　　265

が，後者においてはその凋落傾向が明らかである。ここにもまた，両調査の実施時期の違いが反映されていると言えよう。

〈注〉
(1)　当資料の性格については，第2章付論2参照。
(2)　建制鎮とは，通称としての鎮ではなく，正式の行政区画として鎮制を施行しているもので，人口及び非農業人口率が一定以上の集落について認められている。
(3)　『全国郷鎮地名録』（1986年）によれば，江蘇省の郷鎮数は 2,078 である。これに対して，『江蘇省経済年鑑』（1986年版，Ⅳ-109頁）によれば，省内の全市場数は 4,853 である。城市集貿市場，専業市場，農副産物批発市場を除いて考えると，各郷鎮に1か所余の農村集貿市場があると推測される。
(4)　移動距離は，徒歩，自転車，舟，バス，トラックによる移動を，それぞれ時速 4 km，10 km，4 km，30 km，40 km と見なして推算した。
(5)　全国の市鎮住民のサンプル調査によれば，1986年中に集市で購買した1人当たりの食品支出は前年比 29.7％増であった。また食品類総支出に対する集市での購買比率は 6.4％であり，特に生鮮食料品については 52～74％に及んでいた（『中国経済年鑑』1987年版，Ⅵ-169頁）。なお江蘇省についても，都市における集市取引量が，副食品に関しては，国営商業のそれを上回っていたことが報告されている（『江蘇省経済年鑑』1986年版，Ⅳ-109頁）。また上海市において，集貿市場の売上額が国営菜場のそれを上回ったのは，1991/92年とされる（呉 軍「野菜生産販売システムの自由化に伴う流通構造の変化」大阪市立大学経営学会，経営研究 48-2，1997年7月）。
(6)　水岡不二雄「中国の農村市場中心地と現代化政策」アジア経済 30-7，1982年。
(7)　例えば『中国経済年鑑』（1987年版，Ⅵ-170頁）によれば，近年，室内（商場式）市場や頂棚式市場の建設が進んでいるとされる。

第8章

最盛期を迎えた河南省の集市

第1節
大都市鄭州市の集市

1　はじめに

　第2章で述べたように，中国では1990年代が伝統的集市の最盛期であった
と考えられる。筆者らは，ちょうどこの時期（1995〜97年）に河南省の都市
及び農村部において，集市の実態調査を行うことができた。本節ではそのうち，
大都市地域の例として，省都鄭州市の市街地とその郊外（いずれも鄭州市市区
に属する）における集市の実態を明らかにし，住民生活にとってのその意味を
考える。そのための調査は，①地方志・統計書などによるデータの収集，②
市・区人民政府及び工商所における聞き取りと資料収集，③市街地3か所と郊
外2か所の集市における販売者へのアンケート及びインタビューの実施，④同
じく購買者へのアンケートの実施，⑤各市場の平面図の作成と業種別出店者数
の計測などによって遂行した。

267

表 8-1　鄭州市市区における集市数の変遷

年次	中原区	二七区	管城回族区	金水区	上街区	邙山区	計
1980	3(0)		5(0)	1 (0)	2(0)		11 (0)
1985	7(1)	1(0)	5(0)	11 (1)	2(0)	1(1)	27 (3)
1990	7(1)	1(0)	7(0)	11 (1)	3(0)	3(3)	32 (5)
1991	7(1)	1(1)	8(0)	16 (3)	3(0)	3(3)	38 (8)
1992	9(3)	2(2)	10(1)	17 (3)	3(0)	4(3)	45(12)
1993	12(6)	4(3)	13(3)	24 (8)	3(0)	6(5)	62(25)
1994	13(7)	8(8)	16(5)	31(14)	3(2)	8(7)	79(43)

(注)　（ ）内は「庁房市場」（庁や房が整備された市場）の数。鄭州市工商行政管理局から入手
　　　した資料等による。

2　集市の分布

　鄭州市区（6区からなる）に属する集市の，改革開放政策下の変遷を示した
ものが**表 8-1** である。1980 年の 11 か所から，1994 年には 79 か所に増加し，
1995 年の調査時点では 82 か所にまで達していた。市区の人口は 174 万人
（1993 年）なので，1 集市当たりの人口は 2 万人余りとなる。集市の配置は，
住民の便宜を考慮しつつ行政当局の意志によって決定されるのであるが，現時
点では人口 2 万人程度で 1 か所の市場が設けられていると言える。なお表から
は，一定の設備の整った「庁房市場」の割合が年々高まりつつあることも読み
とれる。
　図 8-1 は市街地における集市の分布を示している。市場は市街地の中に分散
的に，しかしかなり高密度に分布しており，ほとんどの市街地住民は 1〜2 km
の移動でいずれかの集市に到達できる。
　一方**図 8-2** は，不完全なものであるが郊外における自由市場の分布を示して
いる。市場は古くからの中心集落である鎮や，比較的大規模な村落にのみ立地
しており，その分布密度は疎である。したがって，市場に達するには，住民は
しばしば数 km を移動する必要がある。

3　集市の概要

　市街地の集市から，大規模市として金水区緯四路（攤位数 1,700），中規模

268　　　第Ⅲ部　現地調査から見た市の実態

図 8-1　鄭州市街地における集市の分布

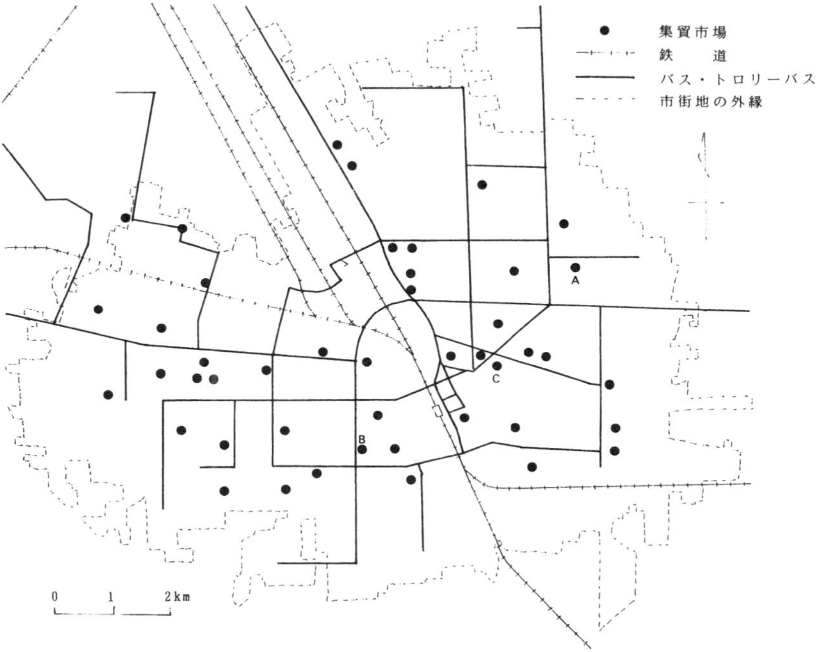

凡例：
● 集貿市場
鉄　　道
バス・トロリーバス
市街地の外縁

A：緯四路　B：大学路　C：北順城街

市として二七区大学路（同 300），小規模市として管城回族区北順城街（同
180），郊外の集市から，比較的大規模な中原区須水鎮（同 300），小規模な邙
山区老鴉陳（同 200）の各市を選び，詳細な実態調査を行った。それぞれの市
場の所在地は，**図 8-1** 及び**図 8-2** 中に示されている。

　これらの市は，毎日，朝 5 〜 7 時から開かれ，夜 6 〜 9 時まで続く。最も賑
わうのは朝方であるが，朝夕二つのピークがある場合もある。これらの市場の
開設年は，須水鎮を除きいずれも 1980 年代である。改革開放政策下に地域住
民の需要に応えて開設されたと考えられる。須水鎮については，解放前から存
在した伝統的集市の系譜を引く。かつて旬（十日）に 2 回の定期市であったの
が，現在では毎日市化したものの，伝統的市日には出市者が 1，2 割方多いと
言う。

　これらの市場の近くには，工商局の出張所たる工商所が置かれていて，市場

第 8 章　最盛期を迎えた河南省の集市　　269

図 8-2 鄭集市郊外における集市の分布

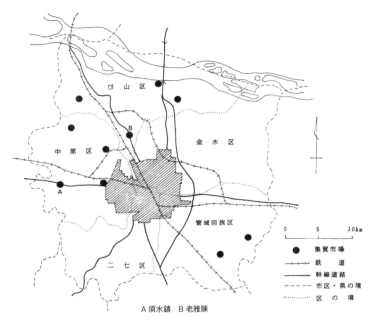

A 須水鎮　B 老雅陳

はその管理下にあり，一定数の管理人が配されている。管理人の数は市場の規模や機能の違いによって大いに異なっている（老鴉陳の 2 人から緯四路の 29 人まで）。工商所は，市場の施設整備を行うとともに，販売される商品の標準価格の提示，衛生面のチェック，公秤の準備などの管理行政を実行し，他方で，これら管理人を通じて出市者から管理費を徴収している。

　市場の大部分は，図 8-3 の緯四路の市場のように街路に沿って開かれる。露店の他に，工商局などによって，道路上の上屋（頂棚という）の他，道路沿いの個割の小店舗（房と呼ばれる）やコンクリートの大きな建物（庁と呼ばれる）が設置されている場合もある。房を借りる場合には借料（租房費）が必要で，その月額は数百元とかなり高額である。頂棚や庁内の売り場を借りる場合も借料がいるが，租房費ほど高額ではない。なお，出市者を道路上の露店から房や庁に移すことを，当地では「退路進庁」と呼んでおり，現在の市場政策の重要項目の一つである。調査対象の市場中，大学路市場は房や庁の整備が進んでいるので，「模範市場」とされている。以上の市場が道路沿いに開かれているのに対して，須水鎮市場は塀に囲まれた大きな広場で開かれており，平面形

図 8-3 緯四路集貿市場の平面図

態に関する限り異なったタイプの市場と言える。当市場は，伝統的に鎮の中心街路で開かれていたものを，交通の障害にもなっていたので，「退路進庁」政策の一環として 1994 年に現在位置に計画的に移転開設したものである。市場の敷地は約 3 万平方メートルと広大で，その中にいくつかの巨大な上屋と多数の房が配されている。いずれのかたちをとるにせよ，道路上の露天市（「馬路市場」と言う）を次第に設備の整った「庁房市場」へ変えていくのが政策目標とされている。

売り手の経営単位を当地の用語で「攤位」という。攤位の内には，毎日出店し出店場所が決まっている「固定攤位」と，時々出店するのみで出店場所が決まっていない「臨時攤位」とがある。両者の数は，市場の整備が進んでいる市では前者が後者を上回っている。固定攤位は月額で管理費を払っており，出店許可証を得ている。それに対して，臨時攤位は出店した日に日額で管理費を払う。いずれにせよ，出店場所はほぼ業種ごとに指定されており，図 8-3 に示されているように業種別のセクションが形成されている。

攤位の業種別構成は表 8-2 に示した。市街地の市場の多くでは，大学路や北順城街の市場のように，売り手の大部分が食料，特に生鮮食料品を扱っている。しかし，市街地でも大規模な市である緯四路市場では，衣類・布の販売や仕立て・修理などのサービスが加わっている。同様に，須水鎮や老鴉陳など郊外の市場でも，食料の他に衣類・雑貨・サービスなどのセクションが重要である。

市の規模を示す数値としては，上記の攤位数の他に年間売上高が挙げられる。緯四路の市が 3 億 5,000 万元の売上があるのに対して，老鴉陳は 1,500 万元の

表 8-2　調査対象集市の業種構成

	市街地の市場			郊外の市場	
	緯四路	大学路	北順城街	須水鎮	老鴉陳
野菜・果物	520　(30.2)	45　(28.3)	136　(60.1)	124　(39.7)	50　(34.5)
水産物	100　(5.8)	23　(14.5)	5　(2.2)		0　(0.0)
肉・卵	210　(12.2)	39　(24.5)	47　(20.8)	16　(5.1)	1　(7.6)
その他食品	30　(1.7)	47　(29.6)	26　(11.5)		22　(15.2)
服装	560　(32.5)	0　(0.0)	0　(0.0)	61　(19.6)	14　(9.7)
布	160　(9.2)	0　(0.0)	2　(0.9)	37　(11.9)	13　(9.0)
その他工業品		4　(2.5)	6　(2.7)	74　(23.7)	18　(12.4)
修理	40　(2.3)	0　(0.0)	2　(0.9)		5　(3.4)
仕立て	50　(2.9)	0　(0.0)	0　(0.0)		5　(3.4)
その他サービス		1　(0.6)	2　(0.9)		7　(4.8)
分類不明	53　(3.1)				
計	1,723(100)	159(100)	226(100)	312(100)	145(100)

(注)　大学路・北順城街・老鴉陳の数字は，現地調査による。緯四路・須水鎮の数字は，管理
　　　当局による。須水鎮の「野菜・果物」の数字には，「水産物」「その他の食品」が含まれて
　　　いる。(　)内は構成比。

売上しかない。一般に売上高は攤位数に比例するが，市街地の市は郊外の市より売上がかなり多い。

　購買者の参集範囲については，後述のように一般に市街地の市は参集範囲が狭く，特に生鮮食料品中心の大学路や北順城街の市では，近隣から集まるに過ぎない。ただ，規模が極めて大きく衣類のセクションの充実した緯四路の市は，市街地の広い範囲から購買者を集めている。一方，分布が疎な郊外の市は，規模が小さくとも広い範囲から顧客を集めている。

4　販売者の実態

　販売者の実態を知るため，上記の五つの市場でランダムにサンプリングした116人の販売者に対して，その属性，出市行動，及び営業活動に関するアンケート調査を行った。その結果は以下のとおりである。

　まずアンケート対象販売者の属性について見ると，性別では全体で男性が約6割，女性が約4割を占めている。年齢別では10代から60代に及ぶが，20代が最も多く，30代がこれに次ぐ（平均は，35.0歳）。市がこのような若い年齢層の人々にとっても就労の場となっていることに注目すべきであろう。

　職業別では市街地の市と郊外の市で大きな違いがある。市街地の市では，個

体商人（個人営業商人）が最も多く，次いで農民，退休者（退職・休職者）・無職者の順であった。個体商人は，言うまでもなく市営業を主業とする商人である。「農民」と答えた販売者の多くも，インタビューを試みた結果によれば，近郊の生産者農民が出市しているのはむしろ少なく，その多くは鄭州市内の卸売市場で仕入れた商品（主に野菜・果物）を売る事実上の小商人である。彼らは河南省の遠隔地農村出身のいわゆる「流動人口」で，鄭州市街地に連続する近郊農村にできている小さな貸間に居住していることが多い。この点は，1988年に筆者が蘇州市で行った調査結果[5]では野菜・果物の売り手のほとんどが近郊の生産者農民であったのに比べて，大いに異なっている。一方，衣類などの売り手の中には，インタビュー結果によれば，業績の良くない国営工場等を退・休職した失業・半失業人口が多く含まれている。集市はこれらの流動人口や失業・半失業人口に収入の場を提供していると言えよう。

一方郊外の市の場合，販売者のほとんどが職業は「農民」と答えている。確かに彼らのほとんどは戸籍上「農民戸籍」であり，なにがしかの請負耕地を保有している。しかしその実態はさまざまであり，大きく分けて，①地元「農民」であるが，衣類・布・その他の工業品を販売する市商人として営業している者，②遠隔地農村出身の「農民」で，上記市街地の市の場合と同様，主として農産物を卸売市場で仕入れて販売する者，③地元「農民」で，自家製または近所の農家から仕入れた農産物を販売する者からなっている。ここでも集市は，農家の生産物の販売の場であるのに加えて，いやむしろそれ以上に，地元及び遠隔地農村出身の小商人に活動の場を与えていると言えよう。

次に販売者の出市行動を検討してみよう。まず彼らの居住地であるが，市街地の市の場合，市街地内に居住する者と郊外に居住する者とが拮抗している。郊外に住む者の中には，近郊の農民の他に，前述のように遠隔地農村出身者を含んでいる。一方，郊外の市の場合はほとんどが郊外居住者である。なおどちらの市においても，鄭州市所属の他市県や鄭州市以外の居住者が若干含まれている。彼らは，例えば北順城街市場における羊肉販売者（回族である）のように，やや特殊な商品の販売者である。

販売者の出店に際しての移動距離は，1 km 未満が最も多く，5 km 未満からの出市者が大部分であるが，他方では 10 km や 100 km を越す移動を行って出市した者も含まれているので，移動距離の平均は 7.9 km となる。

移動の手段は，後部が荷台となっている三輪自転車が最も多く，次が一般の

自転車で, 両者で大部分を占める。この他, 遠距離の場合には, オートバイや
バスの利用が多くなる。トラックやバン等の利用は回答者からは得られなかっ
た。

　出市頻度については, 平均で週6.1回と極めて高頻度である。毎日出市する
者が最も多く, 特に市街地の市の場合ほとんどの者がそうである。次いで週に
6回ないし5回出市する者もかなりいるが, 彼らの場合も週1, 2日の休息日
ないし仕入れ日を組み込んだ専業的な市商人と言えよう。これに対して週2～
4回の出市者が少数いるが, 彼らの場合, 兼業的な市販売者ないし自家製品を
市で売る農民等の生産者であろう。

　最後に販売者の営業活動について見てみよう。まずアンケート対象販売者の
主要販売商品を見ると, 野菜・果物が最も多く, 水産物, 肉・卵, 他の食品,
服装・布, 他の工業製品がこれに次いでいる。このような構成は, **表8-2**で示
した全販売者の業種別構成に比較的類似しており, それらを比較的よく代表し
ていると言えよう。

　商品の仕入れ地は, 2割弱の自家製の場合を除くと, 大部分が鄭州市街地,
一部が鄭州郊外（野菜など）及びその他の地域（羊肉・日用雑貨など）である。
仕入れ先は, 卸売市場が過半で, その他に, 卸売商店, 商業公司, 工場, 養殖
場, 農家等が挙げられている。なお自家製が比較的多い商品は, 野菜, 肉, 豆
腐類, その他の食品である。

　各攤位の従業者数を見ると, 1人の場合がちょうど半数を占め, 残り半数が
2人以上の従業者からなり, 平均では1.62人となる。特に市街地の市の場合,
2人以上の従業者を持つ攤位が多い。このような複数の従業者がいる場合, 彼
らの間の関係を問うたところ, 最も多くが家族（夫婦・親子・兄弟姉妹）であ
り, 次いで親族が挙げられ, その他には友人というのが若干見られたに過ぎな
い。したがって, ほとんどの場合が血縁関係で結ばれていて, 明確な雇用関係
は存在しないと判断される。

　各攤位の管理費と借料を見ると, 管理費はほとんど全てが支払っており, そ
の月額は多くが20～200元の間で, 平均では88.0元である。次に設備の借料
は約6割が支払っており, その月額は攤位間の格差が大きく, 20～1,000元の
間に散らばっており, 平均では296.7元である。

　各攤位が陳列している商品の総額は, 業種や規模によって格差が大きく, 多
くは200～10,000元の間に分散しており, その平均は3,007元である。1日当

たりの売上高は 200 元未満が最も多く，ついで 200〜1,000 元が多いが，平均では 294.8 元である。売上高から仕入高及び諸経費を差し引いた 1 日当たりの利益額は，10〜50 元に集中しており，平均では 32.7 元である。この平均日額は，もし毎日出市した場合，月額で 1,000 元近くになることを意味している。この数字は，当地の一般の労働者の月収が数百元であるのと比較すると，1 攤位当たりの従業者数が 1.62 人であることを考慮に入れたとしても，決して低い値であるとは言えない。

なお商品総額，1 日当たり売上高，1 日当たり利益額を，主要販売商品別に見ると，これらの値が高いものは，肉類，水産物，その他の工業製品であり，逆に最も低いものは，野菜・果物で，衣類がこれに次ぐ。インタビュー調査によれば，野菜・果物の商人に遠隔地農村からの出稼ぎ農民が多く，衣類商に都市の失業・半失業人口が多かったが，これらの業種は，利益こそ少ないが，資本（商品総額）は比較的少なくてすみ，参入しやすい業種と考えられる。

5　購買者の実態

一方，市購買者の実態を知るため，上記の五つの市場においてランダムにサンプリングした 129 人の購買者（買物後，帰途につこうとしている者）に対して，その属性，出市行動，及び購買行動に関するアンケート調査を行った。その結果は以下のとおりである。

まず購買者の属性について見ると，性別では男女がおおよそ半々である。夫婦共稼ぎが普通である中国では，生鮮食料品の買物でも夫婦が平等に行うのが通例であることを反映している。年齢別では 10 代から 60 代までに分散している（比較的多いのは 20 代から 50 代）。平均は 36.7 歳で，販売者のそれにほぼ等しい。職業別では，市街地の市では工人（労働者），幹部等（管理職），専門職，商人，退職・休職・無職者などが多く，一方郊外の市では農民と工人が多い。それぞれの地域の特徴を反映しているが，いずれにしても地域のあらゆる職業の人々が市を利用していると言える。農民の場合の請負耕地面積は 2〜4.9 畝[6]階層が最も多い。戸主の年収は著しく分化しており，5〜9.9 千元層に最頻値があるが，最低は 1,000 元未満，最高は 10 万元以上に達しており，平均では 1.37 万元である。以上のことから，市を利用する住民はあらゆる職業，さまざまな所得階層，あらゆる年齢階層の男女であり，地域住民一般であ

ると判断することができよう。

　次に購買者の出市行動を検討してみると，まず購買者の居住地であるが，当
然のことながら市街地の市のそれはほとんどが市街地内，郊外の市のそれはほ
とんどが郊外である。市までの移動距離は全体の平均で 2.2 km で，販売者の
それよりははるかに短い。市街地の市の場合 1 km 未満が最も多く，ほとんど
が 5 km 未満である。一方，郊外の市では 2〜4.9 km が最も多く，5 km 以上
の割合もやや高く，移動距離はより長い。市までの移動手段は自転車による者
が過半を占め，オートバイ，徒歩，三輪自転車，バスによる者がこれに次いで
いる。市街地の市では徒歩による者がかなりの割合を占めるが，郊外の市の場
合それがほとんどなく，代わってオートバイやバスの割合がやや高いのは，移
動距離の相対的な長さを克服するためであろう。

　最後に購買者の購買行動を見てみよう。購買額は 20〜49.9 元の階層が最も
多く，その前後の階層がそれに続く。しかし 200 元を越えるような高額の購買
者も一定数存在するので，購買額の平均値は 94.1 元とかなり高くなる。

　購買者は 1 回の買物に際して複数の商品を購買するのが通例であるが，その
中で最も購買額が大きかった商品を「主な購買品」として集計してみると，最
も多いのが肉・卵，以下，野菜・果物，他の食料品，衣類・布，他の工業製品，
水産物の順であった。購買頻度としては野菜・果物が最も高いのであるがその
単価が安いため，購買頻度はやや低いが値段の高い肉・卵が最上位となったと
考えられる。以上により集市の最も重要な機能が，食料品，特に肉や野菜など
の生鮮食料品の売買にあることが理解されよう。ただし，郊外の各市場及び市
街地でも緯四路市場では，衣類・布やその他の工業製品の割合が相対的に高く，
食料品以外の日常必需品をも購買する場となっている。

　そこで日々消費する生鮮食料品を集市で購買する割合（市場依存率）を問う
たところ，ほとんどの購買者がその 70% 以上を集市で購買すると答えた（平
均では 78.7%）。なお，集市以外の主な入手先としては，自家生産や農家から
の直接購入などが挙げられた。またアンケート調査を実施した市場の他に，利
用する集市があるかどうかを問うたところ，「ある」と答えた者が過半数で，
具体的には隣接する市場を挙げた場合が多かった。おそらく，多くの購買者に
とって利用可能な距離内には複数の市場があり，彼らは各市場の特性に合わせ
て利用する市場を選択しているものと推測される。

6 むすび

　以上，鄭州市市街地と郊外における集市の実態を検討してきた。明らかにされた諸点を要約すると以下のとおりである。

　①鄭州市区部においても改革開放政策の進展とともに集市は増加を続け，現在では人口2万人余に1か所の割合で開設されている。大部分の市街地住民は1〜2km の，郊外住民は数km の移動によって，これらの集市へ到達することができる。

　②集市は毎日開かれ，工商所の管理下にあり，一定の施設が整備されるとともに，管理費や借料が徴収されている。大部分は道路沿いに開設されているが，「退路進庁」政策の実行により，道路沿いや広場の中に建物を配した市場も現れている。市街地の大部分の市は生鮮食料品が中心であるが，市街地内でも大きな市，及び郊外の市は，衣類など日用消費物全般を扱う。

　③集市の販売者のうち，自己の生産物を売る農民の割合は低下しており，遠隔地出身の農民（流動人口）が小商人として青果物を商ったり，都市の失業・半失業人口が衣類等の商人になっている例が生じている。彼らの多くは鄭州市内の卸売市場で商品を仕入れ，毎日自転車で市場に出る。毎日出市する店の場合，平均1,000元近くの月収があると推計される。

　④集市の購買者の大部分は，周辺地域のあらゆる階層の住民である。生鮮食料品の購買が主であるが，衣類など日常必需品をも購入し，複数の市場を訪れる者が多い。生鮮食料品に関しては，大部分の者が集市にそのほとんどを依存している。

〈注〉
(1)　郊外の集市については，中原区，管城回族区，及び邙山区に関してはその分布が判明したが，その他の区については情報が得られなかった。
(2)　「攤位」については後述する。
(3)　当市場は古くは5と10の日に開かれる定期市（集）であった。したがって，現在地に移転後も，5と10の日には普段より売り手・買い手ともに参加者が1，2割多いと言う。
(4)　「流動人口」とは，都市戸籍を持たずに農民戸籍のままで一時的に都市に居住する人口を言う。いわゆる「農民工」（農民身分の労働者）である。

(5)　第7章，及び石原 潤「中国の自由市場について」名古屋大学文学部研究論
　　　集 110，1991 年，参照。
(6)　1 畝（ムー）は約 0.067 ヘクタール。
(7)　彼らは市場で購入した商品を再販売する小商人や大「単位」の調理場担当者
　　　である。

第2節
農村地域登封市域の集市

1　はじめに

　大都市とは対照的な農村地域を背景とする集市の実態を明らかにするため，
鄭州市域に属するが市区から最も離れていて，農村的性格の強い登封市域を採
り上げた。調査は，①地方志・統計書などによるデータの収集，②市工商行政
管理局及び各郷鎮の工商所における聞き取りとデータ収集，③農村部 10 か所
と都市部 3 か所の集市における販売者へのアンケートの実施，④同じく購買者
へのアンケートの実施，⑤主要市場での平面図の作成と業種別の出店者数の計
測，⑥若干の市場での販売者への詳細なインタビューの実施などによって遂行
した。

2　集市の分布

　登封市域（旧・登封県）には，『登封県志』[1] や『登封県工商誌』[2] によれば，
解放前には 10 か所の「大鎮」，即ち城関，唐庄，廬店，告成，大冶，東金店，
大金店，石道，君召，及び潁陽に集市（定期市）があったが，大躍進期や文化
大革命期にはこれらはほとんど機能しなくなっていたと言う。しかし 1978 年
以降の改革開放政策の下で，それらは全面的に復活し，さらに新たな立地点を
加えて行った。
　現地調査により 1997 年現在の集市の立地状態を検討してみると，**図8-4** の
ように，登封城関鎮に三つの毎日市と一つの日曜市が，大冶鎮に二つの毎日市

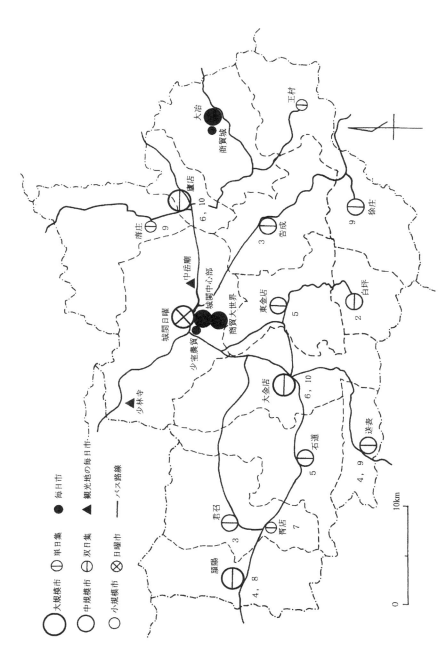

第8章 最盛期を迎えた河南省の集市

が，廬店，徐庄，大金店，走表，頴陽の五か所の郷鎮政府所在地に双日集（偶数日に開市）が，唐庄，告成，大冶，王村，東金店，白坪，石道，君召の8か所の郷鎮政府所在地と君召郷の胥店に単日集（奇数日に開市）が，それぞれ立地している。これらの「集」の日の他に，廬店，大金店，送表，頴陽は旬（10日）に2回の，唐庄，告成，石道，徐庄，白坪，君召，胥店は旬に1回の，それぞれ「会」の日をも持っている。なお，これらの市日は，現在でも全て旧暦（陰暦，中国では「農暦」と呼ばれる）によっている。この他，少林寺と中岳廟の門前には，観光客向けの特殊な毎日市も現れており，これらを合わせると，現在市域内には21の集市が存在する。現在の登封市域の人口は約60万人であるので，人口3万人弱に1か所の割合で市場があることになる。

その規模別の配置状態を図8-4から見ると，旧県城でありバス交通の集中する城関鎮（人口約7万人）の市街地に立地する4市場のうち，特に日曜市は規模が大きい。城関鎮以外でも，廬店，大金店，頴陽の各市場は，その伝統と地理的好位置を反映して規模が大きい。郷鎮政府の所在集落の大部分，即ち大冶，告成，徐庄，東金店，白坪，送表，石道，君召の市場は，中程度の規模である。一方，唐庄の市場は，廬店のそれに近すぎるがゆえに近年規模が縮小し，王村の市場は，その最も隔絶された位置のゆえに小規模にとどまっている。また，大冶鎮の商貿城及び君召郷の胥店の市場も，歴史が浅いせいか小規模に止まっている。

3　集市の概要

市域内のほとんどの市場について，その管理責任者（工商所所長など）に面接し，市場の概況の把握に努めた。以下その結果を記す。

まず市場の開設年については，前述のとおり約半数が解放前であり，残りが1978年の改革開放以後である。解放前からの市については，文化大革命期に市の状況はどうであったかと問うたところ，「消滅していた」との答えもあったが，「完全に消滅したわけではなく，野菜などが細々と売られていたが，個人の販売は禁止されていたので，生産隊など集体としての販売が行われていた」との答えが多かった。

市の多くは道路敷で開かれ，一部は専用の広場で開かれる。道路で開かれるものは「馬路市場」と呼ばれ，一般に何らの設備もない。販売者の大部分は，

露天で，あるいは自ら持参したテントや傘の下で営業している。ただ，一部の市場では「頂棚」（上屋）や小屋掛けが工商所によりなされており，販売者に割り当てられ賃貸されている。また，屋根はないが商品をその上に並べるコンクリート製の「集貿台」がつくられている市場や，「集貿台」に代替する組立式の木製の「架子」が工商所によって貸し出される例も見られる。「退路進庁」政策は，当地域ではまだ充分進んでいるとは言えないが，それでも城関鎮の商貿大世界や少室農貿市場，あるいは大冶鎮市場には，上屋や小屋掛けの設置が既になされており，調査期間中にも，城関鎮の中心部市場（鶏鳴街）と大金店市場の生鮮食料品部分について上屋の建設が進められていた。

　各郷鎮には，工商局の出張所たる工商所が置かれていて，全ての市場は直接その管理下にある。工商所には市場担当の係員がおり，また，その委嘱を受けて管理費の徴収や公秤の運用に協力する「協管員」がいる場合もある。これら管理人の人数は，おおよそ市場の規模に比例している。工商所は中規模以上の全ての市場において，販売者から管理費を徴収する。その額は市場によりまた商品の種類や量によっても異なるが，固定攤位からは月決めで数十元程度である。臨時攤位からは出店日ごとに1元前後を徴収するが，農民が少量の自家産の野菜や果物を売る場合には管理費を取らない場合が多い。また農村部の小規模市の場合，市を振興するために管理費の徴収を行わない場合がある。唐庄や胥店の市がその例である。なお，工商所は管理費を徴収する反面，上述の設備の充実の他に，出店者の場所割り，標準価格の提示，衛生面のチェック，公秤の準備，トラブルの解決などの管理行政を実施している。閉市後の市場の清掃については，工商所，郷鎮政府，または居民委員会が，数人の「衛生隊」員を雇ってこれを行っている。したがって多くの市において，上記の管理費の他に，これらの清掃主体によって若干の衛生費が徴収される。

　市の出店数は，「会」の日と「集」の日では大いに異なる。まず「会」の日について見ると，大規模なものは500を越えており，小規模なものでは100前後である。これらは固定攤位と臨時攤位から構成されており，大部分の市では後者の方が多い。一方「集」の日の出店数は，最大のもので300に達しているが，大部分は数十のオーダーに過ぎない。さらに各工商所に市の年間売上額の推計値を問うた結果，最大のものは3,000万元に達しているが，他は比較的大きいもので1,000万元ないし2,000万元台で，小さなものは1,000万元未満である。

図 8-5 石道市場の平面図

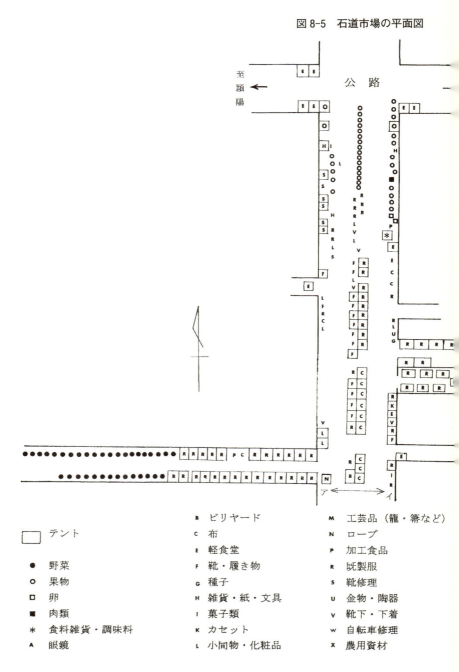

	テント	B	ビリヤード	M	工芸品（籠・箒など）
		C	布	N	ロープ
		E	軽食堂	P	加工食品
●	野菜	F	靴・履き物	R	既製服
○	果物	G	種子	S	靴修理
□	卵	H	雑貨・紙・文具	U	金物・陶器
■	肉類	I	菓子類	V	靴下・下着
＊	食料雑貨・調味料	K	カセット	W	自転車修理
▲	眼鏡	L	小間物・化粧品	X	農用資材

282　第Ⅲ部　現地調査から見た市の実態

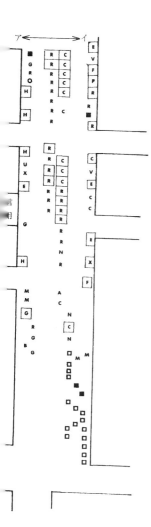

　ところでこれらの市の開催地は，各種の中心地施設や常設店舗を伴っているのが一般である。金融機関（銀行，信用社，貯蓄所）と郵便局は，全ての市立地集落に一つ以上備わっている。また，全ての市立地集落において数十戸以上の常設店舗の集積があり，その大きいものは数百戸に及び，最大は言うまでもなく数千戸の集積を見る登封城関鎮である。なお前述のように，市立地集落の多くは郷鎮政府の所在地であり，工商所，警察派出所，基礎供銷社等々の行政機関が集中立地しており，その意味でも中心集落としての性格を明瞭に示している。

　また，市場の構造と出店者の業種構成に関して，市域内のほとんどの市について実地調査を行った。

　まず市場の構造についてであるが，出店者は工商所より出店許可を得て，工商所が指定する市場内の商品ごとのセクションの中に位置を占める。食料，特に生鮮食料品のセクション（野菜，果物，肉，卵，水産物などに細分される）と，衣類・雑貨のセクション（布，既製服，靴・鞄，靴下・下着，小間物，雑貨，工芸品などに細分される）が重要であり，軽食堂や各種の修理（自転車修理，靴修理，時計修理等），仕立て，占いなど各種のサービスのセクションもある。

　図 8-5 は，郷鎮政府所在集落で開かれる中規模市の典型である石道市場の，実地調査に基づき作成した平面図である。この市は，東西に走る公路と直交して南北に走る集落の中心街路で開かれるいわゆる「馬路市場」で，

第 8 章　最盛期を迎えた河南省の集市　　283

設備は特にない。図中の記号は個々の攤位の業種を示している。一部混在状態の部分もあるが，かなり明瞭なセクションの形成が認められる。また一般にテントを伴う商人的販売者は市の中央部を占め，周辺部には露店が多いことも指摘できる。同様の検討を他の市場について行った結果によれば，市場は一般に規模が大きくなるほど，セクションの形成が明瞭になり，テントを備えた販売者の割合が増え，かつ街路の構成など構造も複雑になる傾向がある。

　次に表8-3は，15の市（農村部11，都市部4，定期市11，毎日市4）について，実地調査により集計した出店者の業種構成を示している。合計欄で全体の業種構成を見ると，30種の業種中，構成比が特に大きいのは既製服（17.8％），野菜（13.7％），果物（13.2％），布類（12.7％）であり，軽食堂（5.7％），靴・履き物（5.2％）がこれに次ぎ，靴下・下着（3.3％），小間物等（3.1％），飲料・菓子（2.5％），雑貨・紙（2.5％），肉類（2.4％），靴修理（2.2％），卵（2.1％），加工食品（2.0％）もかなりの構成比を示す。衣料品を中心とする工業製品の販売者の割合が最も高く，全体の約半数を占めており，次いで生鮮食料品を中心とする食料品の販売店が約40％，残り約10％を軽食堂や各種の修理などのサービス提供者が占めている。

　次に農村部の11市場と都市部の4市場を比較してみると，まず農村部市場が都市部市場の約2倍あるいはそれ以上の構成比を示す業種は，既製服，工芸品・家具類，その他工業品，薬・農薬・肥料，種子，農機具，仕立て，各種修理，占い，その他のサービスである。農村部では生鮮食料品の自給がある程度可能であるから，それらの比率は相対的に低く，それに代わって常設店舗の不足等により，衣類を中心とする工業製品を扱う販売者，及び各種のサービスの提供者が相対的に多いことがわかる。農薬，種子，農機具の構成比が相対的に高いことは，農村部だから当然のことであろう。なお農村部の市場には水産物の販売者が皆無である。当地方の農村部住民は基本的に魚は食べないという。一方，都市部の市場で農村部市場の約2倍ないしそれ以上の構成比を示すのは，野菜，肉類，水産物，穀物・食料油，加工食品，食料雑貨・調味料，靴下・下着類，ペットである。都市住民にとって自給不可能な食料品，特に生鮮食料品の割合が相対的に高いこと，これに対して工業製品や各種サービスは常設店舗からも供給されるので構成比が相対的に低いことが明らかである。

表8-3　登封市域における集市の業種構成

	都市部計	農村部計	全体合計
野菜	259　(21.4)	496　(11.5)	755　(13.7)
果物	158　(13.0)	573　(13.3)	731　(13.2)
肉類	59　(4.9)	71　(1.6)	130　(2.4)
卵類	13　(1.1)	104　(2.4)	117　(2.1)
水産物	11　(0.9)		11　(0.2)
穀物・食用油	5　(0.4)	9　(0.2)	14　(0.3)
加工食品	52　(4.3)	57　(1.3)	109　(2.0)
食料雑貨・調味料	41　(3.4)	32　(0.7)	73　(1.3)
飲料・菓子・タバコ	35　(2.9)	100　(2.3)	135　(2.4)
布・ふとん・糸	114　(9.4)	588　(13.6)	702　(12.7)
既製服	124　(10.2)	863　(20.0)	987　(17.8)
靴・はきもの	47　(3.9)	241　(5.6)	288　(5.2)
鞄・ベルト・財布	20　(1.7)	49　(1.1)	69　(1.2)
靴下・下着	75　(6.2)	108　(2.5)	183　(3.3)
小間物	23　(1.9)	148　(3.4)	171　(3.1)
装身具・化粧品	9　(0.7)	24　(0.6)	33　(0.6)
什器（金物・陶器等）	11　(0.9)	26　(0.6)	37　(0.7)
雑貨・紙	24　(2.0)	113　(2.6)	137　(2.5)
工芸品・家具類	4　(0.3)	94　(2.2)	98　(1.8)
その他工業製品	9　(0.7)	74　(1.7)	83　(1.5)
薬・農薬・肥料	3　(0.2)	30　(0.7)	33　(0.6)
種子	2　(0.2)	84　(1.9)	86　(1.6)
農機具	25　(0.6)		25　(0.5)
ペット	2　(0.2)		2　(0.0)
仕立て	19　(0.4)		19　(0.3)
靴修理	38　(3.1)	84　(1.9)	122　(2.2)
各種修理	1　(0.1)	30　(0.7)	31　(0.6)
占い	1　(0.1)	17　(0.4)	18　(0.3)
軽食堂	71　(5.9)	243　(5.6)	314　(5.7)
その他サービス		18　(0.4)	18　(0.3)
合計	1,211(100)	4,320(100)	5,531(100)

(注)　現地調査による。(　)内は構成比。

4　販売者の実態

　市販売者の実態を明らかにするため，合計14の市場（農村部10，都市部4）においてランダムに選んだ203人の売り手に対して，彼らの属性・出市行動・営業活動に関するアンケート調査を実施した。その結果は以下のとおりである。

まず第1に彼らの属性を見ると，性別では女性よりも男性がやや多い構成となっている。年齢別では10代から60代以上まで全年齢層にわたっているが，最も多いのが30代，次いで20代，40代で，平均では35.1歳である。市での営業が青・壮年層によって支えられていることがわかる。職業については，56％が「農民」と回答し，38％が「商人」と回答した。後述するように，「農民」と答えた者のうち，一部は確かに自家生産物を売りに来ている農民であるが，多くは農業と兼業しつつさまざまな商品を扱っている市商人である。市はこのように農民にとって重要な兼業の場となっている。販売者の世帯の請負（承包）耕地面積を見ると，最頻値は3.0～4.9畝の階層にあり，平均値では2.8畝に過ぎない。この程度の耕地面積では，商品作物にでも特化しない限り，十分な収入を農業のみから期待することは難しく，このことが兼業としての市営業を促進していると考えられる。

　次に販売者の出市行動を検討してみよう。まず居住地について見ると，当該市場と同一集落内または同一郷鎮内が6割を越すが，登封市域内他郷鎮と他市県からの販売者も一定程度存在する。したがって，居住地から当該市場までの距離は平均では9.9kmとなる。出市の際の交通手段には，徒歩，自転車，三輪自転車，トラクター，オートバイ，オート三輪，バス，荷車，トラック（賃送が普通）など多様である。そのうちでは，三輪自転車が最も多く利用され，バスがそれに次いでいる。

　出市頻度は1月当たり1～6回の者と25回以上の者とが多く，両極分解している。前者は自家製の農産物や家内工業製品を売る販売者であると考えられ，後者は商人的性格のより強い販売者であると思われる。全体の平均値は13.9回となっている。なお他の市場にも出市するかどうかを問うたところ，「する」と答えた者が過半数で，市廻りの販売者が多いことを示している。

　図8-6は販売者の移動状況を地図化したものである。この図から上で述べた出市行動が具体的に確認される。まず，いずれの市も同一集落ないし同一郷鎮内から多くの販売者を集めている。しかし郷鎮の境界を越える販売者もかなり多く，市域の境界部では当然のことながら市県界を越える者も見られる。城関鎮など都市的な集落の市よりも，むしろ農村中心的集落の市の方が他郷鎮からの販売者の割合が多い。そして販売者の郷鎮間の移動から，この地域の定期市は二つのグループを形成しているように見える。即ち，一つは西部の頴陽（「会」の日：4・8），石道（5），送表（4・9），大金店（6・10）のグル

286　　　第Ⅲ部　現地調査から見た市の実態

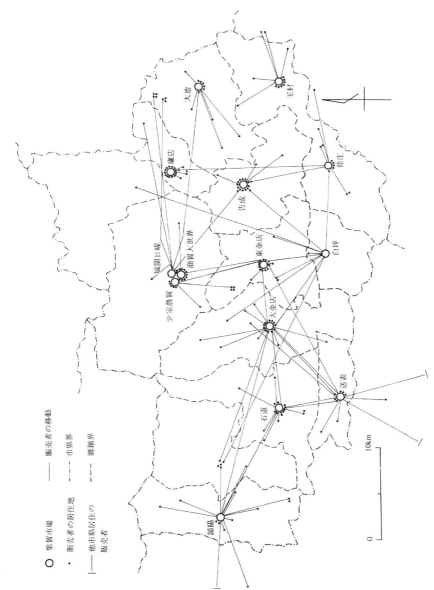

図 8-6 登封市域における集市販売者の移動

第 8 章 最盛期を迎えた河南省の集市

ープで，図には示されていないが君召（3），胥店（7）の市もこれに属すると考えられる。グループ内では4の日を除き市日の競合はなく，市廻り商人はバス等を使って容易に複数の市に出市可能である。もう一つのグループは，中央部の城関鎮（「会」の日：日曜），廬店（6・10），告成（3），徐庄（9），白坪（2），東金店（5）のグループで，図には示されていないが唐庄（9）もこれに属すると考えられる。やはり9の日を除き市日の競合はなく，バス等を使って市廻り商人の移動が容易である。ただし白坪，東金店の両市は西部のグループとも関係を持ち，両者を繋ぐ役割をもはたしているように見える。なお東部の大冶，王村の両市は，旬ごとの「会」の日を持たないためか，このような連鎖からはやや孤立しているように見える。

さらに販売者の営業活動の実態を探ってみよう。まず主要取り扱い商品であるが，様々な食料品，工業製品，サービスにわたっており，なかでも野菜，布類，既製服の割合が高いことなどは，**表8-3**で見た諸市場の悉皆調査による業種別構成と傾向を一にしている。

商品の来源について見ると，78％が仕入れによるとしているが，残りは自家生産と答えている。自家生産品は野菜や果物が多いが，一部は家内工業製品である。仕入れた場合の仕入れ先は，生産者からが2割強，残りは全て卸売商からである。生産者からの仕入れ品も農産物ないし家内工業製品である。商品の仕入れ地は鄭州が最も多いが，洛陽（特にその南部にある関林の卸売市場）がそれに次ぎ，登封の地理的位置を反映している。3番目には登封市域が挙げられているが，この内には，城関鎮などの卸売商から仕入れる場合と，農民など生産者から仕入れる場合が含まれている。

利用している設備は，頂棚（上屋）利用者が23％，非利用者（露天またはテント使用）が71％である。各攤位の販売従事者数は，1人が半数強を占め，2人が約4割で，3人以上は少数である（平均では1.5人）。販売従事者が2人以上いる場合の相互の関係は，夫婦が最も多く，これに親子，兄弟姉妹，親戚を加えると，9割を越える。雇用関係にあるのは，6例に過ぎなかった。販売者が支払う管理費は，月額10〜19元程度の者が多いが，他方では50元，100元以上を支払う者もかなりおり，平均では28.2元である。販売者のうち，頂棚など設備を借りている者が支払う借料は，月額100〜199元の者が最も多く，平均では171.5元である。

保有している商品の総額は，100元未満の者から10,000元以上の者まで階

層差が激しいが，2,000〜4,999元の層が最も多く，平均は3,748.5元である。市商人とはいえかなりの額の商品を保有していることがわかる。1日当たりの平均売上高も，49元以下の層から1,000元以上の層まで階層差がかなり激しい。200〜499元の階層が最も多く，平均は220.0元である。1日当たりの利益も，9元以下の階層から200元以上の階層まで階層差が見られるが，20〜49元の階層が最も多く，平均は38.5元である。前述の月当たり平均出市頻度と1日当たり平均利益を掛けあわせると535.2元となる。この数値は，当地の郷鎮企業労働者の月収が300〜700元程度であるのに対して，見劣りしない額であるが，1攤位当たり販売従事者数が1.5人であることをも考慮する必要があろう。

　以上はアンケート調査に基づく検討であるが，これに加えて六つの市場においてランダムに28名の販売者に対して詳細なインタビュー調査を試みた。主な聞き取り内容は，①農業の経営状況，②家族メンバーの就労状況，③主たる収入源，④出市パターン，⑤商品の仕入れ方法，⑥現在の居住状況である。以下，この順で聞き取り結果を整理して述べる。

　まず，インタビュー対象者の全員が戸籍上自らを「農民」であると答え，いずれもが現住所であるいは出稼ぎ状態の場合は郷里で請負耕地を保有すると答えた。ただし鎮の市街地や隣接村の居住者の場合，請負耕地面積は2畝以下と極めて零細であり，「農民」とはいえ兼業なしには生計を立てられないことは自明である。栽培作目は，請負耕地規模の大小にかかわらず，大部分がトウモロコシと小麦の組み合わせであり，自給的性格が強い。当地域は乾燥度が高く，灌漑用水が十分に得られる地区以外では商品作目の栽培に困難が伴うため，インタビュー対象者のうち商品作目中心の経営を行っているのは，自家製の野菜または果物を売っていた2人だけであった。

　家族の就業状況は，労働力が2人（夫婦）の場合は片方が市営業に従事し他方が農業に従事するタイプが多い。しかし一部には夫婦ともに市営業に従事し，農業は農繁期などにのみ従事する者もいる。労働力が3人以上（2世代にわたるのが普通）の場合には，いずれかの世代の1人ないし2人が市営業に従事し，他が農業ないし他の兼業（建設労務と石炭・セメント工場勤務など）に従事するのが一般で，兼業状況がより多様になる。いずれにせよ市営業者のほとんどは農繁期には農業労働を行うと答えており，農業と縁が切れてはいない。各世帯は請負耕地規模と労働力構成に応じて多様な兼業を営んでおり，市営業がそ

の中の選択肢の一つとなっていると言えよう。

　そこで主たる収入源が何であるかを問うたところ，市営業が主であるとした者が多く，農業あるいは他の兼業が主であるとした者は一部であった。このことは，兼業として選択された市営業が，もはや多くの世帯において生計の主要部分を支えていることを物語っている。

　これら市営業者の出市パターンはいくつかのタイプに分類される。一つは仕入れた商品（特に既製服・布・靴等）を売る市廻りの販売者で，居住地の最寄りの市を中心に近隣のいくつかの市に市日の違いを利用して出店する。二つ目は自家製の農産物や手工業製品を売るか，軽食の提供や各種のサービスを行う者で，その多くは最寄りの単一の市に出店する。この中には，毎日出店する者（毎日市での営業）と数日に１度の割合で出店する者（普段は農産物や家内工業製品生産に従事し「会」の日にだけ出市する者）とが見られる。

　商品を仕入れる出店者について仕入れの仕方を問うたところ，以下のような諸タイプが認められた。最も多いのは鄭州や洛陽（関林）など大都市の卸売市場にバスを利用して自ら仕入れに行くタイプで，既製服・布・小間物・靴などの工業製品の場合である。二つ目は遠方の生産地までトラックをチャーターして買い付けに行くタイプで，果物（西瓜など）・野菜・卵などに見られる。三つ目は地元の市場や近在の村で卸売人や生産者から買い付けるタイプで，野菜や果物の一部に見られる。

　出店者の居住状態については興味深い事実が明らかになった。28 人のうち６人が町場（城関鎮・大冶鎮・廬店鎮）に一時的に住む「流動人口」であった。彼らは登封市域または他市県の農村地域に本来の住所があり，家族の一部をそこに残すか，少なくとも請負耕地をそこに保有している。単身で来ている者が多いが，夫婦で，あるいは一家で来ている例もあった。宿舎は借家・借間・親戚の家への寄留・旅館暮らしとさまざまで，多くは定期的に帰郷している。扱っている商品はさまざまであり，とにかく市営業を出稼ぎの仕事としている。このような出稼ぎ人口は，前節で見たように鄭州市区の特に野菜売りの露店商の場合に広範に認められたが，当地域の中小都市にも一定程度確認されたと言えるであろう。

　最後に，筆者は廬店工商所の「個体工商戸開業登記台帳」の 1997 年 1 月～７月届け出分を閲覧する機会を得た。この期間に廬店鎮域全体で 68 件の届け出があったが，廬店市場での開業の届け出は 25 件であった。その大部分は市

場内で露天または小屋を借りて営業する者，一部が市場に面した房（棟割り店舗）で営業する者である。その内訳は，各種商品の販売業20，各種のサービス業3，飲食店1，不明1である。性別では男性が約3分の2，世帯の住所は廬店の町が半数強であるが，廬店鎮の農村部や他郷鎮の者も含まれている。従業員数はほとんどが1人のみ，一部が2人である。開業資金（商品等の仕入れ額と店の賃貸料等からなると推測される）は，平均で5,550元であるが，この値は市場に面した房で開業した建築機具や電気器具の店が平均を押し上げているためで，市場内の営業者の場合は1,000〜2,000元前後の場合が多い。以上のように，「個体工商戸開業登記台帳」によって確認し得る市場営業者の実態は，前述のアンケート調査やインタビュー調査よりうかがい得た市場販売者の実態と整合するものである。

5　購買者の実態

　購買者の実態を把握するため，15の市場（農村部11，都市部4）においてランダムに選んだ199人の購買者に対して，彼らの属性・出市行動・購買活動に関するアンケート調査を実施した。その結果は以下のとおりである。

　まず購買者の属性を見てみると，性別構成は男性がやや多く，販売者のそれと類似している。また年齢別構成でも，10代から60歳以上まで全年齢層を含み，20代，30代，40代が多く，平均では35.1歳で，販売者のそれとほぼ等しい。

　購買者の職業は農民が過半を占めるが，工人，商人，幹部等，さまざまな職種の者，学生，退休・無職者をも含んでいる。市の購買者は市周辺の住民の全階層であると言えよう。請負（承包）耕地面積は，全体としては3.0〜4.9畝の階層が多く，平均では3.1畝で，販売者のそれ（2.8畝）よりやや大きい。購買者の世帯の年収は，2,000元未満から20,000元以上まで格差が大きいが，5,000〜6,999元とその前後の階層に多くが集中している。全体の平均値は7,147元であるが，戸主の職業が農民の場合が6,470元に対して，非農民の場合は9,490元とかなりの違いがある。

　次に購買者の出市行動を見てみよう。まず購買者の居住地は，当該市場と同一集落内が3割，同一郷鎮内他集落が5割強であるのに対し，市域内他郷鎮や他市県からの利用は少数で，販売者の場合に比べてその割合はかなり低い。居

住地から当該市場までの移動距離は 2.0〜4.9 km の者が最も多く，平均では 5.2 km で，販売者の移動距離の平均が 9.9 km であったのに対し，より近くから来ていると言えよう。市場への交通手段は，徒歩，自転車，三輪自転車，オートバイ，及びバスが用いられるが，荷物が多くないので販売者のようにオート三輪，トラック，荷車を利用する者はなかった。自転車利用者が最も多く，オートバイ，バス利用者がこれに次いでいる。

　出市頻度は月当たり 1〜6 回の者が最も多く，これは旬に 1，2 回開かれる「会」に出る程度の頻度である。ただし 7 回以上の出市者もかなりいるので，平均は 7.5 回となるが，いずれにせよ，販売者の平均が 13.9 回であったのに比べかなり低いと言えよう。他の市場に出市するかどうかの問いに対しては，「する」と答えた者は 3 分の 1 に満たない。これは，過半数が「する」と答えた販売者の場合と大いに異なる点である。

　図 8-7 は以上のような購買者の行動を具体的に確認するため，その移動状況を地図化したものである。この図から，まず城関鎮の商貿大世界と少室農貿市場は，同鎮の市街地のみから購買客を集めていることがわかる。それに対して同鎮の日曜市は，鎮内のみならず遠距離の他郷鎮からも購買者を集めている。一方，農村部の諸市場は周辺地域から広く客を集めているが，ほとんどの客は同一郷鎮内からであり，他郷鎮からの者はごく一部である。したがって，販売者の移動を示した図 8-6 に比べ，一般に移動トリップが相当短くなっている。

　さらに購買者の購買活動について検討してみよう。まず当日の全ての購買品の延べ数で集計してみると，野菜（16.9%），既製服（16.3%），その他の工業製品（15.5%），肉・魚（14.0%），靴・鞄（10.5%）の順となる。次に各購買者の当日の購買品のうちで購買額が最大のものを「主要購買品」として集計してみると，既製服が最も多く（21.0%），その他の工業製品（19.5%），肉・魚（14.5%），靴・鞄（12.0%），布類（9.5%）がそれに次ぐ。「全購買品」に比べ野菜のように単価が低いものが構成比を下げ，単価の高いものが構成比を上げている。野菜など生鮮食料品は購買件数は多いが，購買額ではウエイトがあまり高くないことを示唆している。当日の市場での各人の購買額合計を出してみると，10 元以下の者から 500 元以上の者まで格差が著しいが，50.0〜99.9 元の階級の者が最も多く，平均値は 83.7 元でかなりの額にのぼる。また，生鮮食料品に限ってその全消費高に対する市場での購入額の割合（市場依存率）を問うたところ，10〜29% の者が最も多いが，他方では 90% 以上と答えた者

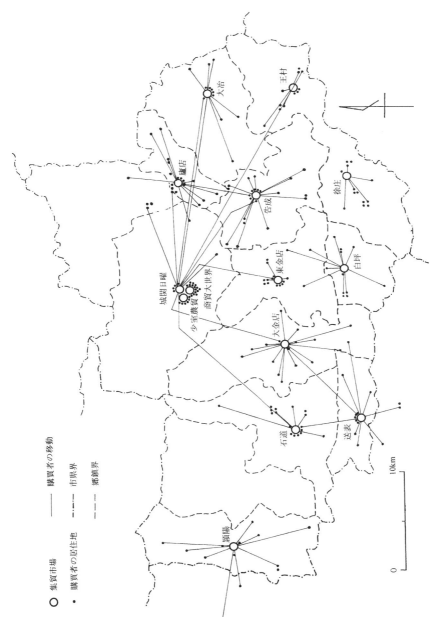

図 8-7　登封市城関鎮にある集市購買者の移動

第 8 章　最盛期を迎えた河南省の集市　　293

もかなりおり，平均では 39.5％であった。これは農村地域である当地方では，生鮮食料品の消費に自給部分が相当あることを示している。

6　む　す　び

　以上，農村部が主体で一部都市部を含む登封市域の集市の現況を検討してきた。明らかにされた諸点を要約すると以下のとおりである。

　①登封市域では改革開放政策下に集市が復活・発展し，現在では人口 3 万人弱に 1 か所の割合で，21 か所の市場が分布している。ほとんどの郷鎮政府所在地には中規模以上の市場が立地しており，それらの多くは隔日市で一部が毎日市であるが，前者は旬に 1，2 回の「会」の日を持っている。

　②集市は道路敷や広場を利用して開かれ，工商所の管理下にあり，上屋等の設備がなされている場合もあるが，「退路進庁」はあまり進んではいない。大部分の市では販売者は管理費を払い，出店許可証を得て，商品ごとに指定されたセクションに出店する。提供される商品は，生鮮食料品をはじめとする食料品，衣料品をはじめとする工業製品，及び各種のサービスからなっている。

　③集市の販売者は青・壮年層を中心とする男女で，農家の副業としての市営業が広く見られ，町場では農村部からの出稼ぎ人口の就労の場としての市営業が注目される。販売者は三輪自転車・バス等を利用し，平均 10 km 近くを移動し，1 か所の市に出る者と複数の市を廻る者とに分かれている。平均的な出市者の月収は，500 元以上になると推定される。

　④集市での購買者は市場周辺に住む住民一般で，さまざまな職業の者が含まれる。平均 5 km 程度を，自転車やオートバイ・バスを利用し，月に 7 回程度出市する者が多く，複数の市に出市する者は少ない。購買品は各種の商品からなるが，購買額では衣料品など工業製品のウエイトが高く，生鮮食料品については市場で購入する他にかなりの自給部分がある。出市頻度は高くはないが，1 回当たりの購買額はかなり高い。

〈注〉
(1)　登封県地方志編纂委員会編『登封県志』河南人民出版社，1990 年。
(2)　登封県工商行政管理局編『登封県工商誌』登封県工商局，1988 年。
(3)　第 5 章第 1 節の河南省の項で論じたと同様に，調査地域一帯では，毎日市及

び隔日市を「集」と呼び，旬に1～3回程度開かれる定期市を「会」と呼んでいる。本節ではこの用例に従って記述する。

　　　　　　＊　　　　　　　　＊　　　　　　　　＊

おわりに

　第1節で論じた大都市地域と第2節で検討した農村地域とを比較すると，以下のような相違点が指摘される。

　①大都市地域に比べ農村地域では，集市の分布が空間的にも疎であるのみならず対人口比においてもやや疎である。また大都市域では毎日市が一般的であるが，農村地域ではほとんどの市が定期市である。

　②工商所による市場管理の仕組みや市場の構造は両地域とも類似している。しかし「退路進庁」政策の実行は大都市地域でより進んでいる。

　③大都市地域では失業・半失業人口が市営業に参加しているのに対し，農村地域では零細な農民が兼業の一つとして市営業を選択している。農村出身の「流動人口」が市営業に従事する現象は大都市地域では広範に見られ，中小都市でもある程度確認された。

　④生鮮食料品購買の市場依存率は大都市地域では高いが，農村地域では低く自給部分があることが推測される。購買額の最も大きい商品は大都市地域では生鮮食料品であるが，農村地域では衣料品である。また，市密度が高い大都市地域では購買者の多くが複数の市場を利用しているのに対し，農村地域では購買者の多くは単一の市場を訪問するだけである。

　このように1990年代の集市は，一方で都市のいわゆる「流動人口」や失業・半失業人口にインフォーマル・セクターとして生計の場を与えるとともに，他方農村部では零細農民に副業の場を与えており，加えて都市住民には主として生鮮食料品の，農村住民には衣料品を中心とする生活必需品の購入の場として，欠くことのできない存在となっていた。「退路進庁」政策の進展とともにその外貌は変化したが，ほぼ1990年代を通じてその活況は続いたと考えられる。

第8章　最盛期を迎えた河南省の集市　　295

第9章

世紀転換期における四川省の集市

第1節
大都市成都市の郊外の集市
——スキナー調査地域再訪——

1　はじめに

　筆者は，世紀の転換期である 1999 年から 2001 年にかけて，四川省の若干の地域において集市の実態調査を行うことができた。四川省では当時，省都成都市の中心部などを除くとスーパーマーケット等の立地は認められず，モータリゼーションの影響も顕著ではなく，伝統的集市は依然健在であった。本章では当時の調査地のうち，第 1 節では大都市成都市の郊外を，第 2 節では山間盆地の農村地域であり，少数民族居住地域をも含む西昌市域を採り上げる。

　四川盆地は中国の中でも集市が活発に機能してきた地域の一つであり，アメリカの地理学者 J. E. Spencer や日本の東洋史家倉持徳一郎などが，先駆的研究を行った地域でもある。アメリカの人類学者 G. W. Skinner も，かつて四川盆地を主たるフィールドとし，その著名な論文において，市場地域社会の典型をそこに見出し，市場配置の二つのモデルを導出したのであった。

　しかるに Skinner がフィールド調査を行った直後，1949 年には中国に社会

主義政権が成立する。第2章第1節で述べたように，革命後の計画経済期には，一般に集市の活動は抑制されたり，時には禁じられたりすらした。集市が再び活況を示すようになるのは，1978年以後，改革開放期を待たねばならなかった。集市はいわゆる自由市場としてむしろ奨励されるようになり，市場数も取引高も急成長することになった。

　本節の目的は二つある。その第1は，かつて Skinner が，市場配置モデルの一つ，中心地論で言う k＝3 モデル（Skinner の表現ではモデル B）を導き出した成都市東南郊を訪問し，彼の地域認識が正確であったかどうかを確認することである。と言うのは，彼がもう一つの k＝4 モデル（Skinner の言うモデル A）を導き出した成都市東北郊のかつての状況について，近年，中国の地理学者 Jiang が，再調査の結果，Skinner に事実の誤認ないし歪曲があったと批判しているからである。それでは k＝3 の地域については，同様のことはなかったのであろうか。Jiang はこれについては何ら言及していないが，同様な再調査をしてみる必要があると考えられる。

　二つ目の目的は，上記の地域において，Skinner が調査して以後半世紀を経た時点（1999年）において，伝統的集市がいわゆる自由市場としてどのように展開し，住民生活にどのような意味を持っているかを明らかにすることである。筆者は，前章において，河南省における一連の調査によって，改革開放政策下に，集市が都市部でも農村部でも大いに発展し，住民にとって就業の場としても，購買の場としても，重要な役割を果たしていたことを明らかにした。より内陸に位置し，いわゆる「西部」地域に分類される四川省においては，どうであろうか。対象地域は，現在では成都市の大都市としての膨張の結果，郊外的性格を帯びつつあるが，そのような地域特性を充分考慮したうえで，集市の実態を捉えて見ようと思う。

　調査方法としては，第1のテーマに関しては，①Skinner が対象とした全ての集市での，過去と現在の状況に関する観察と簡単な聞き取り，②そのうちの二つの集市での古老からの詳しい聞き取りなどによった。一方，第2のテーマに関しては，①地方志・統計書などからのデータの収集，②市工商局（工商行政管理局），区工商分局での聞き取りとデータ収集，③約10か所の集市での，管理責任者からの聞き取りと市場調査票に基づくデータ収集，集市平面図の作成と業種別・出店形態別の出店者数の計測，販売者と購買者へのアンケートの実施などによった。

2　スキナー調査地域再訪

　Skinner が k＝3 モデルを導出したフィールドは，成都市の東南郊外の農村地域で，現在では，成都市龍泉駅区の東半と成華区・錦江区・武侯区・双流県の一部にまたがる地域である。彼は図9-1のように，民国末・解放直前に，この地域の集市を伴う 15 の市鎮（中心集落）についてその市日を調査するとともに，それらの中心地階層，即ち標準市場（町）であるか中間市場（町）であるかを判定し，かつ両階層の市場圏を画定した。そして彼は，図9-1を変形することにより，k＝3 のモデル図を導出した。Skinner はまた，対象地域内の 1 標準市場町高店子での聞き取りや観察に基づきながら，標準市場を中心にいわゆる市場共同体（marketing community）が存在することをも主張した。

　筆者はまずこれら 15 の集落を訪問し，①それらの位置が正確であるかどうか，②民国末・解放直前にそこに集市があったかどうか，③またその市日が何時であったかを，年配の住民からの聞き取りによって確認した。その結果，①15 の集落の位置は正確であること，②いずれの集落においても，確かに集市が開催されていたこと，③その市日も，Skinner が地図上に記している限りでは，正確であることが判明した。したがって，Jiang が k＝4 モデルの地域について主張したような，事実の誤認ないし歪曲は，当地域についてはこれらの点に関しては見られないと言えよう。ただし，Skinner は対象地域東部の平安場，龍泉駅，及び柏合寺の集市については，なぜか市日を記入していない。聞き取りによれば，往時の市日は，平安場が 2・5・8，龍泉駅が 3・6・9，柏合寺が 1・4・7 であったと言う。Skinner が主張する「標準市場は関係する中間市場と市日を異にする」という原則に照らすと，龍泉駅及び柏合寺は適合するが，平安場だけは適合しない。

　次に筆者は，Skinner が記入した標準市場レベルの市場圏が適切であるかを確認するため，Skinner が調査した上記の高店子と，伝統的集市の面影をよく残している平安場とにおいて，解放前の様子をよく記憶している古老より，解放直前の市場圏（その集市を日常的に訪れる住民の居住している範囲）を復元した。聞き取りを行ったのは，高店子ついては解放前から続く古い茶館の 75 歳の主人であり，平安場についてはこの集市を開設した人物を祖父に持つと言う 84 歳の老人である。その結果，いずれの集市の市場圏も，ほぼ Skinner が

図9-1 民国末期の成都市東南郊における集市と市場圏

（出所） Skinnerの図に加筆

図示した範囲であったことが確認された（図9-1参照）。Skinner自身は，どのような方法で市場圏を画定したかについては記載していない。筆者には，時間的制約から，上記以外の集市について同様の調査を行うことは不可能であったが，Skinnerの図示した市場圏が正確であった蓋然性が高いとは言えよう。

さらに，Skinnerが主張するような市場共同体的状況が，標準市場をめぐって存在したかどうかについて，筆者は上記の2市場において，同じ古老より聞き取りを行った。その結果，市場圏内の地主や農民が日常的に集市に参加したこと，その際，しばしば茶館を訪れて時間を過ごし，茶館は婚姻話がまとまる場であったこと，集市の開かれる街路に面して廟があり廟会や演劇が催されたことなど，集市を中心とする地域社会のありようは，かなりの点でSkinnerの

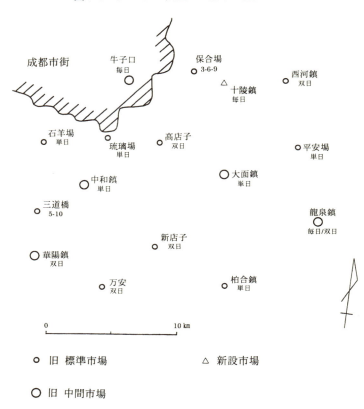

図 9-2　Skinner の調査した集市の現在の市日

叙述した市場共同体を彷彿とさせるものであった。しかしながら，Skinner は市場共同体を論ずる際に，市場圏ごとに方言や度量衡が異なることもあるとしたが，この点に関しては，古老たちは一致してそのようなことはなかったと証言した。

　最後に，Skinner の対象とした集市が，約半世紀後の現在，どのような状況にあるかを検討してみる。まず，かつての集市は，集落内のミクロな立地場所は変わっていても，全ての集落において，現在も存続（または復活）している。ただし，市日は，図 9-2 に示したように，ほとんどの集市に関しては，九斎市から隔日の市へと変わっている。成都の拡大した市街地内に取り込まれた牛子口や，都市的集落へと発展した龍泉鎮では，毎日市へと変化している。逆に，

幹線道路からはずれて衰退傾向の顕著な三道橋では，六斎市へと退化している
し，同じく幹線道路からはずれて停滞的な保合場では，かつての市日をそのま
ま残した九斎市である。保合場に代わっては，その近くの幹線道路に沿い都市
化の進展している十陵鎮において毎日市が出現している。なお，現在では同一
集落内に複数の集市が立地する場合があり，また伝統的集市とは性格を異にす
る専門市場も多く出現している。これらの点に関しては次項で詳述したい。

3　集市の現況

(1)　集市の分布

　集市の現況を調査する対象地域は，成都市龍泉駅区とした。当区の西半が
Skinner の調査地域の東半分に相当する。Skinner の調査地域をそのまま採用
しなかったのは，それが現在の行政区画では 5 区県にまたがり，データ収集な
どに著しい困難を伴うためである。

　龍泉駅区は成都市を構成する区の一つであるし，市域の南東部に位置するが，
中心市街地をはずれており，中国の慣用的な用語法に従えば，「郊区」に相当
する。面積は 558 km^2，人口は 2000 年現在で 48.5 万人，人口密度は 869 人
/km^2 である。土地利用規制の強い中国にあっては，このような郊外地域でも
顕著なスプロール現象は見られず，区の大部分は農村的な景観を示すが，区政
府所在地の龍泉鎮は，中心市街地からの移転企業や大学分校などの立地もあっ
て，衛星都市的な発展が認められる。また成都中心部から放射状に伸びる 2 本
の幹線道路（図 9-3，9-4 参照）沿いには，成都寄りの諸鎮でかなりの工場等の
立地が見られ，前述の十陵鎮では団地状のアパート群も存在する。成都から重
慶へ向かう高速道路が当区を縦断しており，区内で唯一のインターチェンジ付
近では開発区が造成されている。区の南東部は山地であり，平地から山地にか
けての一帯には，桃，ぶどう等の果樹栽培が盛んである。農村労働力 1 人当た
りの農林牧漁業総産値は 3,269 元と高い。また近年四川省では，「農家楽」と
称する一種のグリーンツーリズムが活況を呈しているが，当区の南部の柏合鎮
では，桃の果樹園を売り物にした農家楽が盛んである。以上のように，当区は
景観的にはいまだ農村的景観が卓越するが，さまざまな面で大都市成都の郊外
的性格を持ちつつあることは否定できない。

　『龍泉駅区志』[(8)] によれば，区内の集市は 1958 年の人民公社成立期に閉鎖され，

図9-3 龍泉駅区における一般市場の分布

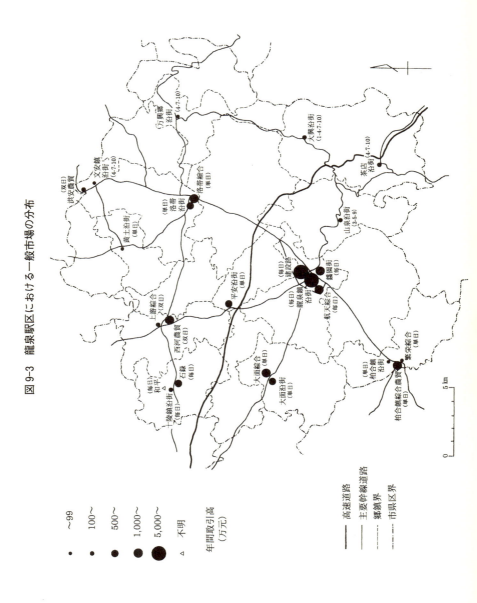

302　第Ⅲ部　現地調査から見た市の実態

図9-4 龍泉駅区における専門市場の分布

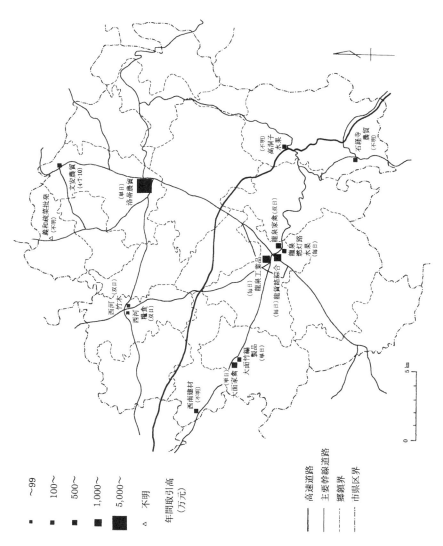

第9章　世紀転換期における四川省の集市

1960年末からの調整期に回復されたが，文化大革命期には資本主義をなす場として制限され，改革開放期に入った1979年に制度や市日を調整したと言う。1988年時点で，承認を経て開設されていた集市は，龍泉駅（現在の龍泉鎮），鎮子場（現・洛帯鎮），柏合寺（現・柏合鎮），西河場（現・西河鎮），大面舗（現・大面鎮），山泉舗（現・山泉郷），茶店子（現・茶店鎮），石経寺，平安場，石録（現・十陵鎮），大興場，万興場（現・万興郷），清水，黄土場（現・黄土鎮）の14か所で，総取引高は1億元を越えていたとある。

　これに対して現在の龍泉駅区には，区工商分局の資料によれば，40か所の集市が存在しており，うち26か所が多様な商品を扱う一般市場であり，13の中心集落に立地している。一方，14か所が限定された商品のみを扱う専門市場であり，八つの集落に立地している。このうち，前者が伝統的集市の性格を持つものと考えられるが，区の人口は48.5万人であるので，人口1.9万人に1か所の割合で一般市場が，あるいは人口3.7万人に一つの割合で一般市場を持つ集落が存在することになる。なお1988年に存在していた14か所の集市は，山間部の清水を除いて，現在でも12か所が一般市場として，1か所（石経寺）が専門市場として存続しており，それに加えて多数の一般市場・専門市場が新たに誕生している。一般市場の分布を**図9-3**に，専門市場の分布は**図9-4**に示した。

　龍泉駅区における集市の分布状況をまとめると以下のようになろう。①区内には，相互に5〜9kmの間隔で位置する大小13の中心集落に一般市場が立地している。②比較的大規模な鎮では複数の一般市場が存在する。③各郷鎮の最大の一般市場を比較しても，年間売上高は，龍泉鎮の1億元以上から，万興郷や黄土鎮の100万元未満まで，著しい較差があり，それらは各鎮の人口規模や中心性の違いを反映していると思われる。④一般市場の市日は，都市化が顕著な集落では毎日，平野部の農村中心的集落では隔日で，山間部では伝統的な九斎市（旬に3回の市）ないし十二斎市（旬に4回の市）である。⑤区内の8か所の集落に14の特定商品を扱う専門市場が立地している。⑥専門市場の多くは区内の特産物である果物や野菜の集出荷機能に特化しているが，家禽，竹木，竹編製品，建材，糧食，工業製品の専門市場も見られる。⑦専門市場の年間取引高も，最大5,000万元以上から，最小100万元未満まで較差が大きい。

　なお，同一集落に複数の集市が立地している場合が多い理由としては，以下の諸点が挙げられよう。①当地域では果物及び野菜の商品生産が盛んであり，

表 9-1　集市取引高から見た中心集落の階層

万元（年間）

集落名	階層	一般市場	専門市場	合計
龍泉鎮	Ⅲ	24,976	4,226	29,202
柏合鎮	Ⅱ	4,045	0	4,045
大面鎮	Ⅱ	3,989	979	4,968
洛帯鎮	Ⅱ	3,706	8,900	12,606
西河鎮	Ⅱ	3,583	60	3,643
十陵鎮	Ⅱ'	1,154	0	1,154
平安場	Ⅰ	458	0	458
山泉舗	Ⅰ	382	0	382
茶店子場	Ⅰ	352	0	352
洪安	Ⅰ	250	0	250
大興場	Ⅰ	178	0	178
文安鎮	Ⅰ	110	165	275
万興場	Ⅰ	92	0	92
黄土鎮	Ⅰ	82	0	82
高洞子	Ⅰ'	0	358	358
石経寺	Ⅰ'	0	268	268
洪河鎮	Ⅰ'	0	230	230
義和鎮	Ⅰ'	0	—	—

その集出荷機能が一般市場から専門市場へと次第に分離されてきたこと，②都市化の進展により，龍泉鎮に典型的に見られるように，複数の一般市場が必要になってきたこと，③「馬路市場（沿街市場）」から，専用の広場と施設を持った「庁房市場」への転換が進みつつあるが，新しい市場ができても沿街市場がなお残存する場合が多いこと，④かつては工商局のみが市場の建設主体であったが，近年ではむしろさまざまな事業主体による市場設立が奨励されていることなどである。なおこれらの結果，同一集落内でも市場間で激しい競争が繰り広げられつつあり，一部では機能を果たし得なくなった市場も出てきている。

　ところで表9-1は，中心集落ごとに一般市場の年間取引高を集計し，それを指標として，その懸隔点を境に中心集落の階層区分を試みたものである。なお表中には，参考のために専門市場の取引高，及び一般・専門両市場の取引高の合計をも記してある。まず地域内の最高次（Ⅲ階層）の集落としては，一般市場の取引高が2億元を越える龍泉鎮がある。それに次ぐ階層（Ⅱ階層）の集落は，取引高3～4千万元の柏合，大面，洛帯，西河の各鎮が挙げられる。このうち洛帯鎮は，専門市場の大きな取引高を考慮するならば，Ⅲ階層に近いと見

第9章　世紀転換期における四川省の集市　　305

なされるかもしれない。Ⅱ階層に準じるものとしては，新興の十陵鎮が1千万元余の取引高を示す。最低次の階層（Ⅰ階層）の集落としては，取引高500万元未満の平安場，山泉舗，茶店子場，洪安，大興場，文安鎮，万興場，黄土鎮が挙げられる。一般市場は欠くが専門市場を持つ高洞子，石経寺，洪河鎮，義和鎮の各集落は，これに準ずるものと位置付けられよう。

図9-1に見るように，Skinnerは解放直前の時点で，当地域西部の諸中心集落のうち，龍泉鎮と大面鎮を高次な中間市場町，柏合鎮，西河鎮，平安場を低次な標準市場町と見なしていた。中間，標準の両市場町が，現在の上記階層のいずれに相当するかを判定することは容易ではないが，Ⅱ階層を中間市場町，Ⅰ階層を標準市場町に相当すると見なすならば，龍泉鎮は中間市場町からSkinnerの用語法によれば中心市場町へ，柏合鎮，西河鎮は標準市場町から中間市場町へ，それぞれ階層を上げ，さらに新興の十陵鎮などが新規参入を果たしつつあるということになる。このように，個々の市場町の階層にはかなりの変動が見られたと言えよう。

(2) 集市の概況

Skinnerのかつての調査区域の東半部にあたる龍泉駅区西部の多くの一般市場について，現地を訪問して管理責任者（工商所所長など）から，用意した市場調査票をもとに集市の概況について情報を得た。

まず，市場の現在地での開設年であるが，ほとんどが1990年代になってからである。それ以前は道路（集落の中心街路）の両側で開かれていたものが，交通の障害などの理由で現在地の広場に一定の設備の整備とともに移転した場合が多い。ただし，平安場のように，市場の創設以来道路沿いの出市を続けているものもあり，他方では，龍泉鎮航天，西河鎮上游，十陵鎮興貿，十陵鎮綜合のように，90年代になって全く新たに開設されたものもある。

次に，市日については先述したので省略し開催時間について見ると，多くの市は早朝から夕方ないし夜まで開かれる。しかし，一部の市は午前中のみ開かれる。いずれにせよ，ほとんど全ての市で取引のピークは午前中にある。特に朝が早い市は，買い集め商人が早朝に生産者から果物や野菜を集荷する市である。

集市の多くは前述のように専用の広場で開かれる。街路で開かれる馬路市場は，聞き取り対象市の中では，平安場と柏合鎮の沿街市場のみであった。広場

の場合の面積は 5 畝[9]（0.3 ha）から 30 畝（1.8 ha）程度で，設備としては多くのものが大小の「頂棚」（上屋）を持っており，一部の市は広場の周りに「房」（店舗）が配されている。ただし，街路の市は何の設備もないし，広場の市でも簡単な「售貿台」を持つに過ぎないものもある。これらの設備の建設（投資）者は，工商局である場合が最も多いが，近年では工商局が新たに市場に投資することは禁じられており，区政府，区供銷連社，行政村，村民小組，企業（公司）などが資金を出している。

　全ての集市は，工商局の出張所たる工商所（1 ないし数か郷鎮に 1 か所置かれている）の監督下にある。実際の集市の管理も工商所が直接行っている場合が多いが，一部の集市は，行政村，村民小組などに管理が委任されている。各集市には規模に応じて 1 人ないし十数人の管理担当者がおり，管理費が徴収される（ただし，開設間もない龍泉鎮航天市場は，市場振興のため管理費を徴収していない）。月額の管理費は，市により，また商品の種類や量によっても異なるが，固定攤位からは数十元程度の場合が多く，馬路市場の場合は 10 元未満，逆に賑わう市の場合は百元以上の場合もある。臨時攤位からは出店日ごとにごくわずかの管理費を徴収するが，農民が少量の自家産の野菜や果物を売る場合には管理費を取らない場合が多い。売り手が頂棚・房・售貿台などの設備を利用する場合は，それらの賃貸料が徴収される。その額も，設備，業種，専有面積などによりさまざまであるが，月額数十元〜数百元程度である。

　工商所など管理主体は，管理費や設備賃貸料を徴収する反面，設備の維持，出店者の場所割り，標準価格の提示，衛生面のチェック，公秤の準備，トラブルの解決などの，管理行政を実施している。なお閉市後の市場の清掃については，多くの場合は工商所が，一部の集市では郷鎮政府，行政村，村民小組がこれを行っている。したがって多くの市において，上記の管理費の他に，これらの清掃主体によって月額数元ないし 20 元程度の衛生費が徴収される。

　次に，市の出店数（攤位数）を問うた結果について見ると，市日ごとに毎回出市する固定攤位の数はおおむね 100〜400 の間にあり，その差は大きくない。これに対して，臨時に出市する臨時攤位の数は，都市的な市の場合は数十程度と少なく，農村的な市の場合は生産者農民が加わるので数百程度と多く，特に果物や野菜が集荷される柏合鎮農貿，柏合鎮沿街，西河鎮綜合などの市は，1,000 から 2,000 にも達する。したがって攤位の総数は，固定攤位数よりも臨時攤位数の影響を受けて大小の変異を示す。

各市の販売者及び購買者の参集範囲を最大距離で問うた結果を見ると，販売者については，多くの市では数km〜10kmとの回答であり，龍泉鎮の建設路と醤園街の市のみが20〜30kmとの回答であった。一般に販売者の移動距離は短いと言えよう。購買者の参集範囲についてもやはり数km〜10kmとの回答が最も多く，龍泉鎮の建設路と醤園街の市のみが20〜30kmとの回答であった。ただし，アパート街の中にある十陵鎮興貿市場の場合は，1km以内とのことであった。一方，市の1日当たり購買者数を市管理者に問うた結果は，比較的少ない市で数千人，多い市で2〜3万人程度であった。

　ところで，これらの市の賑わいが季節によって変化するかどうかを問うた結果は，都市的集落の市は「変化がない」か「変化が少ない」との答えが多かったが，農村部を背景とする市は春節（旧正月）の頃，次いで夏に賑わうという答えが多かった。夏の賑わいは主に果物の出荷による。

　なおこれらの市の開催地は，各種の中心地施設や常設店舗を伴っているのが一般である。市立地集落における銀行等金融機関と郵便局の立地状況，及び常設店舗の立地数を問うた結果，まず金融機関（銀行，信用社，貯蓄所）と郵便局は，平安場を除く全ての市立地集落に立地している。また全ての市立地集落において，数十戸以上の常設店舗の集積があり，その大きいものは数百戸，数千戸の集積を見る。なお前述のように，市立地集落は平安場を除き郷鎮政府の所在地であり，中心集落としての性格を明瞭に示している。

（3）市場の構造と出店者の業種構成

　さて次に市場管理者への質問票を離れて，筆者自身による実地調査に基づき，市場の構造と出店者の業種構成について論じたい。

　まず市場の構造についてであるが，出店者は市場管理者より出店許可を得て，管理者が指定する市場内の商品ごとのセクションの中に位置を占める。食料品の諸セクション（野菜，果物，肉，卵，水産物，食料雑貨など）が最も重要であり，衣類・雑貨の諸セクション（布，既製服，靴・鞄，靴下・下着，小間物，雑貨，工芸品など）や，サービスの諸セクション（軽食堂，自転車修理，靴修理，時計修理，仕立てなど）もある。

　図9-5は，龍泉鎮醤園街市場の実地調査に基づく平面図である。この市場は龍泉鎮の旧市街地の南部に位置し，幹線道路に直行する醤園街に面している広場型の市場である（**写真9-1**）。広場の中央には大きな上屋（頂棚）が建設され

ており，多くの出店者がその下で営業している。広場の周りの3面には，広場
に面して店舗（房）が並んでおり，賃貸されている。他の1面は水産物商人用
の細長い上屋からなる。この他，広場内にかなり多数の露天営業者がおり，市
場の門外にも十数個の露店が出店している。彼らのかなりの部分はいわゆる臨
時攤位である。市場への入り口は醤園街とそれと平行する裏通りの2か所で，
市場内には管理事務所と公衆便所がある。

　図中の記号は個々の攤位の業種を示している。中央の上屋の下には多数の販
売者からなる野菜の大きなセクションがあり，上屋の北部から中央部を占めて
いる。上屋の南部には，豚肉，鶏肉，加工肉，加工食品，穀物・食用油，及び
麺の小さなセクションがある。露店の部分では，野菜（数か所に分かれる），
果物，卵，食料雑貨，豆腐類のセクションが確認できる。一方，周りを取り囲
む店舗には，さまざまな業種が見られるが，食料雑貨・調味料が最も多く，豚
肉，鶏肉，穀物・食料油などがこれに次ぐ。同じ業種の店舗は，ある程度塊ま
っているが，かなりの程度に混じりあっている。いずれにしてもこの市場の場
合，上屋下，露店，店舗を問わず，ほとんど全てが食料品販売者である。

　露店の割合を減らしそれらを頂棚ないし房に収容していく，あるいは「馬路
市場」（「沿街市場」とも呼ぶ）を「庁房市場」に変えていく方策を，「退路進
庁」と呼び，現在の中国の市場政策のスローガンの一つとなっている。当地域
でもこの方向への施策が進められており，かつては馬路市場が多かったが，現
在では醤園街市場のように，少なくとも専用の広場を持ち，加えて頂棚や房を
備えた庁房市場が増えている。

　表9-2では，実地調査をなしえた10個の集市での営業形態（房利用か，頂
棚利用か，露天か）別の攤位数を集計している。全体では房利用が11.5%，
頂棚利用が37.1%，露天が51.4%である。依然として露天が最も多いが，頂
棚や房に収容されているものがかなりの割合にのぼっていることが理解されよ
う。ただし，平安場市場や柏合鎮沿街市場のような馬路市場では，全てが露天
のままである。

　次に集市の業種別構成を検討してみたい。**表9-2**では攤位数を業種別に集計
している。29種の業種中，構成比が特別に大きいのは野菜（44.2%）であり，
肉類（11.9%），食料雑貨・調味料（7.4%），果物・花（6.6%）がこれに次ぎ，
卵類（3.8%），加工食品（3.4%），既製服（3.3%），穀物・食用油（3.1%），
飲料・菓子・タバコ（2.3%）もかなりの構成比を示す。29業種を大きく食料

第9章　世紀転換期における四川省の集市　　　309

図 9-5　龍泉鎮醤園街市場の平面図

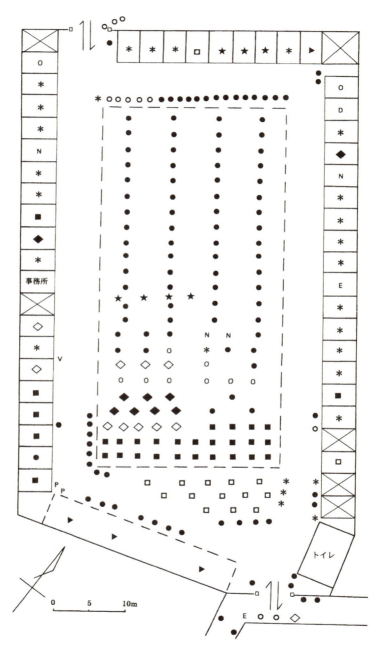

	房（店舗）
	頂棚（上屋）

- ● 野菜
- ○ 果物
- ▶ 鮮魚
- ▢ 卵
- ◇ 鶏肉
- ■ 豚肉
- ◆ 加工肉
- ★ 穀物・食用油
- ＊ 食料雑貨・調味料

A	かばん	N	めん類
B	茶店	O	加工食品
C	布・タオル・ふとん・毛糸	P	豆腐類
D	飲料	Q	仕立て
E	軽食堂	R	自転車・オートバイ修理
F	靴・履物	S	靴修理
G	種子	T	たばこ
H	雑貨・紙・文具・ロープ	U	金物・陶器
I	菓子類	V	公衆電話・貸ビデオ
J	散髪・美容院	W	既成服・下着
K	家具・葬具	X	農用資材・灯油
L	小間物・化粧品	Y	各種修理
M	工芸品	Z	薬・洗剤

第9章　世紀転換期における四川省の集市　　311

写真 9-1　龍泉鎮醤園街市場

品（**表 9-2** の「野菜」から「飲料・菓子・煙草」まで），工業製品（「布・ふとん・糸」から「その他工業製品」まで），農業資材等（「薬・農薬・肥料」から「たき木・木材」まで），及びサービス（「仕立て屋」から「その他サービス」まで）にまとめると，その構成比はそれぞれ，84.5％，11.3％，1.8％，2.4％であり，食料品が圧倒的なウエイトを示している。これは基本的に，この地域が成都市郊外として都市的性格を持ちつつある地域であるためであろう。ただし，各集市を食料品の構成比を基準に比較検討してみると，都市的色彩の特に濃い龍泉鎮の場合，建設路市場が 95.9％，醤園街市場が 98.8％，航天市場が 87.1％と，いずれも食料品の構成比が著しく高い。これに対して農村的色彩の最も濃い平安場市場では，食料品の割合は 60.8％と最も低い。その他の各市場は両者の中間的な値を示す。

(4) 販売者の実態

対象地域内の 9 個の集市においてサンプリングした 84 人の売り手に対して，彼らの属性・出市行動・営業活動に関するアンケート調査を実施した。回答が比率尺度で示されるものについては，その平均値及び標準偏差を**表 9-3** に示した。以下これらの結果を基に，販売者の実態を検討する。

まず第 1 に彼らの属性を見ると，性別では女よりも男がかなり多い。年齢別では 10 代から 60 代以上まで全年齢層にわたっているが，最も多いのが 30 代，ついで 20 代，40 代の順で，**表 9-3** に示したように平均では 37.2 歳である。

表 9-2　成都市龍泉駅区の一般市場の業種構成

	房	頂棚	露天	計	%
野菜	1	373	763	1,137	44.2
果物・花		20	149	169	6.6
肉類	33	225	48	306	11.9
卵類	4	51	43	98	3.8
水産物	5	30	11	46	1.8
穀物・食用油	27	16	37	80	3.1
加工食品	8	29	50	87	3.4
食料雑貨・調味料	82	75	33	190	7.4
飲料・菓子・煙草	17	5	37	59	2.3
布・ふとん・糸	4	4	5	13	0.5
既製服	32	39	15	86	3.3
靴・はきもの	9	12	20	41	1.6
鞄・ベルト・財布		15		15	0.6
靴下・下着	1	11	3	15	0.6
小間物		4	5	9	0.4
装身具・化粧品	7	2	2	11	0.4
金物・陶器等	2	1	8	11	0.4
雑貨・紙・文房具	15	3	20	38	1.5
工芸品・家具類	4	8	21	33	1.3
その他工業製品	3		14	17	0.7
薬・農薬・肥料	1		4	5	0.2
種子	1	20	12	33	1.3
農耕具			2	2	0.1
たき木・木材		3	2	5	0.2
仕立屋	9		4	13	0.5
靴修理			5	5	0.2
各種修理			5	5	0.2
軽食堂・茶店	27	9	1	37	1.3
その他サービス	3	1	2	5	0.2
合計	295	955	1,321	2,571	100.0
%	11.5	37.1	51.4	100.0	

市での営業が，青年層・壮年層にとっても魅力を失っていないことがわかる。

　回答者本人の職業については，26％が「農民」と回答し，73％が「商人」と回答した。「農民」と答えた者のうちには自家生産物を売りに来ている農民も含まれているが，多くは農業と兼業しつつさまざまな商品を扱っている市商人である。他方「商人」と答えた者も，戸籍の上では農村戸籍であり，請負耕地を割り当てられている者が多い。したがって，両者の境界は判然としないのであり，さまざまの程度で農民の市営業への兼業が進行していると認識すべきで

表 9-3　販売者に関する諸変数の平均値

変数名	平均	標準偏差
年齢	37.2	11.6
請負耕地面積	2.2	2.4
距離 (km)	3.5	8.2
所要時間 (分)	26.2	30.5
出市頻度 (回/月)	24.4	8.0
従業者数	1.8	1.0
管理費 (元/月)	90.1	121.8
設備借料 (元/月)	105.4	118.5
商品総額 (元)	4,460.0	6,948.4
平均売上高 (元/日)	339.6	559.2
平均利潤 (元/日)	30.4	29

あろう。一方，回答者が属する世帯の世帯主（戸主）の職業については，「農民」と答えた者の割合が31％とより高くなり，「商人」と答えた者は67％と低くなっている。このように本人の職業と戸主の職業に一定の違いがあることは，世帯内で各成員が異なった職業に従事するかたちで兼業化が進んでいることを示している。

販売者の世帯の請負（承包）耕地面積を見ると，85％が請負耕地を保有している農民身分である。1.0〜4.9畝を保有する者がほとんどで，その平均値は2.2畝に過ぎない。この程度の耕地面積では，商品作物にでも特化しない限り，十分な収入を農業から期待することは難しく，このことが兼業としての市営業を促進していると考えられる。

次に販売者の出市行動を検討してみよう。まず居住地について見ると，当該市場と同一集落内が35％，同一郷鎮内他集落が37％と，両者で7割を越すが，龍泉駅区内他郷鎮が26％で，他区県からの販売者も若干存在する。居住地から当該市場までの距離は1.0〜4.9kmの者が最も多く，平均では3.5kmである。これらの距離を移動するのに要する時間を見てみると，10〜19分かけて来る者が最多であるが，他方では120分以上かけてやってくる販売者もおり，平均では26.2分となる。出市の際の交通手段には，オートバイが最も多く利用され，自転車，三輪自転車，バス，徒歩がそれに次ぐ。なお出市に要する時間は，距離に加えてこの交通手段の関数でもある。

月当たりの出市頻度は25回以上の者が多く，13〜18回の者がそれに次ぐ。後者はこの地域に多い隔日の市のいずれかに出市する者であり，前者は毎日市に毎回出るか，2か所の隔日市に出市する者であろう。平均値は24.4回である。なお調査対象の市場以外の他の市場にも出市するかどうかを問うたところ，「する」と答えた者は比較的少数であった。当地域では，開催頻度の高い毎日市や隔日市が多いため，複数の市に出る市廻商人が多くないことを示していよう。

さらに販売者の営業活動の実態を探ってみよう。まず商品の来源について見

ると，75％が仕入れによるとしているが，残りは自家生産と答えている。自家生産は野菜，果物，卵などの場合が多い。仕入れた場合の仕入れ先は，生産者である場合が3分の1，残りは全て卸売商からである。生産者からの仕入れも，上記のような農産物が多い。商品の仕入れ地は龍泉駅区内が最も多いが，成都市区がそれに次ぎ，その他の地域は取るに足らない。これは当地域の成都市郊外区としての性格を反映している。

各攤位の販売従事者数は，1人が43％，2人が42％で，3人以上は15％のみである（平均では1.8人）。販売従事者が2人以上いる場合の相互の関係は，夫婦が最も多く，これに親子，兄弟姉妹，親戚を加えると9割を越える。雇主と雇われ人という関係にある者は見られなかった。

販売者が支払う管理費は，平均では月額90.1元であるが，10〜29元程度の者と100元以上支払う者とにいわば2極分化している。管理費は，頂棚利用者の場合は高く（平均86.4元），露天営業者の場合は低い（44.0元）。また，肉類・その他食品売り（102.7元）で高く，野菜・果物売り（67.4元）で低い。2極分化はこのような違いの反映であろう。販売者のうち，頂棚など設備を借りている者が支払う借料は，月額100〜199元の者が最も多く，平均では105.4元である。

保有している商品の総額は，100元未満の者から20,000元以上の者まで，階層差が激しいが，平均は4,460元である。市商人とはいえ，かなりの額の商品を保有していることがわかる。1日当たりの平均売上げ高も，49元以下の層から2,000元以上の層まで階層差がかなり激しいが，平均は339.6元である。1日当たりの利潤も，9元以下の層から200元以上の層まで階層差が見られるが，平均は30.4元である。前述の月当たり平均出市頻度と，1日当たり平均利潤を掛けあわせると741.8元となり，さらにこれを12倍して年収に換算すると約8,900元となる。この数値は，後述する購買者の戸主の年収の平均11,780元に較べればやや低いが，市営業が必ずしも低所得を意味しないことを示している。

(5) 購買者の実態

対象地域内の9個の集市においてサンプリングした87人の買い手に対して，彼らの属性・出市行動・購買活動に関するアンケート調査を実施した。回答が比率尺度で示されるものについては，その平均値と標準偏差を**表9-4**に示した。

表 9-4　購買者に関する諸変数の平均値

変数名	平均	標準偏差
年齢	38.6	12.4
請負耕地面積	2.6	5.1
戸主年収（百元）	117.8	172.5
距離（km）	2.3	2.8
所要時間（分）	14.6	9.6
出市頻度（回/月）	18.3	9.9
購買額合計（元）	56.9	140.8
世帯人数	3.5	0.9
市場依存率（%）	66.9	29.5

（注）　市場依存率とは生鮮食料品を集市で購
　　　入する割合。

これらをもとに，購買者の実態を検討する。

　まず購買者の属性を見ると，性別構成は男性が女性よりやや多い。夫婦共稼ぎが通常である中国では，食料品などの買い物をも男性がすることが日常的に行われていることを反映していよう。年齢別構成では10代から60歳以上まで全年齢層を含んでいるが，30代が最も多く，次いで20代，40代の順となり，販売者の年齢別構成と比較的類似している。表 9-4 に示したように平均では38.6歳で，販売者のそれとほぼ等しい。

　購買者本人の職業，及び購買者が属する世帯の世帯主（戸主）の職業については，農民が過半を占めるが，工人，商人，幹部（管理職）等さまざまな職種の者と，退休・無職者を含んでいる。市の購買者は市周辺の住民の全階層であると言えよう。請負（承包）耕地面積は，2.0〜2.9畝の階層が最も多く，平均では2.6畝で，販売者のそれ（2.2畝）よりやや大きい。請負耕地を持たぬ者が22％いるが，彼らは都市戸籍者であろう。購買者の世帯の年収は，1,999元以下から30,000元以上まで格差が大きいが，平均値は11,780元で，都市近郊であるためかかなり高いと言えよう。

　次に購買者の出市行動を見てみよう。まず彼らの居住地は，当該市場と同一集落内が3分の1，同一郷鎮内他集落が約半数であるのに対し，市域内他郷鎮や他区県からの出市は少数で，販売者の場合よりもさらにその割合は低い。居住地から当該市場までの移動距離は，1.0〜1.9kmの者が最も多く，平均では2.3kmで，販売者の移動距離の平均が3.5kmであったのに対し，より近くから来ていると言えよう。市場への移動に要する時間は，10〜19分の者が最も多く，60分を越える者はいない。平均では14.6分で，販売者の平均移動時間が26.2分であったのに比べかなり短い。市場への交通手段は徒歩と自転車で4分の3を占める。ただしオートバイ及びバスの利用者も一定数存在する。

　月当たりの出市頻度は25回以上の者が最も多く，13〜18回の者がこれに次ぐ。前者は毎日市に買い物に行く者，後者は隔日市に行く者に当たり，この地

域の集市の開催頻度に対応している。ただし平均では 18.3 回となり，販売者の平均が 26.2 回よりはかなり低い。他の市場に出市するかどうかの問いに対しては，「する」と答えた者は約 7 割であった。これは販売者の場合が 1 割強であったのと比べて大いに異なっている。当地域では，毎日市や隔日の市が多く，販売者が複数の市に出る割合が低いが，多くの中心集落に複数の市場があるため，消費者の方がむしろ複数の市を選択しているためと考えられる。

さらに，購買者の購買活動について検討してみよう。まず購買者の当日の購買品のうちで，購買額が最大のものを「主要購買品」として集計してみると，肉・卵・魚が最も多く（58％），野菜（24％），その他の食品（9％），果物（7％）の順である。次に購買額が第 2 位以下のものを含めて，「全購買品」を延べ数で集計してみると，肉・卵・魚（39％），野菜（33％），その他の食品（19％），果物（11％）までの順は変わらないが，次いで既製服（3％）とその他の工業製品（1％）が現れる。しかし，全体として食料品のウエイトが著しく高い（96％）のが特徴的である。

当日の市場での各人の購買額合計を出してみると，9.9 元以下の者から 500.0 元以上の者まで格差が著しいが，平均値は 56.9 元である。また生鮮食料品に限って，その全消費高に対する市場での購入額の割合（市場依存率）を問うたところ，10〜100％の間に広く分散しており，平均では 66.9％とかなり高い水準であった。市場依存率は非農民（72.8％）よりも農民（51.6％）で低く，後者では一定の自給部分があることを示している。

4 む す び

最後に，本節で明らかにされた諸点を要約し，結論に代えたい。
まず，Skinner の調査地に関しては，

①Skinner は，解放直前の成都市東南郊外の市場（町）や市場圏について，おおむね正確な認識に基づいて k ＝ 3 モデルを導出したと考えられる。ただし，一部の集市の市日を記載しなかったことには疑問が残り，市場圏社会の完結性については議論の余地があるように思われる。
②Skinner の調査後約半世紀を経た今日，その調査地域におけるかつての集市は全て復活しており，一般に市日頻度を高めているが，集市の繁栄の程

度には較差があり，立地集落の中心集落としての階層に変動が認められる。

　次に，龍泉駅区の集市の現状に関しては，

①龍泉駅区では，現在では一般市場と専門市場を合わせて40の集市が存在
　し，しばしば同一集落に複数の立地を見る。一般市場は人口1.9万に1か
　所の割合で立地している。集市は都市化した集落では毎日，平野部の中心
　集落では隔日に，山間部の中心集落では九または十二斎市として開催され
　る。
②集市は道路敷や広場を利用して開かれ，後者の場合，工商局またはその他
　の組織の投資により，上屋や店舗等の設備がなされている場合が多い
　（「退路進庁」の進行）。大部分の市で販売者から管理費が徴収され，許可
　証を得た販売者は商品ごとに指定されたセクションに出店する。
③集市で提供される商品は，生鮮食料品をはじめとする食料品の割合が極め
　て高い（85％）が，衣料品をはじめとする工業製品，農業用資材，及び各
　種のサービスも含まれる。
④集市の販売者は，青壮年層を中心とする男女で，農民の兼業としての市営
　業が広く見られる。販売者は市場までオートバイ・自転車・バス等を利用
　し平均3.5kmを移動し，月に平均24日出市するが，複数の市に出る者
　は比較的少数である。推定される1月当たりの利益はかなり高く，市営業
　は悪くない生業である。
⑤集市での購買者は市場周辺に住む住民一般で，さまざまな職業の者が含ま
　れる。平均2.3km程度を徒歩や自転車利用で移動し，月に18回程度出
　市し，複数の市に出る者もいる。購買品は各種の商品からなるが，食料品
　のウエイトが高い。1回当たりの購買額は57元程度である。生鮮食料品
　については3分の2が市場で購入される。

　以上のように，世紀転換期の成都市郊外では，人口増を背景に集市の開設が
盛んで，衰退する集市は他の市との競合に敗れたごく少数のものにとどまり，
またスーパーマーケットなどの立地はいまだ確認されず，加えてオートバイの
普及は見られたものの，モータリゼーションの影響は顕著ではなく，集市はな
お繁栄を続けていたと言えよう。

〈注〉

(1)　J. E. Spencer, The Szechwan village fair, *Economic Geography*, Vol. 16, No. 1, 1940.

(2)　倉持徳太郎「四川の場市」日本大学史学会研究彙報1，1957年。

(3)　G. W. Skinner, Marketing and social structure in rural China（Part 1）*The Journal of Asian Studies*, Vol. 24, No. 1, 1964, pp. 3-43.

(4)　H. Jiang, Distribution of rural centers near Chengdu in southwest China: A comparison with G. W. Skinner's central place model, *Erdkunde*, Band 47, S. 212-218, 1993.

(5)　図9-1は，前掲（3）のFigure 3.1をもとに，同Figure 3.2に記載された市日をも書き加えて作図した。

(6)　Skinner, *op. cit.*, p. 24.

(7)　Skinner, *op. cit.*, pp. 39-40.

(8)　龍泉駅区方志編纂委員会編『成都市龍泉駅区志』成都出版社，1996年。

(9)　1畝（ムー）は，約0.067ヘクタール。

第2節

少数民族も参加する農村地域西昌市域の集市

1　はじめに

前節では，省都成都市の郊外について，世紀の転換期においても集市が繁栄し，住民にとって，就業の場としても，購買の場としても，重要な役割を果たしていたことを明らかにした。本節では，同じく世紀の転換期の2001年時点で，四川省西南部の山間に位置しより農村的性格が強く，また涼山彝族自治州の中心でもある西昌市域においては，状況がどうであったかを検討する。

調査方法としては，前節と同様に，①地方誌・統計書などからのデータの収集，②市鎮政府，市工商局での聞き取りとデータ収集，③農村部の全ての市場についての，工商所所員からの聞き取りと市場調査票に基づくデータ収集，④約7か所の綜合（総合）市場での，平面図の作成と業種別・出店形態別（一部

については性別）の出店者数の計測，販売者及び購買者へのアンケートの実施
などによって遂行した。

　対象地域である西昌市は面積 2,655 km²，人口 55.6 万人（2000 年），この
うち市区（市街地）の人口は 13 万余のみで，41 万余の人口が山間部を含む広
大な農村地域（郷及び鎮）に属する。西昌市区は近年行政中心，観光中心とし
て発展が著しいが，西昌市域全体としては農村的景観が卓越する。人口密度は
全体では 209 人/km² と低いが，これは広大な山間部を含むためで，盆地床で
は 1000 人/km² 程度の高人口密度を示す農村地域もある。遠隔地市場向けの
野菜や健康食品用アロエの栽培などが行われているが，農村労働力 1 人当たり
の農林牧漁業総産値は 6,253 元と，龍泉駅区よりは低い。農村部は大きく分け
て，盆地床の漢族（一部回族）居住地域と，周辺山間部の少数民族彝族居住地
域からなる。したがって本節では，①農村部の集市の状況を明らかにするとと
もに，②特に彝族の市場への参加状況にも注目したい。

2　集市の分布

　『西昌市工商行政管理志⁽¹⁾』によれば，民国 31（1942）年，現西昌市域には，
西昌城区（6 か集市）の他，礼州，新華（2 か集市），琅環，安寧，柏枝樹，
樟木，小廟，川興，大興，大石板，馬道，経久，太和，西渓，黄聯関，黄水，
高草，阿七，活竜と，19 集落に 26 集市が開かれていた。市日は，7 か所が毎
日，6 か所が隔日（単日または双日），その他が旬に 3 回（九斎市）であった。
概して現市域の北部に毎日市ないし隔日の市が多く，南部で九斎市が多かった
と言える。同『管理志』によれば，革命後今日まで市日は度々変更され，また
集市の立地点にもかなりの変化があった⁽²⁾。

　これに対して現在の西昌市域には，市工商局での聞き取りと現地調査によれ
ば，市区には 13 の綜合市場と八つの専門市場があり，農村部には 24 の集落に
24 の綜合市場と七つの専門市場が存在している。このうち，綜合市場が伝統
的集市の性格を持つものと考えられ，市域全体では人口 1.5 万人に 1 か所，農
村部では 1.7 万人に 1 か所の割合でそれぞれ存在することになる。

　農村部の集市の分布を示したものが 図 9-6 である。綜合市場の分布を見ると，
南北に流れる安寧河と東部のチョン海を取り囲む盆地床の地域，すなわち漢族
（一部回族）の居住地域の諸郷鎮において，1 郷鎮に 1 か所の割合で，互いに

図 9-6　西昌市農村分部における集市の分布

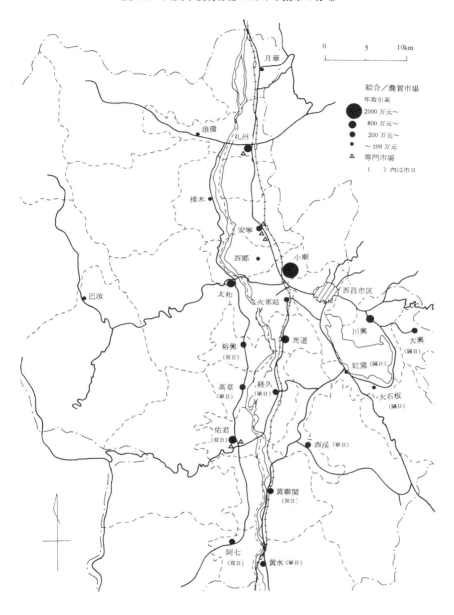

第 9 章　世紀転換期における四川省の集市

表 9-5　集市取引高から見た中心集落の階層

万元（年間）

集落名	階層	綜合市場		専門市場		計	
		市場数	取引高	市場数	取引高	市場数	取引高
西昌市区	III	13	16,080 +	8	10,000 +	21	28,080 +
小廟	II	1	2,778			1	2,778
礼州鎮	II'	1	1,600	1	?	2	1,600 +
馬道鎮	II'	1	1,500			1	1,500
川興鎮	II'	1	1,400			1	1,400
太和鎮	II'	1	1,000			1	1,000
祐君鎮	II'	1	900	2	?	3	900 +
大興鎮	I	1	500			1	500
高草鎮	I	1	400			1	400
黄聯関鎮	I	1	400			1	400
経久鎮	I	1	300 +			1	300 +
裕興鎮	I	1	300			1	250
黄水鎮	I	1	300			1	300
西渓鎮	I	1	300 +			1	300 +
安寧鎮	I	1	200	3	?	4	200 +
阿七鎮	I	1	200			1	200
楠木鎮	I'	1	100			1	100
月草鎮	I'	1	100			1	100
琅環鎮	I'	1	80			1	80
大石板	I'	1	40			1	40
西郷郷	I'	1	5			1	5
紅窯	I'	1	1.5			1	1.5
四汝郷	I'	1	0 +		—	1	0 +

ほぼ5～10 km 間隔で集市が立地していることがわかる。これに対して周縁の山地部，すなわち彝族の居住地域においては，巴汝の市場を唯一の例外として，いずれの郷にも集市は存在しない。[3]これら綜合市場の市日は，図9-6 中に示しておいたように，市域北部のものは毎日，南部のものは隔日である。前述した解放前の状況に比べて，北部で頻度が高く，南部で低いと言うパターンは類似しているが，絶対的な頻度はいずれも上昇している。なお，市日を決める暦は，当地域でも太陽暦でなく，陰暦（当地方では「農暦」と呼ぶ）によっている。

　表9-5 は，中心集落ごとに綜合市場の年間取引高を集計し，それを指標として，その懸隔点を境に中心集落の階層区分を試みたものである。表中には参考のために専門市場の取引高等をも記しておいた。まず地域内の最高次（III階層）の集落は，綜合市場の取引高が 16,000 万元を越える西昌市区である。そ

322　　第III部　現地調査から見た市の実態

れに次ぐ明瞭にⅡ階層の集落は，綜合市場の取引高2,700万元余の小廟が挙げられる。Ⅱ階層に準じるものとしては，同取引高が900～1,600万元の，礼州，馬道，川興，太和，佑君の5鎮が挙げられよう。一方，綜合市場の取引高200～500万元の9集落は，最低次の階層（Ⅰ階層）の中心集落と見なされ，また，100万元以下の7集落もそれに準ずるものと位置づけられよう。

3　集市の概況

　西昌市域の全ての綜合市場について，管轄の工商所の所長などに用意した市場調査票をもとにその概況について回答を求めた。

　まず市場の現在地での開設年は，ほんとが1990年代，一部が1980年代である。それ以前は道路（集落の中心街路）の両側で開かれていたものが，交通の障害などの理由で，現在地の広場に一定の設備の整備とともに移転した場合が多い。次に，市日については前述したので省略し，開催時間について見ると，集市の一部は早朝から夕方まで開かれる。しかし，その他の集市は昼ないし午後3時頃までに閉市する。取引のピークはほとんどの集市で午前中か昼頃にある。

　市の過半が専用の広場で開かれる。しかし街路で開かれる沿街市場がかなり残されているのが当地域の特徴で，小規模な市が該当する。広場の敷地面積は100 m² 余という巴汝の場合は例外で，一般には1,000 m² 以上，中には礼州の市場のように10,000 m² を越えるものもある。市場の設備としては，広場の中に大小の頂棚を持っており，一部の集市は広場の周りに房を配している。ただし，街路の集市は何の設備もないのが一般である。これらの設備の建設（投資）者は，工商局である場合が最も多いが，近年では工商局が新たに市場に投資することは禁じられており，代わって郷鎮政府，村，村民小組や企業（公司）などが金を出す例が現れている。設備の建設費は，最小5万元から，最大600万元以上に及んでいる。

　全ての綜合市場は工商所（数か郷鎮に1か所置かれている）の監督下にあり，実際の集市の管理も工商所が直接行っている場合が多く，一部の市場のみが郷鎮政府・村・村民小組によって管理されている。市場には規模に応じて1人ないし数人の管理担当者（正規の管理者または補助者）がおり，彼らは工商所員か，郷鎮・村・村民小組に雇われた者である。管理費の額は，「売上高の1～

５％」というのが建前で，そう回答した市場も多いが，実際には個々の攤位を査定し，固定攤位からは月額数元ないし数十元，業種によっては100元を越える額が徴収されている。臨時攤位からは出店日ごとにごくわずかの管理費を徴収するが，農民が少量の自家産の野菜や果物を売る場合には管理費を取らない場合が多い。売り手が頂棚・房などの設備を利用する場合は，それらの賃貸料も徴収される。その額は月額数十円〜200元程度である。工商所など管理主体は，管理費・設備費を徴収する反面，一連の管理行政を実施している。

　集市の出店数（攤位数）を問うた結果，市日ごとに毎回出市する固定攤位の数は，わずか３と回答された缸窯の他は，比較的小規模の市場では数十，大きな集市では数百程度であり，臨時に出市する臨時攤位の数も，少ない集市で数十，多い集市では数百程度に達する。さらに各集市の開市日１日当たりの参集者の推計値は，100人と回答された西郷を最少として，小規模な集市で数百人，大規模な集市では数千人に及ぶ。

　次に，各集市の販売者および購買者の参集範囲を最大距離で問うた結果，販売者については小規模な若干の集市では数kmとの回答であったが，多くの集市では数十kmとの回答であった。一方購買者の参集範囲については，小規模な集市は数kmとの回答が多く，比較的大規模な集市で数十kmとの回答であった。

　これらの集市の賑わいが季節によって変化するかどうかを問うた結果，「変化がない」との答えが一定程度ある反面，春節（旧正月）の頃最も賑わうとの回答が多く，また夏（野菜の出荷が多い）や秋から冬にかけて（米の収穫後）も賑わうとの回答が多かった。

　なおこれらの集市の開催地は中心集落としての性格を持っている。集落内の商店数は最少の大石板の30戸から最多の佑君の200戸までの間にある。

４　市場の構造と出店者の業種別・性別構成

　次に筆者自身の実地調査に基づき，市場の構造と出店者の業種構成について論じたい。

　まず市場の構造についてであるが，出店者は集市管理者より出店許可を得て，管理者が指定する市場内の商品ごとのセクションの中に位置を占める点では，他地域と変わりはない。

図 9-7 は農村部を背景とする太和鎮の綜合市場の平面図である。当市場は鎮に立地するので，前述のように農村部の綜合市場の中では年間取引高や攤位数において上位を占める。市場は鎮の東西に走る幹線道路に面した長方形の広場からなる。広場内には 2 列の長い頂棚（上屋），2 列の短い頂棚，並びに 1 列の短い房が作られており，四周にも多数の房が配されている。また広場の東側には牡畜市場が連なり，その一部では穀物も売られている。これらの頂棚や房，それらの間の空地には，さまざまな業種のセクションが形成されている。食料品のみならず，工業製品や各種サービスをも供給する場となっており，多くの房が作られているのも常設店舗を補う意味を持っていよう。

　なおこの市場では，入り口付近の薬草売りと広場内のキノコ売り（写真 9-2），及び房の民族衣装売り（写真 9-3）の全員が彝族であった。この他にも，キャベツやジャガイモを扱う野菜売りの一部が彝族である可能性があるとのことであったが，確認し得なかった。薬草売りとキノコ売りの彝族は西方の山地住民で，自ら採取した少量の商品を持参して露天で売っているのであり，市場の空間の周縁的位置に彝族同士で塊まって位置している。これに対して 2 軒の房の彝族は親族同士であり，都市部で仕入れた生地をここで民族衣装に仕立てて，彝族の客に売っているとのことで，いわば市場経済下に成功した例外的な彝族の事例と言えよう。

　ところで，「退路進庁」政策は当地域でも進められており，かつては沿街市場が多かったが，現在では太和鎮の市場のように専用の広場を持ち，頂棚や房を備えた庁房市場が増えてきている。表 9-6 には，実地調査をなしえた 7 個の綜合市場について，営業形態別の攤位数を集計している。房利用が 14.7%，頂棚利用が 28.8%，テント・傘利用が 10.1%，露天が 40.4% である。依然として露天の割合が最も高いが，頂棚に収容されているものがそれに次ぎ，房の割合も一定程度を占めている。施設の整備はある程度進んでいると言えよう。

　次に集市の業種別構成を検討してみたい。表 9-6 には，実地調査をなしえた綜合市場について，攤位数を業種別に集計している。29 業種を大きく食料品，工業製品，農業資材等，及びサービスにまとめると，その構成比はそれぞれ，75.2%，17.9%，1.8%，5.1% であり，食料品が最も大きなウエイトを示しているが，工業製品・農業資材・サービスも一定の比重を占めていることがわかる。

　最後にこれらの業種と性（ないしジェンダー）との関係を見ておきたい。こ

図9-7 太和市場の平面図

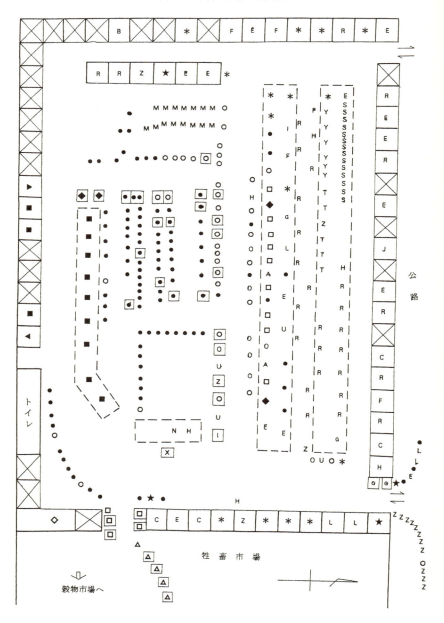

326　第Ⅲ部　現地調査から見た市の実態

⌐_⌐	房（店舗）	A	つけもの
⌐_⌐	頂棚（上屋）	B	ギャンブル
●	野菜	C	布・ふとん・毛糸
○	果物	D	飲料
▶	鮮魚	E	軽食堂・茶店
▷	冷凍魚	F	靴・履物
□	卵	G	種子・飼料
◁	鶏肉	H	雑貨・紙・文具
◇	鶏肉加工	I	菓子類
■	豚肉	J	本・玩具・カセット
◆	加工肉	K	花
◀	肉ミンチ加工	L	小間物・化粧品
★	穀物・食用油	M	きのこ
＊	食料雑貨・調味料		
△	家禽		

N 時計
O 加工食品
P 豆腐類
Q 仕立て
R 既製服・下着
S 靴修理
T たばこ
U 金物・陶器・刃物
V 貸しビデオ・公衆電話
X 医者・歯医者
Y 各種修理
Z 薬・農薬・肥料・燃料

写真 9-2　きのこを売る彝族の女性

写真 9-3　民族衣装を売る彝族の女性

のことを調査しえた3個の集市において，業種別に見て女性の方が男性を上回っているのは，野菜，果物，卵，豆腐類，加工食品，布・毛糸，既製服・下着，くつ・かばん，小間物・化粧品，金物・刃物，工芸品・祭具，薬，種子，仕立

表 9-6　西昌市農村部の総合市場の業種構成

	房	頂棚	テント・傘	露天	計	%
野菜		153	60	734	947	40.2
果物	1	44	49	152	245	10.4
肉・同加工品	14	120	9	11	154	6.5
家禽類		57	6	18	81	3.4
卵	2	22	9	3	35	1.5
鮮魚・干物	2	12	5	18	37	1.6
穀物・油	11	35	4	20	70	3.0
豆腐類		10	16	13	39	1.7
加工食品	5	15	17	22	59	2.5
食料雑貨	43	14	2	1	60	2.5
飲料・菓子・煙草	11	15	9	9	44	1.9
布・毛糸	24		1	2	27	1.1
既製服・下着	62	65	5	15	147	6.2
靴・かばん等	46	22	11	5	84	3.6
金物・刃物	10	1		7	18	0.8
雑貨・文房具・本	22	11	1	6	40	1.7
工芸品・家具	2	17	4	26	49	2.1
小間物・化粧品	11	5	6	4	26	1.1
薬	10	3	1	13	9	0.5
その他工業製品	2	1	1	1	12	0.7
農薬・肥料・飼料	11	4	1	9	25	1.1
種子	6	6	4	2	18	0.7
仕立屋					0	0.0
散髪屋	1				1	0.0
医者・歯医者	2		1		3	0.1
靴修理		19	9	1	29	1.2
各種修理		11	4	2	17	0.7
軽食堂	40	18	4	1	63	2.7
その他サービス	9	1			10	0.4
合計	347	681	239	1,095	2,362	100.0
%	14.7	28.8	10.1	46.4	100.0	

屋，くつ修理，軽食堂の各業種である。これに対して，男性がより多く従事している
のは，肉類，鮮魚・干魚，穀物・油，食料雑貨・調味料，飲料・菓子・タバコ，雑貨・文房具・本，農薬・肥料・飼料，医者・歯医者，その他サービスである。

5　販売者の実態

　対象地域内の7個の綜合市場においてサンプリングした57人の売り手に対して，彼らの属性・出市行動・営業活動に関するアンケート調査を実施した。回答が比率尺度で示されるものについては，その平均値及び標準偏差を**表9-7**に示した。以下これらをもとに販売者の実態を検討する。

　まず第1に彼らの属性を見ると，性別では女よりも男が多い構成となっている。年齢別では20代から60代以上まで全年齢層にわたっているが，最も多いのが30代で，平均では37.4歳である。回答者本人の職業については73%が「農民」と回答し，18%が「商人」と回答した。「農民」と答えた者のうちには，自家生産物を売りにきている農民と，農業を兼業している市商人が含まれている。他方「商人」と答えた者も，戸籍の上では農村戸籍で請負耕地を割り当てられている者が含まれている。販売者の世帯の請負（承包）耕地面積を見ると，82%が請負耕地を保有している農民身分である。しかし請負耕地の平均値は2.6畝に過ぎない。

　次に販売者の出市行動を検討してみよう。まず居住地について見ると，当該市場と同一集落内が39%，同一郷鎮内他集落が51%と，両者で9割を占め，市域内他郷鎮が残り10%である。居住地から当該市場までの距離は，平均では3.4 km である。これらの距離を移動するのに要する時間は，平均で15.3分である。出市の際の交通手段には自転車が最も多く利用され，徒歩，バス，オートバイ，荷車がそれに次ぐ。月当たりの出市頻度は，平均では19.7回であるが，月に25回以上の者が過半を占め，13〜18回の者がそれに次ぐ。前者はこの地域北部に多い毎日市に出市するか，南部に多い隔日市を2か所出市する者であり，後者は隔日の集市のいずれか1か所に出市する者であろう。なお調査対象の市場以外の他の市場にも出市するかどうかを問うたところ，「する」と答えた者は全体で38%に過ぎなかった。

　次に販売者の営業活動の実態を探ってみよう。商品の来源について見ると，83%が仕入れによるとしているが，残りは自家生産と答えている。仕入れた場合の仕入れ先は，生産者である場合が32%，残りは全て卸売商からである。商品の仕入れ地は西昌市区が最も多く，西昌市域の郷鎮がそれに次ぎ，成都をはじめとする遠隔地での仕入れも見られ，隣接市県での仕入れはほとんど見ら

れない。各攤位の販売従事者数は1人
が62%，2人が35%で，3人以上は
3％のみである（平均では1.4人）。
なお販売従事者が2人以上いる場合の
相互の関係は，家族と親戚でほとんど
の事例を占め，雇い主と雇われ人とい
う関係にある者は2例のみであった。
販売者が支払う管理費は平均では月額
35.6元であるが，10〜19元程度の者
と50元以上支払う者に2極分化して
いる。販売者のうち房・頂棚など設備
を借りている者が支払う借料は，平均では230元である。

表9-7　販売者に関する諸変数の平均値

変数名	平均値	標準偏差
年齢	37.4	10.3
請負耕地面積	2.6	1.7
距離（km）	3.3	6.9
所要時間（分）	15.3	11.1
出市頻度（回/月）	19.7	9.1
従業者数	1.4	0.5
管理費（元/月）	35.6	31.0
設備借料（元/月）	231	142
商品総額（元）	8,759	15,614
平均売上高（元/日）	174	164
平均利潤（元/日）	23.9	26.2

　保有している商品の総額は階層差が著しく，100〜1,000元の層と20,000元
以上の層に2極分化している。平均は8,759元で，市商人とはいえかなりの額
の商品を保有していることがわかる。1日当たりの平均売上げ高も，49元以
下の層から1,000元以上の層まで，階層差がかなり著しいが，平均は174元で
ある。1日当たりの利潤も，9元以下の階層から200元以上の階層まで階層差
が見られるが，平均では23.9元である。ところで，前述の月当たり平均出市
頻度19.7回と，1日当たり平均利潤23.9元を掛けあわせると，471元となり，
さらにこれを12倍して年収に換算すると5,652元となる。この数値は，後述
する購買者の世帯の年収の平均11,200元よりはかなり低く，当地域の農村部
の世帯員1人当たり収入2,332元から推算しうる世帯の年収（1世帯3人とす
れば6,996元）と比べても低いが，市営業がしばしば農業との兼業で行われて
いることを考慮すれば，市営業者が必ずしも低所得者を意味しないと思われる。

6　購買者の実態

　対象地域内の7個の綜合市場においてサンプリングした71人の購買者に対
して，彼らの属性・出市行動・購買活動に関するアンケート調査を実施した。
なお，回答が比率尺度で示されるものについては，その平均値及び標準偏差を
表9-8に示した。以下これらをもとに購買者の実態を検討する。
　まず購買者の属性を見ると，性別構成は男性が女性より多い。年齢別構成で

表 9-8　購買者に関する諸変数の平均値

変数名	平均	標準偏差
年齢	36.3	10.2
請負耕地面積	4.8	3.5
戸主年収（百元）	112.8	201.4
距離（km）	4.1	7.2
所要時間（分）	19.3	25.7
出市頻度（回/月）	17.5	9.5
購買額合計（元）	66.7	150.7
世帯人数	3.9	1.5
市場依存率（％）	76.7	30.1

（注）　市場依存率とは生鮮食料品を集市で購入する割合。

は 10 代から 60 歳以上まで広い年齢層を含んでいるが，30 代が最も多く，平均では 36.3 歳で，販売者のそれとほぼ等しい。購買者本人の職業，及び購買者が属する世帯の世帯主（戸主）の職業については，どちらも全体では「農民」が最も多いが，「工人」，「幹部（管理職）等」，「商人」，「教師等」などさまざまな職種の者と，「退休・無職者」[4] とを含んでいる。購買者は集市周辺の住民の全階層であると言えよう。

請負（承包）耕地面積は，かなりの較差があるが，平均では 4.8 畝で，販売者のそれ（2.6 畝）よりかなり大きい。世帯の規模を見ておくと，世帯人数は 3 人世帯が最も多く，平均では 3.9 人である。世帯の年収は，1,999 元以下から 50,000 元以上まで格差が大きいが，平均値は 11,280 元である。

　次に購買者の出市行動を見てみよう。まず購買者の居住地は，当該集市と同一集落内が 37％で，同一郷鎮内他集落を含めると 84％になり，残りが市域内他郷鎮や他市県からである。居住地から当該市場までの移動距離は，平均では 4.1 km で，販売者の移動距離の平均 3.4 km よりはむしろ長い。市場への移動に要する時間は，平均では 19.3 分であり，販売者の平均移動時間 15.3 分よりは長い。市場への交通手段は自転車と徒歩で 7 割近くを占め，オートバイとバスの利用者がそれに次ぐ。月当たりの出市頻度は，25 回以上とほぼ毎日出かける者が最も多く，19～24 回，7～12 回の者がそれに次ぐ。この地域の集市が，毎日市と隔日市が多いことに対応していると思われる。平均では 17.5 回となり，販売者の平均 19.7 回よりは低い。他の市場に出市するかどうかの問いに対しては，「する」と答えた者は 75％に及んでいる。

　さらに購買者の購買活動について検討してみよう。まず購買者の当日の購買品のうちで購買額が最大のものを「主要購買品」として集計してみると，肉・卵・魚が最も多く（33％），その他の食品（24％），野菜（17％），果物（9％），既製服（9％），靴・鞄（4％）の順である。次に購買額が第 2 位以下のものを含めて「全購買品」を延べ数で集計してみると，相対的に野菜のウエイトが高まる。食料品の比重が全購買品の 87％と高いが，工業製品も含まれている。

なお当日の集市での各人の購買額合計を算出してみると，10元未満の者から500元以上の者まで格差が大きいが，平均では66.7元である。最後に生鮮食料品に限ってその全消費高に対する集市での購入額の割合（市場依存率）を問うたところ，平均で76.7%であった。

7　むすび

(1) 本節のまとめ

以上，本節で明らかにされた諸点を要約すると，以下のとおりである。

①西昌市農村部には綜合市場が人口1.7万人に1か所の割合で存在する。民国時代の北部毎日市・隔日市，南部九斎市の状態から，現在の北部毎日市，南部隔日市の状態へと市日頻度が高まっている。集市立地集落の階層は3階層が認められるが，Ⅰ階層ないしそれに準じる小規模中心が比較的多いのが特徴である。

②西昌市の集市は主として広場，一部は道路敷を利用して開かれ，前者の場合，かつては工商局，近年ではその他の組織の投資により，上屋や店舗等の設備がなされている場合が多い（「退路進庁」の進行）。しかし沿街市場もなお，かなり残っており，「退路進庁」は相対的に遅れている。全ての集市で，販売者から管理費が徴収され，許可証を得た販売者は商品ごとに指定されたセクションに出店する。

③集市で提供される商品は，生鮮食料品をはじめとする食料品，衣料品をはじめとする工業製品，農業用資材，及び各種のサービスからなるが，食料品を扱う販売者が約4分の3を占める。なお業種ごとにある程度の性別分業が認められる。

④集市の販売者は，青壮年層を中心に全年齢層からなり，農民の兼業としての市営業が広く見られる。販売者は，市場まで徒歩・荷車・三輪自転車・バス・自転車・オートバイ・荷車等で平均3.3km を移動し，月に平均20日程度出市する。複数の市に出る者は33%と比較的少ないが，これは，市の相対的高密度・高頻度立地によって説明されよう。なお，1月当たりの推計収益は，471元と比較的低い値である。

⑤集市での購買者は市場周辺に住む住民一般である。平均4.1km 程度を徒

第9章　世紀転換期における四川省の集市　　333

歩・自転車・オートバイ・バスなどで移動し，月に17.5回程度出市する。購買品は各種の商品からなるが，食料品のウエイトが高い。1回の購買額は67元程度である。出市頻度の高さは市日の高頻度によって説明されるが，平均移動距離の長さは説明が難しい。あるいは後述のように，長距離を移動して市での売買に参加する少数民族彝族の影響かも知れない。

次に，西昌市で留意した少数民族彝族の集市参加について，明らかになった点をまとめておこう。

①西昌市域において，集市は漢族居住地域たる盆地床に立地がほぼ限られている。彝族居住地域の山地部は，巴汝のごく小規模の市を除き集市を欠く。
②彝族の農民は，キノコ，薬草，ジャガイモ，キャベツなど山地の特産物を携え，徒歩またはバスで山を下って平地の集市に出る。
③市場の中で彼らは互いに塊まって位置を占めるが，彼らの地位は空間的にも，取引量においても周縁的である。ただし少数ではあるが，房を借り民族衣装を売るような「成功した」彝族も存在する。

(2) 成都市郊外との比較

また，本節の結果を前節で扱った大都市郊外の性格を持つ成都市龍泉駅区の場合と比較してみると，以下の諸点が指摘される。

①龍泉駅区でも一般市場が人口1.8万人に1か所の割合で存在し，九斎市から毎日市または隔日市への変化が見られ，かつ中心地階層の移動があった点などは，本節の結果とも類似する。中心集落の階層的配置に関して言えば，大都市郊外の龍泉駅区ではⅡ階層の発達が顕著であったが，西昌市域では小規模なⅠ階層が多いという特徴がある。
②集市の管理に関して，「退路進庁」の進行などは龍泉駅区と本節の地域とは類似している。ただし工商局系統以外の出資による集市の建設は，龍泉駅区に比べ本地域ではやや遅れている。大都市郊外地区では出資者がより現われやすいものと考えられる。
③集市の業種別構成では，龍泉駅区の方が本地域に比べ食料品の割合がやや高く，工業製品及び農業資材の割合が低く，大都市郊外的性格を示している。
④販売者に零細な兼業農民が目立つ点は，二つの地域は共通している。しか

し，出市頻度は龍泉駅区の方が高く，1月当たりの収益も高く，大都市郊外の特徴が見られる。

　⑤集市の購買者が付近の住民一般である点では両地域とも共通している。しかし龍泉駅区では移動距離がより短く，出市頻度がより高いなど，大都市郊外的性格が認められる。ただし，1回当たり購買額の平均は龍泉駅地区の方が低い点が注目されるが，これは，農村地域の購買者に比べて，出市頻度が高いことと，食料以外の工業製品等を集市ではあまり買わないことに起因するものと推察される。

〈注〉
(1)　西昌市工商行政管理局編『西昌市工商行政管理志』，1992 年，83 頁。
(2)　同上，132-135 頁。
(3)　西昌市工商局での聞き取りによれば，市政府は彝族住民の生活を向上するため，彝族地域に順次市場を開設していく方針であると言う。巴汝の市場はその第1号であるとのことであった。
(4)　「退休者」の中には，引退者の他に国営企業からレイアウトされた者が含まれ，「無職者」には専業主婦や学生が含まれる。

＊　　　　　　　＊　　　　　　　＊

おわりに

　最後に，本章第1，2節で扱った四川省の集市の状況を，前章で見た河南省の集市と比較し，四川の集市の特徴を把握しておきたい。

　①集市の分布密度は，面積当たりでも，人口当たりでも，河南省より四川省の方が一般に高密度である。

　②集市の開催頻度も，河南省よりも四川省の方が一般に高頻度である。

　③商人の移動性は，河南省よりも四川省の方が一般に低い。河南省では数か所の集市をめぐる市廻り商人が存在するが，四川省ではせいぜい2か所の集市を訪問する商人が見られるに過ぎない。これは，開催頻度の違いが影響しているのであろう。

　④販売者の業種構成は，河南省の集市よりも四川省の集市において，食料品

の割合が高く，工業製品の割合が低い。

　⑤購買者の出市頻度は，河南省よりも四川省の方が高頻度である。

　総じて河南省の集市の方が定期市的性格をよく残しており，四川省では毎日市的性格が強まっている。ただし，このことは，集市という現象についての四川省の先進性を必ずしも意味するものではない。面積当たり市密度の高さや，開催頻度の高さは，四川省農村部の人口密度の高さに起因していると思われる。業種構成の違いは，両地域における調査年次の違いを反映している可能性がある。両地域の調査年次には約4年間のタイムラグがあり，第12章でも論じるように，河南省でも年を追うにつれ，衣類を扱う商人が露店営業から店舗営業へと急速に転換した。

　しかしながら，人口当たりの市密度の高さや，購買者の出市頻度の高さについては，市への参加を好み，市の存在を支える四川人の指向性の反映かも知れない。四川の市立地集落では，かつて Skinner が述べたと同様に，現在でも「茶館」が存在し，市の日にそれらが賑わう様子を見ることができるのである。

　以上，本章において論じた世紀転換期における四川省の集市は，なお活発にその活動を続けており，移動手段におけるオートバイのかなりの普及や，販売者の業種構成における工業製品の割合の低下など，変化へのきざしは見られたものの，いまだ集市の衰退の傾向は確認されなかったと言えよう。

第10章

曲がり角に立つ西北地方の市と野菜流通システム

第1節
大都市西安市における市と野菜流通システム

1　はじめに

　本章では，21世紀に入って2000年代中葉の2005〜2007年の現地調査に基づき，野菜を中心に西北地方の青果物流通システムの実情と，それを支える各種の市の実態について論ずる。対象地域は，西北地方の最大都市である陝西省西安市（第1節），辺境の中規模地方都市である寧夏回族自治区の中心都市銀川市の特に興慶区（第2節），並びに河西廻廊のオアシス空間に展開する小規模都市とその周辺農村部を含む甘粛省酒泉市粛州区（第3節）である。

　中国の都市，特に大都市をめぐる野菜流通システムの特徴については，わが国との比較において，主として次のような点が明らかになっている。まず，卸売段階については，①日本の中央卸売市場のような制度がないため，大都市には多数の卸売市場が並立して競争している[1]。②市場間に日本で見られるように荷の転送による階層的関係は見られない[2]。③遠隔地間の取引の担い手としては，数人の構成員からなる商人グループが一般的である[3]。④市場内での取引方法は相対取引であり，日本のように競りは行われない。また取引の決済は，現金決

済が原則である。⁽⁴⁾なお，野菜の卸売段階については，第12章第1節において，より詳細に論ずる。

次に，小売段階については，①野菜の主要な小売の場は小売市場（集市）であり，増加しつつあるスーパーマーケットでも農産物が扱われているが，日本に比べてそのシェアは低い。⁽⁵⁾②小売市場については，「退路進庁（露天市場から建物の中の市場へ）」政策が取られつつあるが，なお一部に露天市場を残す。⁽⁶⁾③農産物の小売商人は，中国独特の戸籍制度に規定された出稼ぎ「農民」であり，大都市内または近郊の都市化した旧村落に間借りして生活している。⁽⁷⁾④彼らは大都市内の卸売市場で農産物を仕入れ，小売市場まで運んでそれを小売する。⁽⁸⁾

しかしながら，中国の社会経済は急速な変化の過程にあるため，都市における野菜流通システムも時々刻々変化している。そこで本節では，まず2005年の現地調査に基づき，西安市の市区における野菜流通システムとそれを支える各種の市の実態を，卸売・小売両段階に分けて検討してみることにする。

2　卸売段階

西安市の市区には，**図10-1**のように六つの野菜の卸売市場がある。「新土門市場」（市街地西部），「朱宏路市場」（西北部），「航西市場」（北部），「胡家廟市場」（東北部），「紅旗市場」（東部），「南建朱雀路市場」（南部）の6市場である。以下，後述するように転送機能を持つ朱宏路市場について詳しく検討し，他の市場についても概観したうえで，市場間の階層差と競合についても論じる。

(1) 朱宏路市場

通称朱宏路市場の正式名称は「欣緑北二環路蔬菜副食品交易中心」と言う。後述の胡家廟市場の運営に不満を持った商人たち300人以上が投資者となり，「欣緑実業有限責任公司」を設立し，土地の使用権を購入して市場を建設し，2003年5月にオープンした新しい市場である。

当市場の立地点は西安市街地の北西縁で（**図10-1**参照），準高速道路の第二環状路と南北の幹線の一つである朱宏路との交点に当たり，第二環状路を通して比較的容易に西方及び東方へ向かう高速道路に達することができる。前者は西北部諸省に通じ，後者は河南省鄭州市を経て野菜の大産地山東省や華中・華

338　　第Ⅲ部　現地調査から見た市の実態

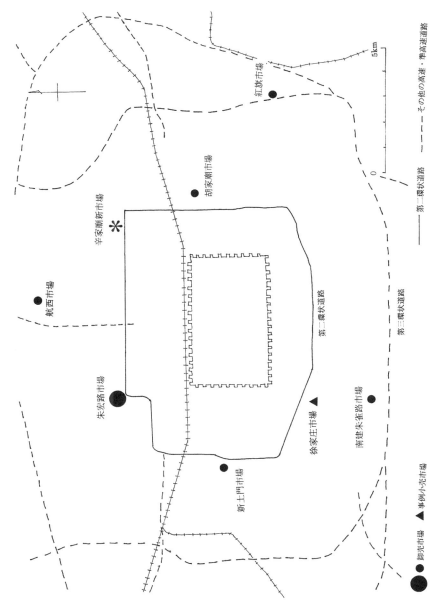

図10-1 西安市における野菜卸売市場の分布と事例小売市場の位置

第10章 曲がり角に立つ西北地方の市と野菜流通システム 339

写真 10-1 朱宏路市場

南の諸省へもつながっている。

　写真 10-1 は，当市場の正門付近を写したものであるが，当市場の総面積は 8.9 万 m^2，うち建築面積は 4.2 万 m^2 と広大である。七つの大きなコンクリート建造物と二つの上屋が野菜の売り場に使われており，6 棟の店舗群が肉食品・干物・粮油（穀物と食用油）・副食品の売場と食堂とに割り当てられている。この他，南東部の一角は水産品と家禽の売場となっている。攤位（売場）数は固定攤位（長期の賃貸契約によるもの）が約 680 で，野菜 277，水産 120，副食品 114 等からなる。この他に臨時攤位（臨時に利用するもの）が 200〜300 で，これらは全て野菜売りである。建物の 2 階は卸売商人が居住または宿泊する施設となっており，その設備が良いことと，商人の子どもたちが近くの小学校に入学できるよう公司が努力していることが，商人を引き付ける要因になっていると言う。

　当市場に集まる野菜は全国 16 省 120 地区に及び，集荷量が多いのは地元陝西と雲南・貴州・広西・広東・四川・安徽・山東・甘粛の 9 省である。他に湖北・河南・山西・寧夏・青海・新疆の 7 省からも集荷される。季節的には，冬には西北や華北で野菜ができないので，華南・華中の野菜が入り，その一部は当市場を経由して西北諸省（甘粛・寧夏・青海・新疆）へと転送される。夏には近場で野菜生産が可能であるが，陝西省にないものは他省から運ばれてくる。この市場はまた，西安の他の卸売市場に荷を転送する機能をも持っており，野菜の最も多い季節には，他の市場に入る荷の半分が当市場経由となる場合もあ

ると言う。

　市場で卸売を行う商人は，西安側の商人が産地市場に買い付けに行きトラック等で運んでくる場合と，産地側の商人が地元で野菜を買い集めトラック等で荷を運び込んでくる場合とがある。前者は市場内の宿舎に居住し，後者は遠距離の場合は市場内で宿泊する。卸売商人は陝西省出身者もいるが，むしろ他省出身者（河南省・河北省・山東省等）が多い。市況などに関する情報はインターネットでも得られるが，各商人が携帯電話で取引関係のある相手から得る場合が多い。産地商人のグループの1人が当市場内に居住し，市況を電話で産地へ知らせている場合もある。

　当市場は卸売り専業の市場であるが，市場内の取引は売り手と買い手の間の相対取引で，日本のように競り売りが行われることはない。上屋や建物の下に乗り込んだトラックの荷台の前で，荷主と買い付けの小売商人が値段を交渉し，両者の合意で取引が成立する。したがって，早朝取引が盛んな時間帯には市場内は混雑を極める。取引は現金で決済され，商人は現金の出し入れのため取引の前後に近くの郵便局を利用する。本市場の2004年の野菜の取扱量は36.8万トン，取引額は2.9億元であったと推定されている。一方，水産物の取扱量は3万トン，取引額は約1億元と推計されている。

(2) その他の市場

　まず胡家廟市場は，その正式名称を「西安胡家廟蔬菜副食品批発市場」と言い，開設年は1992年ですでに十数年の歴史を持つ。[9]もともと自然発生的な露天市場が形成されていたが，市政府の工商部門が投資して開設した。現在の経営主体は「欣泰有限公司」で，市政府・工商局・民間の資本が入っている。当市場の立地点は，**図10-1**に示したように，西安市街の東北部，第二環状路の外側であるが，すでに市街地に包摂されている。少し東には東方へ通じる高速道路の起点があり，交通位置としては恵まれている。当市場の総面積・建築面積は，朱宏路市場に比べると3分の1程度である。主な取扱商品は野菜が主であるが，果物，肉，豆腐，糧油をも含み，攤位数は400余で朱宏路市場の約半数で，うち200近くが固定攤位である。中央に野菜用の大きな上屋が4列並び，その周り三方を蔬菜・糧油用のコンクリート建て攤位および宿泊施設が取り囲み，北部には野菜小売用の広場，東北部には副食品用の大庁が配されている。トラックの駐車場は，宿泊施設前の小広場以外には特に用意されておらず，周

辺の道路上に駐車するとのことである。なお当市場は卸売が主体の市場であるが，小売市場をも兼ねており，小売用広場では露天で野菜の小売が，副食品大庁では肉や豆腐の小売が行われている。取引方法は，卸売の場合も全て相対取引であり，競りは行われていない。当市場に集荷される野菜は，夏には大部分が陝西，一部は甘粛や山東産のもので，冬には海南・広西など南方の野菜も入る。かなり広域から集荷しているが，朱宏路市場に比べると集荷圏は狭い。当市の場合，取引額がピークであったのは1996年で，その後は朱宏路市場への商人の大量転出で取引額が減少していると言う。

　次に，南建朱雀路市場は新朱雀路市場とも呼ばれ，正式名称は「朱雀農産品交易中心」である。立地点は**図10-1**に示したように，市街地の南部，丈八東路と電子正街の交点に位置し，第三環状路のインターチェンジに比較的近い。以前は，第二環状路と朱雀大街の交点近くにあったが，その土地を売却して2001年に当地へ移った。敷地は朱宏路市場に準ずるくらいに広大で，設備も良く，野菜売場の上屋9棟と果物売場の上屋2棟，コンクリート2階建ての肉・水産物・干物の売場4棟からなる。肉売場は冷蔵庫を備えており，建物の2階は宿舎として使われている。正門入り口には銀行があり，市場の周囲は市街地化しているので，卸売の他，小売機能をも備えている。調査時に構内に入っていたトラックは陝西ナンバーが最も多かったが，甘粛・寧夏・内蒙古・山西・河北のナンバーも見られ，この市場がかなり広大な集荷圏を持っていることが推測される。

　さらに，新土門市場は正式には「新土門蔬菜批発市場」と言い，立地点は，**図10-1**に示したように，西安市の西部，第二環状路を少し西に入った市街地の中に位置する。敷地は胡家廟市場程度で，野菜売場の上屋7棟，果物売場の上屋1棟，各種商品の小売のための上屋1棟などからなる。上屋の規模はあまり大きくなく，設備はかなり見劣りする。調査時に野菜を運んできていたトラックやオート三輪はほとんどが陝西ナンバー，一部のみが甘粛ナンバーで，集荷圏はあまり広くないと推測される。なお当市場は市街地に囲まれ，小売機能の比重がかなり高いとの印象であった。

　また，航西市場は正式には「航西蔬菜副食批発市場」と言い，**図10-1**に示したように，西安市街地の最北部，第三環状路の近くに位置し，2001年に個人が開設した。100メートル四方ほどの敷地に五つの大規模な上屋があり，周り三方は1階建てまたは2階建ての房が取り囲む。しかし上屋のうち2棟は新

品及び中古の家具売場に転用されており，房の多くは閉じたままで，取引が活発であるとは言えないようである。調査時に入っていたトラック・オート三輪は全て陝西ナンバーで，集荷圏は狭いと推測される。

最後に，紅旗市場は正式には「紅旗蔬菜批発市場」と言い，図 10-1 に示したように，市街地の東端紡南路に面し，計画中の東部第三環状路に近い。1997年に開設されたとのことであるが，設備の老朽化が進んでいる。70 メートル四方ぐらいの敷地の中央に大きな上屋があり，周囲の三方がコンクリート製またはレンガ造りの房からなっている。しかし道路側の建物は半ば壊れており，他の二方の房もほとんどが閉じられていた。荷は主に陝西省の西安周辺からで，他省からはほとんど来ないと言う。野菜を買いに来る小売商人は，市街地東部の商人に限られるとのことである。

(3) 市場の階層差と市場間の競合

以上の検討から，六つの卸売市場は 2 階層に区分することができよう。上位の市場は広域集散市場とでも呼ぶべきもので，中国の過半の省から野菜を集荷し，その一部を他の卸売市場にも転送する。冬の野菜の端境期には，転送は西北地方一帯，新疆省にまで及ぶ。こうした性格を明瞭に持っているのは朱宏路市場である。既往の研究によれば，日本の東京・大阪の中央卸売市場において顕著に見られるこのような転送機能を，北京の最大規模の市場ですら数年前までは持っていなかったとされる[10]のに対し，朱宏路市場がこのような機能を持つに至っているのは極めて注目される。当市場はまた卸売専業の市場でもある。

これに対して他の五つの卸売市場は地域卸売市場とでも呼ぶべきもので，省内や近隣の諸省から荷が入るが，朱宏路市場からの転送荷をも受け入れる。またこれらの市場は卸売のほか小売をも兼ねている。ただしこのうち，南建朱雀路市場はとりわけ規模が大きく，集荷圏も相当広く，朱宏路市場に準ずる機能を持っていると思われる。ただし，他市場への転送荷があるかどうかについては確認できなかった。また胡家廟市場はかつては現在よりも地位が高かったと言われ，その集荷圏は現在でもかなり広域である。残りの新土門・航西・紅旗の 3 市場は集荷圏が狭くてほぼ陝西省に限られ，設備も不十分である。

卸売市場間にこのような機能・規模・設備の顕著な差異が生ずる背景には，分立・移転・新規参入などによる激しい競争がある。かつて最上位にあったとされる胡家廟市場は，運営をめぐる対立から卸売商人が大量に離脱し，資本を

出しあって現在の朱宏路市場を建設し，その地位を奪ったと言う。南建朱雀路市場も，近年，外側に移転し規模を著しく拡大した。市場の成功の鍵は，その立地と設備の良さにあると思われる。

　ところで，2005年時点で現在の朱宏路市場の比較優位が将来も続く保証はない。と言うのは図10-1に示したように，市街地の東北部，第二環状路沿いに建設中の辛家廟新市場は，既存のどの市場よりも規模が大きく，かつ最新の設備を備えて近く開業の予定であるからである。当市場は正式には「西北農副産品中心批発市場」と言い，「西安摩爾農産品有限責任公司」の経営になる。政府（陝西省・西安市），全国供銷合作社，深圳果品蔬菜公司（株式公開の企業）の3者による5億元の投資で，3か年計画で巨大な市場を建設すると言う。当面2005年10月オープンの予定で，2階建て建物2棟と入口の28階建てビルを建設または建設準備中で，前者は野菜・果物の卸売用，後者は当公司の事務所と賃貸オフィス用であると言う。最終的には，多数の卸売用建物と地下冷蔵庫，高層3棟の従業員用アパートを建設する予定である。当時の準備事務室の職員の意見では，この市場が完成すれば胡家廟市場は潰れ，朱宏路市場も危ないとのことであった。以上のように，日本の中央卸売市場のような制度が見られない中国では，卸売市場の新規参入が次々と生じ，市場間の競争が激烈であると言えよう。

3　小売段階

　西安市区における野菜の小売は，主に小売市場（集市）と大型スーパーマーケットで行われる。以下両者の特質と競合関係について論じる。

(1) 小売市場

　小売市場は市街地のあちこちに配置されており，消費者は徒歩か少なくとも自転車で容易に近くの市場を利用できる。その数に関する情報は入手できなかったが，従前の研究により，人口2～3万人当たり1か所配置されていると推定されるので，西安市街地に100か所以上の集貿市場が存在するものと思われる。その多くはかつて街路の露天市であったが，交通麻痺の原因になったり，衛生上の問題があったりしたので，いわゆる「退路進庁」政策により，近年，西安市街地ではほとんどが上屋や建物内に収容された。

写真 10-2 徐家庄小売市場

　写真 10-2 は，市街地の西南部，第二環状路の少し外側，白沙路に沿う「徐家庄小売市場」の外観である（立地位置については図 10-1 参照）。かつては無舗装の狭い道路に沿った露天の市場であったが，2004 年に道路が拡幅され，露店業者の約半数がこの建物内に入居した。他の半数は，他所へ移ったか，転廃業したとのことである。建物の経営者は他省の人で，自己資金を投資したと言う。建物は 3 階建てで，1 階が市場，上階はインターネットカフェとなっている。市場は中央の数列の荷売り台と 2 側面の房からなっている。荷売り台は野菜と果物が主体であるが，卵・豆腐類・麺・つけもの・涼菜・食糧雑貨・飲料・粮油の売り手もいる。房の方は肉類と食料雑貨が主体であるが，マントウ・豆腐類・飲料・粮油の店もある。

　これら小売市場の野菜売り商人は，早朝卸売市場で野菜を仕入れて，三輪自転車やオート三輪で小売市場へ運び込み，昼間はその販売に精を出す。仕入れをする卸売市場は比較的近くのものを選ぶが，多少遠くとも値の安い方を選ぶこともある。彼らは遠隔地（陝西省または他省）の農村出身の「農民」であり，河南省出身者が多いと言われている。戸籍上は郷里の農村戸籍で，西安では暫定居住証を得て住みついている。市街地に組み込まれた旧農村集落（「城中村」）内で，地元の旧農民が所有する家に間借りしている。面積 10～20 m^2 程度の狭い部屋で，夫婦で住み込み，多くは子どもを育てている。家賃は月 80～200 元程度である。地元民でないので，子どもを学校へやる場合，授業料を高く取られる。生活は決して楽ではないが，たくましく生きているのが印象

的であった。

なお小売市場で売られる野菜は一般に新鮮で安価であり，消費者の多くは他の生鮮食料品とともに野菜をここで購入すると言う。

(2) 大型スーパーマーケット

西安市区における大型スーパーマーケットは，2004年時点で10社27店舗に及び，立地が急速に進んでいる。チェーン別の内訳は「家楽超市」が7，「愛家超市」が6，「人人楽超市」が5，「好又多超市」が2，「晶衆家楽超市」が2，その他5社が各1店舗である。それらの立地点は，**図10-2**のように旧城内は少なく，城壁と第二環状路の間，及び第二環状路と第三環状路の間に多く，幹線道路に沿うものが多い。旧市街地よりも新市街地，とりわけ高所得者のマンション建設が進む市街地南部を志向している。

これらの大型スーパーは生鮮食料品部門を持っており，野菜も扱っている。筆者は「家楽超市」の南二環路店（**写真10-3**）を訪問したが，売られている野菜の鮮度は悪く，値段も安くないとの印象であった。地元の消費者の意見では，通常，野菜の購入は小売市場で行うものであり，わざわざ野菜を買うことを主目的でスーパーマーケットへ出かけることはない。時間がないときなど，他の商品（衣料・電器・加工食品等）の買い物のついでに野菜を購入する程度であるとのことである。ただし，大型スーパーでは農薬や化学肥料などの使用を制限した「緑色食品」の導入が試みられている。今後はこうした方面で小売市場では満たされない需要を獲得する可能性はあろう。

4　むすび

以上のように，2000年代の中葉，中国の大都市の農産物流通システムとそれを支える各種の市は，著しい変容の過程にあった。本節では，従来の研究を修正または補完する以下の諸事実を明らかにした。まず，卸売段階については，①卸売市場間の競争は激烈で，新規参入や移転などにより，各市場の地位の変動が著しい。②西安の卸売市場の一部は広域の集散機能を持ち，西安市内の他の市場や西北地方への転送をも行っており，市場間には階層的関係が成立している。③遠距離取引を行う卸売商人グループは，消費地ベースのものと，産地ベースのものがあり，市場内に準備された居住施設や宿泊施設を利用する。

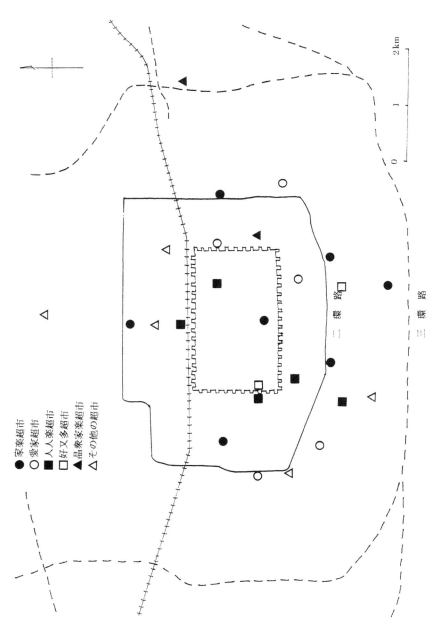

図 10-2　西安市における大型スーパーマーケットの分布
● 家楽超市
○ 愛家超市
■ 人人楽超市
□ 好又多超市
▲ 晶衆家楽超市
△ その他の超市

第 10 章　曲がり角に立つ西北地方の市と野菜流通システム　　347

写真10-3 「家楽超市」第二環路店

　次に小売段階については，①野菜の小売が行われる主要な場は依然として小売市場である。市街地に展開しつつある大型スーパーマーケットにも野菜売場があるが，野菜の鮮度が劣り，価格も安くないため，2000年代中葉の時点では，小売市場を凌駕するに至っていない。②小売市場は，近年の「退路進庁」政策により，露店市場から建物内の市場へと変貌した。③野菜の小売商は農村部出身の今なお農民身分の商人であり，市街地内の「城中村」に間借りをし，小売市場で荷売り台を借りて商売を営んでいる。

〈注〉
(1) 王 志剛『中国青果物卸売市場の構造再編』九州大学出版会，2001年，藤田武弘・小野雅之・豊田八宏・坂爪浩史『中国大都市にみる青果物供給システムの新展開』筑摩書房，2002年，など。
(2) Araki, H. and Chai, Y., Fresh Vegetable Supply System at the Da-zhong-si Wholesale Market in Beijing: In the Context of Commodity Chain Analysis, 経済地理学年報 50，2004年，249-265頁。
(3) 前掲 (1)。王 志剛は，「運搬・販売連合体」と名付けている。
(4) 前掲 (1)。
(5) 前掲 (1)。
(6) 石原 潤「鄭州市街地および郊外における集貿市場」，石原 潤・孫尚倹編『中国鄭州市住民の生活空間』所収，名古屋大学文学部地理学教室，1996年，57-83頁。

(7)　石原，前掲論文。

(8)　石原，前掲論文。

(9)　胡家廟市場については，次の研究において触れられている。宮崎　猛「中国における大都市野菜卸売市場の供給変動とその特徴」農林業問題研究 33-1，1976 年。

(10)　Araki, H. and Chai, Y, *op.cit.*

(11)　石原，前掲論文。

(12)　周　海紅「西安市における自由市場の商業活動と市民生活」地域研究 38-2，1998 年によれば，1995 年時点で西安市 6 区には 145 の「総合市場」があったと言う。

(13)　『西安市商業網点発展規劃説明（2004 年 - 2020 年）』西安市商業貿易局，2004 年。

第 2 節
地方都市銀川市における市と青果物流通システム

1　はじめに

　本節では，寧夏回族自治区の首都銀川市における卸売・小売両段階の青果物流通システムと，それを支える各種の市について，2007 年時点での実地調査の結果を報告する。当自治区は従来中国における辺境的性格が強かったが，近年における高速道路網の整備によって全国市場に直結されつつある。とりわけ高速道路の影響を強く受ける青果物流通の場合はそうであろう。**図 10-3** は，寧夏をめぐる高速道路網の完成状態を示している。今や銀川は内蒙古自治区の呼呼浩特，陝西省の西安，甘粛省の蘭州などと直接つながり，さらにそれらを経由して全国の主要都市と結びつく高速道路網の一角に編入されている。広域の銀川市は 3 区 1 市 2 県を管轄するが，本節の対象地域としては，銀川市の商業中心である旧城区＝興慶区を採り上げる。他の 2 区が西方に展開する新開地で，工業機能や行政機能に特化しているのに対して，卸売業の大部分及び小売業の主要部分が興慶区に集中しているからである。

図10-3 中国の高速道路網と銀川市及び酒泉市の位置

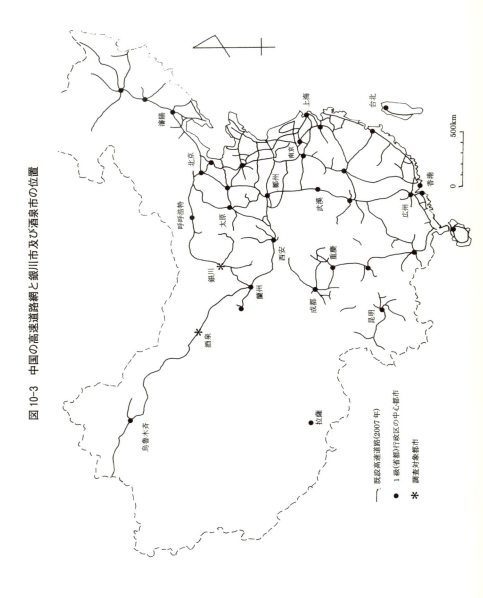

350　第Ⅲ部　現地調査から見た市の実態

2 卸売段階

興慶区には銀川市で消費される野菜の80％が経由するとされる北環市場と，銀川市最大の果物卸売市場である東環市場とがある。

(1) 北環市場

北環市場は興慶区市街地の東北部に位置し，北の環状路と東の環状路に接し，それらを通じて市街地内外への輸送や，市街地東南方にある高速道路入口へのアクセスにも便利である（図 10-4 参照）。

この市場は，二つの村民小組が土地を出し，村と郷が資本を出して，1991年に建設され，2001年に拡充された。敷地面積 12 万 m^2，建築面積 10 万 m^2，総投資額 1.2 億元である。地元民が卸売市場をつくろうと決心したのは，500 m ほど離れたところに古い卸売市場があり，それを見ていて市場をつくれば地元農民に仕事を提供できると考えたからであると言う。なお，この古い市場は当市場との競争に敗れたせいか，今は閉鎖されている。現在，当市場は関係団体が委員を出す董事会（住民の代表の会）と監査委員会に経営上の決定権があり，日常の運営は彼らが作った有限公司が行っている。

当市場は野菜の卸売が主であるが，他の食料品（果物，水産物，肉類，豆製品，加工食品，冷凍食品など）の卸売をも行っており，衣類，雑貨の売場（小売が主）もある。固定攤位は約 1,000，流動攤位を合わせると約 5,000 に上る。全国 20 余省区の野菜を集荷しており，夏（7月～9月）は寧夏・甘粛の野菜が多く，冬（10月～3月）は南方の野菜が入る。一方，この市場から内蒙古，陝西，甘粛，青海，新疆を含む周辺地域，特に約半径 500 km へ野菜が出荷されている。野菜の 2006 年の交易量は 33.6 万トン，交易額は 5.5 億元であった。野菜以外の年交易額は少なくとも 2 億元で，合計で少なくとも 7.5 億元に達する。24 時間営業をやっており，朝 3 時半または 4 時半頃卸売が始まり，ピークは 6 時頃で，8 時頃には卸売活動は収束する。

市場の現代化の試みがなされており，その一つは取引の電子化で，取引の決済を従来のように現金で行うのではなくて，市場が準備したカードによって行い，後日精算し，その際 2 ～ 3 ％の取引税を徴収する方法が採られている。このシステムの導入は，上海市場，広州市場に次いで，本市場が 3 番目だとのこ

図10-4 銀川市興慶区における各種市場の分布

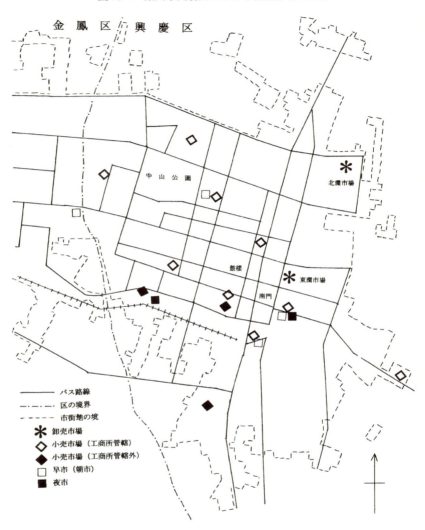

とであった。現代化のもう一つの試みは，全国各地の主要農産物の価格情報を電子掲示板で示している点である。現代化の第3の試みは残留農薬の検査である。中国産食品，特に野菜についての安全性の問題は，中国の人たちにとっても重要な関心事である。当市場においては，2006年から独自の検査室を設け

て，取引されようとしている野菜からサンプルを採って，２種類の農薬に関する残留濃度を検査している。検査の結果は，「合格」「不適切」の２種類に分けて公表しているが，「不適切」とされた野菜が破棄されたり，売れなかったりするわけではなく，少し低い価格で買い取られるとのことであった。

当市場で営業する商人たちからの聞き取りによれば，彼らはおおよそ経営規模に応じて大・中・小の商人に区分される。大規模商人は数人でグループを組み，一部が他省へ買い付けに行き，大型トラックをチャーターして荷を運んでくる。あるいは荷主が大型トラックで市場内に持ち込んだものを買い付け，転売することもある。市場内に，倉庫，房（店舗），頂棚（上屋）を借りて営業する。中規模商人は夫婦等で営業し，出身地等に自ら野菜を買い付けに行き，小型トラックなどで運んできて当市場で卸売する。特定の施設を借りるのではなく，市場内の空き地にトラックを止めて荷台から直接販売し，いわゆる流動攤位に相当する。中には市場内で房などを借りる場合もある。小規模商人は市場内で大・中規模商人より商品を仕入れ，三輪自転車の荷台でそれを卸または小売する。この場合も流動攤位に分類され，攤位費を取られる。卸売の対象は小売商人，小売の対象はレストランや学校・工場の食堂関係者で，かなりの量をまとめて販売する。これらの商人の一部は地元の都市戸籍保有者だが，大部分は農村出身（寧夏自治区や陝西省，安徽省など）の農村戸口で，市場近くの部屋やアパートを月100〜200元程度で借りて生活している。

(2) 東環市場

東環市場は興慶区の市街地東南部，旧環状道路に面して立地し，市街地内外への移動や，高速道路へのアクセスにも便利な位置にある（図10-4参照）。

この市場は元は露天の小売市場（馬路市場）であったが，ある農民小組（高台村十組）が卸売市場として建設し，1988年開業，1991年に拡張した。現在市場面積は4.7万m²，建築面積は3.4万m²で，北環市場よりかなり狭いが，固定資産は1億元近くであると言う。その後，当小組の農民は莫大な補償金を得て都市戸籍化したが，当市場は有限会社（銀川市環盛商貿有限公司）として彼らの下に残り，住民全員が株を持ち，董事会（住民の会）がその運営を続けている。なお以前には興慶区の東部にいくつかの卸売市場があったが，いずれも当市場との競争に敗れて姿を消したと言う。

当市場は果物の卸売が主であるが，他に副食品（タバコ・酒・飲料・砂糖・

茶・即席麺など），百貨（衣服・靴帽・文化体育用品・洗剤・金物・電器・家具など），中古品をも扱っている。固定攤位が580，流動攤位が500余である。市場全体の年交易額は12億元で，北環市場より大きい。内訳は果物40％，副食品40％，百貨15％，中古品5％である。市場の開市時刻は5時半，最も賑わうのは6時～13時，閉市時刻は17時または18時である。

　果物の集荷は，寧夏（35％）の他，全国各地からなされ，一部にはアメリカ，ベトナム，タイの果物も入る。西安の市場から荷が転送されることもある。果物を買いにくる商人は，市内だけでなく，寧夏の他地域や内蒙古からもやってくる。果物の年交易量は30万トン，年交易額は4.8億元である。

　当市場内の果物の大規模及び中規模卸売商人の場合は，北環市場とほぼ同様の営業形態を示す。果物の小規模卸売商は見られず，市場内の小規模商は小売商としてのみ存在する。彼らは夫婦等で営業し，市場内で卸売商から果物を仕入れて，市場内の賃借した房で小売を行う。一般に北環市場に比べて当市場は，敷地が狭いため流動攤位としての営業が難しく，他方で当市場の方が市街地中心部に近いので，小売営業がより容易であると思われる。なお，これらの商人は北環市場の野菜卸売商と同様，多くが寧夏や陝西などの農村出身の農民戸籍であり，市場近くで間借りしている。

3　小売段階

　中国の都市で野菜や果物が小売される場としては，小売市場（集市）とスーパーマーケットとがある。一般に前者のシェアーがなお高いと思われるが，後者の数も急増しつつあり無視できない存在になりつつある。銀川市の場合はどうであろうか。

(1) 小売市場

　野菜や果物が売られている小売市場は，銀川市の場合3種のものが存在する。①工商局が管理する小売市場，②工商局の管理しない小売市場，並びに③同じく工商局の管理外の朝市（「早市」）や夜市である。

　工商局（ないしその出先機関である工商所）が管理している小売市場は，興慶区の市街地には7か所あり，その分布は**図10-4**のとおりで，市街地内に比較的均等に配置されている。これらの市場は設備が比較的良くて，「地下封囲

式」（ビルの地下1階分を占める）が1か所，「封囲式」（ビルの1階部分を占める）が2か所，「簡易封囲式」（簡易建築物の中）が2か所，「頂棚式」（上屋のみがある）が2か所からなる。これらの市場はかつて工商局が経営にも関与していた可能性が高いが，国の政策により2000年頃から工商局は経営から手を引き民間に委ね，現在は管理行政のみを行っている。

　次に工商局が管理していない小売市場としては，4か所の市場が確認された。これらは「封囲式」が1か所，「頂棚式」が1か所，「露天式」が2か所と，設備はあまり良くない。経営主体は，公司，街道弁事所，居民委員会，村民委員会が各1であった。これらの市場の場合，工商局は経営者に管理を委ねていると言うべきであろうか，行政的管理を行っていない。

　最後に朝市と夜市について見てみよう。朝市については区界連接地でのものを含めて4か所で確認され，夜市については3か所で確認された（図10-4参照）。いずれも露天市で，昼間開催時間外に出かけても何も見ることはできない。工商所の執務時間（9時〜18時半）外に営業することで，その規制をまぬがれていると言う。朝市は野菜の露店が主体だが，豚肉，鶏肉などそれ以外の露店も出る。この場合も生産者農民が自家産の野菜などを売る例は少なく，むしろ大多数は出稼ぎ農民の露店商で，生産者農民から仕入れるか，卸売市場から仕入れて販売している。朝市の商品は一般の市場のそれより若干安いと言われる。これは管理費が無料のためか，あるいは1，2種の商品を大量に仕入れて売るかたちを採っているためと思われる。したがって，早起きの老人などは朝市で野菜などを買うのを日課にしていると言う。一方，夜市は娯楽的性格が付加されており，日用品の他に玩具や古本，菓子などの店が多く，果物売りは多いが，野菜売りはいない。出稼ぎ者が，昼間の仕事が終わったあとで，第2の仕事として営んでいる場合が多いと言う。いずれにしても朝市と夜市は一般の小売市場と競合するものと認識されており，小売市場の商人や管理者はそれらの出現や拡大に対して警戒感を露わにする。

　ところで，これら各種小売市場の小売商人はどのような生活を送っているのであろうか。その多くが，特に野菜・果物商の場合はほとんど全員が農村出身者で，今なお農民戸籍のままであり，市場の近くの比較的安い部屋を借りて居住している。彼らはふつう，配偶者と1人か2人の子どもと共に暮しており，学齢期に達した子どもは当地の学校に入学する。学費は都市戸籍保有者に比べ割高である。彼らは戸籍を出身地農村に残したままであるから，郷里の村での

土地利用権を保有しており，それを家族や親族に委ねている場合が多い。彼らは小売市場で販売する商品を，大部分は市内の卸売市場で，一部は郊外の農民から直接仕入れている。彼らが仕入れた商品を運搬する輸送手段は，従来は三輪自転車が一般であったが，近年ではオート三輪へと急速に転換しつつある。彼らの所得は高いとは言えないが，それでも次第に上昇しつつあるように思われる。

(2) スーパーマーケット

　かつては中国の都市部居住の住民にとって，野菜や果物を購入する場は小売市場に限られていたが，調査時点では青果物を扱うスーパーマーケットが都心部にも周辺部にも急速に立地しつつあった。銀川市もその例外ではない。

　銀川市興慶区の都心部に立地し青果物を扱うスーパーマーケットとしては，以下の4店がある（図 10-5 参照）。「新華百貨購買中心」は銀川第一の繁華街に位置する。2～5階が百貨店となっているビルの1階に，食料品のスーパーマーケットが配されている。売場面積はあまり広くはないが品揃えは良く，高級感があり，よく繁盛している。「新華百貨連鎖超市東方紅店」は，新華百貨購買中心の近くの複合ビルの地階に食料品のスーパーマーケットとして入っており，売場面積は比較的大きい。「新華老百貨大楼」は興慶区市街地の中心点に位置する。名前のとおり，元の新華百貨店のビルが現在では1階から4階まで全てスーパー形式の店舗になっており，1階が生鮮食品の売場となっている。交通の便が良く，かなり賑わっている。「北京華聯超市南門店」は南門前の広場の地階にある。位置は市街地の東南部に偏っているが，長距離バスのバスセンター前に当たり，都心部に準ずる場所である。もとの防空シェルターを利用してつくられたと言い，売場面積は広いが，野菜・果物の鮮度は良くない。以上都心部立地のスーパーマーケットは，一般に売場面積が大きく，品揃えが良く，中には高級感の漂うものもあり，交通の便が良いので，一般によく利用されている。

　一方，周辺部立地のスーパーとしては，「双宝超市」の4店，「新華百貨連鎖超市」の4店，「北京華聯超市」の1店などがそれに当たる（図 10-5 参照）。いずれも幹線道路に面した建物の1階，一部は地階や2階に入居しており，売場面積は概して小さく，品揃えはあまり良くない。ただし，現在，銀川市は市街地縁辺部において空前のマンション建設ブームであるが，マンション団地の分

356　　第Ⅲ部　現地調査から見た市の実態

図10-5 銀川市興慶区におけるスーパーマーケットの分布

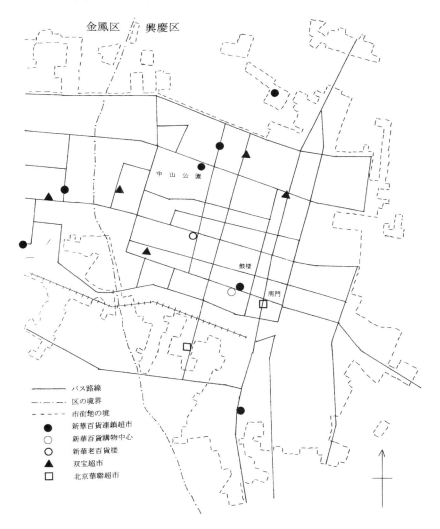

譲広告には，最寄りの小売市場とともに，これらのスーパーが記載されており，スーパーでの買い物が生活スタイルの中に定着しつつあることを示している。

　チェーンストアという観点で見ると，銀川市には一つのナショナルチェーン：「北京華聯超市」と，二つのローカルチェーン：「新華百貨連鎖超市」及び「双宝超市」との，三つのチェーンが展開していることになる。このうち「北

第10章　曲がり角に立つ西北地方の市と野菜流通システム　　357

写真 10-4　双宝超市の一支店

京華聯超市」は比較的大きな店舗を展開しているが，銀川市に立地するのは前述の南門店とその他 1 店舗の計 2 店舗のみである。「新華百貨連鎖超市」は，銀川市に 10 店舗（うち興慶区に 6 店舗）を展開するローカルチェーンであるが，ローカルチェーンとしては相対的に規模の大きな店舗を展開しており，一部の店舗を都心部にも立地させている。これに対して「双宝超市」は銀川市に 9 店舗（うち興慶区には 4 店舗），他都市で 4 店舗を展開するが，比較的小規模な店舗を市街地周辺部に立地させる戦略のように見える（**写真 10-4 参照**）。

　次にこれらのスーパーマーケットの野菜・果物の仕入れは，どのように行われているのであろうか。「双宝超市」では，野菜・果物の多くを各店舗が独自に卸売市場から仕入れている。ただ，一部の野菜・果物については，チェーン企業が自分の土地を持ち，農業労働者を雇って生産し，それを自社の店舗で売る「自産自銷」を行っている。これに対して，「新華百貨連鎖超市」は，野菜の仕入れに関してチェーンの各店舗がそれぞれ異なる供給商人と契約しており，そのような商人の中には，郊外に生産基地を持ち，生産物について残留農薬の検査をやっている者もいると言う。

(3) 野菜の小売価格の比較

　わが国のスーパーマーケットは，大量仕入，大量販売により，一般商店より安価な商品を提供するという戦略で発展してきた。中国の場合はどうであろうか。野菜の小売価格を比較するため，興慶区の七つのスーパー（金風区の「新

表 10-1　野菜小売価格の相違

	長ナス	栗カボチャ	調査月日
新華百貨購買中心	4	1.99	8.18
新華百貨連鎖超市東方紅広場店	1.8	2	8.18
新華老百貨大楼	1.78	1.1	8.18
北京華聯超市南門店	0.6	1.1	8.12
都心部スーパー平均	2.05	1.55	
双宝超市富寧店	1.5	0.78	8.18
新華百貨連鎖超市良田店	1.28	1.28	8.18
双宝超市高祢夫店	1.8	0.88	8.18
周辺部スーパー平均	1.53	0.98	
西塔市場	1.5	1.2	8.19
唐徠市場	1.5	1.5	8.19
隆升市場	1	1	8.19
信義市場	1.5	1.1	8.13
紅花渠市場	1.5	1.2	8.19
南橋市場	1	1	8.19
湖濱市場	1.5	1	8.19
光華綜合市場	—	1	8.19
小売市場平均	1.36	1.1	

　(注)　価格は500g当たり元。調査年は2007年。

華百貨連鎖超市良田店」をも含む）と八つの小売市場において，長ナス及び栗
カボチャの2種の商品について，500グラム当たりの代表的小売価格を調査した。

　その結果は表10-1に示したとおりであるが，長ナス及び栗カボチャともに，
都心部のスーパー，特に百貨店の併設スーパーで価格が最も高い。周辺部のスー
パーと小売市場では価格は一般に低く，両者の間の価格の差は小さい。以上
により，少なくとも銀川では，スーパーマーケットの野菜が小売市場より安価
であると言うことはできない。とりわけ都心部のスーパーでは相当高い価格が
付けられている。

　しかし一般に中国では，スーパーマーケットの青果物の方が小売市場のそれ
よりも清潔で，残留農薬なども少ないと考えられている。スーパーの方でも，
前述のように「自産自銷」や，残留農薬検査を行っている自産業者からの一括

納入を宣伝している場合がある。食の安全に敏感になりつつある富裕層や知識層を中心に，スーパーの利用がこうした面で促進されつつあると考えられる。

4　む　す　び

　以上本稿で得られた結果を全国的動向と比較して，調査時点での銀川の位置付けを求めて結論に代えたい。まず，卸売段階の流通システムに関して言えば，農産物の広域流通とそれを担う商人集団の確立や，卸売市場間の激しい競争と寡占化などは，全国共通して進行している現象である。ただ，北環市場に見られる決済の電子化や残留農薬の測定など，現代化の試みは先進的だと言えよう。
　小売段階について言えば，小売市場の「退路進庁」政策は明らかに遅れており，各種の小売市場間の無秩序な競合が生じるなど，中国の他地方に比して市場管理が弛緩している感がある。一方市場商人の出自や生活の状況は全国共通のものであり，彼らの輸送手段にモータリゼーションの兆しが生じているのも全国と軌を一にしている。野菜など青果物を扱うスーパーマーケットの急速な普及は，銀川のような辺境都市にあってはいささか意外な感があるが，省級の行政中心地としてマンション建設ブームの中にあって，生活様式の急激な変化が起こりつつあるのかも知れない。また，スーパーマーケットへの農産物納入業者の中に大規模農場の経営者が目立ちつつある。これは近年の農地保有の規制緩和により大規模農場が出現しつつあるという全国的動向[1]と共通する。いずれも注目すべき動きである。

〈注〉

(1)　王　岱「中国の農業構造調整下における綿花生産地域の動向」日本地理学会
　　発表要旨集 72，2007年，108頁，及び，王　岱「中国河北省高陽県における綿
　　花栽培農家の経営転換」日本地理学会発表要旨集 73，2008年，138頁，参照。

第3節

オアシス空間酒泉市における市と野菜流通システム

1 はじめに

本節では，中国の辺境部とも言える甘粛省西北部，河西廻廊に位置する酒泉市街地とその周辺農村部を対象として，野菜流通システムとそれを支える各種の市の現況を捉え，変容の波が当地にも如何に及んでいるかを明らかにする。現地調査は2006年に実施し，調査方法としては，各種の市場を訪れ観察を行うとともに，主として市場商人からの聞き取りによって情報を得た。本稿の対象地域は，人口約15万の酒泉の市街地を中心として，その周辺部の農村を含む行政区画である酒泉市粛州区である。粛州区は人口約35万，以前の酒泉県に当たり，複合扇状地である酒泉オアシス（緑州）を中心とする地域である。酒泉の町は粛州区の中心であるのみならず，酒泉市（地区級市）の中心でもある。

2 卸売市場

(1) 各種卸売市場の分布

図10-6は，酒泉市街地における各種市場の分布を示している。古くからの市街地は現市街地の北東部一帯であり，その後の拡大は主として南西方向へと進んだ。南西部一帯は，市政府と各種行政機関及び玉門石油公司本社とそれらの従業員アパートから構成されている。したがって人口密度は一般に東北部で高く，西南部で低い。このような市街地特性を反映して，各種市場の分布も東北部に密で，西南部では疎である。

卸売市場に関して言えば，現在の市街地を南北に貫く幹線路の解放路と東西の幹線路である盤旋路との交差点を中心に，その東西南北に分布している。各種商品の総合的卸売市場であるA彩紅橋市場は，交差点のすぐ北の西側に立地し，B温州灯具装飾市場はその西側，C南方装飾城はさらにその西南方に位置

図 10-6　酒泉市街地における各種市場の分布

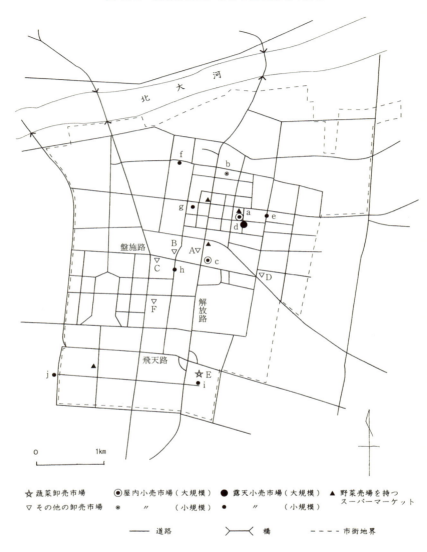

する。一方，もう一つの総合卸売市場のD福貨市場は，同交差点を東へ約1
kmの盤旋路の東端に立地し，青果物の卸売市場のE春光蔬菜批発市場は交差
点を南へ2km弱の飛天路とのロータリー近くに位置する。また家具と建材の

卸売市場であるＦ富康家世界は，同交差点から西南方約１kmの新市街に位置する。これらの立地には，市内のみならず市外との交通の便への配慮があると考えられ，また近年の市街地の南西方向への拡大に対応して，同方向への移動の傾向が認められる。なお福貨市場と春光蔬菜批発市場を除いて，他の市場はほとんど常設店舗化している。

(2) 春光蔬菜批発市場

　春光蔬菜批発市場は酒泉市街地で唯一の青果物卸売市場であり，2000年に当地に開設された。それ以前には現在の南方装飾場付近にあったと言う。敷地面積は218畝，総投資額は3,600万元で，第１期工事では2,250万元が投下され，3,762m²の半球形の上屋を持つ主取引場，5,000m²の露天取引場，5,500トンの容量の蔬菜恒湿庫（その一部は650m²の冷凍・製氷庫），市場の周りには内側に292間（390戸が入居）の店舗群，外側に127間（280戸が入居）の店舗群がそれぞれ建設された。当市場では毎日他地域産の果物100～150トンと，当地域産の蔬菜600トン以上が取引される。また近く1,270万元の第２期工事が予定されていると言う。

　聞き取りによると，当市場をめぐる青果物の流れは以下のようである。まず，青果物の長距離移動（数百kmまたは1000km以上）は積載量8～20トンの大型トラックを用いて，卸売商人グループによって行われる。野菜の場合，蘭州の野菜卸売市場で仕入れて当市場で売る場合が多く，他に河南省などから直接持ち込まれる場合もある。果物の場合は，新疆ウイグル自治区から同様に運び込まれる。商人グループは数人の仲間で構成され，買い付け地（蘭州など）に１人以上が滞在して，買い付けた商品をチャーターしたトラックに載せる。雇われた運転手が高速道路などを利用してそれを消費地市場（この場合酒泉）まで届ける。待ち受けていた仲間がそれを消費地市場で売りさばく。こうした長距離青果物流通のあり方は，中国各地の大都市の卸売市場で共通して見られるものであるが，西北辺境の地方都市酒泉でも確認された。蘭州からの高速道路が酒泉のすぐ近くまで完成しているという道路事情の急速な改善が，このような流通を可能にしたと言えよう。

　次に，数十km離れた農村部（下河清や西屯鎮など粛州区内の遠隔地）からの野菜・果物は，積載量2～4トンの中型トラックで当市場に入ってくる。多くは酒泉に住む商人が，自己所有またはレンタルのトラックで農村部の産地へ

買い付けに行き，当市場へ戻って販売する。1人または2人で営業しているの
が一般である。この他，生産者農民がオート三輪で自家産の野菜・果物を売り
にくる例もある。さらに市場から数km以内の近郊村にも，春光村や西峯郷な
ど野菜・果物の近郊産地があり，市場への搬入には三輪自転車，オート三輪，
積載量1トンの小型トラックなどが用いられる。この場合は，酒泉居住の商人
が村へ買い付けに行くタイプと，産地村の生産者農民が自ら市場に売りにくる
タイプとが拮抗している。

　一方，当市場で野菜・果物を仕入れる小売商人の多くは，酒泉市街地内の小
売市場でそれを売る零細な商人である。彼らは市街地内に住み，早朝この市場
を訪れ，仕入れ商品を三輪自転車で小売市場まで運ぶ。しかし，仕入れ商人の
一部は，隣接する他県の小売商人である場合がある。彼らは4トン程度の中型
トラックを複数人でチャーターし，この市場で野菜・果物を仕入れて出身地へ
戻る。

3　市街地の小売市場

(1) 小売市場の分布

　図10-6には，市街地内の小売市場（集市）の分布も記入されている。市街
地内には10か所の小売市場があり，そのうち3か所が建物内または上屋内の
市場であり，残り7か所は露天市場である。露天市場をなくしそれらを建物内
に収用する，いわゆる「退路進庁」政策は，実行されつつあるのだが，いまだ
一部に適用されているに過ぎないと言えよう。

　小売市場の立地点は7か所が旧市街地を中心とする東北部にあり，新市街地
の西南部には3か所が立地するのみである。これは人口密度の分布に対応して
いると言えるが，西南部の新市街地では，需要があるにもかかわらず露天市場
の立地が許されなかったようであり，後述するように最近市街地の外側に隣接
して開設された露天市場が，瞬く間に多数の売り手と買い手を獲得した。

　市場の規模を攤位数（売り手のユニット数）で表すと，表10-2に示したよ
うに，最大は粛州屋内市場で600余，次いで解放橋（南）市場と粛州露天市場
が300余，玉門石油小区新市場が200余と比較的大きく，5か所の市場が100
前後と小さく，1か所の市場が50未満で最も小さい。

表 10-2　小売市場の業種別構成

市場名	野菜	その他の食料品	布地・既製服	その他	計
市街地屋内市場					
粛州屋内市場	25	169	295	177	666
北市街市場	37	37	0	4	78
解放橋市場	31	135	13	163	342
市街地露天市場					
粛州露天市場	165	103	0	39	307
富強路市場	20	21	0	2	43
北環西路市場	65	34	1	12	112
小西街市場	39	38	0	15	92
療養院市場	58	55	0	14	127
春光批発市場小売部門	56	57	0	24	137
玉門石油小区新市場	115	66	1	30	212
農村部定期市					
果園市場	20	46	69	111	246
華尖市場	20	34	43	55	152
臨水市場	52	51	27	53	183

(2) 屋内小売市場の現状

　まず，（ a ）粛州屋内市場は旧市街地の中心よりやや東寄り，尚武街に面する３階建ての大きな建物内にあり，その２階と３階を占める（１階はスーパーマーケットが入っている）。以前は露天市であったが，1996 年に市政府によって建物が建てられ，露店業者と新たに参入を希望する者を収容した。管理は市場委員会が行っており，２階は食料品が中心で，他に日用雑貨や電器の攤位が並び，３階は衣料品が中心で，カバン，靴，洋品雑貨などの攤位が並ぶ。**表 10-2** に示したように，攤位総数は 666，うち野菜売りは 3.8％に過ぎない。攤位の賃料，管理費，税金ともにかなり高いが，都心部に立地する最大の市場として集客力は大きく，商人の経営は成り立っているようである。

　次に，（ b ）北市街市場は旧市街の北寄りに位置し，上屋の下で開かれる。以前は露天市場であったが，2004 年に現在のかたちになったと言う。攤位数は 78，うち野菜売りは 47.4％，食料品中心の小規模な市場で，旧市街北部の顧客を集めているに過ぎない。

　最後に，（ c ）解放橋市場（南市場とも言う）は旧市街の南端，解放路と盤旋路の交差点近くの好位置にある。「酒泉文史資料」第九輯によれば南市場は[1]解放前からあったと記されており，おそらく旧市街南部の馬路市場としてこの

付近にあったものと思われる。現在は敷地の西部には大きな上屋があり、その下には多数の軽食堂が配されている。これらは買い物客や都心勤務者の外食の場として機能していると思われる。上屋の周囲には簡易建築の店舗が並び、各種の商品が売られている。一方、敷地の東部は簡易な上屋の下で肉、野菜、魚が扱われ、周囲には簡易建築の店舗で各種食料品が売られている。攤位の総数は342とかなり大きく、うち野菜売りは9.1%に過ぎないが、旧市街地南部や新市街地北部の顧客を吸収しているものと思われる。

(3) 露天小売市場の現状

粛州屋内市場の裏側に接続する南北の青年路と、それに直交する粛園街に、L字状に露天で毎日開かれる（d）粛州露天市場がある。攤位数は307で、うち野菜売りは53.7%、市街地内で最大の露天市として客も多い。粛州屋内市場に収容しきれなかった攤位を中心に構成されたものと思われる。売り手の多くは他地方の農村出身の専業的商人で、市街地内のアパート等に住み、卸売市場で仕入れた商品をこの市場で売却する。ただし売り手の一部は自家製の農産物を売る近郊農村の農民である。

（e）富強路市場は旧市街の東端近くに位置し、攤位数43、うち野菜売り46.5%の小さな露天市場である。旧市街東端に並ぶアパート群を主な顧客としていると思われる。

（f）北環西部市場は旧市街の西北端近くに位置し、歩道上に展開する露天市場である。攤位数112、うち野菜売りが58.0%で、周囲の顧客を相手にしていると考えられる。売り手の中には北方の村々からの生産者農民の割合がかなり高い。

（g）小西街市場は旧市街地の中心からやや西寄りに位置する横丁で開かれる露天市場で、攤位数は92、うち野菜売りは42.3%である。都心部の美食街に近い位置にあり、業種構成上、軽食のウエイトが高い。旧市街西部の顧客を吸引していると思われる。

（h）療養院市場は西南部新市街の北部に位置する露天市場である。近くに玉門石油の療養院があるためこの名前が付いた。市街地の西南部への拡大とともに、それまで解放橋市場を利用せざるをえなかった西南部住民の便宜のため、自然発生的に形成されたと言う。攤位数は127、うち野菜売りは45.7%である。

春光蔬菜批発市場の南門の内外には、小売を目的とする食料品などの露店が

並んでいる。これらの攤位群を（i）春光蔬菜批発市場小売部門と呼ぶことにする。その攤位数は137，うち野菜売りは40.9％である。西南部に形成された玉門石油公司のアパート群の住民は，利用すべき小売市場が近くになく，この卸売市場内で小売をも行う業者を利用するようになった。同アパート群の特に東部の住民は，当小売部門を日常的に利用している。

最後に（j）玉門石油小区新市場について述べる。前述のように玉門石油公司のアパート群の住民は，利用すべき小売市場を近くに欠いていたのだが，その需要に応えるべく，アパート群間の主要街路上に各種露店が三々五々立地し始めたと言う。しかしそのような状況は景観的に望ましくないので，2006年8月，当局はアパート群の西側，市街地のすぐ外側の未舗装の道路沿いに新しい市場の立地点を指定した。その結果，アパート群入居者の旺盛な需要を背景に，瞬く間に攤位数213の大規模な露天市場へと成長し，特に日曜日などは押しあいへしあいの賑わいを見せるまでに至った。近隣農村からの生産者農民による野菜や果物の販売が多く，野菜売りは54.0％にのぼる。玉門石油アパート群の少なくとも西半分の住民は，当市場を日常的に利用している。

4　スーパーマーケットとの競合

中国では大都市においても地方都市においても，近年セルフサービス方式のスーパーマーケットの立地が進んでいる。そのうち小規模なスーパーは主に加工食品を売るもので，生鮮食料品はほとんど扱わない。これに対し中・大規模のスーパーの場合は，加工食品・雑貨・衣料品・電器製品などと並んで，生鮮食料品が扱われている。

酒泉市街地の場合図10-6に示したように，4か所の中・大規模スーパーで生鮮食料品が扱われている。3か所は旧市街の都心部に立地するスーパー（うち1か所は粛州屋内市場の1階部分）であり，1か所が西南部玉門石油公司アパート群の中に立地するモダンなスーパーである。筆者はこれらのスーパーマーケットの特に野菜売場を訪れ，価格，鮮度，賑わいなどを観察した。その結果，スーパーで売られている野菜の価格は市場で売られる野菜より一般に高価であり，またその鮮度は一般にやや劣るように思われた。そのためもあってか，スーパーの野菜売場は他の売場などに比べて訪れる客は少なく，一般に閑散としている感を受けた。

酒泉のように野菜生産の盛んな農村地域に囲まれ，なおかつ露天市場が数多く残存している地方都市においては，新鮮な野菜や果物が伝統的市場において安価に提供されるので，現在のところスーパーマーケットに対する伝統的市場の優位が維持されていると言えよう。

5　農村部の定期市

(1) 定期市の分布

以上のような都市部の市場に対して，農村部の市場の現状はどのようであろうか。粛州区（旧酒泉県）には旧来18の郷鎮があり，そこに**図 10-7** のように23か所の定期市が立地している。各郷鎮に1か所が原則で，五つの郷鎮では2か所の市が存在する。それらの空間的分布を見ると，北部の北大河扇状地のオアシス空間では，互いに数 km 間隔でかなり均等に分布している。これに対して南部では砂漠空間が広く，その分布はかなり疎となる。

定期市の開催頻度は，旬（10日）に1回が14か所と最も多く，2回が8か所，3回は1か所のみ（上埧鎮）である。上埧鎮の市が他の市より規模が大きいことはほぼ間違いはないが，旬に2日の市が旬に1日の市より規模が大きいとは必ずしも言えないようである。一方市日について隣接する市が互いに市日を異にするという原則は，かなりよく守られている。

(2) 事例定期市の実態

調査し得た三つの定期市についてその実態を述べてみよう。まず果園の定期市について述べると，果園郷は酒泉市街地と北大河を挟んで北方に拡がる農村地域であり，市が開かれるのは郷の中心集落のはずれにあるコンクリートが打たれた方形の広場においてである（**写真 10-5**）。聞き取りによれば，当市の起源は文化大革命終了後であると言う。市日は10の付く日で，旬に1回，月に3回の三斎市である。市が開かれる広場近くの路上で家畜市も開かれる。朝9時頃から家畜を連れた農民が三々五々集まり，買い付け商人もやってきて，肥育用の子豚，耕作用の馬，耕作用または肉用の牛が取引される。家畜市よりやや遅れて市場の広場が賑わいを増していく。業種別におおよそのセクションを形成して攤位が配置される。広場だけでなく周り2方の道路上にも店が出る。調査時の攤位総数は246，うち野菜売りは8.1％に過ぎず，既製服，布地，雑

図10-7 粛州区農村部における定期市の分布

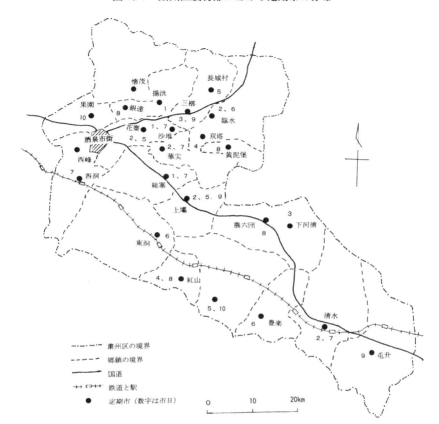

貨などの売り手が多く, 農具や籠など家内工業製品の売り手も若干見られる。
 次に華尖の定期市は, 市日が2と7の付く日で六斎市である。北大河扇状地の中央部に位置する華尖郷の中心集落で開かれる。当集落には商店が30～40軒, 中国信金, 保険会社の支店, 元供銷社の店などがある。市場の広場は, 中心集落から道路を隔てた南側に位置するコンクリートを打ち込んだ方形の広場であるが, 売り手は広場とそこへ通じる道路の両側に出店する。調査時の攤位数は152, 業種別ではやはり既製服, 布地, 雑貨などの売り手が多く, 野菜売りは13.2%のみである。
 最後に臨水の定期市は, 市日は2と6の付く日で六斎市である。北大河扇状

第10章 曲がり角に立つ西北地方の市と野菜流通システム 369

写真 10-5　果園の定期市

地の下流部に位置する旧臨水郷の中心集落で開かれる。旧郷政府の前の広い道路とそれに接する広場とで開催される。広場には2列の上屋があり衣類の市商人が利用し，また「臨水劇場」と称する屋外の舞台がある。当集落の商店は約30軒。市の総攤位数は調査時点で183で，業種別ではやはり既製服，布，雑貨などが多く，野菜売りは28.4%である。

(3) 市の売り手の移動

　市の売り手の出市状況を比較してみると，生産者農民の場合は最寄りの1か所の市にのみ出るタイプが多い。しかし生産者であっても市での売上に強く依存する者は，複数の市に出市して売上を伸ばそうとする。これに対して，商品を仕入れて市で売る商人的性格の強い売り手の場合は，一般に参加する市の数は多くなる。8か所や10か所をめぐる商人もいる。移動手段としては圧倒的多数の者がオート三輪を利用し，一部は小型トラックをも利用している。**図10-8** は，移動スケジュールを聞くことができた華尖の雑貨商の場合の移動を地図上に表したものである。居住地の市の他，直線距離で10 km 程度の市に加え，20 km，30 km の市へも参加している。近くても小規模で売上が小さいと考えられている市（花賽や沙堆）は選択せず，むしろ遠くとも売上の大きい市（上埧など）が選択されている。このような選択が可能になったのは，オート三輪や小型トラックを市商人が保有することができるようになったためであろう。

図 10-8 粛州区農村部に住むある雑貨商の出市行動

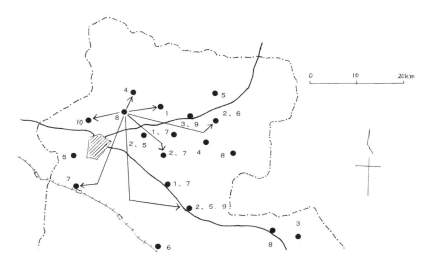

(注) 数字は市日。

6 むすび

　辺境のオアシス空間酒泉について明らかにされた主要な点は以下のとおりである。①青果物の卸売市場においては，高速道路網の整備とともに商人グループによる遠距離取引の割合が増えている。②市街地の小売市場については，小売市場の「退路進庁」は遅れている。また，売り手の多くは他地方出身の小商人であるが，自家産の野菜や果物等を売りさばく近郊の農民がかなりの割合で含まれている。③市街地内に立地する中・大型のスーパーマーケットで野菜・果物が扱われているが，価格や鮮度の面で小売市場に対して劣位にある。④オアシス空間の農村部には多くの伝統的な定期市が分布しているが，売り手の多くは今やオート三輪を移動手段とし，出市先の選択制を高めている。

〈注〉
(1) 陳 自明「解放前后酒泉市場概況」，政協甘粛省酒泉委員会編『酒泉文史資料』第九輯，1996年，所収。

第10章　曲がり角に立つ西北地方の市と野菜流通システム　　371

(2)　ただし，近年，三墩鎮と臨水郷のようにいくつかの郷鎮で合併が行われた。

*　　　　　　　*　　　　　　　*

おわりに

　以上本章においては，西北地方の最大都市西安市の市区，地方中都市銀川市の中心部興隆区，並びに辺境のオアシス空間である酒泉市粛州区を採り上げ，2000年代中葉における野菜流通システムとそれを支える各種の市の実態を検討してきた。

　それによれば，2000年代中葉の中国では，西北地方においてさえ，高速道路の建設による野菜流通の急速な広域化が認められた。他方小売段階では，大都市から小都市に至るまで，スーパーマーケットの急速な普及が確認された。また，移動手段としては，卸売・小売を問わず，商人層にはトラック・オート三輪・オートバイの急速な普及も認められた。

　これらの結果，卸売段階では，卸売市場の急速な拡大と，その階層分化（転送機能を持つ広域市場とそれを持たぬ地域市場への）が認められた。一方小売段階では，都市部において中・大型スーパーマーケットによる生鮮食料品の供給が進み，一定の社会階層には受け入れられつつあったが，伝統的小売市場（集市）の全般的な優位性を突き崩すまでには至っていない。また商人層におけるモータリゼーションは，出市先の選択など市商人の行動パターンに影響を与え始めていた。

　かくして2000年代中葉の中国では，野菜流通システムとそれを支える各種の市は，明らかに大きな変動への曲がり角に立っていたと言えよう。

第11章

衰退期に入った定期市

第1節
農村地域登封市域の事例

1　はじめに

(1) 問題の所在

　筆者は第2章第2節において，中国の集市の動向を全国的な視野で検討した結果，近年，①集市数の減少，②集市売上高の停滞，並びに③小売販売額に対する集市売上高のシェアの低下が見られることを指摘した。そして，そのような現象をもたらす要因としては，①市の常設店舗化，②スーパーマーケットの台頭，③モータリゼーションの影響による集市の淘汰などが考えられることを推測しておいた。

　本章では，具体的な地域において，このような集市の地位低下が生じているかどうかを検証し，そのような地位低下をもたらしている要因を特定することを目的とする。まず第1節では，一般農村地域の事例として河南省登封市域を採り上げ，続く第2節では，大都市近郊の事例として四川省成都市龍泉駅区を採り上げる。

(2) 研究方法

筆者は第8章第2節において，1997年の現地調査により河南省登封市域の集市の状況を報告したが，2004年にもごく短期間であったが当地を訪問することができたうえ，加えて2009年にも同一地域を再々訪することにより，最近12年間の変化を明らかにすることができた。

対象地域の登封市はいわゆる県級市で，河南省の省都鄭州の広域市に属しその一部を構成する。しかし鄭州の市街地から登封市域の中心の城関鎮までは，道路距離で約60 km 離れており，登封市域は全体として農村的色彩の強い地域である。ただし現在では，鄭州から登封を経て洛陽まで少洛高速道路が開通している。

当地域には，1997年当時，城関鎮など都市部には毎日市と日曜市が，農村部には農暦の旬の周期に基づく多数の定期市が存在し，生鮮食料品と工業製品の両者を提供していた。これらの集市は並存する常設店舗と競合していたが，なお活発に機能していた。これらの集市は12年後にいかに変わったであろうか。

今回の調査期間は極めて限られていたため，調査対象を以下の4点に限定した。すなわち，①農村部の中規模定期市の例としての石道の集市の現状，②農村部の大規模定期市の例としての大金店の集市の現状，③農村部商業の例として大金店鎮域の二つの村の商業の現状，並びに④地方小都市登封城関鎮の集市の現況である。

2　農村部中規模定期市の現状

事例とした石道郷は，**図11-1** に示したように，登封市域の西南部に位置する。郷政府が立地する中心集落に，農暦（陰暦）の奇数日に「集」，特に1と5の日に「会」と呼ばれる定期市が立つ。市が出るのは，大金店鎮から君召郷・潁陽鎮方面を結ぶ東西の公路と直交し，石道の集落の中央を貫く広い南北の街路においてである。

第8章の**図8-5**（282-283頁）は，1997年当時の「会」における出店者の配置状態を，**図11-2** は今回の調査による「会」の出店者の配置状態を示している。両図を比較することによって，この12年間における変化をとらえることができる。

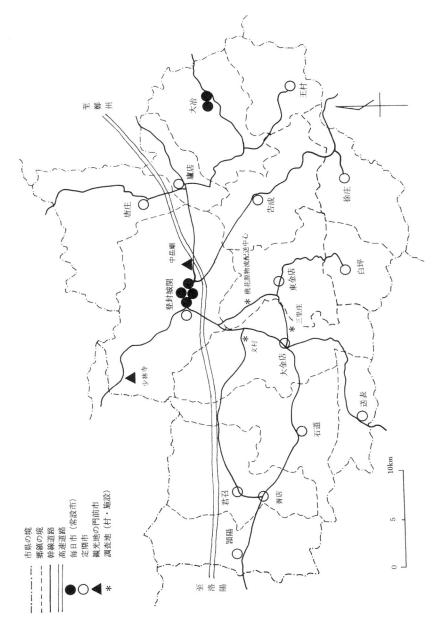

図 11-1 登封市域の集市の分布と調査地の位置

第 11 章 衰退期に入った定期市

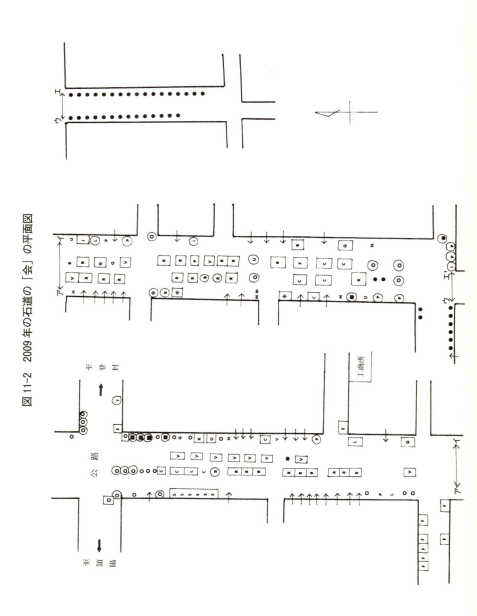

図 11-2　2009年の石道の「会」の平面図

376　第Ⅲ部　現地調査から見た市の実態

□ テント (第2・3図)
○ パラソル (第3図)
↔ 出店者の列 (第4・5図)

● 野菜
○ 果物
□ 卵
■ 肉類
* 食料雑貨・調味料
A 本
B 鞄・ベルト
C 布・ふとん・糸

D 飲料・アイス
E 軽食堂
F 靴・履物
G 種子
H 雑貨・紙・文具
I 菓子類
K 玩具・カセット・CD
L 小間物・化粧品
M 工芸品 (籠・箒など)
N 薬
P 加工食品

Q 家畜・家禽
R 既製服
S 靴修理
T 仕立屋
U 金物・陶器
V 靴下・下着
W 自転車修理
X 農具・農用資材
Y その他のサービス
Z 占い

*図11-3, 11-4についても同じ

まず第1に気付く変化は，1997年には南北の中心街路の他に，その中央あたりで西に延びる横丁にかなり多数の出店が見られたのに対して，2009年にはそれがほとんど見られなくなっており，その代わり，中心街路の狭くなった南への延長部分に，ある程度の新たな出店が見られる点である。これは1997年時点では，後述するように出店者が多く，横丁を使わないと充分収容できなかったのに対し，2009年には，出店者の減少により，横丁を使わなくても中心街路の延長部分への多少のはみ出しで収容可能になったためと思われる。

　次に出店者の業種別の配置を子細に検討すると，両年次間に大きな違いがある。1997年には，出店者は各業種別に明瞭な群（セクション）を形成して配置されていた。市の中央部には，市廻りの商人が従事する既製服・布地・履物など工業製品の各セクションが形成され，市の周縁部には，農民が自家産物を販売することの多い果物・野菜・卵などの各セクションが形成されていた。これに対して2009年には，セクションの形成がかなり不明瞭になっており，同じ業種が複数個所に立地している場合が見受けられる。このような変化がなぜ生じたのであろうか。市場の管理者からの聴き取りによれば，数年前，（おそらく出店者数の減少に対応した）出店位置の割替えが行われた際，石道の商人を街路の中央部に，大金店鎮方面の商人を街路の北部に，君召郷方面の商人を街路の南部に配置するという原則が導入されたと言う。地元商人の優遇の声に抗しきれなかったためと思われる。その結果，同一業種が2，3か所に現われるという配置パターンが生じてしまったのである。なお，店の売上高は中央部が最も大きいとのことであるが，出店者が負担する市場の管理費は，石道の商人が年150元，他の地域の商人が年200元と，地元商人が優遇されている。

　しかしながら最も注目すべき変化は，出店数の減少と業種別構成の変化であろう。**表11-1**は，両年次の石道定期市における出店者総数及びその業種別構成を示している。それによれば，出店者総数は1997年の323から，2009年には143と半分以下に激減している。業種別に見ると既製服（−61）が最も減少数が大きく，次いで布・ふとん・糸（−33），果物（−17），卵類（−17），軽食堂（−14），靴・はきもの（−13）の順となる。工業製品，特に衣類を扱う店が急減していることがわかる。また，生鮮食料品の一部（果物，卵類）やサービスの一部（軽食堂）でも減少が大きい。ただし，これらの業種の市における減少は，それらの店が扱う商品・サービスに対する需要の低下を必ずしも示すものではなかろう。むしろ，これらの業種の常設店舗の発展が，市における

378　　　第Ⅲ部　現地調査から見た市の実態

表 11-1　石道の定期市「会」の出店数と業種構成の変化

	1997	2009	増減数（増減率%）
野菜	35　(10.8)	43　(30.1)	＋8（＋123)
果物	42　(13.0)	25　(17.4)	－17　(－40)
肉類	9　(2.8)	5　(3.5)	－4　(－44)
卵類	17　(5.3)	0	－17(－100)
水産物	0	0	0
穀物・食料油	0	0	0
加工食品	3　(0.9)	8　(5.5)	＋5(＋167)
食料雑貨	2　(0.6)	1　(0.7)	－1　(－50)
飲料・菓子・煙草	2　(0.6)	6　(4.2)	＋4(＋200)
布・ふとん・糸	42　(13.0)	9　(6.3)	－33　(－79)
既製服	84　(26.0)	23　(16.1)	－61　(－62)
靴・履物	21　(6.5)	8　(5.5)	－13　(－62)
鞄・ベルト・財布	2　(0.6)	4　(2.8)	＋2(＋100)
靴下・下着	5　(1.5)	2　(1.4)	－3　(－60)
小間物	8　(2.5)	3　(2.1)	－5　(－63)
装身具・化粧品	1　(0.3)	1　(0.7)	0
什器（金物・陶器等)	2　(0.6)	4　(2.8)	＋2(＋100)
雑貨・紙	7　(2.2)	1　(0.7)	－6　(－86)
工芸品・家具類	4　(1.2)	3　(2.1)	－1　(－17)
その他の工業製品	5　(1.5)	2　(1.4)	－3　(－60)
薬・農薬・肥料	2　(0.6)	2　(1.4)	0
種子	6　(1.9)	5　(3.5)	－1　(－17)
農機具	0	0	0
ペット	0	0	0
仕立て	0	0	0
靴修理	7　(2.2)	6　(4.2)	－1　(－14)
各種修理	0	0	0
占い	0	0	0
軽食堂	16　(5.0)	2　(1.4)	－14　(－88)
その他のサービス	1　(0.3)	0	1(－100)
合計	323(100.0)	143(100.0)	－180　(－56)

減少を招いた可能性が考えられる。既製服，靴・はきもの，軽食堂の場合は，特にそれがあてはまるものと思われる。また，布・ふとん・糸の店は特に減少率が高いが，これは布地を買って洋服やふとんを仕立てるという中国での従来の慣習が，急速に変化しつつある結果だと考えられる。

　郷政府における聴き取りによれば，石道郷では1997年に比べて人口が増え，農業の商品作物部門がタバコ栽培から施設園芸に代わって農業企業が24に増え，また石炭，ボーキサイト，食品加工，建材などの工業企業が28に増えた。労働環境の改善で地元の炭鉱で働く人も増えたこともあり，地域外への出稼ぎ者は労働力の13〜15％に限られている。これらを背景に，石道の中心集落では常設店舗が大幅に増え，中心街で120戸，集落全体で170戸に達した。この結果，「集」の意義は低下したが，農暦5の日に開かれてきた「会」は，2002年に1の日を市日に加え，重要性は失っていないと言う。一方，石道郷の農村部にもスーパーマーケット（超市）ができ，精肉店も出現し，農民は毎日でも肉を食べるようになっているとのことである。

　「会」の出店者中，移動商人は約80人で，彼らのみが市場の管理費を払うと言う。移動商人の中ではモータリゼーションが進んでおり，1割がバンを，2割がオート三輪を，6割がオートバイを持つ。彼らはそれを用いて複数の市に出かけ，かつ，登封城関鎮や洛陽関林に商品の仕入れに出かけると言う。一方「会」の日に買い物に集まる人々は，普段は約5千人，多いときには1〜2万人にのぼる。ただ農民もオートバイで市へ来ることが多くなり，かつては市で昼食をとって帰宅したが，今ではすぐ帰ってしまうとの由。前述の市の軽食堂の減少は，このような事情をも反映しているのであろう。

　以上から総合的に判断してみると，1997年から2009年の間に「会」の日の1日当たりの出店者は半分以下に減少した。一方「会」の日が2倍に増えたので，出店者の延べ数も1日当たりの2倍と数えるべきだが，それでも1997年の数字には及ばない。この間，中心集落で常設店舗が急増したこと，農村部でもスーパーや精肉店が出現したことを考慮すれば，商業全体に占める定期市の相対的地位は，低下したと言わざるをえないであろう。

3　農村部大規模定期市の現状

　事例とした大金店鎮は，**図11-1**に示したように，登封城関鎮の南西に隣接

する行政区画で，その中心集落は城関鎮の市街地の南西約10kmに位置し，城関鎮から南方へ通ずる国道207号線と，西方石道郷や潁陽鎮に通ずる公道，さらには東方東金店郷方面に通ずる公道の交点に当たり，交通の要衝である。ここには民国時代既に町場的集落が形成されており，それは「老街」として現在も残っているが，その商業的機能はほとんど失われていて，商業の中心は今や老街の西側に新たに形成された東西・南北数本の街路からなる新市街に移動している。新市街では多数の常設店舗が立地するともに，1997年当時，登封農村部では最大級の定期市が開催されていた。すなわち，農暦（陰暦）の偶数日に開かれる「集」と称する小規模な定期市，6と10の日に開かれる「会」と称する大規模な定期市である。

　ところが，2004年に筆者が短時間大金店鎮を訪問した際は，たまたま「集」の日であったが，その衰退の傾向が印象に残った。すなわち，1997年調査時の聴き取りによれば，「集」の日の出店者数は約200ということであったが，2004年の訪問時には合計90店（野菜29，果物10，肉9，食料雑貨等18，石灰6，雑貨等18）に過ぎなかった。

　2009年には，「会」の日の出店者の空間的配置や業種構成を調査しえたので，1997年当時の「会」の日と比較してみる。**図11-3**は1997年の出店者の配置状態を，**図11-4**は2009年の同じく配置状態を示している。両者を比較すると以下の諸点が指摘される。まず第1に，業種別配置には両者の間で，大筋では違いが認められない。したがって，この12年間で根本的な再配置は行われなかったと見るべきであろう。ただし東西街路Bには，1997年には多数の布地販売の商人が出店していたが，2009年には皆無となっている。後述するように2009年には布地商人は激減しており，残った者も東西街路Cに移動している。また，東西街路Aでも出店者が1997年に比べ2009年にはまばらになっており，東西街路Cでも1997年には4列で出店していたものが，2009年には2，3列に縮小し，東部では出店者が皆無になっているなど，後述する総出店数の急減の影響が現れている。

　表11-2は両年次の出店総数及び業種別構成を示している。出店総数は1997年の628から2009年には246と，石道の場合と同様，半分以下に激減した。しかも減少率は石道が56％であるのに対し，61％とより高率である。業種別に減少数の大きいものから並べると，果物（−67），布・ふとん・糸（−64），野菜（−45），既製服（−37），靴・はきもの（−27），小間物（−21），靴下・

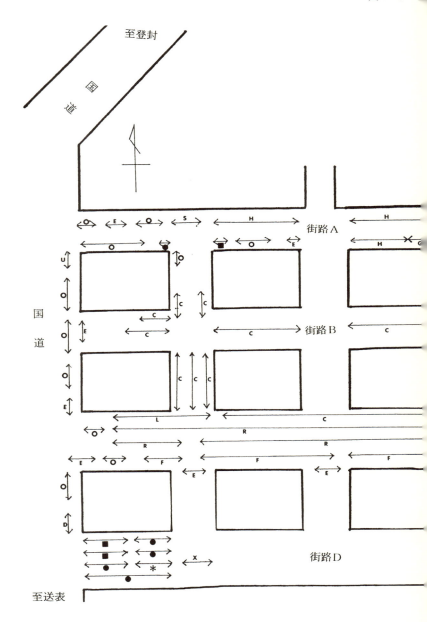

図11-3

382　第Ⅲ部　現地調査から見た市の実態

「会」の平面図

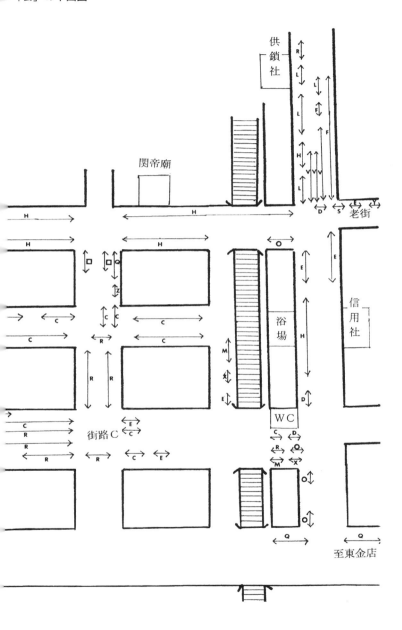

第11章 衰退期に入った定期市　383

図11-4 2

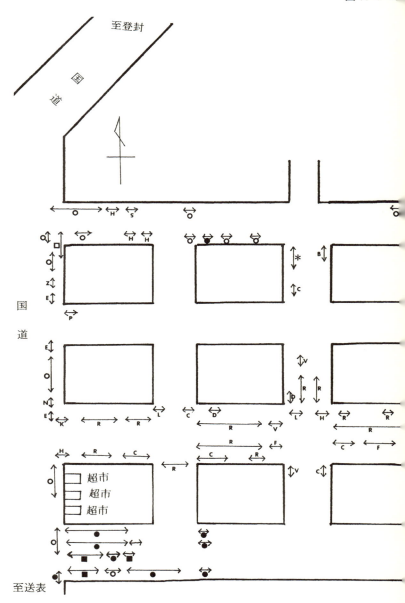

384　第Ⅲ部　現地調査から見た市の実態

「会」の平面図

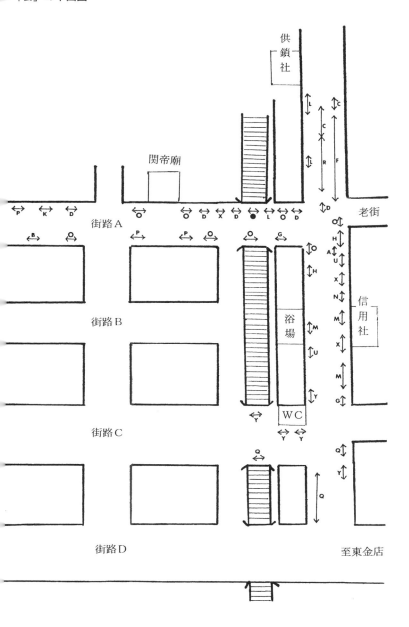

第11章 衰退期に入った定期市　385

表 11-2　大金店の定期市「会」の出店数と業種構成の変化

	1997	2009	増減数（増減率％）
野菜	83 （13.2）	38 （15.4）	−45 （−54）
果物	96 （15.3）	29 （11.8）	−67 （−70）
肉類	20 （3.2）	8 （3.3）	−12 （−60）
卵類	17 （2.7）	0	−17（−100）
水産物	0	0	0
穀物・食料油	3 （0.5）	0	−3（−100）
加工食品	8 （1.3）	5 （2.0）	−3 （−38）
食料雑貨	3 （0.5）	2 （0.8）	−1 （−33）
飲料・菓子・煙草	9 （1.4）	10 （4.1）	+1 （+11）
布・ふとん・糸	82 （13.1）	18 （7.3）	−64 （−78）
既製服	92 （14.6）	55 （22.4）	−37 （−40）
靴・履物	41 （6.5）	14 （5.7）	−27 （−66）
鞄・ベルト・財布	10 （1.6）	2 （0.8）	−8 （−80）
靴下・下着	22 （3.5）	4 （1.6）	−18 （−82）
小間物	24 （3.8）	3 （1.2）	−21 （−88）
装身具・化粧品	7 （1.1）	0	−7（−100）
什器（金物・陶器等）	2 （0.3）	5 （2.0）	+3（+150）
雑貨・紙	22 （3.5）	8 （3.3）	−14 （−64）
工芸品・家具類	16 （2.5）	10 （4.1）	−6 （−38）
その他の工業製品	10 （1.6）	3 （1.2）	−7 （−70）
薬・農薬・肥料	6 （1.0）	3 （1.2）	−3 （−50）
種子	13 （2.1）	9 （3.7）	−4 （−31）
農機具	0	4 （1.6）	+4 （+∞）
ペット	0	3 （1.2）	+3 （+∞）
仕立て	5 （0.8）	0	−5（−100）
靴修理	14 （2.2）	1 （0.4）	−13 （−93）
各種修理	1 （0.2）	3 （1.2）	+2（+200）
占い	2 （0.3）	1 （0.4）	−1 （−50）
軽食堂	20 （3.2）	3 （1.2）	−17 （−85）
その他のサービス	0	5 （2.0）	+5 （+∞）
合計	628（100.0）	246（100.0）	−382 （−61）

下着（−18），卵類（−17），軽食堂（−17），雑貨・紙（−14），靴修理（−13），肉類（−12）と続く。生鮮食料品と工業製品（特に衣料品）の両者にわたり，一部サービス部門をも含む点は，石道の場合と同様である。布類は減少率でも高率である点が，石道の場合と同様，注目される。

　当鎮では1997年以来鎮域の人口が増え，高速道路が鎮域の一部を通るなどしたので，経済活動が上向きであることには間違いはなかろう。それにもかかわらず定期市出店数が，「集」においても「会」にあっても急減していることは，市商業の相対的衰退が生じているためと考えざるをえない。その要因としては，石道の場合と同様，まず常設店舗の増加が挙げられよう。筆者の観察によれば，1997年以来，2004年，2009年と，特に国道，公路，東西街路A沿いの常設店舗の立地が著しい。これらの店舗は衣類・雑貨など工業製品を扱うものが多いが，生鮮食料品を扱う小型スーパーマーケット（図11-4「超市」として記入）や，精肉店，果物屋，さらには食堂などのサービス業をも含んでいる。2004年の聴き取りによれば，特に既製服の市商人については，鎮政府の市場発展中心の斡旋で，東西街路C等に常設店舗として収容したと言う。なおスーパーマーケットや精肉店については，石道郷と同様，次節で述べるように，大金店鎮域の農村部においても最近の立地が明らかである。さらに加えて，大金店鎮特有の要因も考えられる。すなわち鎮の中心集落から城関鎮の中心部までは約10kmに過ぎず，しかも国道を路線バスが頻繁に走っている。加えてオートバイやオート三輪が普及しつつある中で，地域住民が商店の充実した登封城関鎮で買い物することを阻止するのは容易ではない。大金店の市の出店者減少率が石道の市のそれよりも大きい理由は，この点にあるのではないかと考えられる。

4　農村部におけるスーパーマーケットの出現

　大金店鎮域の農村部の2か所において，スーパーマーケットの出現の状況を観察したので報告しておきたい。中国の都市部にあっては，2000年代の中葉には，西部（最内陸部）の辺境都市においてすら，スーパーマーケットが立地していたことは，第10章で報告しておいた。これに対して2000年代末になると，農村部，しかも中国において必ずしも先進地域とは言えない河南省の農村部においても，スーパーマーケットが出現しつつあることが確認できたのであ

る。

　観察した第1の地点は，大金店鎮の鎮域の中部に位置する行政村文村の主集落においてである。図11-1に示しておいたように，文村は，登封城関鎮と大金店鎮中心集落を結ぶ国道より少し北に入ったところに位置し，比較的平坦な地形と城関鎮への近接性によって，大金店鎮域の中でも比較的豊かな農村と考えられる。戸数400余のこの集落には，2009年9月初旬現在，生鮮食料品を扱う店としては，野菜・果物店が1軒，肉屋が1軒，いわゆる超市（スーパーマーケット）が2軒（うち1軒は開設準備中）存在していた。

　超市はセルフサービス式の店舗で，規模は100 m²未満と小さく，わが国のコンビニエンスストアぐらいの大きさである。超市には上部にガラスをはめた冷蔵保存庫が保有されており，肉や野菜の一部はそこに貯蔵されている。文村の2軒の超市は，いずれも「桃花源超市」のチェーン店である。当チェーンは河南省政府の商業部門が設立した企業で，「桃花源物流配送中心」を省内各地に配して，ここからチェーン店に商品を供給すると言う。登封市域の「桃花源物流配送中心」は，大金店鎮の東隣りの東金店郷任村近くにある（図11-1参照）。調査に同行してくれた河南省科学院地理研究所の王　国強教授の説明によれば，2006年に商務部の方針で農村にも超市を普及することになり，開設希望者には開業資金として5000元を貸し出す方針が採られているとのことである。[1]

　次に超市を観察した第2の地点は，大金店鎮南部の行政村三里庄村である。三里庄村は，小島泰雄の報告[2]にあるように，登封市域にあっても郷鎮企業群を村営企業として上手く発展させ，そこからの収益で村落改造を実行した成功事例の村である。郷鎮企業は，政府の民営化政策により現在では民営化したが，その際の協定により利益の一部が現在でも村に還元されているとのことである。280戸からなる当村内には，現在唯一の超市が存在する。小規模であるが1年前に開業したばかりで設備は新しく，もちろん肉や野菜を扱っている。この店は「桃花源超市」のチェーン店には加わっていない。店主への聴き取りによれば，チェーンに加わると利益の40％を会費として徴集されるので経営が苦しくなると言う。チェーンに加わらなくとも，必要な商品は卸売商に直接電話で注文すれば届けてくれると言う。

　なお三里庄の村の北側，郷鎮企業群の団地のさらに北側に接して，大金店鎮と東金店郷を結ぶ公路が走っている。ここは三里庄村の村域の外になるが，三

つの超市が競うように並んで開業している。企業団地の従業員を狙っての立地と考えられるが，農村部におけるスーパーマーケットの普及が急速に進みつつあることを印象付ける光景であった。

以上，従来生鮮食料品を販売する店舗がほとんど見られなかった中国の農村部において，政府の奨励策もあって，ごく小型のスーパーマーケットが急速に普及しつつあることが確認された。村の住民は，もはや数 km を移動して定期市に行かなくても，また市日を待たなくても，地元で，いつでも，野菜・果物・肉などの生鮮食料品を購入することが可能となった。価格や鮮度には問題が残るにしても，選択肢が増えたことは間違いないであろう。

5　都市部における集市の変化

最後に登封市域の都市部における集市の状況を概観したい。第 8 章第 2 節で見たように，1997 年時点には，登封城関鎮に次のような集市が存在していた。①定期市としての城関日曜市，②毎日市としての城関中心部の露天市，③卸売機能を持つ常設市場である「商貿大世界」，並びに④小売の常設市場として開設された「少室農貿市場」である（**図 11-5** 参照）。これらは 2009 年の時点ではどのように変化したであろうか。

まず城関日曜市（ア）であるが，これは 1997 年当時，毎回 600 を越す露店を集め，購買客を登封市域全域から集めて盛んに行われていたのであるが，2009 年時点までに基本的には廃止となり，一部が屋内市場に収容され，一部が遠方に移転させられた。中心部の街路や小さな広場を使って行われていたため，交通の障害になるとの判断だったと考えられる。まず 1998 年に生鮮食料品を扱う部門が，1997 年当時建設中であった「鶏鳴街農貿市場」（C）に収容された。次いで 2001 または 2002 年に集市の主力の部分が廃止となり，希望する者は登封市街地の西縁に新設された「少林小区」（「小区」とは住宅団地のこと）の日陽市（イ）としての再開を許されたが，この市の顧客は周囲約 5 km から集まるに過ぎないので，参加したのは数十店にとどまっていると言う。

次に城関中心部の東関街に存在していた衣料品中心の露天市（ウ）は，交通の障害になっていたため 1998 年に廃止となり，露店の多くは中岳大街近くの「購物広場」（D）内の建物内の売場，または建物の周りの露店として収容された。

第 11 章　衰退期に入った定期市　　389

図11-5 登封城関鎮の常設市場と露天市

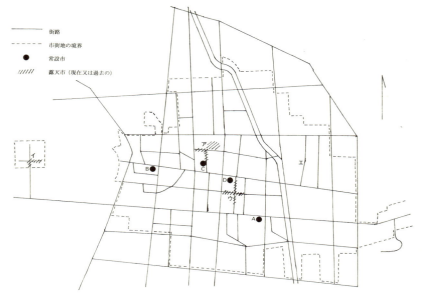

A. 商貿大世界　B. 少室農貿市場　C. 鶏鳴街農貿市場　D. 購物広場　ア. 城関日曜市　イ. 少林小区日曜市　ウ. 城関中心部毎日市　エ. 日昳街

「商貿大世界」(A) は通称「上海市場」とも呼ばれ、市街地の南東部に1993年に開設され、野菜や食料雑貨を中心に小売機能に卸売機能を兼ねた大規模な常設市場である。市街地東南部の住民に小売するとともに、登封市域全体に対する卸売機能を持つと考えられ、2009年時点でも活発に機能している。前述石道の市の野菜や食料雑貨を扱う移動商人たちも、この市場で商品の仕入を行っている。

「少室農貿市場」(B) は、市街地西部の住民に生鮮食料品を提供するために1997年に開設された、大きな上屋の下の常設市場である。2009年時点でもその基本的機能は変わっていないと思われるが、特に果物の取引については卸売機能を付け加えるに至っており、前述石道の市の果物商人はこの市場で商品の仕入を行っている。

このように、登封城関鎮の市街地では、露天市は（ごく小規模の例外を除き）基本的に廃止され、集市の「退路進庁」ないし常設店舗化が進んだと言えよう。一方建物の中に収容された常設市場は生き残り、特に生鮮食料品に関し

ては，登封市域全体に対する卸売機能や，市街地住民に対する小売機能を分担して保有し続けている。

しかし人口約11万に拡大した城関鎮住民（その大部分は市街地住民）に対する生鮮食料品の供給が，東南部の「商貿大世界」，中部の「鶏鳴街農貿市場」，西部の「少室農貿市場」の3か所からだけで充分であるとは思えない。農村部以上に都市部では，スーパーマーケットや精肉店がこれらを提供するに至っていると思われる。例えば，市街地東北部の日昣街（エ）では，2軒の小型「超市」が野菜と果物を，2軒の「鮮肉店」が鮮肉を扱っていることが観察された。市街地のあちこちでこうした店が出現しているものと思われる。

6　むすび

以上，中国における集市の近年における動向を河南省登封市域に例を採って検討した。

その結果，農村部では集市出店者数の急減が見られ，集市の少なくとも相対的重要性の低下は否定できない。出店数減少の著しい業種は，生鮮食料品と衣類等工業製品の両方に及んでいるが，これらをもたらした要因としては，前者に関しては，農村部における小型スーパーマーケットや精肉店の出現が挙げられ，後者に関しては露店商の店舗商人化や消費者の消費習慣の変化が関わっていると判断される。

一方都市部では露天市が交通の障害などの理由で廃止され，「退路進庁」や常設店舗化が進行している。生鮮食料品の常設市場は生きながらえているが，スーパーマーケットや精肉店の普及が進んでいる。

したがって筆者が第2章第2節で全国的動向として採り上げた3点，すなわち①集市数の減少，②集市売上高の停滞，③小売販売額に対する集市売上高のシェアの低下が，事例地域においてもほぼ確認されたと言えよう。またその要因として指摘した3点のうち，①市の常設店舗化と，②スーパーマーケットの台頭については，事例地域においても確認されたと言えよう。

ただし要因の③として挙げたモータリゼーションに伴う集市の淘汰については，いまだ充分に実証されたとは言えない。確かに市商人と消費者の双方において，オートバイ，オート三輪，バンなどの普及が進みつつあり，行動圏の拡大や上位集市・上位中心地利用の可能性の高まりは指摘できるものの，下位集

市の淘汰の確認にまでは至っていない。今後の検討課題としたい。

〈注〉
(1) 李 文闊「中国農村における定期市収入の影響要因」龍谷大学経済学論集
52-3，2013 年によれば，こうした政策は「万村千郷市場工程」と呼ばれ，多
くの農村にスーパーマーケットが設立されたが，農村の実情に合わず倒産する
ものも多かったと言う。
(2) 小島泰雄「村落に見る登封農村発展の多様性」，石原 潤・孫 尚倹編『河南
省登封市の市場経済化と地域変容』京都大学文学研究科地理学教室，1998 年，
193-221 頁，及び，小島泰雄「農村内部の不均等発展における村の役割」，石
原 潤編『内陸中国の変貌』，ナカニシヤ出版，2003 年，200-225 頁。

第 2 節
大都市成都市郊外の事例

1　はじめに

(1) 問題の所在

　第 2 章第 2 節において述べたように，中国の集市の動向を全国的な視野で検
討すると，近年，①集市数の減少，②集市売上高の停滞，並びに③小売販売額
に対する集市売上高のシェアの低下が見られる。

　しかしながら，全国統計により都市部の集市のみを採り上げると，2003 年
までは集市数及び売上高をともに増加させてきた（表 2-3 参照）。集市数は都市
部でも 2004 年以降減少に転ずるのであるが，売上高については統計が得られ
なくなり動向は不明である。そこで本節では，農村部とは異なり，市街地の拡
大と人口増加が顕著である大都市の郊外地域を採り上げ，近年における集市の
動きがどのようであるかを検証してみる。事例として採り上げるのは，四川省
の省都であり，市街地人口約 450 万の大都市である成都市の郊外地域である。

(2) 研究方法

　対象地域としては，成都市東南郊，龍泉駅区を選択した。龍泉駅区はいわゆ

392　　　第Ⅲ部　現地調査から見た市の実態

る「郊区」に相当し，大部分は農村的景観，一部に都市化した景観が見られる。区の人口は 2000 年現在 47.8 万人で，急速に増加しつつある。区政府の所在する龍泉鎮の人口は 10 万，その他の諸鎮の人口は 2 ～ 3 万程度である。

　当地域で筆者は，1999 年に約 1 か月をかけて集市の実態調査を行い，その成果を本書の第 9 章第 1 節として論述した。しかるに筆者は，10 年後の 2009 年に再び同地域を調査する機会に恵まれ，両時点間の急激な変化を確認することができた。ただし，今回の調査期間は約 1 週間という制約の厳しいものであったので，調査対象地域は 1999 年の対象地域をひとまわり狭くした範囲に限定せざるを得なかった。

　具体的に今回の調査をなしえた地域は，龍泉駅区の大面鎮，西河鎮，洛帯鎮，平安場，龍泉鎮，柏合鎮，及び隣接する錦江区に属する高店子集落である。研究方法としては，これらの地域に現存する全ての一般市場（多種類の商品を扱う市）を訪問し，観察を行うとともに市場関係者に聴き取りを行った。その際，過去 10 年間の異動とその理由について重点的に聴き取りを試みた。時間の制約により，単一の商品を扱う専門市場は調査対象外とした。以下，本節で「集市」とは一般市場を指し，定期市と毎日市を含む。

2　対象地域における集市の分布

(1) 1999 年の集市の分布

　1999 年当時，龍泉駅区はなお農村的景観が卓越し，成都の連続した市街地は，対象地域の西端十輪鎮あたりに及びつつあったに過ぎなかった。高速道路は 1 本，成都市街地から東南方向へ重慶市に達する成渝高速道路が貫いていたのみであった。幹線道路はアスファルト舗装がされていたが，おおむね 2 車線程度であった。ただ区政府の立地する龍泉鎮は，成都市から郊外移転して来た企業や学校も見られ，既に衛星都市的性格を有していた。

　このような龍泉駅区内に，当時図 9-3 のように集市（一般市場）が分布していた。互いに 5 ～ 10 km 間隔で立地する中心集落に，それぞれ小規模な中心集落の場合は 1 か所，やや大規模な中心集落の場合は 2 ～ 3 か所，龍泉鎮の場合は 4 か所の集市が立地していた。これらの集市の市日は，東南部山間の集市の場合は旬に 3 回の九斎市，平野部の中心集落の集市の場合は単日または双日の隔日市，都市化の進んだ龍泉鎮や十輪鎮の集市の場合は毎日市であった。なお，

第 11 章　衰退期に入った定期市　　393

これらの市場の年間取引高は，100万元未満の小規模なものから，龍泉鎮の2市場のように5000万元を越えるものまで，規模の格差が認められた。

　さらに，図9-3には記されていないが，大面鎮の西側，龍泉駅区のすぐ外に位置する錦江区の高店子の集落にも，小規模な集市が立地していた。この集市はかつて人類学者 G. W. Skinner が参与観察した集市であるが[1]，1999年当時はなお機能し続けていた。

(2) 2009年における集市の分布

　当地域では，この10年間に環状高速道路である「綾城高速公路」が完成し，また在来の幹線道路に平行して4車線以上の新たな放射状及び環状の道路が完成し，交通事情は格段に改善された。それに伴って，新しい幹線道路沿いに工場や学校，観光施設など新規施設の立地が進み，それとともに中高層アパートなど住宅の立地と人口の増加も見られた。

　こうした当地域の全般的な都市化は，さまざまな形で集市のありように影響を与えたと考えられる。図11-6は，2009年の調査対象地域における集市の分布状態を示している。1999年当時と比較すると立地総数について結局3か所の減少にとどまっているが，個々の地区の動向を子細に検討すると多様な変化が生じていることがわかる。次項ではこのような変化を個別に検討してみる。論述する順序は，ほぼ都市化の進展が顕著な地区から順に，そうではない地区へと進む。

3　個別集落に見る集市の動向

(1) 高店子集落（錦江区）

　前述のように，かつて G. W. Skinner が標準市場町の典型として参与観察し描写した集落であり，かつては市が老街に立っていた[2]。1999年の調査時には老街の一部が健在で，二つの茶館が残っており，老街の延長上の街路で双日に露天市が立っていた。

　ところが，現在では当集落の位置は，第三環状路のすぐ外側，連続した市街地化が進行中の地域に当たる。2009年の調査時には，驚いたことに付近の集落は全てクリアランスされ裸地となり，香港資本の不動産会社が建設中のマンション街予定地となっていた。聴き取りによれば，住民は他地区のアパートに

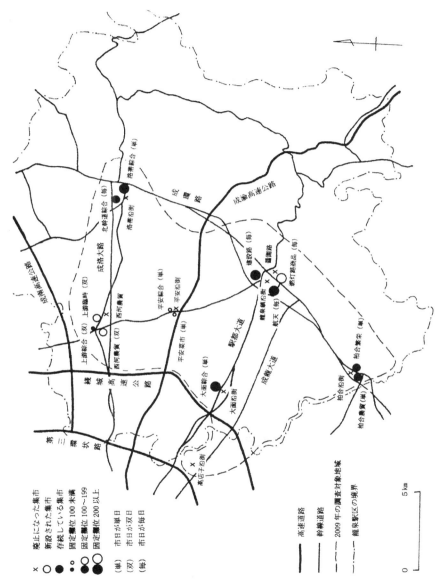

図11-6 2009年における集市（一般市場）の分布（1999年以降の変動を含む）

第11章 衰退期に入った定期市　395

収容されたと言い，集市は消滅したとのことである。

(2) 大面鎮地区

1999 年当時，成都市街地から龍泉鎮に向かう国道 318 号線沿いの大面鎮の主集落は，いまだ成都との間で完全に町続きではなかった。鎮の老街沿いには，小規模な「大面沿街市場」（露天市）が，また国道から少し北東に入った広場においては，上屋を伴い固定攤位 300 余の「大面綜合市場」が，いずれも単日に開かれていた。

ところが 2009 年の再調査時には，成都市街地から当鎮を通り龍泉鎮まで「駅都大道」と称する広い新道が完成し，工場などの立地により当鎮と成都市街地との間では連続的な都市化が進展していた。交通の障害になるため「沿街市場」は廃止されており，一方「綜合市場」は現在も健在であるが，聴き取りによれば，成都までのバス交通の便が格段に良くなり，買い物客は成都へと流出することが多くなり，客は以前より少なくなっていると言う。なお市日は今も単日であるが，一部の店は双日にも営業していると言う。

(3) 西河鎮地区

1999 年当時，西河鎮は成都から洛帯鎮へ向かう公路に沿う中心集落で，十輪鎮との間には自動車工場などが立地していたが，まだ広く農地が残っていた。当時ここには二つの一般市場が立地しており，市日はいずれも双日であった。その一つは「西河農貿市場」で，集落を東西に貫く旧道沿いの東寄り南側に位置する広い広場に立地していた。供銷聯社の経営で，固定攤位 150，臨時攤位 1000 の大きなものであった。もう一つは集落の北側を東西に走る公道バイパスの中央北側に位置していた「西河上游綜合市場」であった。上游村の経営で，固定攤位 21，臨時攤位 40〜100 の小規模なものであったが，農民向きの農業資材の供給や，植木の販売などに特徴があった。

2009 年までには成都から洛帯鎮まで旧公路に平行して幅の広い「成洛大路」が完成し，西河鎮付近には製鋼工場や電波学院が立地し，新しいアパートも増え人口も増えた。この結果，市場については次のような変化が見られた。まず以前の「西河農貿市場」が，電波学院の敷地として収容され廃止となった。それに代わって二つの市場が新設された。その一つは新しい「西河農貿市場」で，集落中心部に近い広場に立地する。市日は双日（単日も開いてはいるが客は少

ない由）で，供銷聯社の投資により，大きな上屋があり固定攤位は約 150 であ
るが，臨時攤位は充分なスペースがないため数十に過ぎない。立地上，買い物
客は農民ではなく，鎮市街地の居民が主であると言う。もう一つは，旧市場の
やや西寄り北側の旧農地に開設された「上游臨時市場」で，上游村の所有地で
あり社区が管理すると言う。市日は双日，固定攤位は150，臨時攤位は約100
である。「臨時市場」とあるように，未舗装の広場に簡易上屋が並び，設備は
良くないが，鎮の市街地内外の客を集めている。これに対して，「西河上游綜
合市場」は同じ場所に存続しており，上游村第 7 小組が管理する。市日はやは
り双日で，固定攤位は 30，臨時攤位は約 20 と，10 年前よりは特に臨時攤位が
大幅に減った。今も果樹の苗，家禽のひよこ，種子など農業資材の販売に特徴
があるが，付近での土地収用の進展で農地が少なくなり，購買者数，売上高と
もに 10 年前より減少していると言う。

(4) 洛帯鎮地区

　洛帯鎮は西河鎮より公路をさらに東方へ 9 km，成都平原と丘陵地帯の境界
に位置する重要な中心集落であり，集落の規模もかなり大きい。かつて成都平
原に進出した「客家」の拠点でもあり，広東会館や湖広会館，各種寺院などの
歴史的建造物が残っている。1999 年当時，当集落には三つの一般市場が存在
していた。まず「洛帯綜合市場」は，集落の北東端近くの広場で単日に開かれ，
日常消費物全般を扱う一般市場であった。次に「洛帯沿街市場」は，集落中心
部の東西 1 条，南北 2 条の細い道と，集落西部の広い道（下街）でやはり単日
に開かれる露天市であった。さらに「北幹道綜合市場」は，集落の西北部に新
たに建設された大きな上屋数棟を伴う市場であった。毎日開催とのことであっ
たが，調査時点ではまだ充分売り手が集まっていない状態であった。
　これに対して 2009 年までに当集落は大きく変貌した。成都からは幅の広い
「成洛大路」が完成し，南北に龍泉鎮などと結ぶやはり幅の広い「成環路」も
完成した。交通の便が各段に良くなるとともに，観光ブームから当集落は成都
郊外の観光地として脚光を浴びるに至った。会館や寺院の修築が進み，さまざ
まな擬古建築物，多くの駐車場や土産物店・レストランなどが開設された。市
場に関しては，まず「洛帯綜合市場」は健在で，2004 年頃上屋が作られ，現
在では 200 余の攤位が出市する。市日は依然単日で，双日には少数の店が出る
のみである。しかし「洛帯沿街市場」は交通の障害になると判断されたのであ

第 11 章　衰退期に入った定期市　　　397

ろう，現在では廃止されてしまった。これに対して「北幹道綜合市場」は，固定攤位 180 の総合市場として繁盛するに至った。投資者は個人（有限会社のかたちを採る）で，毎日開かれ，小売機能が主であるが，果物・野菜の卸売機能をも持っている。と言うのも，観光地化によりかつて存在した果物と野菜の二つの集荷市場が駐車場に転換され，卸売商の一部が当市場に移転したからである。

(5) 平安場集落

西河鎮から龍泉鎮へ向かう公路を東南東方向に約 5 km 進むと，ちょうど両鎮の中間地点に平安場の小中心集落が位置する。1999 年当時，100 余戸の当集落の老街には単日に約 50 の露店が出て，約 30 の常設店舗（茶館 11 及び供銷社の店舗 1 を含む）とともに，かなりの賑わいを見せる「平安沿街市場」をなしていた。

当集落の周りには果物（ぶどう・びわ・イチゴ）を栽培する農家が多く，2009 年現在も依然農村的景観が卓越しているが，集落の側の公路沿いに 2003 年頃近代的な屠殺場ができ，その後アパート・工場・店舗も加わって人口も増えた。その結果，市場についても大きな変化が生じた。まず老街における「沿街市場」が交通の障害を考慮して廃止となり，その露店を収容するため 2000 年に旧供銷社裏の空間に作られた上屋の下で「平安綜合市場」が開設された。単日の市で，双日には店は出ない。供銷社が建設し，経営は個人が請け負っており，攤位数は 40〜50 と言う。ところが，2006 年にはこの他に公路沿いに「平安菜市」が開設された。村の集団所有の土地を村人の 1 名が請負経営している。やはり単日の市で，上屋の下に 37 の攤位と約 10 の店舗が並び，「綜合市場」とほぼ拮抗する規模である。なお調査時点には，この市場に近い公路沿いには，生産者を含む約 68 の露店が出ていた。

(6) 龍泉鎮地区

龍泉駅区の中心である龍泉鎮は，成都市の衛星都市的性格を持ち，既に1999 年当時，成都地図出版社や四川大学分校などが成都市街地から移転してきていた。当鎮には 1999 年当時，いずれも毎日市の四つの一般市場が立地していた。まず「龍泉鎮沿街市場」は，鎮の中心部の街路に立つ露天市場で，地域の特産物である果物の小売機能に特徴を持っていた。他の三つはいずれも食

料品一般を扱う市場で，「建設路市場」は市街地の北部に位置する広場に，上屋などの設備を持ち，固定攤位が220〜230，臨時攤位が30であった。「醬園路市場」は市街地の東南部に位置する広場に，やはり上屋などの設備を持ち，固定攤位が350，臨時攤位が50であった。「航天市場」は市街地の東南部に位置する広場に，上屋などの設備を持ち，固定攤位が300，臨時攤位が80〜100であった。

　2009年には，龍泉鎮は衛星都市としてひとまわり大きく発展していた。成都との間には「駅都大道」と「成龍大道」の2本の幅の広い道路が完成し，それらと交叉する環状路としては「成環路」が完成していた。市街地西方の「経済技術開発区」には多くの工場が立地し，市街地には高層ビルが増えていた。市場についてもかなりの変化が現れており，まず「龍泉鎮沿街市場」は交通への障害のためか姿を消していた。一方「建設路市場」は健在で，経営は民営化され，上屋の下に攤位数334とやや拡大して営まれていた。これに対して「醬園路市場」は2008年に取り壊され，跡地に2，3階建の総合市場ができる予定とのことである。この間，商人たちは元の専門市場「燃灯路水果市場」を改変して作られた「燃灯路商品市場」に収容されている。一方「航天市場」は健在で，経営は民営化されており，2008年には上屋を一新し攤位数も増えた。さらに市場に隣接してショッピングセンターもできている。これらは航天市場周辺の都市化が進んだせいであると思われる。

(7) 柏合鎮集落

　柏合鎮は龍泉鎮の西南8km，果物生産と「農家楽」[3]を特徴とする農村地域の中心集落である。1999年当時，いずれも単日に開かれる三つの一般市場があった。まず「柏合鎮沿街市場」は集落のメインストリートの露天市で，固定攤位は約100，臨時攤位は最大時で約2000であった。臨時攤位が多くなるのは果物出荷期で，当市場が一時的に集荷市場化するからであった。一方「柏合鎮農貿市場」は集落中央部に位置し，上屋も整備された広場の市場で，固定攤位は約200，臨時攤位は800〜1000であった。さらに「柏合繁栄市場」は，集落の北寄り東側の池だったところを埋めてつくられた広場の市で，衣服と鶏のみを扱う小規模市であった。

　2009年までに幅の広い「成環路」が完成し，龍泉鎮方面への交通は容易になったが，成都への直通道路には大きな改良がなく，柏合鎮の都市化はあまり

進んでいない。市場については，まず「柏合鎮沿街市場」が交通上の理由から
廃止された。ただし当市場が持っていた果物の集荷機能を継承するために，専
業市場「柏合鎮水果批発市場」が「成環路」沿いに新設された。一方「柏合鎮
農貿市場」は健在で，供銷社が管理し上屋の修建などを行ってきた。ただし付
近の農民の土地収用が進んだため，臨時攤位として来場する農民の数が減少気
味であると言う。また「柏合繁栄市場」も存続しており，やはり供銷社の管理
で，衣服と鶏を扱う。上屋があり攤位数は約100である。両市場はいずれも今
なお単日に開かれる。

4　集市の動向に影響を及ぼす諸要因

　以上，個別の地区において集市がいかに変容したかを見てきたが，最後にこ
れらを整理して，大都市周辺の郊外地域において集市の発展や衰退に影響を与
えている諸要因を論じてみたい。
　まず都市化が集市にとって負の効果，すなわち集市の廃止や相対的地位低下
につながる場合がある。その一つは再開発のために集市が閉鎖される場合で，
高店子集落のように，高級マンション街への再開発のために老街とともに集市
が消滅した例がある。また「西河鎮農貿市場」のように，教育施設への土地利
用転換により廃止された例もある。次に都市部との交通環境の改善が，都市部
への顧客の流出を結果し，集市の売上の低下を生んでいる例がある。「大面綜
合市場」がその例に当たる。また都市的利用へ向けての土地収用が進むと，従
来主として農民が利用してきた集市の場合，売り手や買い手としての農民の集
市利用が減少し，集市の相対的衰退が生ずる場合がある。「西河上游綜合市場」
の場合は農用資材の買い手としての農民の減少が，「柏合鎮農貿市場」では農
産物の売り手としての農民の減少が，それぞれ集市の相対的衰退をもたらしつ
つある。
　一方都市化が集市にとって正の効果を生み出す場合もある。市街地の拡大に
よる人口増で市場が新設される場合や，売上の上昇効果が見られる場合である。
西河鎮では人口増と旧「農貿市場」の閉鎖を受けて，新「農貿市場」と「上游
臨時市場」の新設が見られた。また，平安場では人口増を背景に「平安菜市」
が増設されたと見なせよう。さらに龍泉鎮では周辺での人口増が特に「航天市
場」の発展を促進していると見られる。

都市化の直接的影響の他に，集市をめぐる政策も集市の立地に大きく関わっている。一般に，道路交通の障害や衛生上の理由で路上の露天市を廃止し，上屋や建物内の市場に収容する政策を「退路進庁」政策と呼ぶが，こうした政策により街路上の集市が廃止された例は，大面鎮，洛帯鎮，平安場，龍泉鎮，柏合鎮の各「沿街市場」と，多数にのぼる。このうち，平安場では代替市場として「平安綜合市場」が，柏合鎮では果物の集荷機能についてのみは専業市場である「水果批発市場」が開設されたが，その他の場合は代替市場の新設はなく，露店商などは既存の諸市場に吸収されたものと思われる。

　以上のように都市化や集市をめぐる政策は，さまざまなベクトルで集市に影響を与えていることがわかった。そこで単純に対象地域における集市（一般市場）の数の変化を追ってみると，高店子−1，大面鎮−1，西河鎮＋1，洛帯鎮−1，平安場＋1，龍泉鎮−1，柏合鎮−1，合計では−3ということになる。本章冒頭で述べた，都市部をも含めての集市数の減少という全国的動向が，本地域にも現れていると見るべきであろう。また，集市を定期市（隔日市を含む）と毎日市とに分けてその増減を見ると，龍泉鎮の−1は毎日市であるが，他の全ての地区における増減は定期市についてであり，結局，定期市は二つの地区では増加したが，四つの地区で減少したことになる。このように集市の衰退は，とりわけ定期市において進行していると言えよう。

〈注〉
(1)　G. W. Skinner, Marketing and social structure in rural China（Part 1）, *The Journal of Asian Studies*, Vol. 24, No. 1, pp. 3-43, 1964.
(2)　Skinner, *op.cit.*
(3)　「農家楽」とは，中国の都市郊外に見られる農家または農家風の施設で，田舎風の食事や娯楽を提供するもの。1990年代後半から成都市周辺で始まり，全国に及んだとされる。

＊　　　　　　　＊　　　　　　　＊

おわりに

　本章では，第1節で主として農村地域である河南省登封市域について，第2

節では大都市近郊である成都市龍泉駅区について，1990 末から 2000 年代末に至る，集市，特に定期市の動向を検討した。

その結果，登封市域の農村部では定期市出店者数の急減が認められ，その要因としては，小型スーパーマーケットや精肉店の出現，露天商の店舗商人化，消費者の消費習慣の変化を挙げられた。また同市域内の地方都市でも，露天市の廃止，「退路進庁」や常設店舗化の進行が見られ，スーパーマーケットや精肉店の普及が確認された。

一方龍泉駅区では，都市化の進展・人口の増加にもかかわらず，集市，特に定期市の衰退（市数の減少や参加者数・売上高の減少）が認められ，その要因としては，「沿街市場」の廃止（「退路進庁」政策の一環），農民数の減少に伴う定期市参加者の減少，並びに都市中心部への顧客の流失が挙げられた。

かくして，2000 年代末の中国では，農村地域においても都市部においても，集市，特に定期市の衰退が，もはや否定できないかたちで表面化したと言えるであろう。

第12章

発展する野菜卸売市場

第1節
鄭州市における野菜卸売市場の発展

1　はじめに

　前章では 2000 年代以降，中国の伝統的市，特に定期市に明らかに衰退の傾向が現れるに至ったことを明らかにした。これに対して，第 2 章第 2 節で論じたように，改革開放期に入ると，流通機構の整備の一環として卸売市場の設立が奨励され，特に 1990 年代に入りいっそうの市場経済化が叫ばれるようになると，大型卸売市場の建設が促進されるようになる。一方 1990 年代以降，従来の鉄道網に加え，幹線道路網，特に高速道路網の整備が急速に進み，物資の広域流通も著しく促進されることになる。こうした中で，大消費地である大都市では大型の卸売市場が次々と開設され，日本のように中央卸売市場制による規制がない中国では，卸売市場間の熾烈な競争が生ずるようになる。

　こうした中国の卸売市場については，特に大都市の野菜卸売市場を中心に，わが国においても多くの研究が行われてきた。

　まず，野菜卸売市場一般に関する諸研究からは，中国の野菜卸売市場の特徴として，以下の諸点が挙げられている。

403

①卸売市場の設立・運営主体は，地方政府，企業，個人等さまざまである。

②市場の開設制限がほとんどないため，市場は乱立状態である。

③一般に，公益性より，経済性を追求する傾向が強い。

④1994年制定の「卸売市場管理弁法」により管理されているが，弁法は法律と言うより規則であり，その規制は緩い。

⑤市場での売買参加者に制限がなく，取引主体が多いため，常に混雑が激しい。

⑥取引形態は，相対取引がほとんどである。

⑦取引代金の決済は，即時現金払いが多いが，近年はカード決済が導入されつつある。

⑧大別して，産地卸売市場（集荷市場）と消費地卸売市場（分荷市場）がある。

⑨1997年時点で，両者の価格統合（価格変動の連動性）は弱かった。

⑩両者を結ぶ取引主体としては「運搬・販売連合体」などと称せられる仲買人・生産者のグループ（血縁・地縁で結ばれ，資本を出資，数人で仕入れ・運搬・販売を分担し，利益を分け合う）の比重が高い。

⑪近年，残留農薬等の検査が普及し，1999年以降，「緑色市場」などの指定が進められている。

⑫近年，卸売市場を経由しない蔬菜の流通も増加しつつある。生産者からスーパーマーケット，飲食店，社区（都市コミュニテイー）への直送などである。

⑬近年（2010年代に入って），大規模市場の全国的な買収・統合が進みつつある。

次に，主として北京の野菜卸売市場に関する研究[2]からは，次のような諸点が明らかにされてきた。

①北京市には，1980年代後半以来，民営または公営の6〜9か所の消費地型卸売市場が存在し，そのうち1，2か所が遠隔地からの入荷が見られる広域型卸売市場であった。

②初期には，市街地東北部，三環路沿いに立地する大鐘寺市場（民営）が最

大の市場で，広域型であり，華北各地の他，1997年には華中から，2000
年には華南からも入荷が見られた。

③市街地西南部，四環路近くに位置する新発地市場（民営）は，1997年時
点では主として近郊野菜を扱う市場であったが，次第に広域型卸売市場に
発展し，2002年より北京最大の市場となった。

④「運搬・販売連合体」は1994年頃大鐘寺市場で初めて出現し，同市場で
数を増やすとともに，次第に他の市場にも出現するようになった。

⑤市場の毎日の価格情報は，北京市農業局傘下のセンターより，北京市・河
北省などに配信されており，運搬・販売連合体内では電話で交換されてい
る。

さらに，主として上海の野菜卸売市場に関する研究[3]からは，次のような諸点
が明らかにされてきた。

①上海でも卸売市場の設立・運営主体は多様で，公営と民営が数の上でも，
取引量でも拮抗してきた。そのうち，広域からの入荷の多い市場は，公営
5，民営2市場であった。一般に公営市場では取引にやや規制があり，民
営市場では規制が緩いとされる。

②かつては，近郊産野菜（郊菜）が多かったが，近郊農地の減少で「客菜」
が増加した。

③1992年に江沢民主導の「菜籃子工程」（野菜の生産→流通→消費に至る現
代化政策）がいち早くスタートした。

④上海市中心部近くに位置する北市市場が，1997年時点で公営市場中取扱
量最大で，「運搬・販売連合体」が500業者存在していた。

⑤上海市西部に位置する曹安市場（民営）は，2002年に上海市で取扱量最
大の市場となった。

⑥上海市西郊の江橋市場（公営）は，2007年に上海市において取扱量でト
ップとなり，電子取引が導入された。

この他，各地の消費地卸売市場[4]や産地卸売市場[5]に関する諸研究もあるが，詳
細は省略したい。

さて，本章では大都市の事例として，河南省鄭州市と陝西省西安市の卸売市

第12章　発展する野菜卸売市場　　405

場を検討する。そのうち，本節ではまず，2時点での調査を行うことができた
河南省鄭州市の場合について論じたい。1995年と2009年という14年の間隔
で調査を実施することによって，野菜の流通をめぐるさまざまな変化を明確に
捉えることが可能になるであろう。調査方法としては，当該市場を訪問して，
市場紹介の各種資料の入手，市場管理者からの聴き取り，市場の売り手・買い
手へのインタビュー，市場内の施設や取引状態の観察等によった。

2　1995年における大型野菜卸売市場

　1995年当時の鄭州市において，野菜の流通に関して圧倒的な地位を占めて
いたのは，当時の市街地の北辺に位置していた関虎屯市場であった（**図12-1**参
照）。当市場は鄭州市の当時の第二環状路（二環路）と，後日修正指定された
二環路との中間に位置し，建設当時においては，市街地の東方を走っていた旧
107国道（現中洲大道）や，貨物駅である鄭州北駅などを通じて，外部との連
絡も相対的に良好であり，また市街地内部の小売市場や各種単位からのアクセ
スも容易であったと考えられる。当時，後述する陳砦市場も小規模な形で開設
されていたが，その位置は市街地の北のはずれに当たり，小売市場や各種単位
からのアクセスでは，関虎屯市場には及ばなかった。なお，1995年当時，鄭
州近郊では，東西，南北に2本の高速道路が開通していたが，東西は開封・洛
陽間，南北は鄭州・新鄭間が供用されていたに過ぎず，野菜の遠距離流通が高
速道路に依存する状況にはなっていなかった。

　表12-1に示したように，関虎屯市場は，1991年関虎村第三隊が土地を提供
し，同隊が210万元，金水区工商局が210万元を出資し，合計420万元の投資
で開設された。おそらく工商局としては大型卸売市場の開設を進めるという政
策に沿った行動であり，関虎村第三隊としては当時の市街地縁辺村が競って行
った都市化に対応する土地活用策の一つであったであろう。当時の管理者は工
商局であった。

　市場の総面積は17,315 m^2（26畝），建築面積は4,000 m^{2}余であった。この
大きさは，当時としては「大型市場」の名にふさわしいものであったが，後述
する2009年時点の「大型市場」に比べれば，一回りも二回りも小さいもので
あった。構内には数棟の大型の上屋が建設されており，トラックが直接上屋の
下に入り，荷を降したり，あるいは積み荷のままで，取引の交渉が行われると

406　　　第Ⅲ部　現地調査から見た市の実態

図 12-1　関虎屯市場の位置

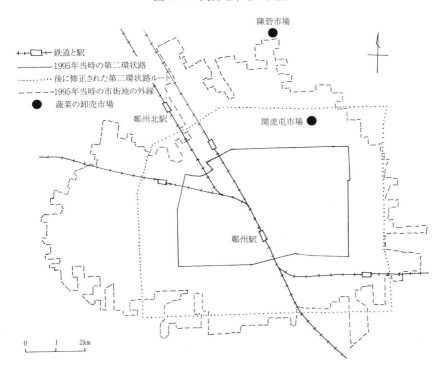

いった仕組みであった。攤位（販売者のユニット）総数は2,300とかなりの数にのぼったが，うち固定攤位（月決めで攤位費を払い同一場所に攤位を確保している商戸）は156に過ぎなかった。この他，構内の周囲には房（店舗）が137，簡易房が200，用意されていた。市場の付帯設備としては，遠距離移送の荷のための倉庫，車隊（輸送業者），商人のための宿泊施設，食堂があり，隣接して銀行などがあった。

　当市場での取引品目には，野菜の他，水産品，肉類，食料雑貨，糧油（穀物と食用油）が含まれていたが，鄭州市区で圧倒的なシェアを持つのは蔬菜と水産品だけで，その他については，市街地北部の金水区域などローカルな需要に応えているだけであった。また取扱量の点で言えば，水産品に比して蔬菜は圧倒的に大きく，関虎屯市場は一般の人々には野菜卸売市場として認識されていた。

表12-1 蔬菜卸売市場の比較表

	関虎屯市場 (1995)	陳砦市場 (2009)	劉庄市場 (2009)	毛庄市場 (2009)
開設年	1990年	1992年	2002年	1992年
開設者	工商局・関虎村三隊	陳砦村民委	鄭州農産品物流有限公司	邙山区政府
土地所有者	関虎村三隊	陳砦村民委	劉庄村民委	
調査時の経営者	工商局・関虎村三隊	鄭州陳砦蔬菜鎮售有限公司	鄭州農産品物流有限公司	鄭州毛庄緑園実業有限公司
占有面積	17,315 m² (26畝)	85,338 m² (128畝)	186,676 m² (280畝)	151,341 m² (227畝)
建築面積	4000 m²余	30,000 m²	150,000 m²	—
駐車場	—	6,000 m²	20,000 m²	—
房	337軒	313軒	500軒	—
付属施設	倉庫, 食堂, 宿泊施設, 銀行	—	保冷庫, 食堂, 宿泊施設, 浴場, 銀行	保冷庫, 浴場, 配送センター
管理費	営業額の1又は2%	トン当たり5～6元	トン当たり約20元	小型オート三輪で1～2元
攤位費	月ぎめ有料	750～1,500元/月	無料	月ぎめ有料
管理人員	25人	41人	88人	—
売り場の構成（主）	蔬菜, 水産, 調味料, 糧油	蔬菜, 果物, 水産, 調味料	蔬菜のみ	蔬菜, 果物, 水産, 糧油
蔬菜の取引機能（主）	消費地卸売市場	消費地卸売市場	広域集散市場	産地卸売市場
蔬菜の取引機能（従）	産地卸売市場	産地卸売市場	産地卸売市場	広域集散市場
蔬菜の取引機能（従）	広域集散市場	広域集散市場	—	消費地卸売市場
営業時間	24時間	24時間	24時間	夜間は閉鎖
蔬菜取引のピーク時	深夜～早朝	—	午前7時頃	午前4～10時, 午後4～8時
年交易量	40万トン (1994)	175万トン	290万トン (2008)	300万トン (2008)
年交易額	3.8億元 (1994)	13.5億元	30億元 (2008)	45億元 (2008)
市況情報交換システム	あり	あり	あり	あり
残留農薬検査システム	なし	あり	あり	—

(注) 一は不詳（未調査）。

売り手からは工商管理費が徴収され，その額は大規模商人の場合は売上額の2％，小規模な売り手の場合は売上額の1％相当分で，年間の総徴収額は80万元であった。このほか商人には税金が課され，その年総額は40万元であった。一方，上屋の利用者からは攤位費が徴集され，その年総額は12万元，房・簡易房・倉庫などの賃貸料の年総額が45万元であった。市場はこれらの収入（税金を除く）によって経営され，管理人員25名，治安要員12人，清掃要員20人，臨時職員（計量人など）50人，合計107人の職員によって運営されていた。

　野菜の流通パターンを検討してみると，まず当市場で野菜を売る者は，大きく分けて生産者農民と卸売商人である。生産者農民とは，鄭州市区の北郊，金水区や邙山区の農村部に展開する野菜生産地域の農民であり，三輪自転車などに自家産の野菜を乗せて市場にやってくる。一部の農民は，自家産に加えて，周囲の農民から買い足した野菜を持ってくる場合もある。また比較的小規模な仲介商人が，産地で蔬菜を仕入れ，当市場で販売する場合もある。この他，量的には多くはないが，村民委員会などの単位で蔬菜を集めて当市場に出荷してくる事例も，ビニールハウスなどを導入している大規模産地の一部に見られる。このような仲介商人や集団での出荷については，オート三輪や小型トラックなどが輸送手段となる。

　これに対して，遠方からの野菜を扱うのは，数人のグループで構成される「商戸」と呼ばれる大規模卸売商である（前述の北京や上海に見られた「運搬・販売連合体」に相当するものと思われる）。彼らは消費地域（この場合は鄭州）をベースにするものと，生産地域を拠点とするものとがあるが，当時は後者が多かったもようである。数人のグループのうち，少なくとも1名が本拠地を離れて，生産地域での買い付けや消費地域での販売に従事する。彼らは市場内の特定の攤位を月決めで賃貸していることが多い（固定攤位）。

　野菜の集荷圏は全国25省・直轄市・自治区に及び，北は東北や内蒙古，南は広東・広西・海南省に至るが，隣接する山西・陝西・山東の各省からの入荷も多かった。特に華北一帯の蔬菜生産が低調になる冬季には，南からの野菜が6～8割を占め，山東からが1割，北からが1割（馬鈴薯）という内訳であった。輸送手段は比較的近くからはトラック輸送，遠くからは鉄道輸送によっていた。前述のように，当時，鄭州付近の高速道路は部分的に開通していたに過ぎず，長距離間の野菜の輸送は鉄道依存が一般であった。

第12章　発展する野菜卸売市場　　409

図 12-2　関虎屯市場をめぐる野菜の流れ

外地農民　約100%　大規模商人　30%　大規模商人　外地卸売市場

村民委　若干

10%　大単位・食堂

近郊農民　約50%　仲介商人　関虎屯市場　60%　小売商人　市内小売市場

約50%

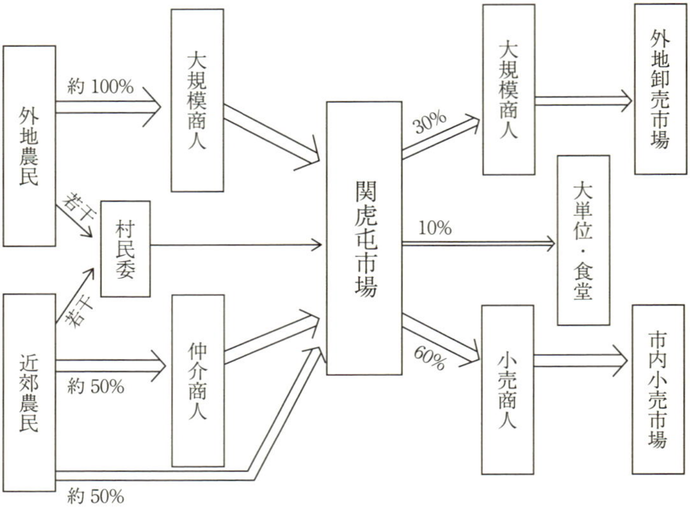

　次に当市場で野菜を買う者は，第1に鄭州市内の野菜小売商人である。彼らは，早朝に当市場で必要な野菜を買い付けて，三輪自転車でそれを市内の小売市場に運び，1日かけて消費者に売りさばく。第2に市内のレストランや単位の食堂など大量に野菜を消費する機関では，料理人が当市場にやってきて，卸売商人から直接買い付けていく。第3に，大規模商戸が鄭州近郊産の野菜を当市場で買い付け，他地方へ輸送する。特に10月頃には鄭州近郊産のカリフラワーやほうれん草が当市場で買い付けられ，北京や東北地方へ売られて行く。

　以上の当市場をめぐる野菜の流れをチャート化すると，**図 12-2** のようになる。近郊産の野菜の半分強が仲介商人を通じて，半分弱が農民自身により当市場に持ち込まれ，外地産の野菜はほぼ全てが商戸の扱いで当市場に持ち込まれる。村民委員会が農民から野菜を集めて当市場に持ち込むかたちは，ごく一部で行われるのみである。一方，当市場で取引される野菜の6割は小売り商人へ，3割は商戸により外地へ，1割が大単位へ売られていく。

　ところで，当市場での取引は深夜に始まり，早朝にピークを迎える。取引は売り手と買い手の相対取引であり，トラックや三輪自転車に乗せられた荷の前で値段の交渉が行われ，双方が納得すれば取引が成立し，決済は原則として即金で現金で支払われる。日本のように競り売りの販売方式や，銀行口座への振

り込みといった決済方法は取られない。したがって取引のピーク時には，市場内は売り手と買い手の大小のトラック・オート三輪・三輪自転車などで著しく混雑し，ほとんどカオス状態となる。

当市場の取引量は 1992 年には 7.3 万トンであったものが，1994 年には 40 万トンに急増しており，取引額では 1992 年に 7,100 万元であったものが，1994 年には 3.8 億元に達し，1995 年には 5 億元に達するものと予測されていた。したがって市場の幹部等は，当市場が既に狭隘化していると認識しており，将来は現位置より北方で，120 畝程度の市場を設けたいと考えているとのことであった。

3　2009 年における大型野菜卸売市場

2000 年代初頭に，関虎屯卸売市場は，鄭州市のよりいっそうの都市化の進展を背景に，高層のオフィスビルの用地に転換され，2009 年現在では，かつて関虎屯市場が保有していた機能は，鄭州市区北部に立地する陳砦，劉庄，毛庄の 3 大市場によって分有されているように見える。以下，3 市場について順次検討する。

(1) 陳砦市場

当市場の位置は，鄭州市街地の北部，第三環状路（三環路）の一角を占める北環路に面しており（**図 12-3** 参照），同道路を通じて中州大道（旧 107 国道）や鄭州北駅との連絡が容易である。旧関虎屯市場よりは約 3 km 外側（北側）に位置し，鄭州市の市街地が拡大した現在では，市街地の内部に包含されている。

当市場の開設は 1992 年で，関虎屯市場に遅れること 1 年であったが，当時第三環状路は建設途中であり，市街地もそこまでは十分拡大していない状態であったので，野菜の卸売市場としては，関虎屯市場に対抗することはできず，当市場の本格的な発展は，関虎屯市場の閉鎖後，同市場から多数の商人が当市場に移動することによってもたらされた。

当市場の土地は陳砦村の所有であり，市場の設立者・初期の経営者は同村の村民委員会であった。しかし農民達は経験に乏しく，経営は常に赤字であったと言う。そこで 2003・04 年頃，経営権を現公司（鄭州陳砦蔬菜銷售公司）に

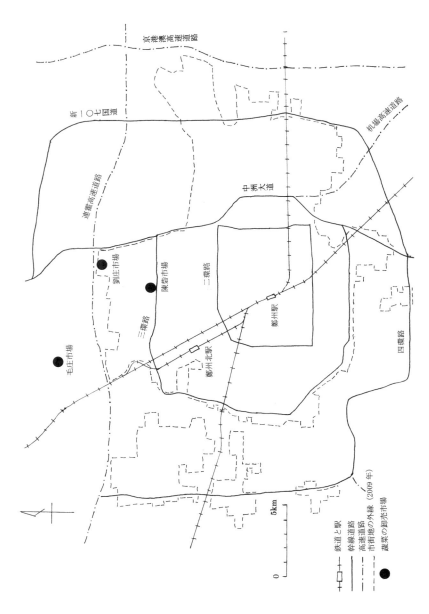

図12-3 陳砦・劉庄・毛庄市場の位置

売却したと言う。その後，前述の関虎屯市場からの商人の移動もあり，経営は順調になったとされる。ただし，公司は現在も土地の借料を村民委員会に支払っている。

市場の総面積は $85,338\,\mathrm{m}^2$（128 畝）で，関虎屯市場の約 5 倍と広く，建築面積も $30,000\,\mathrm{m}^2$ と関虎屯の約 7 倍に及ぶ。総攤位数は約 8,000，構内には商業房が 313 あり，$6,000\,\mathrm{m}^2$ の駐車場が設けられている。また倉庫や卸売商人の宿舎も準備されている。

構内のレイアウトは**図 12-4** の如くであり，野菜区は東西方向に上屋が 10 列に並び，圧倒的な部分を占めているが，その北側には東西に細長く果物区，乾物・調味料区，菓子区などが続き，東北端には方形の敷地に水産物区，肉類区，豆腐類区も存在する。取引品目中，野菜が売上高の約 70% を占め，乾物・調味料がこれに次ぐ。果物，水産物，肉類なども一定の割合を占める。

管理費は商品を搬入する車の車型に応じて徴集される。例えば 64 トントラックで 400 元，2 トントラックで 10 元，農民が使用する小型オート三輪で 2 元とのことである。一方攤位費は，上屋の下で最小ユニットを占める商人の場合月 750 元，その 2 倍のユニットを占める場合月 1,500 元である。一般に生産者農民は上屋の下を占めることはなく，露天で野菜等を売るので攤位費は課されない。なお市場の管理人員は 41 名である。

野菜の売り手はまず遠距離間で野菜を動かす「商戸」（大規模卸売商，ふつう 3，4 人のグループからなり，前述の「運搬・販売連合体」に相当）であり，この中には鄭州側に本拠を持つ者と，先方に本拠を持つ者とが含まれるが，数的には後者の方が多い。売り手の中には，近郊の野菜産地で蔬菜を買い付けてきた小規模卸売人（ふつう夫婦や親子で経営）がかなりの数含まれており，近郊の生産者農民もかなりの数で直接野菜を持ち込んでいる。なお商人からの聴き取りによれば，野菜の卸売商は，大規模商の場合も小規模商の場合も河南省南部出身の農民が多く，農村戸籍のままで市場の近くに部屋を借りて，夫婦のみでまたは家族一緒に居住している。

野菜の集荷圏は全国のほぼ全省・自治区に及んでいる。ただし，送り込まれる野菜の産地は季節によって異なり，夏には北方（華北・東北・西北）が主であるが，冬には広東や海南省など南方が中心となる。

一方，野菜の買い手のほとんどは鄭州市区の野菜の小売商であり，一部がレストランなど大量の消費をする消費者である。本市場は消費地卸売市場の性格

第 12 章　発展する野菜卸売市場　　413

図 12-4 陳砦市場の平面図

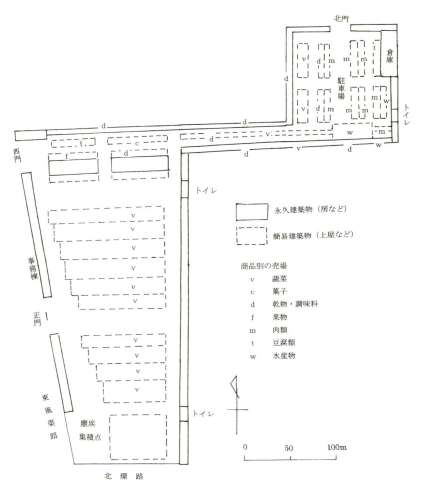

が最も強いと言えよう。しかしながら当地産または遠方産の野菜がこの市場で卸売業者に買い付けられ，他の地方（北京や西安など）へ送られることも一部には見られ，本市場が産地市場ないし集散市場的性格を併せ持っていることも否定できない。なお野菜の小売商の場合も，第8章ですでに述べたように，河南省南部出身の出稼ぎ農民が多く，農村戸籍のままで，鄭州市街地縁辺の「城中村」(6)に部屋を借りて住んでいる。

野菜の取引は 24 時間可能で，取引の方法は売り手と買い手の相対取引である。この点では，14 年前と基本的には変わっていない。蔬菜の 1 日当たり取引量は 4,800 トン，年間の取引量は 175 万トンで，1994 年当時の関虎屯市場の 4 倍強になっている。取引額は 1 日当たり 370 万元，年間 13.5 億元で，1994 年当時の関虎屯の 4 倍弱である。

14 年前に比べて進んだ点としては二つの点が挙げられる。第 1 に野菜の品種ごとの市況がインターネットによって全国の主要市場間で即日に交換されている点である。商人や生産者農民は，今や出荷・集荷行動にこの情報を利用することができる。第 2 に野菜の残留農薬の検査がスタートした点である。市場内に検査中心があり，残留農薬が一定基準以上と判断された場合，その野菜は廃棄されることになっている。

なお当市場の幹部からの聴き取りによると，劉庄の市場は野菜の転送機能が主で，毛庄の市場は野菜の集荷機能が主であり，両市場との競合関係は強くないとのことであった。しかしながら，市場間の競争は激しくなっているのは事実であり，当市場も今ではそんなに混んではいないとの評価でもあった。

(2) 劉庄市場

劉庄市場は，図 **12-3** に見るように陳砦市場の北約 4 km，現在の鄭州市街地の北端に位置する。南北幹線道路の花園路に沿い，同じく南北幹線路の中洲大道にも近く，中国を東西に貫く幹線高速道路である連霍高速道路のインターチェンジに近い好位置にあり，広域間の輸送にはもっとも適した立地であると言える。

当市場の開設は 2002 年で，3 市場の中では最も新しい。土地は劉庄村村民委員会の所有であるが，市場の開設・経営は最初から民営企業「鄭州農産品物流配送中心有限公司」によって行われてきた。投資総額は 7,000 万元，公司の社長は地元の人である。開設後 2 年ほどは入居商人が少なかったが，やがて満杯になったと言う。

当市場の敷地面積は 186,676 m^2（280 畝）と，3 市場中最も広大である。建築面積は 15 万 m^2，うち大規模上屋が約 40 棟で 5 万 m^2，営業房が 500 戸で 3.5 万 m^2，この他，図 **12-5** に示されるように，冷凍庫，宿泊施設，公衆浴場，食堂などが含まれる。駐車場は 2 万 m^2 で，1,500 台が収容される。固定商戸が約 2,000，流動商戸が約 3,000 余，合計約 5,000 余戸である。

図12-5 劉庄市場の平面図

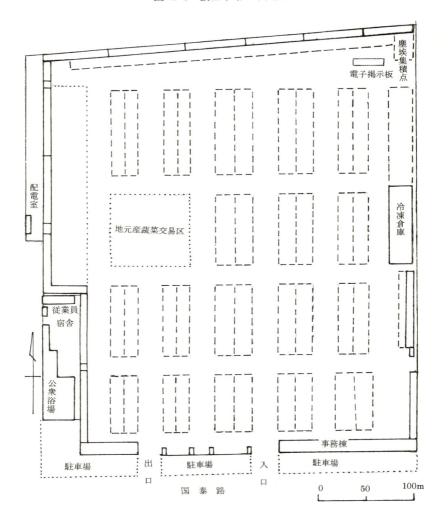

　当市場の取扱商品は野菜に限られており，野菜の専門市場である。敷地内は，図 12-5 のように区画されており，野菜の種類・産地・展示方法などによっておおまかな場所割りがなされている。
　管理費は持ち込まれた商品の重量に対して課され，1トン当たり約 20 元で，生産者農民の場合は少し安く査定される。管理費は他の市場に比べ高額である

が，当市場では攤位費は課されないので，上屋の下を利用する商人にとって負担が大きいとは必ずしも言えない。

全国各地及び省内各地の野菜基地の野菜が，大規模商人により運び込まれ，当市場で取引されて，省内各地，近隣諸省及び全国へと，大規模商人により運ばれていく。当市場は広域集散市場としての性格を強く持つものである。ただし，近在の生産者農民自身が，または彼らから買い集めた小商人が，当市場で野菜を販売する事例もあり，一部では産地市場的性格も備えてはいる。

市場は24時間開かれていて，取引はいつでも可能であるが，そのピークは午前7時頃である。取引方法は相対取引であり，当市場の幹部によれば，競りによる方法は，商品の規格化が遅れている中国では現在のところ無理であるとのことであった。

年間の取引量は290万トン，取引額は30億元で，いずれも陳砦市場を大きく凌駕するが，毛庄市場には及ばない。

インターネットによる市況情報の提供は実行しており，当市場の価格は国内主要市場の価格に影響を与えると言う。残留農薬の検査は中国で最初に実施しており，2004年に全国に先駆けて設立した検査中心において，市場に入構する全農産物に検査を実施し，不合格の場合は，当市場に出向している農業局の検査を受け，再び不合格であった野菜は破棄されると言う。売買攤位は検査結果を棚上に掲示せねばならない。

(3) 毛庄市場

毛庄市場は，図12-3に見るように劉庄市場よりさらに北西方，連霍高速道路よりも約3km北，飛び地状の市街化が進みつつある恵済区の毛庄集落の近くに位置し，南北方向の清華園路に面している。鄭州市街地の北に展開する68,000畝の無公害野菜の生産基地の中心に当たり，また北の黄河沿岸には10,000畝の香港向け無公害野菜生産基地を控え，野菜の集荷という点では有利な位置を占める。また連霍高速道路沿いに整備中の第四環状路に近く，清華園路を南に行けば第三環状路に達するので，輸送の便でもかなり恵まれている。

開設年は陳砦市場と同じ1992年であるが，初期には規模が小さく，3次の拡幅を経て現在の規模に達した。市場の開設者は所属する区（当時は邙山区，現在は恵済区と改名）の政府で，2002年までは区政府の管理下にあった。2003年に当市場は鄭州毛庄緑園実業公司に売却され，現在に至っている。

第12章　発展する野菜卸売市場　　417

敷地面積は 151,341 m^2（227 畝）と広大で，陳砦市場の 2 倍に近い。「交易面積」は 11.5 万 m^2，収容可能人数は 2 万人と言う。図 12-6 に示されるように，場内には約 20 棟の上屋と，多数の建築物とが配され，冷蔵倉庫，野菜洗浄所，情報中心，配送中心，公衆浴場，駐車場などの設備がある。取り扱われる商品は野菜が主体であるが，果物，糧油，乾物・調味料（食料雑貨），水産物，肉類，衣類に及んでおり，それらの売場の配置は図 12-6 に示される。

当市場で販売される野菜の大部分は，鄭州市近在の特に惠済区の農民が生産したものであり，生産者農民が直接売りに来る。また農民から野菜を買い集めて当市場で売る小規模卸売商人もいる。このように，当市場の機能は第 1 に野菜の生産基地を控えての産地市場としての機能であると言えよう。ただしこれに加えて，遠方からの野菜が大規模商人によって持ち込まれ販売されることもある。当市場は副次的には集散地市場の性格も持っていると言えよう。

これに対して野菜の買い手は，第 1 に山東省や浙江省など遠隔地からの（買付け）卸売商人で，その数はとても多いとのことである。当市場の産地市場としての特徴を示しており，野菜は全国全ての省・自治区に至り，ロシアや東南アジア諸国へも輸出される。第 2 の買い手は，鄭州市区の小売商人であり，小売商人の輸送手段が三輪自転車からオート三輪に転換するとともに，市街地からかなり遠距離の当市場にも小売商人の来場が進んだものと思われる。本市場が消費地市場としての性格をも併せ持つことを示している。

野菜の交易が盛んなのは早朝 4 時から，特に 8 時から 10 時頃，及び午後 14 時から 20 時である。ただし夜間は当市場は閉鎖される。取引方法はここでも相対取引である。

蔬菜の 2008 年の取引量は 300 余万トン，取引額は 45 億元で，3 市場中最大である。なお，これに対して糧油の年交易量は 50 余万トン，果物のそれは 30 余万トンである。

当市場では，省内で率先して野菜の入場許可制度を導入し，有毒野菜を防止している。公司が国内でも先進的な農薬残留測定機を備えて，地元の野菜も遠隔地からの野菜も検査して合格証を出している。

4　む す び

以上見てきたように，1990 年代の半ばにおいては，当時の鄭州市街地の北

図 12-6 毛庄市場の平面図

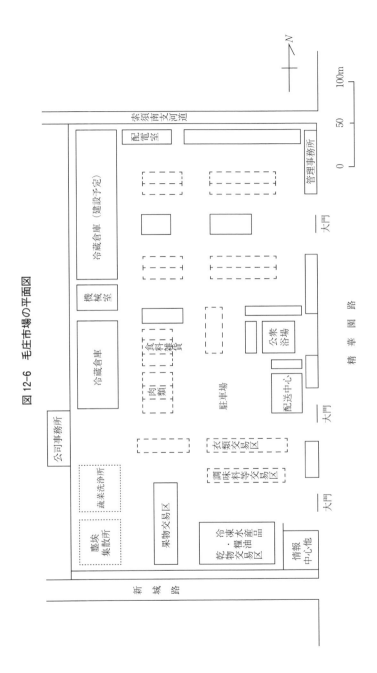

辺に位置した関虎屯市場は，二環路に近く鄭州北駅に近い交通上の好位置と，市街地の北に展開する野菜生産基地を背景に，野菜卸売市場として圧倒的な地位を占めていた。遠隔地及び近郊産の野菜は，当市場に持ち込まれ，市内全域の小売商等に販売された。当市場は主として消費地市場の性格を強く持っていたと言えよう。しかし関虎屯市場は，増大する野菜需要の下，すでにその狭隘性がネックになっており，2000年代に入ると都市化の進展とともにオフィス用地へと土地利用の転換が行われた。

それに代わって消費地市場としての機能を受け継いだのは陳砦市場であった。三環路に面した当市場は拡大した市街地の北部に位置し，北郊の野菜生産基地や高速道路との関係においても比較的好位置を占めるとともに，陳砦市場なきあと，そこから卸売商人を多く引き受け，かつ全市街地より小売商人をも引き付けたと言えよう。敷地面積や建築面積及び取引高で，当市場はかつての関虎屯市場の数倍の規模に及ぶ。

ところが，2000年代初頭に，市街地のさらに北の端，連霍高速道路のインターチェンジのすぐそばに開設された劉庄市場は，陳砦市場のさらに数倍の敷地と建築面積を持ち，24時間営業，攤位費を課さないなどの営業戦略で，次第に大規模商人を引き付け，広域集散地市場としての性格を強く持つようになる。

加えて，連霍高速道路のさらに北方，郊外の野菜生産基地の中に1990年代より開設されていた毛庄市場は，数度の拡幅を経て，2009年現在陳砦市場の約2倍の敷地面積を持ち，劉庄市場を上回る取引量・取引額を誇るに至った。当市場は産地市場の性格を強く持つと言えよう。

このように，現在では鄭州市の市街地北部から北の郊外にかけて，三つの大規模な野菜卸売市場が鼎立している。三者はそれぞれ消費地市場，広域集散市場，産地市場として機能分化しているように見えるが，詳しく見ると，前項で論じたように，それぞれが他の機能を多少とも併有している。そうした意味で，3市場は互いに競合する側面を持つことも否定できない。

中央卸売市場のような制度が導入されていない中国では，野売市場間の競争は激烈で，市場の栄枯衰勢がドラスティックに見られることは，既に他の大都市について指摘されているところであるが，1900年代から2000年代の鄭州についても，同様であることが明らかになった。各市場の紹介パンフレット等によれば，3市場とも将来の拡幅をうたっているのであるが，はたして可能であ

ろうか。今後の動向が注目される。

〈注〉
(1) 陳 建軍「中国の専業市場と日本の卸売市場に関する比較研究（Ⅰ）・（Ⅱ）」新潟大学大学院現代社会文化研究 7・8, 1997 年, 王 建軍・小林康平「中国改革開放後における農産物卸売市場の設立と運営に関する法律制定とその意義」九大農学芸誌 52-1・2, 1997 年, 王 建軍・甲斐 論「中国華北における主要野菜卸売市場間の長期・短期的価格統合」農業市場研究 8-1, 1999 年, 王 志剛「中国青果物卸売市場の構造再編」福岡発・アジア太平洋研究報告 10, 2001 年, 傳 継志・糸原義人・谷口憲治「中国の青果物卸売市場特性に関する研究」農業生産技術管理学会誌 9-1, 2002 年, 徐 濤・謝 文婷「中国における卸売市場の認証制度について」流通科学研究 8-1, 2008 年, 石谷孝佑「中国の野菜の種類と生産・流通」フレッシュフードシステム 37-4, 2008 年, 甲斐 論「アジアの食料消費形態の変化と卸売市場の展開方向」流通科学研究所報 5, 2011 年, 馬 増俊「中国の食料消費形態の変化と卸売市場の展開方向」流通科学研究所報 5, 2001 年。

(2) 王 兢「中国北京市における消費地野菜卸売市場の実態」農業市場研究 5-2, 1997 年, 宮崎 猛・秦 瑾「中国における大都市野菜卸売市場の供給変動とその特徴」農林業問題研究 33-1, 1997 年, Araki Hitoshi and Chai Yanwei, Fresh Vegetable Supply System at the Da-zhong-si Wholesale Market in Beijing: In the Context of Commodity Chain Analysis, *Annals of the Japan Association of Economic Geography*, 50, 2004, （荒木一視『アジアの青果物市場』農林統計協会, 2008 年に第 4 章として再録), 王 志剛「中国・北京市の青果物卸売市場における卸売業者の形成と役割」農業経済研究別冊, 1998 年度日本農業経済学会論文集, 王 志剛『中国青果物卸売市場の構造再編』九州大学出版会, 2001 年, 若林剛志・王 雷軒「中国の農産物卸売市場の現状」農林金融 12, 2014 年, 徐 涛「北京市卸売市場実態調査報告」流通科学研究所報 5, 2011 年。

(3) 藤田武弘・兪 菊生・謝 小紅・坂爪浩史・豊田八宏・小野雅之「現代中国における青果物流通再編と卸売市場の機能」農業経済研究別冊, 2000 年度農業経済学会論文集, 藤田武弘・小野雅之・豊田八宏・坂爪浩史編著『中国大都市にみる青果物供給システムの新展開』筑波書房, 2002 年, 徐 濤・小林 修「上海市の卸売市場実態報告」流通科学研究所報 3, 2009 年。

(4) 叶 曦英・竹谷裕之「農産物の安全・安心に関わる中国緑色卸売市場の仕組みと関連生産流通分野の変容」農業市場研究 20-1, 2011 年, 趙 麗明「中国都市部における大規模農産物卸売市場の性格変化」農業市場研究 22-2, 2013

年。

(5) 安 玉発・慶野征祠・齋藤勝宏「中国野菜産地における卸売市場の構造と役割」千葉大園学報 50, 1996 年, 田原史起「中国農村における開発とリーダーシップ」アジア経済 46-6, 2005-06 年, 何 耀「中国国内における農産物販売の現状」フレッシュフードシステム 37-4, 2008 年。

(6) 「城中村」とは, 都市の膨張により農村集落が市街地の中に取り込まれたにもかかわらず, 依然として農村的な性格を残している状況を指す。住民が農村戸籍のままであったり, そのような「農民」が屋敷地内に貸間や貸店舗を増設したり, そうした貸間に出稼ぎ「農民」が住み着いたりする。景観的にも, 整然と区画・建設された一般の市街地と明らかに異質な様相を呈する。したがって近年の中国では,「城中村問題」がしばしば社会問題視される。

第 2 節
西安市における野菜卸売市場の近年の変貌

1 はじめに

本章第 1 節においては, 中国河南省鄭州市における野菜卸売市場の 1995 年から 2009 年まで 14 年間の変化を追い, 急速な経済発展と高速道路網の整備を背景に, 次々と大型卸売市場が開設され, 激烈な競争が展開されてきた状況を報告した。このような状況は, 中国の多くの大都市に共通して見られると考えられるが[1], 陝西省西安市の場合はどうであろうか。第 10 章第 1 節では, 西安市の 2005 年時点の野菜の流通システムの状況を報告したが, 加えて筆者は 2010 時点での状況を再調査する機会を得た。わずか 5 年間の変化を追ったわけであるが, 急速な変貌を遂げる中国の大都市にあっては, 以下のように野菜卸売市場についてもこの間の変化は大きかったと言えよう。

2 2005 年の状況

2005 年時点での西安市の野菜卸売市場の状況を要約すると, 以下のようであった。

①西安市街地には，朱宏路，胡家廟，南建朱雀路，新土門，紅旗，航西と六つの野菜卸売市場が存在し（図12-7参照），うち朱宏路市場が頂点に位置し，西北地方への転送機能をも含む広域集散機能を備えていた。
②他の市場は転送機能を持たぬ地域的卸売市場であったが，そのうち胡家廟市場は以前のトップ市場で，かなり広域からの集荷機能を持ち，また南建朱雀路市場も移転により設備を一新し，かなり広域からの集荷機能を有していた。
③これら卸売市場での取引方法は，競(せ)りは行われず，売り手と買い手の相対(あいたい)取引であり，決済方法はその場での現金決済が原則であった。
④取引を行う卸売商人は消費地側の商人と産地側の商人からなるが，農村出

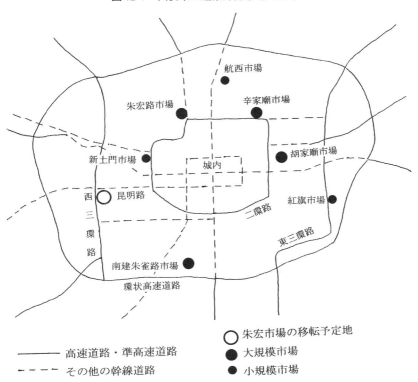

図12-7　西安市の蔬菜卸売市場の公布

第12章　発展する野菜卸売市場　　423

身の農民身分の者がほとんどで，市場内に準備された宿泊施設や居住施設を利用する場合が少なくなかった。

⑤卸売市場間の競争は激烈で，拡張，移転，新規参入などにより，各市場の地位の変動が激しく，2005年時点で果物及び野菜を扱ってトップ市場を狙う新巨大市場（辛家廟市場）が建設中であった。

3　2010年の状況

上記のような状況は5年間でどのように変化したであろうか，あるいは変化しなかったであろうか。2010年の調査は，8月31日から9月5日にかけて，科研費を用い，陝西師範大学の協力によって実施された。調査方法としては，各卸売市場を訪問して市場紹介などの各種資料の入手，市場管理者からの聴き取り，市場の売り手・買い手へのインタビュー，市場内の施設や取引状態の観察等によった。

(1) 朱宏路市場の新展開

通称「朱宏路市場」は，準高速道路である二環路の西北端に近い朱宏路に面して立地し，二環路及び朱宏路を通じて，市内へも高速道路へもアクセスの良い好位置を占めている。正式の名称は「欣緑北二環路蔬菜副食品中心」で，後述する胡家廟市場から運営方針をめぐる対立を契機に飛び出した300人余の商人たちにより設立された「欣緑実業有限責任公司」が，2003年5月に開設した。2005年当時の総面積は8.9万m²，建築面積は4.2万m²で，年間の野菜取扱量は36.8万トン，取引額は2.9億元で，水産物，肉製品，食料雑貨など各種の副食品をも扱っていたが，一般には野菜の卸売市場として認識されていた。開設後2年であったが，好立地と優れた施設により全国から野菜が集まり，西北諸省への転送機能をも持つ広域集散市場に成長していた。

2010年の再調査によれば，総面積や建築面積には大きな変化はなかったが，年間の野菜取扱量は200万トン，取引額は50億元と急増していた。事実，5年前より昼間も入構しているトラックの数が多く，また5年前に扱っていた水産物の取引は廃止し，より野菜市場に特化したように見受けられた。

全国各地の野菜が当市場に集まり，陝西省のみならず寧夏，甘粛，青海，新疆など西北各地の市場に転送され，また西北各地の野菜が当市場を通じて全国

各地へ送られるなど，転送機能を持つ広域集散市場としての特徴はいっそう明確化したようである。調査時点での観察によっても，大型トラックが青海の茎チシャ，甘粛のカボチャ，山西のピーマン・キュウリ，河南のカボチャ，山東のニンニク・キュウリ，湖北のカボチャなど，広域から蔬菜を運び込んでおり，また小型トラックが陝西省内からナス・瓜・チンゲンサイなどを運び込んでいる状況が確認された。調査時点は夏季であったので，このように北方の野菜が中心であったが，冬季には南方（華中・華南）の野菜が中心になると言う。

　取引の方法は相対取引で，5年前と変わってはいなかった。また決済方法もその場での現金決済が原則で，この点でも5年前と変化はなかった。5年前と変わった点としては，本章前節で見た河南省鄭州市や第10章第2節で見た寧夏回族自治区の銀川市の卸売市場と同様に，野菜の残留農薬検査を始めたことである。市場内に検査所を設け，24時間体制で検査を行う。基準値以上の値が出れば市場管理人がその処分を行い，基準値以下であれば安全証明を発行する。この1年間で基準値を上回った例はあまりないとのことであった。なお当市場と政府との関係は，商業部と農産局からの管理を若干受けるが，工商局の管理は受けないとの由，また税務局へは年間100万～200万元の税金を支払うとのことであった。

　本市場を拠点とする商人は，固定攤位の商人の場合は攤位の上の2階に住み，その他の商人の場合は付近の住居に住む。その多くが農村戸籍であるので，子どもの教育には一定の問題があったが，市場が近くの小学校と交渉し，若干の資金も出して受け入れてくれるようになった由である。

　ところで驚くべきことに，この調査時点で当市場では，2010年12月に向けて全面的な移転計画が着々と進められていた。移転を決意したきっかけは，現在の市場敷地の西側が漢長安城遺跡保護区の東縁の湖水に面しており，市政府が当市場を含む一帯を高級マンション・オフィス建設予定地に指定したことによる。当公司としては，現市場敷地の使用権を売却し，新たに西郊の，準高速道路である西三環路と東西の幹線道路である昆明路との交点付近の土地の使用権を購入し，より広大な新市場を建設することにしたのである。新市場の名称は「西郊欣橋農産品冷鏈物流中心」と言い，敷地面積33.6万m^2，建築面積58万m^2，総投資額5億元で，野菜，果物，肉製品，食料雑貨，粮油，水産，鶏肉・卵の7交易区を持ち，最大の蔬菜交易区は13万m^{2}を占め，この他，高層の事務所ビル，倉庫，従業員アパートが建設される。大型の空調倉庫，冷凍

倉庫が用意され，情報処理システム，検査システムが完備され，取引の決済にはカードシステムが導入されると言う。農副産物の年間総取扱量は1000万トン，取引額は200億元を予定されている。いずれも，現在の数倍（建築面積は十数倍）の規模の野心的な計画である。現市場の開設からわずか7年後の拡大再移転ということになるが，中国の流通業界の状況を象徴するような事実であると言えよう。

(2) 南建朱雀路市場の現状

　通称「南建朱雀路市場（または新朱雀路市場）」は，正式には「朱雀農副産品交易中心」と言い，かつては市街地南部の二環路と朱雀大街の交差点近くにあったが，市街地の拡大とともにその土地をスーパーマーケットや小売市場に転用して，2001年により西南方の環状高速道路に比較的近い現位置に移転した。100％市政府の出資で，敷地面積は8.0万 m² と朱宏路市場に次ぎ，施設も立派で，2005年当時の調査では，西北から華北にかけてかなり広大な野菜の集荷圏を持っていたが，朱宏路市場のような転送機能は持たず，また供給先は西安市街地南部を中心としており，地域的卸売市場に位置付けられるものであった。

　2010年の再調査によれば，総取引額は年々伸びて年間17億元に達したが，商人数では淘汰現象が起こり，むしろ減少気味であると言う。当市場の特徴は総合卸売市場である点で，野菜，果物，肉類，食料雑貨の4部門がそれぞれほぼ等しい取引額を持っている点である。2005年と比べると水産部門が加わっており，それをも考慮すると野菜部門のみの取引額は4億元程度と推計され，朱宏路市場とは水を空けられたと言えよう。

　野菜の集荷圏は特に西南中国方面については広大で，四川や雲南の野菜が直接当市場に持ち込まれると言う。これは，この方面への高速道路が開通し，その西安市における入り口が当市場に近いためであると推測される。しかし他の野菜については，朱宏路など他の卸売市場を経由するものが多いとのことであり，地域的卸売市場としての性格は変わっていない。

　野菜の卸売取引は早朝2時〜6時に行われ，固定攤位はなく，トラックが市場内に入り，相対取引で行われる。市場内には招待所（一時宿泊所）はあるが，野菜商人の居住する宿舎はない。果物についても取引の仕方はほぼ同様である。一方，肉類や食料雑貨の部門については固定攤位があり，商人はその2階に居

住している。昼間はいずれの部門も小売を行っており，当市場が新興住宅地の中に立地していることもあって，小売機能が強まっている印象を受けた。

（3）胡家廟市場の現状

通称「胡家廟市場」は西安市街地の東部に位置し，正式には「西安胡家廟蔬菜副食品批発市場」と言い，市政府・工商局と民間資本が出資する「欣泰有限公司」が経営する。2005年時点の敷地面積は2.6万 m^2，建築面積は1.2万 m^2 で，いずれも朱宏路市場の4分の1程度であった。かつては西安一の野菜や果物の卸売市場であったが，前述のように2003年に多数の商人が抜け出して朱宏路市場を開設して以来，2005年の調査時点で既に野菜取引のトップ市場の地位を失っていた。野菜の集荷圏はかなり広域であったが，転送機能は持たず，野菜の供給地域も西安市東部を中心とする地域に限られ，地域卸売市場的性格を強めていた。

2010年の再調査によれば，5年前に比べ駐車場が物流会社の用地に，肉売場が再開発用地に転用されるなど，敷地面積の縮小が見られた。また，後述の辛家廟市場の開設により，果物の卸売機能も弱体化したようである。以前の小売商向けの露天の広場が小売用の簡易店舗に転換されるなど，売場の改変が進められたが，総取引額は減少しつつあると言う。市場管理者の話では，市場内に駐車用空間がほとんどなく，周りの道路も次第に駐車が困難になっており，駐車場問題が最大のネックである。ただ，市場全体を廃止したり，オフィスビルに再開発したりする予定はなく，小売機能を高めつつ生き残っていく方針とのことであった。事実，当市場は西安市の都心部に比較的近く，かつ野菜などの品揃えが良いので，レストランやホテルなどの大口消費者の買い付けが多く，この方向への転進が合理的のように思われる。

（4）辛家廟市場の挑戦

2005年の調査時に，二環路北東端付近で巨大な果物と野菜の新市場，通称「辛家廟市場」の計画が進んでいた。計画では，政府（陝西省，西安市），全国供鎖合作社[3]，並びに深圳果品蔬菜公司（私企業）[4]の3者による5億元の投資で，二環路に面した高層オフィスビルと，その北側の広大な敷地に多数の卸売用建築物を建て，西安一の卸売市場として2005年10月オープンの予定とされていた。当時の準備室員の話では，この市場が完成すれば，胡家廟市場は潰れ，朱

第12章　発展する野菜卸売市場　　427

宏廟市場も危ういだろうとの予想であった。

　5年後の再調査によれば，当市場は結局予定より1年遅れて2006年10月にオープンした。市場の正式名称は，「西北農副産品中心批発市場」で，経営する企業名は「西安摩爾農産品有限公司」である。結局政府の出資はなく，全国供鎖合作社も株式の2％程度を出資しただけで，深圳果品蔬菜公司が過半の投資を行い，株式の51％を取得することとなった。当公司は，全国に31市場を展開しており，深圳証券取引所で株を公開している大企業で，西安摩爾農産品有限公司にも社長を派遣するかたちで経営権を確保している。

　当市場の2010年時点での敷地面積は14.1万 m^2，建築面積は10万 m^2で，いずれも朱宏路市場を上回り，大きさでは西安一の市場となったと言えよう。ただし予定されていた高層オフィスビルは，高圧送電線との競合問題が解決されず実現していない。当市場の取扱商品は，果物，野菜，その他の農副産物とされるが，主体は果物である。西安における果物の中心卸売市場の地位を胡家廟市場から奪うことに成功したが，野菜部門については朱宏路市場には遠く及んでいない。年間の取引額は12億元で，朱宏路市場のそれには遠く及ばず，南建朱雀路市場の総取引額よりも低いが，その野菜＋果物の取引額よりは上回っていると推測できる。

　果物部門については，当市場は広域の集散市場の地位を確立したと言える。夏場は主として陝西省を中心に西北諸省の果物を集散させ，その他の季節には全国あるいはタイなど東南アジアの果物が集散する。「西北農副産品中心批発市場」との名称は，当市場が西北5省（陝西，寧夏，甘粛，青海，新疆）の広域集散市場を目指した命名であると言う。その目標は果物部門に関しては実現したと評価できよう。

4　むすび

　以上見たように，2010年時点における西安市の野菜流通体系は，朱宏路市場が頂点にあり，全国あるいは西北地方を対象とした広域の集散機能を維持し，野菜の卸売取引額で圧倒的優位を確立している。当市場はさらに西郊の三環路沿いへの拡大移転を予定しており，その地位はいっそう高まる可能性を持っている。南建朱雀路市場は施設面や集荷圏では朱宏路市場に次ぐ地位にあるが，機能的には市の南部を対象とする地域的卸売市場であり，むしろ総合的市場と

して小売機能をも付け加えつつある。胡家廟市場は野菜及び果物のトップ市場の地位を失い，市の東部を対象とする地域的卸売市場となっている。敷地や建物が狭く，駐車難を抱え，むしろ小売機能を強める方向に動いている。辛家廟市場は広大な施設を新設し果物及び野菜のトップ市場を目指したものの，果物については広域集散機能を獲得したが，野菜部門については成功していない。

　このように日本の中央卸売市場のような制度のない中国では，卸売市場の新規参入や拡大移転などが繰り返され，各市場は極めて激しい競争下にある。河南省鄭州市のみならず，西安市においても事態は同様である。高速道路網の整備による全国的な野菜の流通体制が確立した現在，卸売市場の繁栄のためには，高速道路へのアクセスの良さと，多数の大型トラックを受け入れられる空間の確保とが必須の要件となる。したがって，市場の立地は市街地内部からより郊外に向かう方向性が明瞭である。

　なお，西安市内には，図 12-7 に示したように，この他，市街地西部に新土門市場，同東部に紅旗市場，北郊に航西市場と三つの小規模卸売市場があるが，時間的制約により今回は再調査できなかった。しかし上述のような激しい競争下では，施設面で弱体なこれら 3 市場には競争に勝ち抜く力はなく，むしろ淘汰される可能性が高いと推測される。

　卸売取引の方法については，今のところ大きな変化は生じていない。野菜の荷の「標準化」が遅れている中国では，日本の卸売市場のような競りの形式は導入されておらず，依然として相対取引が一般である。取引の決済についても現金決済がなお原則であるが，朱宏路市場については，西郊への移転後はカード決済の導入が予定されている。なお残留農薬の検査システムは，中国の他の大都市同様，朱宏路市場など先進的市場では導入されるようになった。

　卸売取引に関わる商人のありようについても大きな変化は起こっていない。消費地商と産地商とがあるが，いずれもその大部分は農村出身の「農民」身分であり，消費地商の場合でも市場内の宿舎や周辺の間借り住居に住んでいる。

　以上，西安市を例に，中国の野菜卸売市場の激しく変化する側面と，あまり変化していない側面とを見ることができたと言えよう。

〈注〉
　(1)　前節の「1　はじめに」参照。
　(2)　1997 年時点での胡家廟市場については，下記の論文に簡単な紹介がある。

宮崎　猛・秦　瑾「中国における大都市野菜卸売市場の供給変動とその特徴」農
　　林漁業問題研究　33-1，1997 年。
（3）　供鎖合作社とは，日本の農協連合体のような組織であるが，現在では末端組
　　織が弱体化している。
（4）　前節注（1）で言及した，卸売市場の全国的な買収・統合を進める企業中の
　　最大手である。

＊　　　　　　　＊　　　　　　　＊

おわりに

　本章では，第 1 節で華北地方の交通の要衝を占める河南省鄭州市を採り上げ，
また第 2 節では，西北地方最大の都市である陝西省西安市を採り上げて，主と
して 2000 年代における野菜卸売市場の発展の様相を見てきた。両都市ともこ
の期間，経済発展に伴う需要の急増と高速道路網の整備による広域流通体制の
確立とによって，卸売市場の急速な拡大と熾烈な競争とが確認された。それは，
前章で確認されたような伝統的な集市とりわけ定期市の衰退とは，まさしく正
反対の動きであった。
　第 2 章第 2 節で述べたように，全国の集市統計において，集市総数（伝統的
集市に加え卸売市場などをも含む）は 1998 年にピークに達したが，都市部集
市に限れば遅れて 2003 年がピークであった。また集市取引高は 2003 年まで上
昇を続けたが，農村部の集市よりも都市部の集市の方が上昇率がずっと高かっ
た。こうした統計数値の動きも，農村を中心とした伝統的集市の衰退と，主と
して都市部に立地する卸売市場の発展を反映していると言えよう。残念ながら，
集市取引高の統計は 2004 年以降，集市数の統計も 2009 年以降発表されなくな
った。第 2 章付論 3 で紹介したように，代わって 2000 年以降継続して発表さ
れるようになった「億元以上商品交易市場」の統計であるが，そこに含まれる
のは多くが各種商品の専業の卸売市場である。
　かくして 2000 年代の中国にあっては，伝統的集市の衰退と近代的卸売市場
の発展との相反的動きが鮮明になったと，結論付けることができるであろう。

結　　論

　筆者は序論において，本書が検討すべき課題を三つのグループ15項目にわたって列挙しておいた。それらの課題は本書においてどの程度達成されたであろうか。以下，三つのグループ別に整理・要約することによって本書の結論としたい。

1　市の発達史について

　課題①：中国では市や市システムはいつごろどのようなかたちで始まったかについては，既往の研究によれば，市は西周時代に起源するとされ，初期には集落の外で行われたが，やがて集落の内で開かれるようになり，春秋・戦国時代には，いわゆる「都市国家」の首都やそれに準ずる集落に，「市」と呼ばれる商業地区として制度化されたと言う。なお，文化史ないし民俗学的立場からは，市は異界との接点，あるいは異民族との接点に始まったのではないかと推論されている。いわゆる市システムについては，既往の研究から，筆者は漢代に初歩的なかたちで実現していたのではないかと推定した。地方都市の「市」と農村の「小市」の間で，階層的配置とともに移動商人の存在が指摘されているためである。しかし市システムが広範に成立したのは，「草市」が簇生する唐末・宋代以降であろう。

　課題②：市の分布密度の上昇による市システムの充実はいかに進行したかについては，筆者を含む日本人研究者の研究により，特に明代から清代さらに民国時代にかけて，時々の戦乱による人口減少に伴う下降局面を挟みながらも，傾向としては着実な人口増を背景に，市密度は上昇を続けたと判断された。また市密度の上昇を促す他の要因としては，商品作物生産の普及が重要であることも指摘された。かくして市システムの充実は，Skinner が「伝統的過程」と称したようなかたちで進行したものと思われる。なお具体的な市の新規開設がどのようにして生じたかについては，統治上の必要性に基づく為政者の開設の

意志に加えて，民衆の要望もさることながら，地域の有力者（地主・郷紳層）などの働きかけが大きかったとされる。

　課題③：歴代王朝・政府による市の管理・統制がどのようなものであったかについては，既往の研究により，春秋・戦国期の「市」の管理から始まり，特に漢代や唐代の帝都や地方都市の「市」については厳しい管理・統制，いわゆる「市制」が敷かれていたこと，しかし「市制」は唐末・宋代には弛緩・崩壊したこと，明代以降の政府は市に「牙行」の制度を導入し，彼らを通じて取引税などの徴収を試みたことなどが明らかにされている。民国政府はこの「牙行」の制を改め，近代的な徴税制度を導入しようと試みたが不十分に終わったと言う。なお，設備から見れば初期の市は広場などで開かれる露天市であったが，春秋戦国期の「市」は一定の設備を伴っていたし，漢代や唐代の首都や地方都市の「市」は整備された常設市とも言うべきものであった。

　課題④：革命後の中国における市に対する政策とその結果については，既往の研究や統計資料の分析から，国民経済復興期には市の保護政策が採られ市数は増加したが，やがて商業の集団化により市の制限・統制が進み市数の減少が始まったこと，1954・55年の統制〜緩和の波に加えて，1958年からの大躍進期には自留地・家庭内副業と並んで市の原則禁止が命じられたこと，しかし流通の混乱から1959年以降は再び緩和策が採られたが，1966年以降の文化大革命期には再び強い統制により市数が減少し市取引が衰退したこと，その極端なかたちが文革末期の「社会主義大集」運動であったことなどが明らかにされた。

　課題⑤：改革開放期における市政策とその結果については，同じく既往の研究や統計分析から，市は「社会主義経済の補完物」として積極的に評価され，農産物取引の段階的自由化と相まって，市数及び市取引高の急速な増加を生んだこと，しかし農村部の市は1996年を，都市部の市も2003年をそれぞれピークにして減少に転じ，伝統的市は衰退期に入ったと判断されること，その要因としては，常設店舗商業の隆盛，スーパーマーケットの普及，広義のモータリゼーションの進展などが考えられること，代わって政府の振興方針もあって専業市場や卸売市場の急成長が見られること，そしてこれらが市に関する統計のありようにも大きな変化をもたらしていることなどが明らかになった。

2 市の地域差について

　課題①：中国各地で市はどのように呼称されているかについては，既往の研究に加えて，地方志の精査により，華北地方，東北地方，西北地方の大部分，及び華中地方の一部では「集」と，華中地方の長江流域では「市」と，華南地方では「墟」と，四川省や貴州省では「場」と，雲南省では「街」と，また新疆自治区のウイグル族地域では「バザール」と，それぞれ呼ばれることが多いことが明らかになった。なお，これらは主として定期市に対する呼称であり，毎日市に対しては全国的に「市」を使うことが多く，大市に対しては一般的には「会」または「廟会」・「山会」と呼称することが多いが，モンゴル族地域の「ナダム」，チベット族地域の「扎崇」などの特別の呼称法もある。

　課題②：市の分布密度の地域差については，統計資料の分析などから，大局的には人口密度に相関し，華北地方，華中地方，華南地方や，西北地方でも関中盆地，西南地方でも四川盆地で市密度が高いこと，東北地方，西北地方の大部分，西南地方の大部分では市密度が相対的に低いこと，特に内モンゴル自治区，新疆ウイグル自治区，青海省，四川省西半部の乾燥地帯では，市密度が極端に低いことなどが明らかとなった。市密度の低い地域は，東北地方のように漢民族主体の農業空間への転換が遅かった地域や，内モンゴル，新疆，青海，四川西半など，近年まで主牧的空間が続いた地域である。

　課題③：市の周期と頻度の地域差については，既往の研究と地方志の精査から，まず周期については，全国的に農暦（旧暦）の旬の周期が多く，広西チワン族自治区，貴州省，雲南省では十二支の周期が多く，新疆のウイグル族地域では週の周期が多いこと，雲南省には十干や月の周期も見られることなどが明らかとなった。また，農暦から新暦への転換や，週の周期への転換なども進みつつあり，十二支の周期の分布地域は縮小傾向にあることも明らかとなった。次に開催頻度については，全国的には旬に2回の頻度が最も多いが，華南地方や四川省を中心に旬に3回の地域も比較的広く分布しており，旬に5回（隔日）の頻度は河南省南部から湖北省東北部・安徽省西北部にかけて分布すること，旬に10回の市（毎日市）は長江デルタを中心に長江中流域までの沿岸部に分布すること，十二支の周期では12日に2回の頻度の地域が多く，広西チワン族自治区には4回の頻度の地域も存在すること，週の周期では7日に1回

結　　論　　433

の頻度がふつうであることなどが明らかになった。

　課題④：市の規模や相対的重要性の地域差については，統計分析，地方志の精査，既往の研究などから，まず市の取引高から見た規模については，現在では一般に経済発展の進んだ沿海部（「東部」と呼ばれる），特に大都市部と卸売市場の発達した浙江省などで大きく，経済発展が遅れた内陸部（「中部」）や最内陸部（「西部」）で小さいことが明らかとなった。市の相対的重要性につては，小売商業販売総額に対する市取引高の割合から見ると，伝統的に市活動の盛んな山東省や河北省，卸売市場の盛んな浙江省などで特に高く，一方，伝統的に市活動の低調な乾燥地帯や，常設店舗商業の活発な大都市地域で低いことが明らかとなった。

　課題⑤：市やその市場圏が持つ社会的機能の地域差については，既往の研究や実態調査により，まず市の社会的機能については，Skinnerが四川省のフィールドワークから，特に茶館での交流の意義について強調したのに対し，華北地方の現地調査をした日本人研究者などからは，市は経済的取引の場に過ぎないとの批判が出されている。また，Skinnerが四川省では社会圏と市場圏とが重なり，市場共同体が存在するとしたのに対し，華北地方を調査した日本人研究者などからは，例えば通婚圏や祭祀圏，宗族の単位や風俗・習慣のエリアなどは市場圏とは一致しないとして，否定的な見解が出されている。両者の主張の違いは，地域差として捉えるべきかどうかは今後の課題であろう。なお複数の民族が併存する地域では，市が民族間の交流の場として機能していることにも留意すべきであろう。

3　市の実態について

　課題①：改革開放前期における市の実態については，1988年時点で江蘇省の蘇州市とその郊外で行った調査により，都市部では旧城門付近や市街地の各所で毎日開かれる多数の集貿市場（一般集市）とかなりの数の専業市場が立地しており，住民の全階層が生鮮食料品のほとんどと，日用工業製品のかなりの部分をそこで購入していること，生鮮食料品の売り手は近郊または遠郊の生産者農民であるが，仕入れ品を売る商人的販売者が一定程度出現していること，集貿市場の本来の核になっていた国営の菜場はほとんど機能しなくなっていることなどが明らかとなった。また，蘇州市周辺農村部にも，各郷鎮の中心集落

に毎日市である集貿市場が存在し，同様の機能を果たしていることも明らかとなった。改革開放前期でもごく初期（1981年）に行われた調査では，市の販売者の中に国営商店や人民公社の生産隊などがかなりの比重を占めていたのに対し，大きな変化が生じていたと言えよう。

課題②：改革開放後期，市場経済化がいっそう進む中で市がいかに隆盛となったかについては，1995・97年に河南省鄭州市と登封市域で行った調査，及び1999・2001年に四川省成都市東南郊龍泉駅区と涼山彝族自治州西昌市域とで行った調査によって検討した。まず，大都市鄭州市においては，人口2万人余に1か所の割合で市街地内にほぼ均等に毎日市である集貿市場が配されていること，住民の全階層が生鮮食料品の大部分と工業製品の一定部分をそこで購入していること，生鮮食料品の販売者の大部分は卸売市場で仕入れて集貿市場で売る農民戸籍の出稼ぎ者であり，工業製品の販売者の多くは工場などをレイオフされた失業者であることなどが明らかになった。また，登封市域の農村部ではほぼ郷鎮ごとに定期市が立地しており，各郷鎮の住民は主として同一郷鎮内の定期市を利用し，工業製品の大部分と生鮮食料品の一部を購入すること，定期市における販売者は地元の生産者農民の他に，商品を都市部で仕入れ複数の市を三輪自転車やバスで廻る者が多く含まれており，彼らは農民戸籍であるが事実上の商人であることなどが明らかになった。私営の店舗商業は都市部でも農村部でも次第に台頭していたが，市は商品購入の場としても，また就業の場としても極めて重要な役割を果たしていたと言えよう。さらに成都市龍泉駅区では，都市化による市街地の拡大と人口増加により，伝統的定期市に加えて都市的な集貿市場や各種の専業市場が加わり，市の数は依然増加しつつあり，その活動は活発であることが明らかとなった。一方，西昌市域では，山間盆地の農村地域であるせいか定期市が活発に機能しており，山地部に住む彝族住民は山から下りてきて市に参加し，市場内の一角に塊まって席を占め，高冷地野菜・きのこ・民族衣装など限られた商品を扱う姿が見られた。

課題③：商業の近代化・現代化が市に与えた影響については，2005〜2007年に西北地方の大都市西安市，地方都市銀川市，及びオアシス空間酒泉市域において実施した現地調査によって，この時期3地域に共通してスーパーマーケットの立地が進んだこと，しかしそれは都市部に限られており，また野菜の流通に限れば鮮度や価格の面でなお集貿市場の優位が続いていたことなどが明らかにされた。しかしながら，2009年に実施した河南省登封市域の調査では，

結　論　　435

スーパーマーケットの立地が農村部に及び始めており，それが農村部での店舗商業（精肉店・衣料品店・飲食店など）のよりいっそうの発展と相まって，伝統的集市の規模の縮小や業種構成の変化をもたらし始めていることが明らかとなった。

　課題④：高速道路網の成立やモータリゼーションの影響が市や流通システムに与えた影響については，2005〜2007年の西北地方3地域の調査や2009年の鄭州市・2010年の西安市の再調査により検討した。それらによると，全国にわたる高速道路網の確立により野菜など生鮮食料品の広域流通体制が整い，卸売市場，特に広域の集散市場の発展を促したこと，そのような市場は高速道路へのアクセスが良い大都市周縁部に立地し，大型トラックの駐車が可能な広い敷地を持ち，次々と現れる新規参入者との激烈な競争に勝ち残った者が，転送荷をも扱う広域集散市場の地位を確立したことなどが明らかとなった。一方，広義のモータリゼーションの影響は，市商人については移動・輸送手段としてのトラック・オート三輪・オートバイの利用として現れ，卸売業者の場合は輸送距離の拡大，定期市などの市小売商人の場合は出市先の選択肢の拡大をもたらしたこと，また消費者については購買のための移動の手段としてのバス交通やオートバイの利用として現れ，購買先の遠距離化や高次商業中心指向をもたらしたことなどが明らかにされた。

　最後に，課題⑤：近年発展しつつある市のタイプと衰退しつつある市のタイプについては，2009・2010年に河南省の鄭州市と登封市域，陝西省の西安市，並びに四川省の成都市龍泉駅区で行った調査結果から検討した。その結果，急速に発展しつつあるのは，野菜卸売市場に代表されるような専業卸売市場であり，その背景には政府の専業市場・卸売市場育成政策に加えて，高速道路網の確立や経済発展に伴う需要増があることが明らかである。野菜の卸売市場の場合，市場での取引は依然相対取引であるが，ネットによる市場情報の配信，決済のカード化，残留農薬の検査など現代化も進みつつある。一方，衰退しつつある市のタイプとしては，小売機能を担う伝統的集市，特に主として農村部に立地する定期市を挙げねばならない。農村部でも小型スーパーマーケットや精肉店が立地し始め，定期市での販売者の減少と業種構成の変化が顕著であり，広義のモータリゼーション（オートバイやバス利用）による住民の高次中心地指向などにより，定期市の衰退は否定できないことが明らかになった。また大都市郊外でも，激しい人口増により集貿市場や専業市場が新設される反面，交

通を阻害する沿街市場の閉鎖や交通手段の改善による都市中心部への購買志向
により，伝統的定期市の衰退や消滅が進行していることも明らかとなった。

あ と が き

　本書を構成する 12 の章のうち，第 1，3，5，6 章は全く新しく書き下ろしたものであるが，その他の章は既刊の論文に手を加えたものである。以下にそれぞれの原題と掲載誌を明記しておきたい。

第 2 章，「中国の集市の革命後の変遷」地理学評論 82-2，2009 年。

第 4 章，「改革開放期における河北省の集市」奈良大地理 22，2016 年。

第 7 章，「蘇州市とその周辺における集市の現況」森 正夫編『江南デルタ市鎮研究』名古屋大学出版会，1992 年，（中国語訳『江南三角洲市鎮研究』江苏人民出版社，2018 年）所収。

第 8 章，「商業の変貌と自由市場の発展」石原 潤編『内陸中国の変貌』ナカニシヤ出版，2003 年，所収。

第 9 章第 1 節，「大都市郊外の集市」石原 潤編『変わり行く四川』ナカニシヤ出版，2010 年，所収。

第 9 章第 2 節，「農村地域の集市」石原 潤編『変わり行く四川』ナカニシヤ出版，2010 年，所収。

第 10 章第 1 節，「西安市における野菜の流通システム」石原 潤編『西北中国はいま』ナカニシヤ出版，2011 年，所収。

第 10 章第 2 節，「銀川市における青果物の流通システム」石原 潤編『西北中国はいま』ナカニシヤ出版，2011 年，所収。

第 10 章第 3 節，「酒泉市街地と周辺農村部の卸・小売市場」石原 潤編『西北中国はいま』ナカニシヤ出版，2011 年，所収。

第 11 章第 1 節，「中国の集市の地位低下について」奈良大地理 17，2011 年。

第 11 章第 2 節，「成都市東南郊における集市の近年の動向」奈良大学紀要 40，2012 年。

第 12 章第 1 節，「河南省鄭州市における蔬菜卸売市場の発展」奈良大地理 16，2010 年。

第 12 章第 2 節，「西安市における蔬菜卸売市場の近年の変貌」奈良大地理

439

19，2013 年。

　ただし，原論文に対しては，必要な修正・加筆あるいは削除を行っている。特に第 2 章は原論文に比し大幅に加筆や削除が行われており，あまり原形をとどめていない。また第 9 章第 2 節は，原論文の前半を削除している。転載をお認めいただいた各機関に御礼申し上げる。

　なお筆者は，この他に中国の市に関して，1990 年代以降，下記のような論考を著している。これらは，本書の内容と関連が深く，特に各章の原論文のさらに元となる詳細な調査結果を収録している場合が多い。紙数の都合で本書には収録できなかったが，参照願えれば幸甚である。

1，「中国の自由市場について——蘇州地域の事例を中心に」名古屋大学文学部研究論集 110・史学 37，1991 年。

2，「『中国集市大観』に見る中国の自由市場」名古屋大学文学部研究論集 119・史学 40，1993 年。

3，「旧中国における市場圏について—— G. W. Skinner の所説をめぐって」，森　正夫編『旧中国における地域社会の特質』平成 2 ～ 5 年度科学研究費補助金一般研究（A）研究成果報告書，1994 年，所収。

4，「中国における自由市場の発展と現況」名古屋大学文学部研究論集 125・史学 42，1996 年。

5，「鄭州市街地および郊外における集貿市場」石原　潤・孫　尚倹編『中国鄭州市住民の生活空間』名古屋大学文学部地理学教室，1996 年，所収。

6，「新鄭市域における都市及び農村の集貿市場」石原　潤・孫　尚倹編『改革開放下の河南省新鄭市の変容』京都大学大学院文学研究科地理学教室，1997 年，所収。

7，「登封市域における都市及び農村の集貿市場」石原　潤・孫　尚倹編『河南省登封市の市場経済化と地域変容』京都大学大学院文学研究科地理学教室，1998 年，所収。

8，「成都市東南郊における集市—— G. W. Skinner の調査地再訪」石原　潤・傅　綏寧・秋山元秀編『成都市とその近郊農村の変貌』京都大学大学院文学研究科地理学教室，2000 年，所収。

9，「綿陽市游仙区農村部の集市」石原　潤・傅　綏寧・秋山元秀編『内陸工

業都市綿陽市と周辺農村の変容』京都大学大学院文学研究科地理学教室，2001 年，所収。

10，「西昌市域都市部及び農村部の集市」石原 潤・傅 綏寧・秋山元秀編『内陸工業都市綿陽市と周辺農村の変容』京都大学大学院文学研究科地理学教室，2002 年，所収。

11，「西安市における野菜の流通システム」石原 潤・趙 榮・秋山元秀・小島泰雄編『西安市と陝西農村の変貌』奈良大学文学部地理学科，2006 年，所収。

12，「酒泉市街地及び周辺農村における卸・小売市場」石原 潤・石 培基・秋山元秀・小島泰雄編『甘粛省と酒泉オアシスの変容』奈良大学文学部地理学科，2007 年，所収。

13，「銀川市における青果物流通について」石原 潤・馬 平・秋山元秀・高橋健太郎編『寧夏回族自治区の経済と文化』奈良大学文学部地理学科，2008 年，所収。

　これらの研究のための現地調査には，文部省・学術振興会の海外学術調査・国際学術研究・総合研究・個人研究などの各種科学研究費を使用した。また，名古屋大学加藤龍太郎基金の援助を得たこともある。記して感謝の意を表したい。

　現地調査には，共同研究者であった，秋山元秀・林 和生・小島泰雄・小野寺 淳・松村喜久・高橋健太郎の諸氏の同行を得た。当時大学院生であった中川秀一・亀岡 岳・今里悟之・中辻 享・曹 婷の諸氏が同行した場合もある。またカウンターパートの河南省科学院の故・宋 延洲教授や王 国強教授，中国科学院成都山地災害・環境研究所の傅 綏寧教授や方 一平教授，西北大学城市与資源学系の趙 榮教授，西北師範大学地理与環境科学院石 培基教授，寧夏回族自治区社会科学研究所の馬 平教授をはじめ，実に多くの研究者，行政官，通訳の方々のお世話になった。日中関係の緊張したときには，われわれの調査は常に順風満帆とは言えなかったが，曲がりなりにも目的を果たすことができたのは，これらの人たちの協力のおかげである。

　統計資料や地方志類の閲覧には，国立国会図書館（特に関西館），京都大学人文科学研究所，アジア経済資料センター，国際日本研究センターなど，全国の多くの図書館を利用させていただいた。特に京都大学人文科学研究所現代中

国研究センターでは，大量の現代地方志を閲覧させていただき，石川禎浩教授はじめ，スタッフや大学院生の方々にお世話になった。また，かつて所属していた名古屋大学大学院文学研究科，京都大学大学院文学研究科，奈良大学文学部の各地理学教室では，さまざまなかたちでの便宜を得た。

　筆者は当初，本書の出版をもっと早くに想定していた。しかし，学界活動の多忙化（学術会議・日本地理学会・人文地理学会・史学研究会の役職など）に加えて，大学での管理職就任（学長・学部長・図書館長など）により，研究時間の確保が次第に困難となり，予定は大幅に遅れた。5年前の引退の後，ようやく研究活動の時間を得て，このたび八十路を目前にして出版が可能となったことは，無上の喜びである。

　この間，海外出張でいつも留守がちの我が家を，私に代わって献身的に守ってくれた妻石原久子に対し，心からの感謝を表したい。また，社会学の研究者の道を進む長男の石原　俊と，ライターとしての仕事と家事・育児の両立に頑張っている長女久保かんなに対しては，日頃の励ましについて感謝したい。

　末筆となったが，困難な出版情勢にもかかわらず，快く出版を認めてくださったナカニシヤ出版社長の中西　良氏，面倒な編集作業を引き受けてくださった同編集部の石崎雄高氏に，深く御礼申し上げる。

　なお，本書の出版に当たっては，独立行政法人日本学術振興会の科学研究費補助金・研究成果公開促進費「学術図書」（課題番号：19HP5120）の援助を得た。記して感謝の意を表したい。

　2019年5月，京都北白川の寓居にて

石原　　潤

人 名 索 引

ア　行

相田　洋　　12
浅田喬二　　63
天野元之助　　37,38,42,48,49
安　玉発　　422
飯塚英明　　47,50
池上彰英　　71,72
稲田清一　　33,36
石田　浩　　38,48
石谷孝佑　　421
石原　潤　　23,24,28,31,32,36,38,46,48,
　　52,73,75,86,112,144,189,213,214,
　　278,348,349
糸原義人　　421
入柿秀俊　　71
岩崎雅美　　184,189
宇都宮清吉　　12-14
梅原　郁　　21
鹽　卓悟　　18
王　建軍　　421
王　兢　　421
王　国強　　388
王　志剛　　75,348,421
王　岱　　360
王　雷軒　　421
大崎富士夫　　64
荻野矢慶記　　184,189
小野雅之　　75,421

カ　行

何　世元　　71
何　耀　　422
甲斐　諭　　421
影山　剛　　11,14,37
片桐正夫　　14
片山　剛　　35,213
叶　曦英　　421

加藤　繁　　17-19,21,25,36
加藤公夫　　184,189
川勝　守　　21,24
川上幸代　　74
桐本東太　　12
草野文男　　64
倉持徳一郎　　33,37,296,319
黒田明伸　　44,49
慶野征翤　　422
呉　軍　　75,266
黄　洪年　　70
江　沢民　　405
洪　緑萍　　74
河野志保　　74
小島泰雄　　33,37,47,49,188,388,392
後藤亜希子　　74
小沼　正　　39,49
小林　修　　421
小林康平　　421
小林熙直　　63,64,71

サ　行

斉藤史範　　24,25,35,37
齋藤勝宏　　422
阪爪浩史　　75,421
佐川英治　　18
佐藤武敏　　12,13,18
佐原康夫　　12-14
塩沢裕仁　　18
塩見邦彦　　18
斯波義信　　19,21-23,25,32,36,213
白川　静　　11
白坂　蕃　　238,244
謝　小紅　　421
謝　庭享　　71
謝　文婷　　421
周　海紅　　349
徐　濤　　421

秦 瑾　421,430
菅沼圭爾　63,72
スキナー，G.W.　63-65,296,298
周藤吉之　19
妹尾達彦　18
曽我部静男　17-19

タ　行

高橋 正　213
滝野正三郎　34,37
竹谷裕之　421
立石昌広　64
谷口憲治　421
田原史起　422
趙 世晨　74
趙 麗明　421
陳 雲　56
陳 建軍　421
陳 自明　371
ディケーター，F.　57,64
鄭 国全　160
寺崎正尚　74
傅 継志　421
土井 章　64
外村 中　18
豊田八宏　75,421

ナ　行

中生勝美　43,49,159
中島誠一　70,71
中村 勝　71
中村圭爾　18
中村哲夫　29,36
南部 稔　59,63-65,70,71
西谷 大　238,244
西山武一　42,49

ハ　行

馬 増俊　421
服部範子　184
浜 勝彦　70,71
浜島敦俊　213
林 和生　21,24,25,34,37,46,48-50,52,

63,223,227,228
久重福三郎　63
日野開三郎　17-19
深尾葉子　43,45,49,144,161,169
藤田武弘　75,421
堀 敏一　11,14
本田 治　21

マ　行

前野清太郎　30,36
マカトーニ夫人　189
増井經夫　34,37
美河修一　14
水岡不二雄　227,265,266
水野百合　71
宮崎市定　11
宮崎 猛　349,421,430
宮下忠雄　64
毛 遠新　58,169
毛 沢東　56
百瀬 弘　28,36
森 勝彦　29,36,39,49,52
森 久男　71
森田 明　33,36,214

ヤ　行

安富 歩　44,45,49,52,144,161,169
山根幸夫　22,24,25,30,36
山本 進　30,31,36,48
兪 菊生　421
横井靖男　70,71
米沢秀夫　63,64

ラ　行

李 文閣　392
劉 志運　14
劉 石吉　24,25
林 耀　64

ワ　行

若林剛志　421
渡部 武　14

A－Z

Araki, H.　348,421

Chai, Y　348,421

Christaller　26

Jiang, H.　297,298,319

Mazart, W.　159

Rozman, G.　31,32,36,50,52

Skinner, G. W.　26,27,29,31-33,36,44,
45,47,48,50,52,58,59,63,64,67,103,
112,122-124,130,144,297-301,306,
317,319,336,394,401

Spencer, J. E.　47,49,296,319

Yang, Ching-Kum（揚 経堊）　39,40,
49

地 名 索 引

ア　行

安徽　23,32,46,200-203

アルタイ山脈　181

内蒙古　156-159

雲貴高原　233,236

雲南　236-243

益都県　42

沿海部　92,93,109

カ　行

懐安県　139-140

海南　219-222

果園　368,370

カシュガル　184,185,189

河西廻廊　179

華中地方　23,32,46,191-214

嘉定県　23,47

華南地方　24,46,214-228

河南　59-62,150-153,267-296

河北　23,28,31,38,39,59-62,76,113-
144

華北地方　22,24,28,30,31,146-160

華北平原　146

関虎屯市場　406,408,410,411,413,420

甘粛　176-179

漢水　206

関中盆地　170

広東　24,34,35,48,219-222

咸陽　12

義烏　198

貴州　233-236

吉林　164-166

曲阜県　30

巨鹿県　133-136

鄞県（寧波）　32

銀川　74,349-360

金平県　238

クチャ（庫車）県　185

慶元県　198

犍為県　47

建康　14,15

黄河　147,150,153,174

高鶴県　220

興慶区　33,349-360

膠州湾沿岸地域　27

膠済鉄路　43

湖広地方　206,209

湖州　20

江橋市場　405

江西　24,203-206

広西　59-62,222-227

広西盆地　222

高店子　298,394,401

黄土高原　153,170,174,176-178

江南　20,30,47

江南デルタ　265

江蘇　23,32,46,192-195

康保県　140-142

黒竜江　59-62,166-168

呉県　　248,251
湖南　　209-212
湖北　　206-209
五里堡　　42
崑崙山脈　　181
崑崙北麓　　184

サ　行

山西　　44,153-156
三台県　　34
山東　　29-31,39,42,43,147-150
山東半島　　147
三里庄村　　389
シーサンパンナ（西双版納）　　238
四川　　26,31,33,47,229-233,296-336
四川盆地　　27,229
シルクロード　　176,181
上海　　74,192-195,404
粛寧県　　130-133
重慶　　229-233
粛州区　　361-371
珠江　　219
珠江デルタ　　24,219-221,265
酒泉　　74,361-371
酒泉オアシス　　361
ジュンガル盆地　　181
春光蔬菜批発市場　　362-364
松花江　　164,166
小興安嶺　　166
上思県　　224,226
徐水県　　128-130
新疆　　181-187
深州　　29
秦嶺山脈　　170
津浦鉄路　　43
鄒平県　　40-42
西安　　74,337-349,422-429
青海　　179-181
西河鎮　　396,401
青県　　28,29
西江　　222
西昌　　319-335
西蔵　　228

正定県　　29
成都　　12,296-319,382-402
成都平野　　12
西南地方　　228-244
西北地方　　170-189,337-372
石道［郷］　　282,283,374,376,378-380
浙江　　23,32,46,195-199
陝西　　170-174
遷西県　　136-139
川西高原　　229,231,232
蘇州　　248-266
蘇州郊区　　251

タ　行

大運河　　43
大金店　　382-387
太原県　　44
大興安嶺　　166
太行山脈　　150,153
大鐘寺市場　　404,405
大面鎮　　396
太和鎮　　325,326
タリム盆地　　181
チベット高地（高原）　　176-179,237,239
長安　　12,15
長江　　151,192,200,203,229
長江デルタ　　22,30,192,195
長白山脈　　161,164,166
陳砦市場　　406,408,411-415,420
鄭州　　267-278,403-422
天山山脈　　181
天山南麓　　183,184
天山北麓　　183
天津　　113-115
東環市場　　353-354
東京（開封）　　19
東北地方　　44,161-170
登封　　278-295,373-392
登封城関鎮　　278,280,281,283,288,389

ナ　行

内陸部　　92,93,110
南建朱雀路市場　　342-344,423,426-428

南部県　34
南嶺　191
寧波　20,23,47
寧夏　174-175,197
農業的中国　59,64

ハ　行

柏合鎮　399
哈爾套鎮　58,163
都陽湖　203
福建　24,35,215-219
文村　389
平安場　298,304,306,312,398,401
北京　113-115,404
北環市場　351-353,360
彭県　47
北市市場　405
木漬鎮　248,251

マ　行

満洲　44,45

ラ　行

洛陽　15,17
洛帯鎮　397
欒城県　38
龍山堡　35
龍泉駅　298
龍泉駅区　298,382-402
龍泉鎮　301,305,306,310,312,398,401
遼寧　161-164
遼河　161,164
劉庄市場　408,412,415-418,420
臨安（杭州）　19
歴城県　43

ワ　行

淮河　150,191,192,200

事　項　索　引

ア　行

あいたい
相対取引　327,341,342,404,410,415,417,418,423,425,426,429
朝市　355
イスラム暦　182
い
彝族　229,233,237,319,322,325,328,334,335
市グループ　238,286
市システム　12,50,52,238
市ネットワーク　238
市廻り商人（販売者）　288,290,314,335
1級行政区　145,191
一般市場　302,304,305,313,393,395
糸市　220
移動商人　380
ウイグル族　182,184,187,190
請負耕地　289-291,314,316,330,331

運搬・販売連合体　404,405,409,413
衛生隊　281
衛生費　281,307
烟会　233
沿街市場　305,323,328,333,396-399,401,402
オアシス［空間］　176,178,181,183,184,187,190,361,368,371
おおいち
大市　83
億元以上商品交易市場　79,86,430
屋内小売市場　365-366
卸売市場　66,67,78,79,274,277,337-339,346,360-364,371,372,403,430
卸売市場管理弁法　404

カ　行

カード決済　404,429
会　21,152,280,281,286,290,292,294,

295,374,376,379-386
会市　12,14
街［市］　242,245
改革開放期　65-72,76,117-120,142,143,
　　297
海関　238
街肆　17
階層区分　46
階層構成（構造）　28
階層的配置　29,334
回族　174
解放区　48,55
外来（外地）商人　84,86
花会　233
牙行　23,28-31,33,38,39,43,47,48
カザフ族　182
家畜市　368
牙帖　23,28
漢　12-14
観光ブーム　397
関市　161
漢族　157,167,180,182,234,237
管理費　270,271,274,277,281,288,294,
　　307,315,323,324,331,380,409,413,
　　416
魏　15
棄市［の刑］　13
鬼市　11,15
義集　23,28-30
基礎供鎖合作社　55-57,283
供鎖合作社　55,58,65,427,428,430
近代化過程　27,32,45,47,52
行商［人］　38,45
墟［市・場］　20,23,24,34,35,199,205,
　　211,218,221,227
銀行券　41
桑市　220
軍市　12
軍坡　221
計画経済［期］　55-65,76,116-117,142,
　　248,297
元　21
現金決済　327,341,410,423,425,429

県城経済　45,168
建制鎮　266
元豊九域記　19
行　16
広域型卸売市場　405
広域集散市場　343,346,417,420,423-
　　425,428
行家　38
練会　152
工商［行政管理］局　55,67,85,143,278,
　　297,305,307,318,319,323,333,354,
　　355,406
工商［行政管理］所　55,267,269,277,
　　278,281,283,294,295,307,319,323,
　　354
高速道路　301,338,341,363,371,372,
　　393,394,406,415,417,420,424,426
高速道路網　349,350,403,429
郷鎮企業　66,99
孔府　30
高密度化サイクル　27,32
小売価格　358-360
小売市場　338,339,344,348,354-355,
　　359,360,364-367,371,372
公暦　56,57
胡家廟市場　341,343,423,427,429
国営商業　66
国営商店　67,69
五好集市　66
胡市　12
五代　19
個体戸　73
個体工商戸開業登記台帳　290
固定攤位　271,281,307,324,340,341,
　　351,354,396,397,399,400,407,409,
　　426

サ　行

菜市　40
菜場　252,253,255,260,264,266
菜籃子工程　405
扎祟　233
三会　233

３級行政区　145,191

三国　14,15

産地［卸売］市場　404,405,414,417,418,420

残留農薬　352,359,360,404,415,417,418,425,429

肆［舗］　10,16
し

四会　233

自産自銷　358,359

市署　16,17

市場依存率　276,292,317,333

市場管理委員会　57

市場共同体　27,44,298,300

市場圏　29,39,43,44

市場圏人口　103

市人　13

市制　15-17,19

市井画像磚　12

市籍　12

市租　13

市鎮　23

十干　20,56,240,243

社会圏　44

社会主義［的］改造　55,56,61,116

社会主義大集　58,117,163,169,175

借料（賃貸料）　274,277,288,315

自由市場　65,66,74,297

集　23,151,200,280,281,295,374,380,381

集荷圏　409,413,426

宗教圏　29

集散［地］市場　414,418

集市政策　116-120

週の周期　85,241,243

集貿市場　66,76,77,262,264-266

集貿台　252,255,260,265,281,307

周礼　11
しゅうらい

出市頻度　274,286,292,294,314,316,330,332

十二支　20,22,56,83,85,224,228,232-235,238,240,241,243

旬の周期　243

春秋　10

場［市・鎮］　33,207,233,234,236,243

小規模市　128,131-133,138,139

商戸　409,410,413

小市　12

城市集貿市場　249,251,253,260,264

商場式市場　80,81,83,252,257,260,265,266

小商販　56

常設店舗　37,47,73,74,109,283,284,286,308,373,374,378,380,381,387,390,391,398,402

城中村　345,348,414,422

商人グループ　341,346,353,363,387

小販子　38,57

消費者住民の市　69,119

消費地［卸売］市場　404,405,413,418,420

消費品市場　79,87

商品交易市場　78,86,87,90

商舗　38

徐家庄小売市場　345

食糧市場　56

市吏　14

自留地　56,57

市令　14

秦　12

晋　14,15

清　25-35

辛家廟市場　344,424,427,428

深圳果品蔬菜公司　344,427,428

新発地市場　404

人民公社　56,58,65,103,265

スーパーマーケット　66,73,74,120,338,346-348,354,356-360,367-368,372,373,380,387-389,391,402,404

隋　15

推車　42

スイ族　233

崇垃　233

青果物流通システム　349-360

生産請負制　65

生産者農民の市　69,115

生産資料市場　76,77,79,85,87

生産要素市場　76,77,87
正市　17
西周　10
精肉店　380,391,402
セクション　253,255,260,265,271,283,
　294,308,309,318,324,325,333,368,
　376,378
浙江省市場志　196
戦国　10
専業市場　66,67,76,80-82,84,85,87-90,
　119,120,142,251,252,264
全国主要集市名冊　80-82,249
専門市場　303-305,320,322
宋　19-21
曹安市場　405
挿花集　210,211
総（綜）合市場　66,76,84,87-90,119,
　319,320,322,323,330,331,333
草市　14,17,20
双日集　280
租房費　270
村市　26
村図　28,29

タ　行

大規模市　128,131,133,138,139
大牲畜交流会　138
タイ族　237
大躍進［期］　56,57,59-61,116
退路進庁　67,73,81,82,120,270,271,
　277,294,295,309,318,325,333,334,
　338,344,360,364,371,390,391,401,
　402
攤位　271,274,284,407
攤位費　409,413,420
単日集　280
地域［的］卸売市場　343,423,426,427,
　429
チベット族　229,241
茶館　26,27,43,299,336
茶馬互市　174,176,180
虫会　233
仲介商人　409,410

中間市場［町］　26,27,29,33,53,298,
　306
中規模市　116,131,133,138,139
中国市場統計年鑑　59,76,78,96
中国集市大観　82-85,209
中国農貿市場大全　85,86
中心市場［町］　26,27,29,33,53,306
調整期　57,59-61,116
頂棚　270,281,288,307,308,315,323,
　325
頂棚（上屋）式市場　80,81,83,251,255,
　260,265,266,355
庁房市場　268,271,305,309,325
チワン族　222
鎮［市］　19,20
沈黙交易　11
通婚圏　39,44
月の周期　241
邸店　16,17,19,20
出稼ぎ農民（人口）　275,290,294,338,
　355
店　17
電子掲示板　352
電子取引　405
転送機能　340,343,424,425
天天集（天天墟）　206,211
伝統的過程　23,32,35,52
唐　15
桃花源超市　388
憧約　12
都市集貿市場　80,82
都市人口率　96-99,102,105,109,111
都市・農村集市管理弁法　66
取引電子化　351
度量衡　40
トン族　233,236

ナ　行

ナショナルチェーン　357
ナダム大会　157
南北朝　14,15
荷売り台　83
2級行政区　145,191

西市　　15
２重の周期　　151
年市　　41,345
農家楽　　201,399,401
農業灌漑区　　185
農業空間　　179
農村集貿市場　　80-82,251,252,260
農副産品卸売市場　　80-82
農貿市場　　139,142
農民工　　277
農民戸籍（農村戸口）　　273,353,355
農暦　　56

ハ　行

バザール　　182-184,187,190
馬市　　161
バーツ（埠子）　　237
哈爾套の経験　　58,163,169,175
販子　　42,43
東市　　15
左寄りの政策　　55-58,61
１人当たり所得　　96,97,99,100,105,107,
　　109
廟会　　20,24,37,38,45,46,83,85,138,
　　155,299
標準市場〔町〕　　26,27,29,33,35,53,59,
　　124,298,299,306
歩　　19
埠　　34
封囲式市場　　355
ブイ族　　233,236
物資交流会　　130,143,155
文化大革命〔期〕　　57,59,61,117,280
文明市場　　66
ペー族　　237
平均開催頻度　　126,132,138
平準署　　16
牧畜空間　　179,183,187
牧畜民　　157

マ　行

馬路市場　　67,270,283,305-307,309
満洲国時代　　161
右寄りの政策　　55-57,59,61
ミャオ族　　233,236
明　　22-24
民国期（時代）　　37-50
面朝後市　　11
モータリゼーション　　73,74,360,372,
　　373,380,391
蒙古族　　157
毛庄市場　　408,412,417-420
モデルＡ　　26,297
モデルＢ　　26,297
模範市場　　270

ヤ　行

夜禁の制　　17
闇市場　　57
野菜卸売市場　　403-430,422-429
野菜流通システム　　337-349,361-372
夜市　　16,355
幺店　　26,34

ラ　行

欄　　34
流動人口　　273,277,290,295
流動攤位　　351,353,354
緑色市場　　404
緑色食品　　346
臨時攤位　　271,281,307,309,324,340,
　　396,397,399,401
林場　　139,140
ローカルチェーン　　357,358
露水集（露水墟）　　206,208
露天小売市場　　366,367
露天〔式〕市場　　80,81,251,255,265,
　　355,364

事項索引　　　451

■著者紹介

石原　潤（いしはら・ひろし）

1939 年生まれ。京都大学大学院文学研究科修士課程修了。文学博士。人文地理学・アジア地域研究専攻。京都大学・名古屋大学名誉教授。奈良大学元学長。『定期市の研究』（名古屋大学出版会，1987 年），『内陸中国の変貌』〔編著〕（ナカニシヤ出版，2003 年），『農村空間の研究』（上・下）〔編著〕（大明堂，2003 年），『南アジアの定期市』〔共著〕（古今書院，2006 年），『アジアの歴史地理 1 領域と移動』〔共編著〕（朝倉書店，2007 年），『変わり行く四川』〔編著〕（ナカニシヤ出版，2010 年），『西北中国はいま』〔編著〕（ナカニシヤ出版，2011 年），他。

中国の市
──発達史・地域差・実態──

2019 年 11 月 16 日　初版第 1 刷発行

著　者	石　原		潤
発行者	中　西		良

発行所　株式会社　ナカニシヤ出版

〒 606-8161　京都市左京区一乗寺木ノ本町 15
TEL　(075)723-0111
FAX　(075)723-0095
http://www.nakanishiya.co.jp/

© Hiroshi ISHIHARA 2019　　　印刷・製本／創栄図書印刷

＊落丁本・乱丁本はお取り替え致します。

ISBN978-4-7795-1409-8　　Printed in Japan

◆本書のコピー，スキャン，デジタル化等の無断複製は著作権法上での例外を除き禁じられています。本書を代行業者等の第三者に依頼してスキャンやデジタル化することはたとえ個人や家庭内での利用であっても著作権法上認められておりません。

西北中国はいま

石原　潤編

古都西安、陝西韓城市、辺境都市銀川、オアシス都市酒泉等の都市は、西部大開発政策でどう変わったのか、二〇〇五年度から二〇〇七年度の日中共同の現地調査に基づいて明らかにする。

四六〇〇円＋税

変わり行く　四川

石原　潤編

改革開放以後の中国。東の沿海部が躍進する中、独特な文化伝統をもつ西部・四川省はどう変化してきたか。四川省の主要都市における都市構造や産業形態の発展、農村部の生活空間の変容を多面的に解明。

四六〇〇円＋税

内陸中国の変貌
─改革解放下の河南省鄭州市域─

石原　潤編

近年ダイナミックに変貌する内陸部に光をあてた、三年にわたる日中共同研究の成果。沿海部のみに目を奪われることなく、内陸から見たもう一つの中国を描き出し、中国の今後を展望する。

三四〇〇円＋税

中国地理概論

季　増民

中国の社会を形成している多様な地理的条件を、豊富な図版を駆使して体系的にわかりやすく解説。自然・産業・都市など、変化を続ける中国の地域構造を正確に把握するための一冊。

二四〇〇円＋税

表示は二〇一九年十一月現在の価格です。